근대한국학 데이터베이스 자료집

1

근대전환기 신문·잡지의
한국학 관련 기사목록 및 주요기사

편자

홍정완(洪定完, Hong Jeong-wan) 연세대 근대한국학연구소 HK+연구교수
정유경(鄭瑜炅, Jeong Yoo-kyung) 연세대 근대한국학연구소 HK+연구교수
심희찬(沈熙燦, Shim Hee-chan) 연세대 근대한국학연구소 HK+교수

근대한국학 데이터베이스 자료집 1
근대전환기 신문·잡지의 한국학 관련 기사 목록 및 주요 기사

초판인쇄 2020년 8월 15일 **초판발행** 2020년 8월 30일
엮은이 홍정완·정유경·심희찬
펴낸이 박성모 **펴낸곳** 소명출판 **출판등록** 제13-522호
주소 서울시 서초구 서초중앙로6길 15, 2층
전화 02-585-7840 **팩스** 02-585-7848 **전자우편** somyungbooks@daum.net **홈페이지** www.somyong.co.kr

값 42,000원 ⓒ 홍정완·정유경·심희찬, 2020
ISBN 979-11-5905-530-0 93910

이 책은 2017년 정부(교육부)의 재원으로 한국연구재단의 지원을 받아 수행된 연구임(NRF-2017S1A6A3A01079581)

한국학 관련 기사 상위 30단어의 빈도 추이

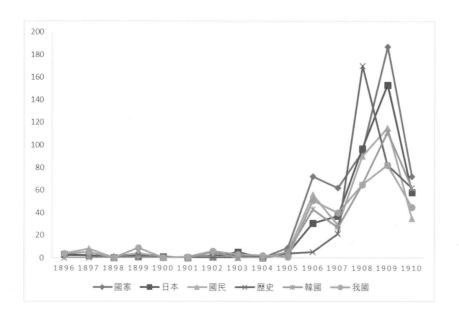

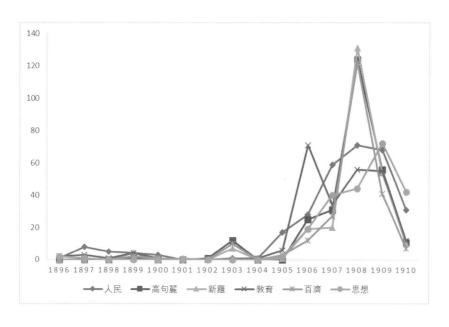

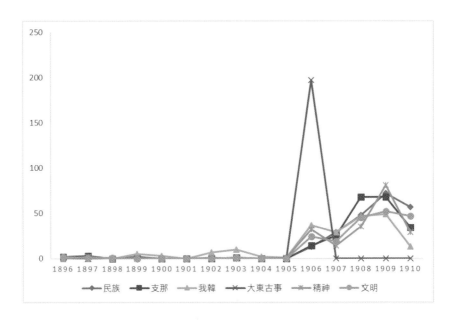

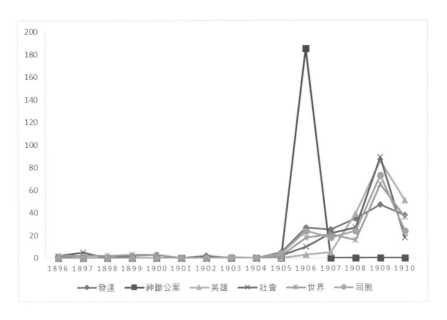

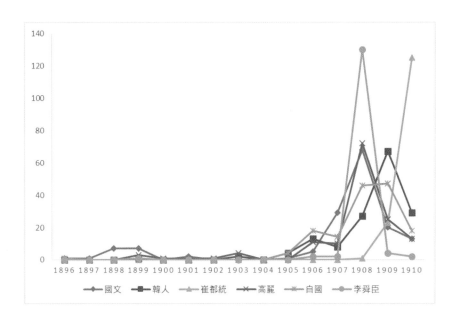

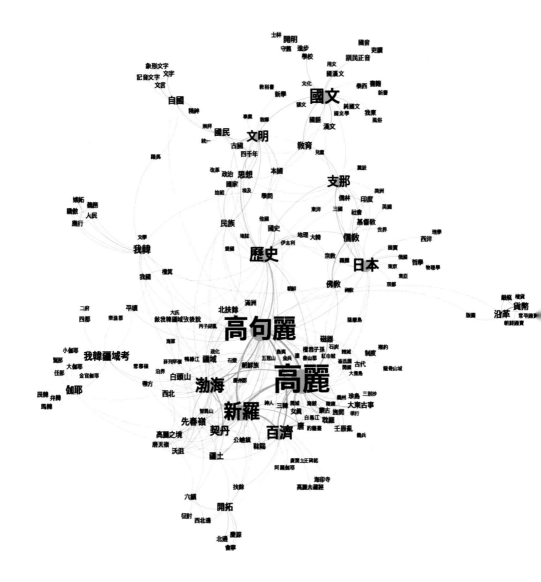

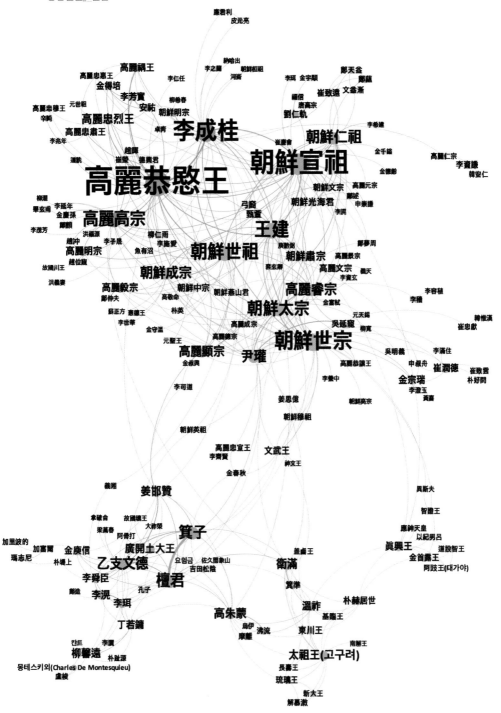

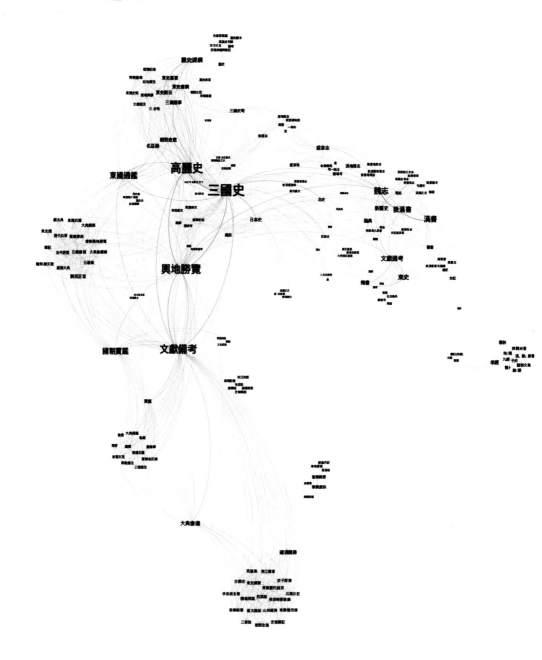

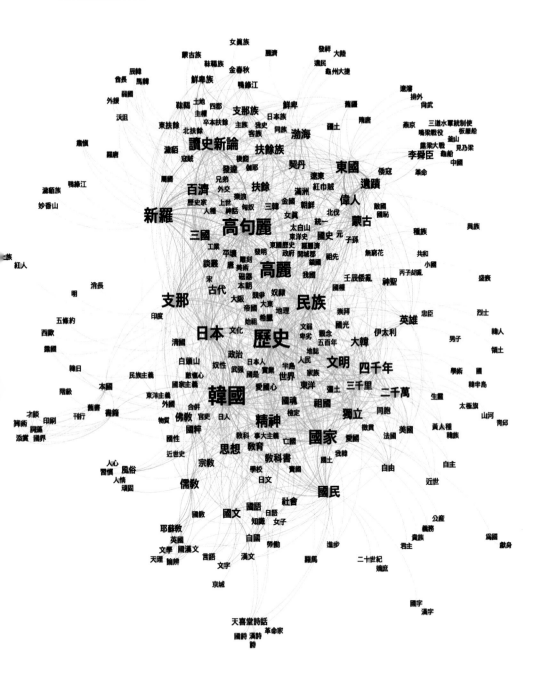

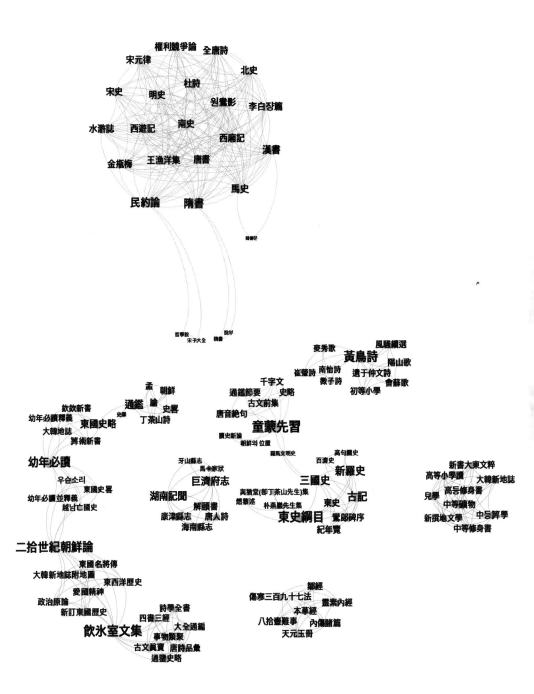

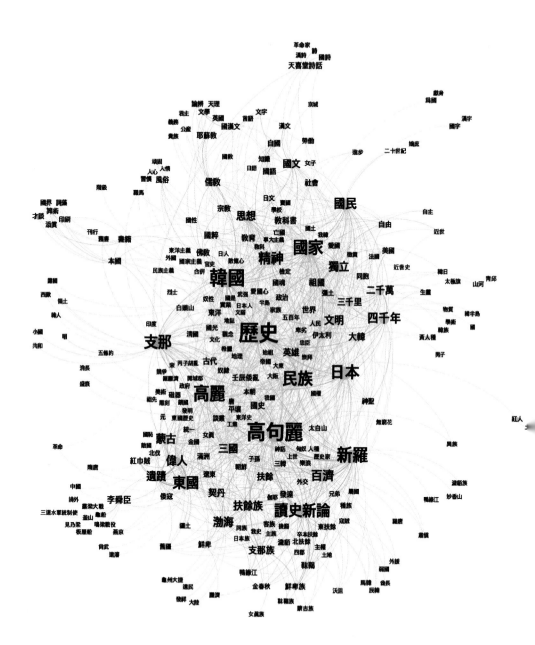

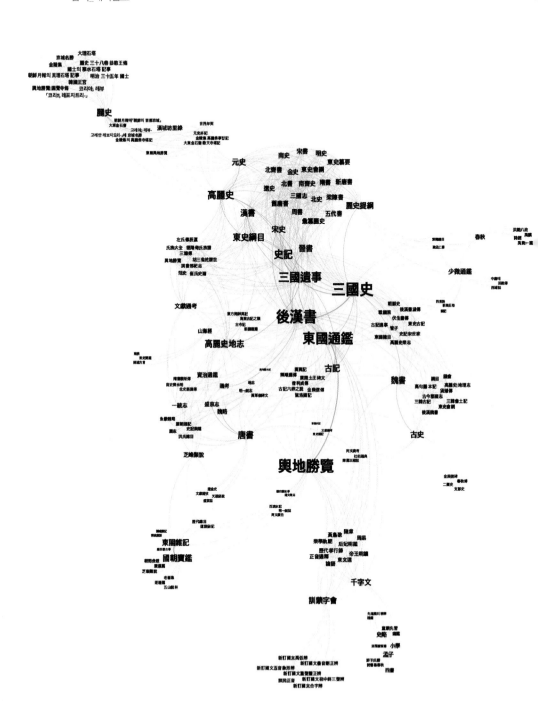

연세
근대한국학HK+
디지털한국학총서

002

MODERN KOREAN STUDIES METADATA
COLLECTIONS 1
: LIST OF KOREAN STUDIES ARTICLES
IN THE NEWSPAPERS AND MAGAZINES,
1896~1910

근대한국학
데이터베이스 자료집
1

근대전환기 신문 · 잡지의
한국학 관련 기사목록 및 주요기사

홍정완 · 정유경 · 심희찬 엮음

머리말

연세대학교 근대한국학연구소 HK⁺ 사업단은 지난 2017년 11월부터 '근대한국학의 지적 기반 성찰과 21세기 한국학의 전망'을 주제로 다양한 연구 활동을 진행해 왔다. 특히 한국학과 관련된 텍스트와 메타 정보를 수집하여 이를 데이터베이스로 구축하고 분석하는 작업을 통해 근대한국학의 지적 기반을 체계화하는 일에 많은 노력을 기울여왔다. 사업은 아직 진행 중이며 메타 정보를 가공하는 작업 역시 지금도 꾸준히 이루어지고 있지만, 우선 지난 2년 6개월간의 연구를 통해 얻은 각종 데이터를 학계에 공개하기 위해 이 책을 출간한다.

주지하듯이 근대한국학은 100년을 훌쩍 넘는 지적 축적을 통해 방대한 정보를 보유하고 있으며, 새로운 디지털 기술을 이용하여 이를 분석하려는 시도가 곳곳에서 이루어진 바 있다. '개념'에서 역사의 DNA를 읽어내고자 하는 대단히 흥미로운 연구를 필두로 텍스트 마이닝을 비롯한 디지털 인문학의 여러 방법들이 하루가 멀다 하고 발전과 쇄신을 거듭하고 있는 중이다. 초기에는 주로 디지털화된 불특정 대량 코퍼스(말뭉치)를 활용하여 특정 개념의 출현빈도와 공기어를 분석하고 그 의미와 맥락의 변화를 추적하는 작업이 시도되었다면, 최근에는 가령 토픽모델링 기법을 통한 특정 코퍼스의 주제 지도 작성, 인공지능과 기계학습을 이용한 저자판별 등 더욱 다양한 형태의 연구들이 등장하고 있다.

근대한국학연구소는 이와 같은 앞선 시도들의 성과에서 많은 가르침을 얻는 한편, 더욱 심도 있는 연구결과를 추출하기 위해 메타 정보와 데이터베이스의 구축 범위를 '한국학' 관련 기사에 한정하고 작업을 진행해 왔다.

19세기 후반부터 식민지를 거쳐 해방 후에 이르는 시기에 간행된 주요 미디어(신문·잡지·단행본 등)의 모든 기사를 전수조사하고 여기서 '한국학'을 다룬 기사를 선별한 다음, 이를 17개의 분야(고적·기행·논설·문학·미술·민속·사건·사업·역사·음악·시가/소설·철학·한글·한의학·현상공모·서적 광고·기타)로 분류classification하고 각각의 기사 본문에서 텍스트의 저자author, 인물person, 주제어keyword, 기관·조직organization, 레퍼런스reference, 레퍼런스 저자ref-author 정보를 추출하여 데이터베이스를 구축하는 것이다. 즉 디지털화된 대량의 코퍼스를 대상으로 설정하면서도 '한국학'이라는 특정 주제(범주)를 다루는 텍스트를 선별하여 한정된 코퍼스를 재구성하고, 재구성된 코퍼스에서 다시 핵심적인 정보들을 추출한 데이터베이스를 만드는 것이다. 기존의 연구들이 몇몇 개념이나 용례에 주목하는 경향이 강한 것에 비해 특정한 지식의 장을 설정하고 그 안에 존재하는 다양한 정보를 살펴보는 이러한 방식은 한국에 관한 연구 주제, 핵심 개념, 연구의 주체, 인물 정보와 지식 정보의 흐름을 가시적으로 파악할 수 있으며 나아가 지식 지형과 지적 계보의 추적을 용이하게 해주는 장점을 지닌다.

이와 같은 연구를 수행하기 위해 근대한국학연구소는 대량의 자료수집과 디지털화 작업을 진행해왔다. 국사편찬위원회, 국립중앙도서관 등 타 기관 공개 DB자료를 수집·활용하는 한편, 미공개 자료 발굴 및 원본텍스트의 디지털화, 해외 소재 근대한국학 자료의 조사 등 토대 작업을 계속 진행하는 중이다. 현재까지의 성과를 짧게 소개하자면 1860년에서 1899년 사이에 발간된 단행본 35종의 원문·복사본, 그리고 미공개 정기간행물로서『한성신보』,『시사총보』,『제국신문』등의 원문·복사본을 확보했다. 이 중『제국신문』과『시사총보』에 관해서는 이미 영인본과 논설자료

집을 간행하였다.[1] 고전적 종합목록(1860~1910)에 소개된 전체 7만여 건의 자료에 대한 조사 · 선별 작업을 통해 중요 단행본 35종의 원문과 미공개 정기간행물의 원문을 확보했으며, 그중 31종에 대한 디지털화 작업을 추진하고 있다(예상 글자 수 1,560,000자). 또한 연세대학교 학술정보원, 국립중앙도서관, 고려대학교 도서관 등 국내 주요 도서관에 소장된 총 540건의 한국학 관련 단행본 자료 목록을 작성했다. 선정된 단행본에 대한 기초 조사를 진행하고 있으며 추후 디지털화할 예정이다.

연세대학교 국학자료실 소장 미공개 한국학 자료 176책에 대한 촬영과 보정작업을 진행하는 중이며, 『매일신보』를 비롯하여 1910~1930년대의 주요 잡지(『신문계』, 『청춘』, 『소년』, 『동명』, 『신조선』, 『계명』, 『청년』, 『한빛』, 『신민』, 『신흥』 등 19종)에서 한국학 관련 기사를 선별하고 디지털화하는 작업이 이루어지고 있다. 해외 한국학 자료 수집에도 많은 힘을 쏟고 있으며, 일본 국회도서관, 도쿄 도립도서관, 게이오대학교 등에 소장된 자료를 조사하여 서적 · 잡지 · 사료 등 총 7,600여 건을 수집했다. 와세다대학교에서는 『조선지광』의 마이크로필름을 열람 · 복사했다. 이러한 성과들을 앞으로 디지털 한국학 총서의 형태로 순차적으로 간행할 것이며, 근대한국학연구소 홈페이지(https://cmks.yonsei.ac.kr/)에서도 공개할 예정이다.

이 책에 실린 메타 정보 및 데이터베이스는 위의 성과들 중 근대전환기 미디어에 등장한 한국학 관련 기사들을 정리하여 추출한 것이다. 근대전환기의 대표적 신문이며 국립중앙도서관이 디지털 자료를 제공하고 있는 『독

---

1 연세대학교 학술정보원, 연세대 근대한국학연구소 인문한국플러스(HK+) 사업단 편, 『제국신문』, 소명출판, 2019; 반재유 · 박창균 · 정대혁 · 홍석호 편, 왕현종 감수, 『『시사총보』 논설 자료집』, 소명출판, 2019.

립신문』, 『황성신문』, 『대한매일신보』의 전체 기사 312,387[2]건을 전수조사하고 그중 한국학 관련기사의 전체목록을 이 책 2부에 게재했다. 그리고 근대전환기에 간행된 잡지 20종[3]의 전체 기사 6,030건을 마찬가지로 전수조사하고 한국학 관련기사 전체목록을 2부에 게재했다.(표 참조)

또한 연구자의 편의를 위해 '서적광고' 중 한국학 관련 서적의 초출 광고목록을 정리하여 2부 마지막에 게재했다. 당시 미디어에 소개된 서적에 어떤 종류가 있었는지 표를 통해 한눈에 알아볼 수 있을 것이다. 1부에 실린 자료와 정보들 역시 연구자들의 눈길을 끄는 부분이라 확신한다. 3종의 신문과 20종의 신문에 실린 모든 기사에서 자연어를 추출하여 순위를 확인하고, 이를 '한국학' 관련 기사에서 등장하는 모든 자연어의 순위와 비교할 수 있도록 표를 만들었다. 그리고 중요 단어들의 연도별 빈도수와 '한국학' 관련 기사에서 추출한 핵심 정보들의 빈도수도 같이 표시해두었다.

3부에서는 2부에서 소개한 '한국학' 관련 기사 중 중요하다고 판단된 기사들을 선별하여 전문을 실었으며, 근대한국학연구소의 연구 인력들이 추출한 핵심 정보 가운데 '인물', '주제어', '레퍼런스', '레퍼런스 저자', '기관/조직'의 날개색인을 달아두었다. 이를 통해 근대한국학에 관한 데이터베이스가 어떻게 구축되었는가를 보여주고자 한다. 여기서 제시한 메타 정보와 데이터베이스에 관한 양적·질적 분석으로서는 『디지털 인문학과 근대한국학 연구―디지털의 눈으로 한국학을 읽다』(이태훈·정유경 편, 소명출판, 2020)를 참조하길 바란다.

---

2 『독립신문』 영문판, 『대한매일신보』 영문판·국문판은 활용하지 못했다. 『황성신문』의 경우 원문이 입력되지 않은 일부 기사들이 존재한다.
3 국사편찬위원회에서 원문을 제공하고 있는 잡지 12종과 연세대 근대한국학연구소에서 자체적으로 디지털화한 잡지 8종을 포함한다.

신문별 '한국학' 관련 기사 건수

신문명/기사건수	전체 기사 건수	조사 대상 기사 건수	한국학 관련 기사 건수	한국학 관련 기사 건수 (서적광고 제외)
독립신문 (1896~1899)	41,408	19,636	58	15
皇城新聞 (1898~1910)	189,114	188,648	6,454	1,162
大韓每日申報 (국한문판, 1905~1910)	104,909	104,103	2,565	782
계	335,431	312,387	9,077	1,959

잡지별 '한국학' 관련 기사 건수

원문 출처	잡지명	전체 기사 건수	한국학 관련 기사 건수
국사편찬 위원회	畿湖興學會月報	396	8
	大東學會月報	341	23
	大朝鮮獨立協會報	230	1
	大韓留學生會學報	122	3
	大韓自强會月報	333	71
	大韓學會月報	287	8
	大韓協會會報	446	48
	大韓興學報	335	19
	西北學會月報	483	30
	西友	378	65
	太極學報	658	18
	湖南學報	179	19
	계	4,188	313
연세대학교 근대한국학 연구소	共修學報 (유)	159	5
	嶠南敎育會雜誌	348	3
	洛東親睦會學報	106	3
	大韓俱樂	31	2
	少年韓半島	245	9
	夜雷	192	14
	親睦	30	0
	親睦會會報	731	10
	계	1,842	46
합계		6,030	359

본문에 제시한 자료들의 정리 기준에 관해서는 범례에서 더욱 상세히 설명하도록 하고, 여기에서는 데이터베이스를 구축하는 과정에서 항상 염두에 두었던 몇몇 중요한 기준을 소개하겠다. 위에서 기술했듯이 근대한국학연구소는 '한국학'이라는 특정한 지식의 장을 설정하고 그 지적 지형도와 계보를 추적하는 것에 중점을 두고 작업을 진행해 왔다. 여기서 말하는 '한국학'이란 하나의 독립된 분과학문이 아니라 '한국'에 관한 지식과 학문을 총칭하는 넓은 범주를 뜻한다. 이 책에서는 근대전환기 당대의 관점에서 '조선의 역사와 문화'를 다루는 기사에 한정하여 선별작업을 진행했으며, 구체적으로는 '조선(한국)'의 역사, 언어, 민속, 고적 등을 다룬 기사 및 그에 관한 사건과 사업(교육, 정책, 운동 등), 그리고 이를 소재로 한 시가·소설 등을 기사 선별의 기준으로 삼았다. 따라서 당대 미디어에서 쉽게 찾아볼 수 있는 황실과 정부 관료들에 관한 기사, 일반적인 애국심 고취를 주장하는 기사, 신지식의 보급·교육·계몽 등에 관한 기사는 포함시키지 않았다.

핵심 정보 중 '주제어'는 그 기사의 전체 내용을 대표하거나 이와 깊은 관련을 가지는 단어들을 골라낸 것이며, 추상적 의미보다는 가급적 독자적 개념을 가진 단어를 선택하기 위해 노력했다. 그러므로 같은 단어나 개념이라도 기사에 따라 '주제어'로 선택되는 경우도 있고 그렇지 않은 경우도 있다. 가장 중요한 기준을 어떤 단어나 개념이 해당 기사의 전체 내용 및 주제와 깊은 관련을 가지는가에 두었기 때문이다.

이러한 방식은 특정 주제에 관한 다양한 정보를 심도 있게 추출할 수 있으며 보다 구체적인 데이터베이스를 구축할 수 있다는 장점을 가진다. 다만 기사의 선별과 핵심 정보 추출에서 연구자의 주관성이 개입될 여지를 남긴다는 문제가 따라 붙게 된다. 주관성의 문제는 거의 모든 디지털

인문학 연구가 불가피하게 가질 수밖에 없는 것이다. 근대한국학연구소 또한 주관성을 최대한 배제하기 위해 많은 고민을 거쳤으며 다양한 학술대회와 심포지엄, 포럼과 연구회, 강연과 내부 워크숍 등을 통해 가장 적합한 방식을 찾기 위한 모색을 거듭했다. 그렇게 최대한의 노력을 기울였지만 마지막에는 일정한 주관성의 영역이 남을 수밖에 없는 노릇이고, 그 설득력 여하는 연구자의 개별적 역량에 크게 좌우될 것이다. 그저 이 책에서 제시한 자료와 데이터베이스에 학계의 많은 관련 연구자들이 관심과 질책을 표명해주고, 더욱 효과적인 분석 방법을 고안하기 위한 밑거름을 얻을 수 있기를 바랄 뿐이다.

데이터베이스를 구축하는 작업은 그야말로 지난한 과정의 연속이었다. 근대한국학연구소 HK⁺ 사업단의 많은 연구 인력들이 기사 선별과 분류, 핵심 정보 추출 작업 등에 헌신적으로 임해주었기에 이 책이 나올 수 있었다. 사업단을 거쳐 간 여러 분들을 비롯하여 데이터베이스 구축 작업에 많은 시간과 노력을 할애해 준 모든 연구 인력에게 깊은 감사의 말씀을 드린다. 특히 사업단 내 DB팀에 속한 연구 인력들에게 심심한 위로의 뜻을 전하고 싶다. 아인슈타인은 컴퓨터는 믿을 수 없을 만큼 신속하고 정확하지만, 매우 멍청하기도 하다는 말을 남겼다고 한다. DB팀 식구들은 컴퓨터의 멍청한 부분을 메우기 위한 철야 작업이 매일같이 이어지는 와중에도 각자가 맡은 일을 완벽하게 해냈다. 이 책이 작은 보답이 되기를 바란다. 쉽지 않은 편집과 교열 작업에 힘써 준 소명출판 관계자 분들께도 고마운 마음을 전한다.

2020년 4월

심희찬

주요 자료

1) 신문

국립중앙도서관

『독립신문』(1896~1899, 영문판 제외), 『황성신문』(1898~1910),
『대한매일신보』(1905~1910, 국문판·영문판 제외)

2) 잡지

국사편찬위원회

『기호흥학회월보』, 『대동학회월보』, 『대조선독립협회회보』, 『대한유학생회학보』,
『대한자강회월보』, 『대한협회월보』, 『대한협회회보』, 『대한흥학보』, 『서북학회월보』,
『서우』, 『태극학보』, 『호남학보』

연세대 근대한국학연구소(디지털화 자료)

『공수학보』, 『교남교육회잡지』, 『낙동친목회학보』, 『대한구락』, 『소년한반도』, 『야뢰』,
『친목』, 『친목회회보』

범례

1) 1부의 데이터베이스 자료 중 단어빈도는 본문이 있는 기사를 대상으로 자연어처리
를 수행하여 단어 빈도를 계산한 것이다. 숫자, 영문자, 기호를 제거하고 한자 조사어
로 어절을 분리한 후, 한자어를 공백 단위로 분리하여 완전 일치된 단어의 빈도수를
계산하였다. 합성어는 별개의 단어로 처리했으며, 한자어를 대상으로 자연어처리를
수행했기 때문에 한글 단어는 제외되었다.

〈상위 100단어〉 중 '전체기사'는 위 자료군의 모든 기사에서 자연어처리를 한 단어의
빈도수를 나타내며, '한국학기사'는 선별한 한국학 관련기사 중 서적광고를 제외한 모
든 기사에서 자연어처리를 한 단어의 빈도수를 나타낸다. 자연어처리를 통해 원문에
서 한자어를 추출하는 방법을 사용하였기 때문에 한 기사에서 특정한 단어가 여러 번
출현한 경우를 모두 포함하여 빈도를 측정하였다. '한국학(태깅)'은 각각의 '한국학기
사'에서 추출한 '저자', '주제어', '인물', '레퍼런스', '레퍼런스 저자', '기관·조직'을
빈도수에 따라 표시한 것이다. 여기에서는 같은 인물이라도 이름이 다르게 표기된 경

우나 동일한 지시대상임에도 표기가 다른 경우 등은 모두 대표명을 설정하여 동일하게 계산했다.

〈한국학 관련 기사 상위 30단어의 연도별 빈도수(순위)〉는 〈상위 100단어〉 중 상위 30단어를 대상으로 해당 단어의 빈도와 연도별 단어의 순위를 표기하였다. 여기서 단어빈도는 해당 단어가 텍스트에 등장한 빈도로, 복합명사 안에 단어가 포함되었을 때에도 함께 계산되었다.

책머리에 삽입한 〈한국학 관련 기사 상위 30단어의 빈도 추이〉는 앞선 〈한국학 관련 기사 상위 30단어의 연도별 빈도수(순위)〉에 나타난 단어빈도를 연도별로 표시한 그래프이다. 가로축은 연도를, 세로축은 단어의 빈도를 의미한다. 1910년에 가까워질수록 기사의 수가 증가하는 경향을 보이다가 1910년에는 그 수가 줄어들기 때문에 단어의 빈도 이와 유사한 경향을 보인다.

2) 책머리 삽지의 공기(co-occurrence)네트워크는 『황성신문』과 『대한매일신보』, 그리고 20종의 잡지에서 선별한 '한국학 관련기사'를 대상으로 '주제어', '인물', '서명'을 활용하여 공기네트워크를 시각화한 것이다. 각 네트워크 별로 2회 이상 공기한 단어들을 대상으로 네트워크를 구성하였고, 단어의 크기는 함께 출현한 단어가 많을수록 커지는 PageRank값을 적용하였다.

3) 2부의 전체기사 목록 중 신문 기사는 매체와 날짜, 제목, 분야, 본문 수록 여부를 표시했다. 잡지는 매체와 날짜, 제목, 분야, 본문 수록 여부와 함께 확인되는 저자명을 기재했다. 서적광고 목록은 전체기사 중 한국학에 관한 서적광고 기사의 초출을 표로 만든 것이다. 신학문, 제도, 실용, 외국에 관한 서적 등은 제외했으며, 매체와 날짜, 광고된 서적의 제목만 표시했다. 서적광고 기사는 동일한 내용이 반복되는 사례가 많지만, 여기에 새로운 서적이 추가된 경우에는 초출로 간주했다.

4) 3부의 주요기사 본문은 '한국학 관련기사' 중에서 근대한국학의 특성 및 데이터베이스 작업의 모습을 잘 보여준다고 판단된 기사의 본문 전문을 수록한 것이다. 가령 「아한강역고」나 「독사신론」처럼 학계에 널리 알려져 있거나 이미 간행된 자료, 혹은 10회 이상 연재된 장기연재기사 등은 모두 제외했다.

제목과 함께 날짜를 기재했으며, 박스 안에 '주제어', '인물', '서명', '서명저자', '기관·조직'으로 추출한 핵심 정보를 정리하고 본문에 날개색인을 달아서 해당 기사에서 어떤 메타 정보가 확인되는지 한눈에 알아볼 수 있도록 했다. '인물'은 기사에 등장하는 인물, '서명'은 기사에서 참조된 서적, '서명저자'는 참조된 서적의 저자를 가리킨다. '기관/조직'은 해당 기사의 주제와 밀접한 관계를 가지는 기관 및 조직을 나타낸다. '주제어'는 해당 기사의 핵심적인 내용 및 주제와 관련되는 단어나 문장을 표시한 것이다. 주제어는 해당 기사 전체 내용과의 관련성에 따라 선정했기 때문에 같은 단어나 개념이 기사에 따라 주제어로 표시되거나 그렇지 않은 경우도 있다. 또한 '인물'이나 '서명', 그리고 일부 '주제어'는 같은 지시대상이라도 표기방식이 다른 경우가 많으므로 대표명을 정하여 통일하였다.

5) '◈' 표시는 원문 판독이 불가능한 글자를 나타낸다.

차례

1부

근대전환기 신문·잡지
'한국학' 관련
전체기사 DB자료

단어빈도

〈상위 100단어〉

순위	전체기사	빈도	한국학기사 (서적광고 제외)	빈도	한국학(태강)	빈도
1	告白	33,734	今日	513	高麗	228
2	日本	24,015	國家	510	新羅	205
3	朝鮮	17,108	日本	393	檀君	203
4	本社	11,859	國民	347	高句麗	182
5	廣告	11,210	歷史	346	日本	147
6	內部	10,318	未完	337	李舜臣	141
7	今日	10,036	韓國	318	歷史	141
8	製造	9,378	我國	314	民族	134
9	必要	9,154	人民	297	國文	132
10	人民	9,145	嗚乎	269	韓國	131
11	自己	8,942	高句麗	261	文明	121
12	教育	8,112	新羅	247	百濟	118
13	國家	8,088	教育	246	箕子	112
14	報告	7,925	百濟	225	朝鮮宣祖	108
15	英國	7,868	思想	222	朝鮮世宗	107
16	淸國	7,867	不知	219	支那	103
17	政府	7,700	民族	219	國家	93
18	社會	7,339	支那	217	精神	93
19	請求	7,006	我韓	203	李成桂	92
20	設立	6,620	大東古事	197	乙支文德	87
21	照亮	6,482	精神	196	大韓	83
22	京城	6,434	文明	192	高麗恭愍王	83
23	俄國	6,408	時代	185	國民	78
24	以上	6,248	發達	185	崔瑩	73
25	目的	6,177	神斷公案	185	四千年	67
26	請願	6,111	英雄	184	儒教	66

순위	전체기사	빈도	한국학기사 (서적광고 제외)	빈도	한국학(태강)	빈도
27	皇城新聞社	5,995	嗚呼	182	東國	63
28	組織	5,970	社會	175	漢文	63
29	事實	5,927	世界	170	獨立	63
30	學校	5,907	同胞	168	敎育	62
31	關係	5,906	於是	159	王建	60
32	依願免本官	5,826	不可	158	偉人	59
33	募集	5,772	論說	155	朝鮮	59
34	問題	5,421	國文	154	學部	57
35	生活	5,414	韓人	151	我韓	57
36	世界	5,339	崔都統	149	蒙古	57
37	思想	5,232	文字	149	遺蹟	57
38	大韓	5,130	自國	148	壬辰倭亂	56
39	說明	5,095	吾儕	144	孔子	56
40	結果	5,057	吾人	142	渤海	55
41	本校	5,037	李舜臣	141	思想	54
42	一般	5,019	高麗	141	高朱蒙	52
43	多數	5,003	所以	138	朝鮮太宗	51
44	韓國	4,942	漢文	135	讀史新論	50
45	定價	4,821	一校紅	134	廣開土大王	49
46	米國	4,816	關係	132	英雄	49
47	未完	4,801	不能	131	金庾信	49
48	國民	4,797	仁鴻	131	社會	48
49	希望	4,795	本社	131	三國	46
50	現今	4,782	他人	127	朝鮮仁祖	46
51	相當	4,637	希望	123	自國	46
52	發賣所	4,616	朝廷	118	金春秋	46
53	中國	4,611	何如	113	國語	45
54	度支部	4,567	先生	113	二千萬	44
55	提出	4,545	舜臣	112	朝鮮世祖	44
56	日本人	4,541	吳進士	110	我國	42

순위	전체기사	빈도	한국학기사 (서적광고 제외)	빈도	한국학(태깅)	빈도
57	購覽	4,534	太祖	110	契丹	41
58	同胞	4,473	其後	109	三千里	39
59	精神	4,459	政府	109	扶餘	39
60	學部	4,382	朝鮮	109	扶餘族	39
61	注意	4,265	研究	109	敎科書	38
62	發達	4,263	事業	108	朝鮮成宗	38
63	辭令	4,244	諸君	106	李滉	38
64	美國	4,227	魚福孫	106	高麗高宗	38
65	擴張	4,177	性質	103	三韓	37
66	日人	4,175	平壤	102	愛國	37
67	照會	4,169	現今	102	姜邯贊	36
68	敎授	4,087	將軍	99	文字	36
69	朝鮮人	4,082	自己	99	佛敎	35
70	地方	4,059	人物	98	丁若鏞	34
71	東京	4,044	人類	98	國史	34
72	不知	3,953	日人	97	女眞	34
73	內外國人	3,949	書籍	96	祖國	34
74	獨逸	3,933	檀君	96	世界	33
75	方法	3,931	獨立	95	國粹	33
76	研究	3,911	學問	93	高麗忠烈王	33
77	事務	3,889	必要	93	平壤	32
78	自由	3,872	目的	92	尹瓘	31
79	諸君	3,862	不得	91	唐太宗	31
80	同時	3,817	偉人遺蹟	91	學校	31
81	雜報	3,788	此時	89	宗敎	31
82	本書	3,777	主義	87	白頭山	31
83	發行所	3,762	全國	87	조지 워싱턴(華盛頓, George Washington)	30
84	時代	3,752	勢力	85	孟子	30

순위	전체기사	빈도	한국학기사 (서적광고 제외)	빈도	한국학(태깅)	빈도
85	運動	3,740	學校	85	言語	30
86	法律	3,737	自由	84	高麗顯宗	30
87	事項	3,727	世人	82	周時經	29
88	發行	3,719	事文獻	82	漢武帝	29
89	調查	3,701	天下	82	高麗睿宗	29
90	我國	3,691	養成	82	內部	28
91	設置	3,663	言語	81	國漢文	28
92	不可	3,656	崇拜	80	政治	28
93	使用	3,652	時勢	80	文武王	28
94	新聞	3,612	儒敎	79	朝鮮肅宗	28
95	特別	3,572	以上	78	淵蓋蘇文	28
96	同電	3,557	組織	77	風俗	28
97	不能	3,546	外人	76	馬韓	28
98	廉價	3,544	宗敎	75	印度	27
99	敍任	3,531	將來	74	同胞	27
100	從事	3,507	政治	74	國魂	27

〈한국학 관련 기사 상위 30단어의 연도별 빈도수(순위)〉

연도	國家	日本	國民	歷史	韓國	我國
1896	2(89)	3(40)	4(19)			4(20)
1897	2(88)	2(115)	8(7)			5(15)
1898	1(204)					
1899	4(37)	1(2072)	4(39)	2(274)		9(5)
1900	1(453)	1(752)				
1901						1(1048)
1902	2(157)	1(2050)	1(1294)		5(24)	6(18)
1903	2(388)	5(102)				3(213)
1904						2(11)
1905	9(5)	4(34)	5(15)	4(37)	5(23)	1(1341)
1906	72(9)	31(45)	56(14)	5(618)	43(26)	51(18)
1907	62(2)	37(11)	29(23)	21(46)	27(30)	40(9)
1908	94(9)	97(8)	90(10)	170(1)	65(20)	65(19)
1909	187(1)	153(3)	115(4)	82(10)	111(5)	82(9)
1910	72(2)	58(7)	35(18)	62(4)	62(5)	45(11)

연도	人民	高句麗	新羅	教育	百濟	思想
1896	1(299)			2(115)		2(108)
1897	8(5)			3(47)		1(642)
1898	5(3)			1(321)		
1899	4(31)	1(3648)	4(42)	4(41)	2(297)	
1900	3(14)			1(724)	1(1011)	
1901			1(1140)			
1902		1(3667)				
1903	1(1330)	12(47)	7(75)		10(56)	
1904	1(83)			1(415)		
1905	17(1)		1(1464)	6(11)	3(80)	2(159)
1906	28(50)	25(64)	19(83)	71(11)	12(167)	19(82)
1907	59(3)	31(19)	20(50)	34(12)	27(29)	40(8)
1908	71(15)	124(5)	131(2)	56(26)	122(6)	44(38)
1909	68(20)	56(28)	54(31)	55(30)	41(43)	72(16)
1910	31(23)	11(121)	10(133)	12(101)	7(242)	42(13)

연도	民族	支那	我韓	大東古事	精神	文明
1896		2(113)				2(116)
1897		3(46)			2(154)	1(720)
1898						1(324)
1899		2(241)	5(25)		1(2898)	
1900			3(21)			
1901						
1902			7(16)		1(2912)	
1903		1(5134)	10(53)			1(5228)
1904			2(12)			
1905			1(1350)		1(2062)	
1906	13(144)	14(128)	37(35)	197(1)	32(43)	24(68)
1907	29(26)	25(31)	29(24)		14(83)	19(54)
1908	48(30)	68(17)	47(31)		35(48)	45(37)
1909	72(17)	68(21)	49(34)		81(11)	52(32)
1910	57(8)	34(20)	13(85)		29(30)	47(10)

연도	發達	神斷公案	英雄	社會	世界	同胞
1896	1(1158)			2(137)	2(62)	
1897				5(20)	2(66)	
1898					2(10)	
1899	2(293)				3(63)	
1900	3(23)				3(13)	
1901						
1902	2(260)					
1903						1(3125)
1904						
1905	5(19)			2(206)	2(107)	4(28)
1906	27(57)	185(2)	3(1482)	10(226)	18(87)	24(65)
1907	25(33)		5(516)	22(42)	21(44)	18(57)
1908	35(47)		39(41)	27(71)	16(136)	24(78)
1909	47(36)		86(8)	89(7)	65(24)	73(13)
1910	38(14)		51(9)	18(51)	36(15)	24(38)

연도	國文	韓人	崔都統	高麗	自國	李舜臣
1896	1(571)				1(1285)	
1897	1(468)					
1898	7(2)					
1899	7(9)	1(3594)		3(115)		1(2248)
1900				1(1398)		
1901	2(46)			1(2184)		
1902				1(3670)		
1903		2(654)		4(165)		
1904						
1905	1(949)	4(44)			4(41)	
1906	5(563)	13(148)		11(196)	18(92)	2(2902)
1907	29(22)	8(218)		10(156)	14(84)	2(2210)
1908	68(16)	27(72)	1(14933)	72(13)	46(35)	130(3)
1909	20(137)	67(22)	23(114)	25(102)	47(37)	4(1673)
1910	13(84)	29(31)	125(1)	13(92)	18(54)	2(1872)

2부

근대전환기 신문·잡지
'한국학' 관련
전체 기사 목록

No.	매체	날짜	제목	분야	본문 수록
1	독립신문	1896.04.07	우리가 독닙신문을 오늘 처음으로 출판ᄒᆞᄂᆞᄃᆡ 조션속에 잇ᄂᆞᆫ ᄂᆡ외국 인민의게	논설, 한글	O
2	독립신문	1896.05.19	관보 오월 십륙일 빈젼 도감 랑쳥 리규승	기타	
3	독립신문	1896.07.23	셩균관 관긔교가 헐어지고 아릭 대궐 션인문 밧긔셔 브터	고적, 기타	
4	독립신문	1897.01.26	죠션과 쳥국셔 공자 교가 잇스나 공ᄌᆞ교ᄂᆞᆫ 교라 닐흘거시	기타	
5	독립신문	1897.06.05	관보 륙월 삼일 법부 대신 한규셜이	기타	
6	독립신문	1897.06.05	인텬셔 텰도 노홀 길을	기타	
7	독립신문	1898.01.13	사ᄅᆞᆷ이 미릭 ᄉᆞ를 미리 아ᄂᆞᆫ 길은 과거 ᄉᆞ를 보거드면	논설, 기타	
8	독립신문	1898.03.08	대한 인민들이 대한을 ᄌᆞᄀᆡ 나라로 싱각ᄒᆞᄂᆞᆫ	논설	O
9	독립신문	1898.09.19	유 지각 ᄒᆞᆫ 친구의 글	논설, 기타	
10	독립신문	1899.01.17	긔실쳥 통문	역사	
11	독립신문	1899.02.20	죡죡유여	기타	
12	독립신문	1899.02.24	관왕묘 즁건	기타	
13	독립신문	1899.03.01	학문의 득실	논설	O
14	독립신문	1899.05.20	타국 글 아니라	논설, 한글	O
15	독립신문	1899.06.27	요긴ᄒᆞᆫ일	논설	O
16	皇城新聞	1898.09.05	昔我東方에 檀君이 初降ᄒᆞᆷ이 人文이 未創ᄒᆞ야 其傳來ᄒᆞᄂᆞᆫ 文獻이 足히	역사	
17	皇城新聞	1898.09.21	陽秋古燈、偶閱萬國公報第一百零八卷、至高麗稱帝之說	논설, 역사	
18	皇城新聞	1898.09.28	國文漢文論上	논설, 한글	O
19	皇城新聞	1898.09.28	國文漢文論下	논설, 한글	O
20	皇城新聞	1898.10.20	咸鏡北道鍾城居三品前五衛將吳三甲等이 大韓과 淸國間에 地界를 定ᄒᆞ고	고적, 역사	O
21	皇城新聞	1899.02.23	韓淸定界	역사	
22	皇城新聞	1899.04.17	我國의 經濟學大先生丁茶山若鏞氏의 所述한바를 摘要ᄒᆞ노라	역사	
23	皇城新聞	1899.04.18	今之沮事者ㅣ 輒曰祖宗之法은 未可議라ᄒᆞ나	역사	
24	皇城新聞	1899.04.22	余ㅣ 七八歲에 入學ᄒᆞ야	논설	

No.	매체	날짜	제목	분야	본문 수록
25	皇城新聞	1899.04.28	我韓이 東亞에 四千餘年古邦이라 其宗敎가 箕疇에 肇基ᄒ야	역사	
26	皇城新聞	1899.05.02	國文源流	한글, 역사	O
27	皇城新聞	1899.05.03	國文源流 (續)	한글	
28	皇城新聞	1899.05.18	天包地環ᄒ 中間에 萬類가 有ᄒ니	논설, 역사	
29	皇城新聞	1899.05.19	凡人이 千古下에 生ᄒ야 能히 千古前을 講明함은 大抵先覺의 著述이 有ᄒ야	논설, 역사	
30	皇城新聞	1899.06.03	大韓人의 智巧가 擴張치못ᄒ 原因	논설, 역사	
31	皇城新聞	1899.08.03	大韓經濟先生茶山丁若鏞氏의 所撰한 守令考績法을 左에 略記ᄒ노라	역사	
32	皇城新聞	1899.08.18	嶺南儒生의 疏本을 得記ᄒ노라	논설, 기타	
33	皇城新聞	1899.09.06	觀風採俗이란 句語는 古昔에 先王이 天을 代ᄒ야 化를 宣ᄒ심이	민속	
34	皇城新聞	1899.09.12	我韓이 自五百年以來로 士論이 正剛ᄒ기로	논설, 역사	
35	皇城新聞	1899.09.13	我國이 檀君箕子로 伊來五千年古邦으로	논설, 역사	
36	皇城新聞	1899.09.18	洪範에 曰호ᄃᆡ 無偏無黨이면 王道ㅣ 蕩蕩ᄒ고	논설	
37	皇城新聞	1899.10.07	名賢典故	역사	
38	皇城新聞	1899.10.30	我大韓의 疆域이 東南西三面은 大海를 限截ᄒ고	논설, 역사	
39	皇城新聞	1899.11.09	書契라 稱함이 上古中國은 史皇氏蒼頡이 鳥跡을 摸畵ᄒ야 作ᄒ얏슴이	논설, 한글	
40	皇城新聞	1899.11.13	成廟朝에셔 臣僚를 晉接ᄒ심에 家人父子와 如ᄒ시되 臨政에는 肅敬ᄒ시니	역사	
41	皇城新聞	1899.11.13	先正臣李滉之言曰可進而進者進爲恭不可進而不進者不進 爲恭	역사	
42	皇城新聞	1899.11.14	肅宗壬申에 前郡守洪萬恢家에 棕閣木이 有ᄒ기로 掖隷를 遣ᄒ야	역사	
43	皇城新聞	1899.11.14	柳西厓成龍이 都體察使로 列邑에 移文호 事가 有ᄒ야	역사	
44	皇城新聞	1899.11.15	太宗朝의ᄋᆞᆸ셔 代言李明德等에게 柑子各一器를 賜ᄒ시고갈아스ᄃᆡ	역사	
45	皇城新聞	1899.11.15	顯廟昔於筵中間曰內間之言出於外間何也左右莫能對	역사	
46	皇城新聞	1899.11.16	中廟戊辰에 御筆을 政院에 下ᄒ샤 曰若有過失이면 外庭羣臣이 皆可進言아은	역사	
47	皇城新聞	1899.11.16	都下各官府內一小字에 紙錢을 叢掛ᄒ며 神像을 畵成ᄒ고	역사	

No.	매체	날짜	제목	분야	본문 수록
48	皇城新聞	1899.11.17	世宗끠옵셔 甞寢疾이시더니 內人等이 巫女의 言을 惑ᄒ야	역사	
49	皇城新聞	1899.11.18	古人이 有言ᄒ되 千里에 不同風ᄒ고 百里에 不同俗이라ᄒ니	민속	
50	皇城新聞	1899.11.18	宣廟ㅣ 以紀綱未振으로 爲歎ᄒ신되 李珥曰紀綱之在國家가	역사	
51	皇城新聞	1899.11.20	太宗朝에 下敎求言ᄒ신되 禮曹佐郞鄭孝復이 上言曰功同而賞有高下ᄂ	역사	
52	皇城新聞	1899.11.20	一武官이 爲某郡郡守러니 民有爭田者ᄒ야 甲是乙非라	역사	
53	皇城新聞	1899.11.21	孝廟朝ㅣ 每引接臣僚之日이면 宦官이 皆有憂色ᄒ야	역사	
54	皇城新聞	1899.11.21	肅宗祖乙卯에 引見備局堂上이라가 獨留許積ᄒ시고	역사	
55	皇城新聞	1899.11.21	[寄書]西湖居士	논설, 역사	O
56	皇城新聞	1899.11.22	文宗朝끠옵셔 卽位ᄒ샤 宵旰圖治ᄒ시며 逐日視事ᄒ샤	역사	
57	皇城新聞	1899.11.22	成宗朝끠옵셔 趙孟兆字를 集ᄒ샤 張蘊古大寶箴를 刻ᄒ야	역사	
58	皇城新聞	1899.11.23	成宗朝時에 掌苑署啓曰今年京中에 梨不結實ᄒ니	역사	
59	皇城新聞	1899.11.23	宣祖朝끠옵셔 鄕約을 命行ᄒ라ᄒ신되	역사	
60	皇城新聞	1899.11.24	世宗祖끠옵셔 慶會樓東에 散材로 別室을 搆ᄒ심이 砌礎를 不用ᄒ며	역사	
61	皇城新聞	1899.11.24	孝廟朝끠옵셔 甞語及大明事ᄒ샤 曰古人所云亡國이 非一道也라ᄒ니	역사	
62	皇城新聞	1899.11.25	成廟朝時에 梁南原誠之가 久掌風憲ᄒ야 有銅臭之癖ᄒ고	역사	
63	皇城新聞	1899.11.25	宣廟朝끠옵셔 聖智出天ᄒ샤 邊事規劃을 皆自睿斷ᄒ시니	역사	
64	皇城新聞	1899.11.25	魚判院이 莅事堅確ᄒ야 甞爲内資判事라가 蓁養公鷄러니	역사	
65	皇城新聞	1899.11.25	吳德溪健이 爲銓郞ᄒ야 陵祭差定時에 領相李浚慶之婿가 亦參其中이라	역사	
66	皇城新聞	1899.11.27	世宗朝時에 風水者ㅣ 請塞宮城北路ᄒ며 城內에 造假山ᄒ야	역사	
67	皇城新聞	1899.11.27	趙判書士秀ㅣ 登文科一等ᄒ야 初授内資直長이러니 時和歲豊ᄒ야	역사	
68	皇城新聞	1899.11.28	宣廟朝時에 車天輅가 以科場代述之罪로 竄謫北邊이러니	역사	
69	皇城新聞	1899.11.28	李判書奎齡이 守法不私하야 在秋曹에 公이 有女異居러니	역사	
70	皇城新聞	1899.11.29	宣廟朝戊子年間에 甞見座目官案하니 除大臣原任外에 自從二品至正二品이	역사	

No.	매체	날짜	제목	분야	본문 수록
71	皇城新聞	1899.11.29	孝廟朝씌읍셔 嘗語筵臣曰 予] 嘗於事之不可者를 姑且置之라가	역사	
72	皇城新聞	1899.11.29	尙安成公震이 爲相十六年에 當尹元衡用事之日하야 內外掣肘하야	역사	
73	皇城新聞	1899.11.30	世宗朝時에 金宗瑞] 開拓六鎭할신 朝議多有異同하되	역사	
74	皇城新聞	1899.11.30	肅廟朝時에 正言洪啓迪이 疏論하되 禁中에 有歌呼之事하니	역사	
75	皇城新聞	1899.12.05	成宗朝씌읍셔 御便殿이러시니 奉母夫人白氏가 請爵人이어늘	역사	
76	皇城新聞	1899.12.05	崔領相錫鼎이 言先朝에 曾以荐子로 下問이어시늘 儒臣이 不能對로되	역사	
77	皇城新聞	1899.12.06	世宗朝씌읍셔 嘗坐勤政殿하샤 與大臣으로 勵精圖治하신되	역사	
78	皇城新聞	1899.12.06	仁祖朝丙戌에 李忠翼公時白의 賜第階上에 舊有一朶名花하니	역사	
79	皇城新聞	1899.12.07	黃秋浦] 差通信使ᄒ야 船向一岐島라가 中洋에 遇風出沒이어늘	역사	
80	皇城新聞	1899.12.08	夫以世俗常情으로 言之則儒者를 固可惡也로다 論治則遠引唐虞하며	역사	
81	皇城新聞	1899.12.09	顯廟朝씌읍셔 在東宮時에 大內에 有所養稚熊하야 漸不受制於人이어늘	역사	
82	皇城新聞	1899.12.13	世宗朝集賢殿學士朴彭年이 買田於廣州어늘	역사	
83	皇城新聞	1899.12.13	宣廟朝時에 右議政姜士尙이 立朝三十餘年에 不肯出一語ᄒ고	역사	
84	皇城新聞	1899.12.15	有隱君子ᄒ야 匿跡於皮匠中이러니 靜菴이 知其賢ᄒ고 就而問學ᄒ고	역사	
85	皇城新聞	1899.12.16	鄭文翼公匡弼이 在謫所러니 有京便ᄒ야 夜叩棘門ᄒ되 吉報] 至矣라	역사	
86	皇城新聞	1899.12.16	晦齋先生이 大有定力ᄒ야 雖過倉卒이나 未嘗有疾言遽色ᄒ고	역사	
87	皇城新聞	1899.12.16	李後白이 爲吏判ᄒ야 務崇公道ᄒ고 不受請囑이러니	역사	
88	皇城新聞	1899.12.18	成廟朝씌읍셔 後苑에 散步러시니 有飛鴉하야 偶含一紙하야	역사	

No.	매체	날짜	제목	분야	본문 수록
89	皇城新聞	1899.12.26	盧蘇齋少時에 以玉堂封事로 被譴ᄒ야 直聲이 動於士林이러니	역사	
90	皇城新聞	1899.12.26	宋孝憲欽이 每於出宰赴任之際에 新迎馬ㅣ 只三匹也니	역사	
91	皇城新聞	1899.12.26	頃年에 樵夫ㅣ 會于彰義門外松下曰吾輩가 備局坐起를 依樣이 可乎아	역사	
92	皇城新聞	1900.01.23	孤下島事實	고적	
93	皇城新聞	1900.01.24	科擧不如敎育	논설, 역사	
94	皇城新聞	1900.03.03	李相國元翼이 釋褐에 肄習漢語ᄒ야 專意講習이러니 以書狀官赴京에	역사	
95	皇城新聞	1900.03.10	咸鏡一道가 隣於野人ᄒ고 且有藩胡ᄒ야 自前南北兵使及北道守令을 皆例以	역사	
96	皇城新聞	1900.03.13	鄭新堂鵬이 爲靑松府使ᄒ야 成相希顔이 書索柏蜜이어늘 公이 答曰柏在高峰	역사	
97	皇城新聞	1900.04.02	李文惠公安訥이 被選於淸白吏ᄒ야 嘗語人曰吾於莅郡按節에 豈能無玷이리오	역사	
98	皇城新聞	1900.04.04	時事報에 日本磁器의 沿革을 如左히 記ᄒ얏스니 日本薩摩島에셔 造ᄒᄂ	미술, 사건	
99	皇城新聞	1900.04.10	富强在於發達人材	미술, 논설	
100	皇城新聞	1900.04.14	[寄書]韓山漁隱生	역사	
101	皇城新聞	1900.05.08	韓人賣韓土	고적	
102	皇城新聞	1900.07.09	不可不尙武氣	논설, 역사	
103	皇城新聞	1900.08.01	用人宜公	논설, 역사	
104	皇城新聞	1900.10.05	養疊詎有俗忌	논설, 민속	
105	皇城新聞	1900.10.09	言語可整	논설, 한글	
106	皇城新聞	1901.01.23	謊說譏誕切不可信	논설, 역사	
107	皇城新聞	1901.02.26	不敢愛其身而忘其國	논설, 역사	
108	皇城新聞	1901.02.28	以死自決則固當赴敵死難	논설, 역사	
109	皇城新聞	1901.03.25	浩嘆農書沈淪	논설, 역사	
110	皇城新聞	1901.03.26	遼界沿革	논설, 역사	○
111	皇城新聞	1901.04.20	復睹靑龍亭射儀	민속, 논설	
112	皇城新聞	1901.04.24	讀史有感	논설, 역사	○
113	皇城新聞	1901.05.04	蜈蟆日鬪解	논설, 역사	

No.	매체	날짜	제목	분야	본문수록
114	皇城新聞	1901.05.06	今不讓古東不讓西	논설, 역사	
115	皇城新聞	1901.05.08	鬼出人心未定中	민속, 논설	
116	皇城新聞	1901.05.22	答研古堂書	논설, 역사	
117	皇城新聞	1901.06.10	國文宜潤色	논설, 한글	○
118	皇城新聞	1901.06.13	人無古今維在開導如何	논설, 민속	
119	皇城新聞	1901.06.28	讀姜侍中傳有感	논설, 역사	
120	皇城新聞	1901.06.29	讀虎叱一嘆	문학, 논설	
121	皇城新聞	1901.07.08	譜略存案	사업	
122	皇城新聞	1901.07.29	不飮藥一不治	논설, 한의학	
123	皇城新聞	1901.10.07	舊增願堂	고적, 사건	
124	皇城新聞	1901.11.13	俚謠足觀世道	음악, 논설	
125	皇城新聞	1901.12.26	讀史轟飮	논설, 역사	
126	皇城新聞	1902.01.06	位牌製須	사건	
127	皇城新聞	1902.02.02	軍事軍費亟宜裁整	논설, 역사	○
128	皇城新聞	1902.02.03	軍事軍費亟宜裁整	논설, 역사	
129	皇城新聞	1902.02.13	國文學校設立瑣聞	논설, 한글	
130	皇城新聞	1902.02.14	國文宜擴張	논설, 한글	
131	皇城新聞	1902.02.27	本國史學懵昧之樊	논설, 역사	○
132	皇城新聞	1902.02.28	天主敎流傳始末	논설, 역사	
133	皇城新聞	1902.03.01	天主敎流傳始末 (續)	논설, 역사	
134	皇城新聞	1902.03.13	各道殿最緣何不佈	논설, 역사	
135	皇城新聞	1902.04.02	紅蔘事蹟記聞	논설, 역사	
136	皇城新聞	1902.04.03	紅蔘事蹟記聞 (前号續)	논설, 역사	
137	皇城新聞	1902.04.09	(寄書) 露國海蔘威東洋學校	논설, 한글	
138	皇城新聞	1902.05.05	耆社盛慶	논설, 역사	
139	皇城新聞	1902.05.19	廣文社新刊牧民心書	논설, 역사	
140	皇城新聞	1902.05.21	[寄書皇城新聞記者	논설	
141	皇城新聞	1902.06.06	西北沿界疆土居民	논설, 역사	○
142	皇城新聞	1902.06.07	高麗末年忠臣烈士의 事蹟을 有志人이	사업, 역사	

No.	매체	날짜	제목	분야	본문 수록
143	皇城新聞	1902.06.09	高麗末年忠臣烈士의 事蹟을	사업, 역사	
144	皇城新聞	1902.06.10	高麗末年忠臣烈士의 事蹟을	사업, 역사	
145	皇城新聞	1902.06.11	端午觀俗	민속	
146	皇城新聞	1902.06.11	高麗末年忠臣烈士의 事蹟을	사업, 역사	
147	皇城新聞	1902.06.12	高麗末年忠臣烈士의 事蹟을	사업, 역사	
148	皇城新聞	1902.06.13	高麗末年忠臣烈士의 事蹟을	사업, 역사	
149	皇城新聞	1902.06.14	特書鄕案	사업	
150	皇城新聞	1902.06.14	冶隱祀孫	사업, 역사	
151	皇城新聞	1902.06.14	高麗末年忠臣烈士의 事蹟을	사업, 역사	
152	皇城新聞	1902.06.16	高麗末年忠臣烈士의 事蹟을	사업, 역사	
153	皇城新聞	1902.06.17	高麗末年忠臣烈士의 事蹟을	사업, 역사	
154	皇城新聞	1902.06.18	高麗末年忠臣烈士의 事蹟을	사업, 역사	
155	皇城新聞	1902.06.19	高麗末年忠臣烈士의 事蹟을	사업, 역사	
156	皇城新聞	1902.06.20	高麗末年忠臣烈士의 事蹟을	사업, 역사	
157	皇城新聞	1902.06.25	高麗末年忠臣烈士의 事蹟을 有志人이	사업, 역사	
158	皇城新聞	1902.06.26	高麗末年忠臣烈士의 事蹟을 有志人이	사업, 역사	
159	皇城新聞	1902.06.28	高麗末年忠臣烈士의 事蹟을 有志人이	사업, 역사	
160	皇城新聞	1902.06.30	高麗末年忠臣烈士의 事蹟을 有志人이	사업, 역사	
161	皇城新聞	1902.07.01	高麗末年忠臣烈士의 事蹟을 有志人이	사업, 역사	
162	皇城新聞	1902.07.02	高麗末年忠臣烈士의 事蹟을 有志人이	사업, 역사	
163	皇城新聞	1902.07.03	高麗末年忠臣烈士의 事蹟을 有志人이	사업, 역사	
164	皇城新聞	1902.07.04	鄕案優批	사업	
165	皇城新聞	1902.07.04	高麗末年忠臣烈士의 事蹟을 有志人이	사업, 역사	
166	皇城新聞	1902.07.07	辨李文和通文	논설, 역사	
167	皇城新聞	1902.07.07	高麗末年忠臣烈士의 事蹟을 有志人이	사업, 역사	
168	皇城新聞	1902.07.09	高麗末年忠臣烈士의 事蹟을 有志人이	사업, 역사	
169	皇城新聞	1902.07.10	高麗末年忠臣烈士의 事蹟을 有志人이	사업, 역사	
170	皇城新聞	1902.07.11	高麗末年忠臣烈士의 事蹟을 有志人이	사업, 역사	
171	皇城新聞	1902.07.12	高麗末年忠臣烈士의 事蹟을 有志人이	사업, 역사	
172	皇城新聞	1902.07.28	平式院釐正度量權衡之議	논설, 기타	

No.	매체	날짜	제목	분야	본문 수록
173	皇城新聞	1902.08.12	東西洋各國宗敎源流	논설, 철학	
174	皇城新聞	1902.08.13	東西洋各國宗敎源流 (續)	논설, 철학	
175	皇城新聞	1902.08.14	東西洋各國宗敎源流 (續)	논설, 철학	
176	皇城新聞	1902.08.15	撰樂製章	사업	
177	皇城新聞	1902.08.15	東西洋各國宗敎源流 (續)	논설, 철학	
178	皇城新聞	1902.08.16	東西洋各國宗敎源流 (續)	논설, 철학	
179	皇城新聞	1902.08.18	東西洋各國宗敎源流 (續)	논설, 철학	
180	皇城新聞	1902.08.19	東西洋各國宗敎源流 (續)	논설, 철학	
181	皇城新聞	1902.08.20	東西洋各國宗敎源流 (續)	논설, 철학	
182	皇城新聞	1902.08.21	東西洋各國宗敎源流 (續)	논설, 철학	
183	皇城新聞	1902.08.22	東西洋各國宗敎源流 (續)	논설, 철학	
184	皇城新聞	1902.08.23	統論宗敎源流之說	논설, 철학	O
185	皇城新聞	1902.09.05	十傑投票募集廣告	사업	
186	皇城新聞	1902.09.06	十傑投票募集廣告	사업	
187	皇城新聞	1902.09.08	辨明漢報廣告	사업	
188	皇城新聞	1902.09.08	十傑投票募集廣告	사업	
189	皇城新聞	1902.09.09	十傑投票募集廣告	사업	
190	皇城新聞	1902.11.03	修理 高皇故蹟	사업	
191	皇城新聞	1902.11.19	我韓衣冠制度沿革考說	민속, 역사	
192	皇城新聞	1902.11.20	我韓衣冠制度沿革考說(續)	민속, 역사	
193	皇城新聞	1902.11.21	我韓衣冠制度沿革考說(續)	민속, 역사	
194	皇城新聞	1902.11.24	題新刊東史輯略後	논설, 역사	
195	皇城新聞	1902.11.25	題新刊東史輯略後(續)	논설, 역사	
196	皇城新聞	1902.12.20	日報譯載	논설, 역사	
197	皇城新聞	1903.01.05	我韓古今貨幣沿革攷	역사	O
198	皇城新聞	1903.01.06	我韓古今貨幣沿革攷 (二)	역사	
199	皇城新聞	1903.01.07	我韓古今貨幣沿革攷 (三)	역사	
200	皇城新聞	1903.01.08	我韓古今貨幣沿革攷 (四)	역사	
201	皇城新聞	1903.01.09	我韓古今貨幣沿革攷 (五)	역사	
202	皇城新聞	1903.01.10	論工藝獎勵之術	논설, 역사	

No.	매체	날짜	제목	분야	본문 수록
203	皇城新聞	1903.01.10	我韓古今貨幣沿革攷 (六)	역사	
204	皇城新聞	1903.01.12	我韓古今貨幣沿革攷 (七)	역사	
205	皇城新聞	1903.01.12	北邊開拓始末	역사	O
206	皇城新聞	1903.01.13	我韓古今貨幣沿革攷 (八)	역사	
207	皇城新聞	1903.01.13	北邊開拓始末	역사	O
208	皇城新聞	1903.01.15	北邊開拓始末	역사	O
209	皇城新聞	1903.01.16	國朝故事	역사	
210	皇城新聞	1903.01.16	西邊征服始末	역사	O
211	皇城新聞	1903.01.17	西邊征討始末	역사	O
212	皇城新聞	1903.01.19	國朝故事	역사	
213	皇城新聞	1903.01.20	國朝故事	역사	
214	皇城新聞	1903.01.21	國朝故事	역사	
215	皇城新聞	1903.01.22	本社에셔 有志者 幾人이 資本을 鳩合ㅎ야	사업	
216	皇城新聞	1903.01.22	西北邊征討始末	역사	O
217	皇城新聞	1903.01.23	本社에셔 有志者 幾人이 資本을 鳩合ㅎ야	사업	
218	皇城新聞	1903.01.23	西北邊征討始末	역사	O
219	皇城新聞	1903.01.24	本社에셔 有志者 幾人이 資本을 鳩合ㅎ야	사업	
220	皇城新聞	1903.01.24	選擧之法	역사	
221	皇城新聞	1903.01.24	國朝故事	한글, 역사	
222	皇城新聞	1903.01.26	本社에셔 有志者 幾人이 資本을 鳩合ㅎ야	사업	
223	皇城新聞	1903.01.26	國朝故事	역사	
224	皇城新聞	1903.01.27	本社에셔 有志者 幾人이 資本을 鳩合ㅎ야	사업	
225	皇城新聞	1903.01.27	國朝故事	역사	
226	皇城新聞	1903.02.05	本社에셔 有志者 幾人이 資本을 鳩合ㅎ야	사업	
227	皇城新聞	1903.02.09	本社에셔 有志者 幾人이 資本을 鳩合ㅎ야	사업	
228	皇城新聞	1903.02.10	本社에셔 有志者 幾人이 資本을 鳩合ㅎ야	사업	
229	皇城新聞	1903.02.11	本社에셔 有志者 幾人이 資本을 鳩合ㅎ야	사업	
230	皇城新聞	1903.02.12	本社에셔 有志者 幾人이 資本을 鳩合ㅎ야	사업	
231	皇城新聞	1903.02.13	本社에셔 有志者 幾人이 資本을 鳩合ㅎ야	사업	
232	皇城新聞	1903.02.14	本社에셔 有志者 幾人이 資本을 鳩合ㅎ야	사업	

No.	매체	날짜	제목	분야	본문 수록
233	皇城新聞	1903.02.16	本社에셔 有志者 幾人이 資本을 鳩合ᄒ야	사업	
234	皇城新聞	1903.02.17	本社에셔 有志者 幾人이 資本을 鳩合ᄒ야	사업	
235	皇城新聞	1903.02.18	本社에셔 有志者 幾人이 資本을 鳩合ᄒ야	사업	
236	皇城新聞	1903.02.19	本社에셔 有志者 幾人이 資本을 鳩合ᄒ야	사업	
237	皇城新聞	1903.02.20	本社에셔 有志者 幾人이 資本을 鳩合ᄒ야	사업	
238	皇城新聞	1903.02.21	本社에셔 有志者 幾人이 資本을 鳩合ᄒ야	사업	
239	皇城新聞	1903.02.23	本社에셔 有志者 幾人이 資本을 鳩合ᄒ야	사업	
240	皇城新聞	1903.02.24	本社에셔 有志者 幾人이 資本을 鳩合ᄒ야	사업	
241	皇城新聞	1903.02.25	本社에셔 有志者 幾人이 資本을 鳩合ᄒ야	사업	
242	皇城新聞	1903.02.26	本社에셔 有志者 幾人이 資本을 鳩合ᄒ야	사업	
243	皇城新聞	1903.02.27	本社에셔 有志者 幾人이 資本을 鳩合ᄒ야	사업	
244	皇城新聞	1903.02.28	本社에셔 有志者 幾人이 資本을 鳩合ᄒ야	사업	
245	皇城新聞	1903.02.28	宜廣編書籍	논설, 역사	
246	皇城新聞	1903.03.07	本社에셔 有志者 幾人이 資本을 鳩合ᄒ야	사업	
247	皇城新聞	1903.03.09	本社에셔 有志者 幾人이 資本을 鳩合ᄒ야	사업	
248	皇城新聞	1903.03.10	本社에셔 有志者 幾人이 資本을 鳩合ᄒ야	사업	
249	皇城新聞	1903.03.11	本社에셔 有志者 幾人이 資本을 鳩合ᄒ야	사업	
250	皇城新聞	1903.03.12	本社에셔 有志者 幾人이 資本을 鳩合ᄒ야	사업	
251	皇城新聞	1903.03.13	本社에셔 有志者 幾人이 資本을 鳩合ᄒ야	사업	
252	皇城新聞	1903.03.14	本社에셔 有志者 幾人이 資本을 鳩合ᄒ야	사업	
253	皇城新聞	1903.03.16	本社에셔 有志者 幾人이 資本을 鳩合ᄒ야	사업	
254	皇城新聞	1903.03.17	本社에셔 有志者 幾人이 資本을 鳩合ᄒ야	사업	
255	皇城新聞	1903.03.18	本社에셔 有志者 幾人이 資本을 鳩合ᄒ야	사업	
256	皇城新聞	1903.03.23	本社에셔 有志者 幾人이 資本을 鳩合ᄒ야	사업	
257	皇城新聞	1903.03.24	本社에셔 有志者 幾人이 資本을 鳩合ᄒ야	사업	
258	皇城新聞	1903.03.25	本社에셔 有志者 幾人이 資本을 鳩合ᄒ야	사업	
259	皇城新聞	1903.03.26	本社에셔 有志者 幾人이 資本을 鳩合ᄒ야	사업	
260	皇城新聞	1903.03.27	本社에셔 有志者 幾人이 資本을 鳩合ᄒ야	사업	
261	皇城新聞	1903.03.28	本社에셔 有志者 幾人이 資本을 鳩合ᄒ야	사업	
262	皇城新聞	1903.03.31	三月三日有感	민속, 논설	

No.	매체	날짜	제목	분야	본문수록
263	皇城新聞	1903.04.08	本社에셔 有志者 幾人이 資本을 鳩合ᄒ야	사업	
264	皇城新聞	1903.04.14	我韓疆域考	논설, 역사	
265	皇城新聞	1903.04.15	我韓疆域考 (續)	논설, 역사	
266	皇城新聞	1903.04.16	我韓疆域考 (續)	역사	
267	皇城新聞	1903.04.17	我韓疆域考 (續)	역사	
268	皇城新聞	1903.04.18	我韓疆域考 (續)	논설, 역사	
269	皇城新聞	1903.04.20	我韓疆域考 (續)	논설, 역사	
270	皇城新聞	1903.04.21	我韓疆域考 (續)	논설, 역사	
271	皇城新聞	1903.04.22	我韓疆域考 (續)	논설, 역사	
272	皇城新聞	1903.04.23	我韓疆域考 (續)	논설, 역사	
273	皇城新聞	1903.04.24	我韓疆域考 (續)	논설, 역사	
274	皇城新聞	1903.04.25	我韓疆域考 (續)	논설, 역사	
275	皇城新聞	1903.04.27	我韓疆域考 (續)	논설, 역사	
276	皇城新聞	1903.04.28	東史輯略	사업	
277	皇城新聞	1903.04.28	我韓疆域考 (續)	논설, 역사	
278	皇城新聞	1903.04.29	我韓疆域西北沿革攷	논설, 역사	○
279	皇城新聞	1903.04.30	我韓疆域西北沿革攷 (續)	논설, 역사	○
280	皇城新聞	1903.05.01	我韓疆域西北沿革攷 (續)	논설, 역사	○
281	皇城新聞	1903.05.02	我韓疆域西北沿革攷 (續)	논설, 역사	○
282	皇城新聞	1903.05.04	我韓疆域西北沿革攷 (續)	논설, 역사	○
283	皇城新聞	1903.05.05	敍我韓疆域攷後說	논설, 역사	○
284	皇城新聞	1903.05.06	敍我韓疆域攷後說 (續)	논설, 역사	○
285	皇城新聞	1903.05.07	敍我韓疆域攷後說 (續)	논설, 역사	○
286	皇城新聞	1903.05.08	敍我韓疆域攷後說 (續)	논설, 역사	○
287	皇城新聞	1903.05.28	東史輯略東紙洋紙件이 廣通橋東偏書舖에 在하니	사업	
288	皇城新聞	1903.06.01	寓目記事	민속	
289	皇城新聞	1903.06.02	辨俗忌之謬妄	민속	
290	皇城新聞	1903.06.02	疆域總論	역사	
291	皇城新聞	1903.06.03	申論國朝故事	역사	
292	皇城新聞	1903.06.03	疆域總論	역사	

No.	매체	날짜	제목	분야	본문수록
293	皇城新聞	1903.06.04	彊域總論	역사	
294	皇城新聞	1903.06.05	彊域總論	역사	
295	皇城新聞	1903.06.06	彊域總論	역사	
296	皇城新聞	1903.06.08	彊域總論	역사	
297	皇城新聞	1903.06.09	再佈告全國民人	논설, 역사	
298	皇城新聞	1903.06.09	彊域總論	역사	
299	皇城新聞	1903.06.16	田制結負考	역사	○
300	皇城新聞	1903.06.18	田制結負考 (續)	역사	○
301	皇城新聞	1903.06.19	田制結負考 (續)	역사	○
302	皇城新聞	1903.06.25	論星湖先生藿憂錄	논설, 역사	
303	皇城新聞	1903.06.26	論星湖先生藿憂錄 (前号續)	논설, 역사	
304	皇城新聞	1903.07.13	論義州開市利益	논설, 역사	
305	皇城新聞	1903.07.22	米商之言	논설, 역사	
306	皇城新聞	1903.09.09	恭讀度量衡新頒聖詔	역사	
307	皇城新聞	1903.09.17	勒賣族譜	사건	
308	皇城新聞	1903.10.03	書崧陽耆舊傳後	논설, 역사	
309	皇城新聞	1903.10.31	經筵講官復設	논설, 역사	
310	皇城新聞	1903.11.30	敍訖法氏所撰大東紀年	논설, 역사	
311	皇城新聞	1903.12.02	題雅言覺非後	한글, 역사	
312	皇城新聞	1903.12.02	雅言覺非小引	한글, 역사	
313	皇城新聞	1903.12.03	種蔘方法	논설, 기타	
314	皇城新聞	1903.12.03	雅言覺非	한글, 역사	
315	皇城新聞	1903.12.04	雅言覺非	한글, 역사	
316	皇城新聞	1903.12.05	雅言覺非	한글, 역사	
317	皇城新聞	1903.12.07	雅言覺非	한글, 역사	
318	皇城新聞	1903.12.10	鬱島沿革始末	역사	○
319	皇城新聞	1903.12.12	雅言覺非	한글, 역사	
320	皇城新聞	1903.12.14	我韓衣冠制度考	민속, 논설	○
321	皇城新聞	1903.12.14	雅言覺非	한글, 역사	
322	皇城新聞	1903.12.15	我韓衣冠制度考	민속, 논설	○

No.	매체	날짜	제목	분야	본문수록
323	皇城新聞	1903.12.15	雅言覺非	한글, 역사	
324	皇城新聞	1903.12.16	雅言覺非	한글, 역사	
325	皇城新聞	1903.12.17	我韓衣冠制度考	민속, 논설	O
326	皇城新聞	1904.04.14	農業改良策(四)	논설, 역사	
327	皇城新聞	1904.04.15	農業改良策(五)	논설, 역사	
328	皇城新聞	1904.05.16	國防宜究	논설, 역사	
329	皇城新聞	1904.05.17	論兵	논설, 역사	
330	皇城新聞	1904.07.29	戒東學之徒	논설, 역사	
331	皇城新聞	1904.08.11	書遺言記後	논설, 역사	
332	皇城新聞	1904.11.10	服制考	민속, 논설	
333	皇城新聞	1904.11.21	地志廣佈	사업	
334	皇城新聞	1905.04.04	書籍印佈爲開明之第一功業	논설	
335	皇城新聞	1905.04.11	祝賀書籍之多售	논설	
336	皇城新聞	1905.05.03	[詞藻]乙支文德	시가·소설	
337	皇城新聞	1905.05.23	教育設會	사업	
338	皇城新聞	1905.07.05	月報新刊	사업	
339	皇城新聞	1905.07.21	國文校正	한글	
340	皇城新聞	1905.07.28	醫學校長地錫永氏가 我國國文이 高低淸濁의 聲音이 失眞홈을	한글	
341	皇城新聞	1905.08.30	讀蜜啞子書	논설	
342	皇城新聞	1905.10.31	高句麗廣開土王碑銘敍記	고적	O
343	皇城新聞	1905.11.01	高句麗廣開土王碑銘 (前号續) 附註解銘	고적	O
344	皇城新聞	1905.11.02	高句麗廣開土王碑銘 (前号續) 附註解	고적	O
345	皇城新聞	1905.11.03	高句麗廣開土王碑銘 (前号續) 附註解	고적	O
346	皇城新聞	1905.11.04	高句麗廣開土王碑銘 (前号續) 附註解	고적	
347	皇城新聞	1905.11.06	高句麗廣開土王碑銘 (前号續) 附註解	고적	O
348	皇城新聞	1905.11.20	是日也放聲大哭	논설	
349	皇城新聞	1906.02.14	謝孫秉熙氏熱心教育	사업	
350	皇城新聞	1906.02.17	珍書刊行會	사업	
351	皇城新聞	1906.02.19	國文學校	한글	

No.	매체	날짜	제목	분야	본문 수록
352	皇城新聞	1906.03.10	國文刑典請刊	한글	
353	皇城新聞	1906.03.31	珍書刊行	사업	
354	皇城新聞	1906.04.02	大東古蹟	역사	
355	皇城新聞	1906.04.03	大東古事	역사	
356	皇城新聞	1906.04.04	大東古事	역사	
357	皇城新聞	1906.04.05	大東古事	역사	
358	皇城新聞	1906.04.06	大東古事	역사	
359	皇城新聞	1906.04.07	大東古事	역사	
360	皇城新聞	1906.04.09	大東古事	역사	
361	皇城新聞	1906.04.10	大東古事	역사	
362	皇城新聞	1906.04.11	大東古事	역사	
363	皇城新聞	1906.04.12	大東古事	역사	
364	皇城新聞	1906.04.13	大東古事	역사	
365	皇城新聞	1906.04.14	大東古事	역사	
366	皇城新聞	1906.04.16	大東古事	역사	
367	皇城新聞	1906.04.17	大東古事	역사	
368	皇城新聞	1906.04.18	大東古事	역사	
369	皇城新聞	1906.04.19	大東古事	역사	
370	皇城新聞	1906.04.20	大東古事	역사	
371	皇城新聞	1906.04.21	大東古事	역사	
372	皇城新聞	1906.04.23	大東古事	역사	
373	皇城新聞	1906.04.24	大東古事	역사	
374	皇城新聞	1906.04.25	大東古事	역사	
375	皇城新聞	1906.04.26	大東古事	역사	
376	皇城新聞	1906.04.27	大東古事	역사	
377	皇城新聞	1906.04.28	大東古事	역사	
378	皇城新聞	1906.04.30	大東古事	역사	
379	皇城新聞	1906.05.01	大東古事	역사	
380	皇城新聞	1906.05.02	大東古事	역사	
381	皇城新聞	1906.05.03	大東古事	역사	

No.	매체	날짜	제목	분야	본문수록
382	皇城新聞	1906.05.04	大東古事	역사	
383	皇城新聞	1906.05.05	大東古事	역사	
384	皇城新聞	1906.05.07	大東古事	역사	
385	皇城新聞	1906.05.08	大東古事	역사	
386	皇城新聞	1906.05.09	大東古事	역사	
387	皇城新聞	1906.05.10	大東古事	역사	
388	皇城新聞	1906.05.11	大東古事	역사	
389	皇城新聞	1906.05.12	大東古事	역사	
390	皇城新聞	1906.05.14	大東古事	역사	
391	皇城新聞	1906.05.15	大東古事	역사	
392	皇城新聞	1906.05.16	大東古事	역사	
393	皇城新聞	1906.05.17	大東古事	역사	
394	皇城新聞	1906.05.18	大東古事	역사	
395	皇城新聞	1906.05.19	大東古事	역사	
396	皇城新聞	1906.05.19	[神斷公案] 美人竟拚一命貞男誓不再娶	시가・소설	
397	皇城新聞	1906.05.21	[神斷公案] 美人竟拚一命貞男誓不再娶	시가・소설	
398	皇城新聞	1906.05.22	大東古事	역사	
399	皇城新聞	1906.05.22	[神斷公案] 美人竟拚一命貞男誓不再娶	시가・소설	
400	皇城新聞	1906.05.23	大東古事	역사	
401	皇城新聞	1906.05.23	[神斷公案] 美人竟拚一命貞男誓不再娶	시가・소설	
402	皇城新聞	1906.05.24	大東古事	역사	
403	皇城新聞	1906.05.24	[神斷公案] 美人竟拚一命貞男誓不再娶	시가・소설	
404	皇城新聞	1906.05.25	大東古事	역사	
405	皇城新聞	1906.05.25	[神斷公案] 美人竟拚一命貞男誓不再娶	시가・소설	
406	皇城新聞	1906.05.26	大東古事	역사	
407	皇城新聞	1906.05.26	[神斷公案] 老大郎君遊學慈悲觀音托夢 (一)	시가・소설	
408	皇城新聞	1906.05.28	大東古事	역사	
409	皇城新聞	1906.05.28	[神斷公案] 老大郎君遊學慈悲觀音托夢 (三)	시가・소설	
410	皇城新聞	1906.05.29	大東古事	역사	
411	皇城新聞	1906.05.29	[神斷公案] 老大郎君遊學慈悲觀音托夢 (三)	시가・소설	

No.	매체	날짜	제목	분야	본문 수록
412	皇城新聞	1906.05.30	大東古事	역사	
413	皇城新聞	1906.05.30	[神斷公案] 老大郎君遊學慈悲觀音托夢 (五)	시가·소설	
414	皇城新聞	1906.05.31	大東古事	역사	
415	皇城新聞	1906.05.31	[神斷公案] 老大郎君遊學慈悲觀音托夢 (六)	시가·소설	
416	皇城新聞	1906.06.01	大東古事	역사	
417	皇城新聞	1906.06.01	[神斷公案] 老大郎君遊學慈悲觀音托夢 (七)	시가·소설	
418	皇城新聞	1906.06.01	國文一定意見	한글	
419	皇城新聞	1906.06.02	大東古事	역사	
420	皇城新聞	1906.06.02	[神斷公案] 老大郎君遊學慈悲觀音托夢 (八)	시가·소설	
421	皇城新聞	1906.06.02	國文一定意見	한글	
422	皇城新聞	1906.06.04	大東古事	역사	
423	皇城新聞	1906.06.04	[神斷公案] 老大郎君遊學慈悲觀音托夢 (九)	시가·소설	
424	皇城新聞	1906.06.05	大東古事	역사	
425	皇城新聞	1906.06.05	[神斷公案] 老大郎君遊學慈悲觀音托夢 (十)	시가·소설	
426	皇城新聞	1906.06.06	大東古事	역사	
427	皇城新聞	1906.06.06	[神斷公案] 老大郎君遊學慈悲觀音托夢 (十一)	시가·소설	
428	皇城新聞	1906.06.07	大東古事	역사	
429	皇城新聞	1906.06.07	[神斷公案] 老大郎君遊學慈悲觀音托夢 (十一)第二回	시가·소설	
430	皇城新聞	1906.06.08	大東古事	역사	
431	皇城新聞	1906.06.08	[神斷公案] 老大郎君遊學慈悲觀音托夢 (十二)	시가·소설	
432	皇城新聞	1906.06.09	大東古事	역사	
433	皇城新聞	1906.06.09	[神斷公案] 慈母泣斷孝女頭惡僧難逃明官手 (一)	시가·소설	
434	皇城新聞	1906.06.11	大東古事	역사	
435	皇城新聞	1906.06.11	[神斷公案] 慈母泣斷孝女頭惡僧難逃明官手 (二)	시가·소설	
436	皇城新聞	1906.06.12	大東古事	역사	
437	皇城新聞	1906.06.12	[神斷公案] 慈母泣斷孝女頭惡僧難逃明官手 (三)	시가·소설	
438	皇城新聞	1906.06.13	大東古事	역사	
439	皇城新聞	1906.06.13	[神斷公案] 慈母泣斷孝女頭惡僧難逃明官手 (四)	시가·소설	
440	皇城新聞	1906.06.14	大東古事	역사	
441	皇城新聞	1906.06.14	[神斷公案] 慈母泣斷孝女頭惡僧難逃明官手 (五)	시가·소설	

No.	매체	날짜	제목	분야	본문 수록
442	皇城新聞	1906.06.15	大東古事	역사	
443	皇城新聞	1906.06.15	[神斷公案] 慈母泣斷孝女頭惡僧難逃明官手 (六)	시가·소설	
444	皇城新聞	1906.06.16	大東古事	역사	
445	皇城新聞	1906.06.16	[神斷公案] 慈母泣斷孝女頭惡僧難逃明官手 (七)	시가·소설	
446	皇城新聞	1906.06.18	大東古事	역사	
447	皇城新聞	1906.06.18	[神斷公案] 慈母泣斷孝女頭惡僧難逃明官手 (八)	시가·소설	
448	皇城新聞	1906.06.19	大東古事	역사	
449	皇城新聞	1906.06.19	[神斷公案] 慈母泣斷孝女頭惡僧難逃明官手 (九)	시가·소설	
450	皇城新聞	1906.06.20	大東古事	역사	
451	皇城新聞	1906.06.20	[神斷公案] 慈母泣斷孝女頭惡僧難逃明官手 (十)	시가·소설	
452	皇城新聞	1906.06.21	大東古事	역사	
453	皇城新聞	1906.06.21	[神斷公案] 慈母泣斷孝女頭惡僧難逃明官手 (十一)	시가·소설	
454	皇城新聞	1906.06.22	大東古事	역사	
455	皇城新聞	1906.06.22	[神斷公案] 慈母泣斷孝女頭惡僧難逃明官手 (十二)	시가·소설	
456	皇城新聞	1906.06.23	大東古事	역사	
457	皇城新聞	1906.06.23	[神斷公案] 慈母泣斷孝女頭惡僧難逃明官手 (十三)	시가·소설	
458	皇城新聞	1906.06.25	大東古事	역사	
459	皇城新聞	1906.06.25	[神斷公案] 慈母泣斷孝女頭惡僧難逃明官手 (十四)	시가·소설	
460	皇城新聞	1906.06.26	大東古事	역사	
461	皇城新聞	1906.06.26	[神斷公案] 慈母泣斷孝女頭惡僧難逃明官手 (十五)	시가·소설	
462	皇城新聞	1906.06.27	大東古事	역사	
463	皇城新聞	1906.06.27	[神斷公案] 慈母泣斷孝女頭惡僧難逃明官手 (十六)	시가·소설	
464	皇城新聞	1906.06.28	大東古事	역사	
465	皇城新聞	1906.06.28	[神斷公案] 仁鴻變瑞鳳浪士勝明官 (一)	시가·소설	
466	皇城新聞	1906.06.29	大東古事	역사	
467	皇城新聞	1906.06.29	[神斷公案] 仁鴻變瑞鳳浪士勝明官 (二)	시가·소설	
468	皇城新聞	1906.06.30	大東古事	역사	
469	皇城新聞	1906.06.30	[神斷公案] 仁鴻變瑞鳳浪士勝明官 (三)	시가·소설	
470	皇城新聞	1906.07.02	大東古事	역사	
471	皇城新聞	1906.07.02	[神斷公案] 仁鴻變瑞鳳浪士勝明官 (四)	시가·소설	

No.	매체	날짜	제목	분야	본문 수록
472	皇城新聞	1906.07.03	大東古事	역사	
473	皇城新聞	1906.07.03	[神斷公案] 仁鴻變瑞鳳浪士勝明官 (五)	시가·소설	
474	皇城新聞	1906.07.04	大東古事	역사	
475	皇城新聞	1906.07.04	[神斷公案] 仁鴻變瑞鳳浪士勝明官 (六)	시가·소설	
476	皇城新聞	1906.07.05	大東古事	역사	
477	皇城新聞	1906.07.05	[神斷公案] 仁鴻變瑞鳳浪士勝明官 (七)	시가·소설	
478	皇城新聞	1906.07.06	大東古事	역사	
479	皇城新聞	1906.07.06	[神斷公案] 仁鴻變瑞鳳浪士勝明官 (八)	시가·소설	
480	皇城新聞	1906.07.07	大東古事	역사	
481	皇城新聞	1906.07.07	[神斷公案] 仁鴻變瑞鳳浪士勝明官 (九)	시가·소설	
482	皇城新聞	1906.07.09	大東古事	역사	
483	皇城新聞	1906.07.09	[神斷公案] 仁鴻變瑞鳳浪士勝明官 (十)	시가·소설	
484	皇城新聞	1906.07.10	大東古事	역사	
485	皇城新聞	1906.07.10	[神斷公案] 仁鴻變瑞鳳浪士勝明官 (十一)	시가·소설	
486	皇城新聞	1906.07.11	大東古事	역사	
487	皇城新聞	1906.07.11	[神斷公案] 仁鴻變瑞鳳浪士勝明官 (十二)	시가·소설	
488	皇城新聞	1906.07.12	[神斷公案]	시가·소설	
489	皇城新聞	1906.07.13	大東古事	역사	
490	皇城新聞	1906.07.13	[神斷公案] 仁鴻變瑞鳳浪士勝明官 (十四)	시가·소설	
491	皇城新聞	1906.07.14	大東古事	역사	
492	皇城新聞	1906.07.14	[神斷公案] 仁鴻變瑞鳳浪士勝明官 (十五)	시가·소설	
493	皇城新聞	1906.07.16	大東古事	역사	
494	皇城新聞	1906.07.16	[神斷公案] 仁鴻變瑞鳳浪士勝明官 (十六)	시가·소설	
495	皇城新聞	1906.07.17	大東古事	역사	
496	皇城新聞	1906.07.17	[神斷公案] 仁鴻變瑞鳳浪士勝明官 (十七)	시가·소설	
497	皇城新聞	1906.07.18	[大東古事] 高麗太祖影殿	역사	
498	皇城新聞	1906.07.18	[大東古事] 趙敏	역사	
499	皇城新聞	1906.07.18	[大東古事] 洪季男	역사	
500	皇城新聞	1906.07.18	[神斷公案] 仁鴻變瑞鳳浪士勝明官 (十八)	시가·소설	
501	皇城新聞	1906.07.18	國文研究	한글	

No.	매체	날짜	제목	분야	본문 수록
502	皇城新聞	1906.07.19	[大東古事] 劉仁軌城은	역사	
503	皇城新聞	1906.07.19	[神斷公案]	시가·소설	
504	皇城新聞	1906.07.20	[大東古事] 閣長은	역사	
505	皇城新聞	1906.07.20	[神斷公案]	시가·소설	
506	皇城新聞	1906.07.21	[大東古事] 聖留窟은	역사	
507	皇城新聞	1906.07.21	[神斷公案]	시가·소설	
508	皇城新聞	1906.07.23	[大東古事] 趙冲	역사	
509	皇城新聞	1906.07.23	[大東古事] 韓百謙	역사	
510	皇城新聞	1906.07.23	[大東古事] 姜沆	역사	
511	皇城新聞	1906.07.23	[神斷公案] 仁鴻變瑞鳳浪士勝明官 (二二)	시가·소설	
512	皇城新聞	1906.07.24	[大東古事] 招賢臺	역사	
513	皇城新聞	1906.07.24	[大東古事] 徐弼	역사	
514	皇城新聞	1906.07.24	[大東古事] 金允壽	역사	
515	皇城新聞	1906.07.24	[神斷公案] 仁鴻變瑞鳳浪士勝明官 (二三)	시가·소설	
516	皇城新聞	1906.07.25	[大東古事] 華巖寺	역사	
517	皇城新聞	1906.07.25	[大東古事] 曹愼	역사	
518	皇城新聞	1906.07.25	[大東古事] 元氏	역사	
519	皇城新聞	1906.07.25	[神斷公案] 仁鴻變瑞鳳浪士勝明官 (二四)	시가·소설	
520	皇城新聞	1906.07.26	廣文社長注意	사업	
521	皇城新聞	1906.07.26	[大東古事] 任强首	역사	
522	皇城新聞	1906.07.26	[大東古事] 淸川江	역사	
523	皇城新聞	1906.07.26	[大東古事] 李楫	역사	
524	皇城新聞	1906.07.26	[神斷公案] 仁鴻變瑞鳳浪士勝明官 (二五)	시가·소설	
525	皇城新聞	1906.07.27	[大東古事] 朝鮮大夫禮	역사	
526	皇城新聞	1906.07.27	[大東古事] 調絃驛	역사	
527	皇城新聞	1906.07.27	[大東古事] 南以興	역사	
528	皇城新聞	1906.07.27	[神斷公案] 仁鴻變瑞鳳浪士勝明官 (二六)	시가·소설	
529	皇城新聞	1906.07.28	[大東古事] 興王寺古基	역사	
530	皇城新聞	1906.07.28	[大東古事] 柳淑	역사	
531	皇城新聞	1906.07.28	[大東古事] 康氏	역사	

No.	매체	날짜	제목	분야	본문 수록
532	皇城新聞	1906.07.28	[神斷公案] 仁鴻變瑞鳳浪士勝明官 (二七)	시가·소설	
533	皇城新聞	1906.07.30	[大東古事] 金叔興	역사	
534	皇城新聞	1906.07.30	[大東古事] 敬天寺	역사	
535	皇城新聞	1906.07.30	[大東古事] 李幼澄	역사	
536	皇城新聞	1906.07.30	[神斷公案] 仁鴻變瑞鳳浪士勝明官 (二八)	시가·소설	
537	皇城新聞	1906.07.31	[大東古事] 聰明	역사	
538	皇城新聞	1906.07.31	[大東古事] 羅城	역사	
539	皇城新聞	1906.07.31	[大東古事] 辛應時	역사	
540	皇城新聞	1906.07.31	[神斷公案] 仁鴻變瑞鳳浪士勝明官 (二九)	시가·소설	
541	皇城新聞	1906.08.01	大東古事	역사	
542	皇城新聞	1906.08.01	[神斷公案] 仁鴻變瑞鳳浪士勝明官 (三十)	시가·소설	
543	皇城新聞	1906.08.02	大東古事	역사	
544	皇城新聞	1906.08.02	[神斷公案] 仁鴻變瑞鳳浪士勝明官 (三一)	시가·소설	
545	皇城新聞	1906.08.03	大東古事	역사	
546	皇城新聞	1906.08.03	[神斷公案] 仁鴻變瑞鳳浪士勝明官 (三二)	시가·소설	
547	皇城新聞	1906.08.04	大東古事	역사	
548	皇城新聞	1906.08.04	[神斷公案] 仁鴻變瑞鳳浪士勝明官 (三三)	시가·소설	
549	皇城新聞	1906.08.06	大東古事	역사	
550	皇城新聞	1906.08.06	[神斷公案] 仁鴻變瑞鳳浪士勝明官 (三四)	시가·소설	
551	皇城新聞	1906.08.07	大東古事	역사	
552	皇城新聞	1906.08.07	[神斷公案] 仁鴻變瑞鳳浪士勝明官 (三五)	시가·소설	
553	皇城新聞	1906.08.08	大東古事	역사	
554	皇城新聞	1906.08.08	[神斷公案] 仁鴻變瑞鳳浪士勝明官 (三六)	시가·소설	
555	皇城新聞	1906.08.09	大東古事	역사	
556	皇城新聞	1906.08.09	[神斷公案] 仁鴻變瑞鳳浪士勝明官 (三七)	시가·소설	
557	皇城新聞	1906.08.10	大東古事	역사	
558	皇城新聞	1906.08.10	[神斷公案] 仁鴻變瑞鳳浪士勝明官 (三八)	시가·소설	
559	皇城新聞	1906.08.11	大東古事	역사	
560	皇城新聞	1906.08.11	[神斷公案] 仁鴻變瑞鳳浪士勝明官 (三九)	시가·소설	
561	皇城新聞	1906.08.13	大東古事	역사	

No.	매체	날짜	제목	분야	본문수록
562	皇城新聞	1906.08.13	[神斷公案] 仁鴻變瑞鳳浪士勝明官 (四十)	시가·소설	
563	皇城新聞	1906.08.14	大東古事	역사	
564	皇城新聞	1906.08.14	[神斷公案] 仁鴻變瑞鳳浪士勝明官 (四一)	시가·소설	
565	皇城新聞	1906.08.15	大東古事	역사	
566	皇城新聞	1906.08.15	[神斷公案] 仁鴻變瑞鳳浪士勝明官 (四二)	시가·소설	
567	皇城新聞	1906.08.16	大東古事	역사	
568	皇城新聞	1906.08.16	[神斷公案] 仁鴻變瑞鳳浪士勝明官 (四三)	시가·소설	
569	皇城新聞	1906.08.17	大東古事	역사	
570	皇城新聞	1906.08.17	[神斷公案] 仁鴻變瑞鳳浪士勝明官 (四四)	시가·소설	
571	皇城新聞	1906.08.18	大東古事	역사	
572	皇城新聞	1906.08.18	[神斷公案] 仁鴻變瑞鳳浪士勝明官 (四五)	시가·소설	
573	皇城新聞	1906.08.20	大東古事	역사	
574	皇城新聞	1906.08.20	[神斷公案] 妖經客設齋成奸能獄吏具棺招供 (一)	시가·소설	
575	皇城新聞	1906.08.21	大東古事	역사	
576	皇城新聞	1906.08.21	[神斷公案] 妖經客設齋成奸能獄吏具棺招供 (二)	시가·소설	
577	皇城新聞	1906.08.22	大東古事	역사	
578	皇城新聞	1906.08.22	[神斷公案] 妖經客設齋成奸能獄吏具棺招供 (三)	시가·소설	
579	皇城新聞	1906.08.23	大東古事	역사	
580	皇城新聞	1906.08.23	[神斷公案] 妖經客設齋成奸能獄吏具棺招供 (四)	시가·소설	
581	皇城新聞	1906.08.24	大東古事	역사	
582	皇城新聞	1906.08.24	[神斷公案] 妖經客設齋成奸能獄吏具棺招供 (五)	시가·소설	
583	皇城新聞	1906.08.25	大東古事	역사	
584	皇城新聞	1906.08.25	[神斷公案] 妖經客設齋成奸能獄吏具棺招供 (六)	시가·소설	
585	皇城新聞	1906.08.27	大東古事	역사	
586	皇城新聞	1906.08.27	[神斷公案] 妖經客設齋成奸能獄吏具棺招供 (七)	시가·소설	
587	皇城新聞	1906.08.28	[大東古事] 趙仁規	역사	
588	皇城新聞	1906.08.28	[神斷公案] 妖經客設齋成奸能獄吏具棺招供 (八)	시가·소설	
589	皇城新聞	1906.08.29	大東古事	역사	
590	皇城新聞	1906.08.29	[神斷公案] 妖經客設齋成奸能獄吏具棺招供 (九)	시가·소설	
591	皇城新聞	1906.08.30	大東古事	역사	

No.	매체	날짜	제목	분야	본문 수록
592	皇城新聞	1906.08.30	[神斷公案] 妖經客設齋成奸能獄吏具棺招供 (十)	시가 · 소설	
593	皇城新聞	1906.08.31	大東古事	역사	
594	皇城新聞	1906.08.31	[神斷公案] 妖經客設齋成奸能獄吏具棺招供 (十一)	시가 · 소설	
595	皇城新聞	1906.09.01	大東古事	역사	
596	皇城新聞	1906.09.01	[神斷公案] 妖經客設齋成奸能獄吏具棺招供 (十二)	시가 · 소설	
597	皇城新聞	1906.09.03	大東古事	역사	
598	皇城新聞	1906.09.03	[神斷公案] 妖經客設齋成奸能獄吏具棺招供 (十三)	시가 · 소설	
599	皇城新聞	1906.09.05	大東古事	역사	
600	皇城新聞	1906.09.05	[神斷公案] 妖經客設齋成奸能獄吏具棺招供 (十四)	시가 · 소설	
601	皇城新聞	1906.09.06	大東古事	역사	
602	皇城新聞	1906.09.06	[神斷公案] 妖經客設齋成奸能獄吏具棺招供 (十五)	시가 · 소설	
603	皇城新聞	1906.09.07	大東古事	역사	
604	皇城新聞	1906.09.07	[神斷公案] 妖經客設齋成奸能獄吏具棺招供 (十六)	시가 · 소설	
605	皇城新聞	1906.09.07	國文報를 宜人人讀之	한글	
606	皇城新聞	1906.09.08	大東古事	역사	
607	皇城新聞	1906.09.08	[神斷公案] 妖經客設齋成奸能獄吏具棺招供 (十七)	시가 · 소설	
608	皇城新聞	1906.09.10	大東古事	역사	
609	皇城新聞	1906.09.10	[神斷公案] 妖經客設齋成奸能獄吏具棺招供 (十八)	시가 · 소설	
610	皇城新聞	1906.09.11	大東古事	역사	
611	皇城新聞	1906.09.11	[神斷公案] 妖經客設齋成奸能獄吏具棺招供 (十九)	시가 · 소설	
612	皇城新聞	1906.09.12	大東古事	역사	
613	皇城新聞	1906.09.12	[神斷公案] 妖經客設齋成奸能獄吏具棺招供 (廿)	시가 · 소설	
614	皇城新聞	1906.09.14	大東古事	역사	
615	皇城新聞	1906.09.14	[神斷公案] 妖經客設齋成奸能獄吏具棺招供 (二一)	시가 · 소설	
616	皇城新聞	1906.09.15	大東古事	역사	
617	皇城新聞	1906.09.15	[神斷公案] 踐私約頑童逞凶借神語明官捉奸 (一)	시가 · 소설	
618	皇城新聞	1906.09.17	大東古事	역사	
619	皇城新聞	1906.09.17	[神斷公案] 踐私約頑童逞凶借神語明官捉奸 (二)	시가 · 소설	
620	皇城新聞	1906.09.18	大東古事	역사	
621	皇城新聞	1906.09.18	[神斷公案] 踐私約頑童逞凶借神語明官捉奸 (三)	시가 · 소설	

No.	매체	날짜	제목	분야	본문 수록
622	皇城新聞	1906.09.19	大東古事	역사	
623	皇城新聞	1906.09.19	[神斷公案] 踐私約頑童逞凶借神語明官捉奸 (四)	시가·소설	
624	皇城新聞	1906.09.20	大東古事	역사	
625	皇城新聞	1906.09.20	[神斷公案] 踐私約頑童逞凶借神語明官捉奸 (五)	시가·소설	
626	皇城新聞	1906.09.21	大東古事	역사	
627	皇城新聞	1906.09.21	[神斷公案] 踐私約頑童逞凶借神語明官捉奸 (六)	시가·소설	
628	皇城新聞	1906.09.22	大東古事	역사	
629	皇城新聞	1906.09.22	[神斷公案] 踐私約頑童逞凶借神語明官捉奸 (七)	시가·소설	
630	皇城新聞	1906.09.24	大東古事	역사	
631	皇城新聞	1906.09.24	[神斷公案] 踐私約頑童逞凶借神語明官捉奸 (八)	시가·소설	
632	皇城新聞	1906.09.25	大東古事	역사	
633	皇城新聞	1906.09.25	[神斷公案] 踐私約頑童逞凶借神語明官捉奸 (九)	시가·소설	
634	皇城新聞	1906.09.26	[神斷公案] 踐私約頑童逞凶借神語明官捉奸 (十)	시가·소설	
635	皇城新聞	1906.09.27	大東古事	역사	
636	皇城新聞	1906.09.27	[神斷公案] 踐私約頑童逞凶借神語明官捉奸 (十一)	시가·소설	
637	皇城新聞	1906.09.28	大東古事	역사	
638	皇城新聞	1906.09.28	[神斷公案] 踐私約頑童逞凶借神語明官捉奸 (十二)	시가·소설	
639	皇城新聞	1906.09.29	大東古事	역사	
640	皇城新聞	1906.09.29	[神斷公案] 踐私約頑童逞凶借神語明官捉奸 (十三)	시가·소설	
641	皇城新聞	1906.10.01	[神斷公案] 踐私約頑童逞凶借神語明官捉奸 (十四)	시가·소설	
642	皇城新聞	1906.10.02	[神斷公案] 踐私約頑童逞凶借神語明官捉奸 (十五)	시가·소설	
643	皇城新聞	1906.10.04	[神斷公案] 踐私約頑童逞凶借神語明官捉奸 (十六)	시가·소설	
644	皇城新聞	1906.10.05	[神斷公案] 踐私約頑童逞凶借神語明官捉奸 (十七)	시가·소설	
645	皇城新聞	1906.10.06	大東古事	역사	
646	皇城新聞	1906.10.06	[神斷公案] 踐私約頑童逞凶借神語明官捉奸 (十八)	시가·소설	
647	皇城新聞	1906.10.08	大東古事	역사	
648	皇城新聞	1906.10.08	[神斷公案] 踐私約頑童逞凶借神語明官捉奸 (十九)	시가·소설	
649	皇城新聞	1906.10.09	大東古事	역사	
650	皇城新聞	1906.10.09	[神斷公案] 踐私約頑童逞凶借神語明官捉奸 (二十)	시가·소설	
651	皇城新聞	1906.10.10	大東古事	역사	

No.	매체	날짜	제목	분야	본문 수록
652	皇城新聞	1906.10.10	[神斷公案] 凝生員驅家葬龍宮孼奴兒倚樓驚惡夢 (一)	시가·소설	
653	皇城新聞	1906.10.11	大東古事	역사	
654	皇城新聞	1906.10.11	[神斷公案] 凝生員驅家葬龍宮孼奴兒倚樓驚惡夢 (二)	시가·소설	
655	皇城新聞	1906.10.12	大東古事	역사	
656	皇城新聞	1906.10.12	[神斷公案] 凝生員驅家葬龍宮孼奴兒倚樓驚惡夢 (三)	시가·소설	
657	皇城新聞	1906.10.13	大東古事	역사	
658	皇城新聞	1906.10.13	[神斷公案] 凝生員驅家葬龍宮孼奴兒倚樓驚惡夢 (四)	시가·소설	
659	皇城新聞	1906.10.15	大東古事	역사	
660	皇城新聞	1906.10.15	[神斷公案] 凝生員驅家葬龍宮孼奴兒倚樓驚惡夢 (五)	시가·소설	
661	皇城新聞	1906.10.16	大東古事	역사	
662	皇城新聞	1906.10.16	[神斷公案] 凝生員驅家葬龍宮孼奴兒倚樓驚惡夢 (六)	시가·소설	
663	皇城新聞	1906.10.17	大東古事	역사	
664	皇城新聞	1906.10.17	[神斷公案] 凝生員驅家葬龍宮孼奴兒倚樓驚惡夢 (七)	시가·소설	
665	皇城新聞	1906.10.18	大東古事	역사	
666	皇城新聞	1906.10.18	[神斷公案] 凝生員驅家葬龍宮孼奴兒倚樓驚惡夢 (八)	시가·소설	
667	皇城新聞	1906.10.19	大東古事	역사	
668	皇城新聞	1906.10.19	[神斷公案] 凝生員驅家葬龍宮孼奴兒倚樓驚惡夢 (九)	시가·소설	
669	皇城新聞	1906.10.20	刑法大典改正	논설	
670	皇城新聞	1906.10.20	大東古事	역사	
671	皇城新聞	1906.10.20	[神斷公案] 凝生員驅家葬龍宮孼奴兒倚樓驚惡夢 (十)	시가·소설	
672	皇城新聞	1906.10.22	大東古事	역사	
673	皇城新聞	1906.10.22	[神斷公案] 凝生員驅家葬龍宮孼奴兒倚樓驚惡夢 (十一)	시가·소설	
674	皇城新聞	1906.10.23	大東古事	역사	
675	皇城新聞	1906.10.23	[神斷公案] 凝生員驅家葬龍宮孼奴兒倚樓驚惡夢 (十二)	시가·소설	
676	皇城新聞	1906.10.24	大東古事	역사	
677	皇城新聞	1906.10.24	[神斷公案] 凝生員驅家葬龍宮孼奴兒倚樓驚惡夢 (十三)	시가·소설	
678	皇城新聞	1906.10.25	大東古事	역사	
679	皇城新聞	1906.10.25	[神斷公案] 凝生員驅家葬龍宮孼奴兒倚樓驚惡夢 (十四)	시가·소설	
680	皇城新聞	1906.10.26	大東古事	역사	
681	皇城新聞	1906.10.26	[神斷公案] 凝生員驅家葬龍宮孼奴兒倚樓驚惡夢 (十五)	시가·소설	

No.	매체	날짜	제목	분야	본문수록
682	皇城新聞	1906.10.27	大東古事	역사	
683	皇城新聞	1906.10.27	[神斷公案] 疑生員驅家葬龍宮孽奴兒倚樓驚惡夢 (十六)	시가·소설	
684	皇城新聞	1906.10.29	大東古事	역사	
685	皇城新聞	1906.10.29	[神斷公案] 疑生員驅家葬龍宮孽奴兒倚樓驚惡夢 (十七)	시가·소설	
686	皇城新聞	1906.10.30	大東古事	역사	
687	皇城新聞	1906.10.30	[神斷公案] 疑生員驅家葬龍宮孽奴兒倚樓驚惡夢 (十八)	시가·소설	
688	皇城新聞	1906.10.31	大東古事	역사	
689	皇城新聞	1906.10.31	[神斷公案] 疑生員驅家葬龍宮孽奴兒倚樓驚惡夢 (十九)	시가·소설	
690	皇城新聞	1906.11.01	漢北興學會趣旨	논설	
691	皇城新聞	1906.11.01	大東古事	역사	
692	皇城新聞	1906.11.01	[神斷公案] 疑生員驅家葬龍宮孽奴兒倚樓驚惡夢 (卄)	시가·소설	
693	皇城新聞	1906.11.02	大東古事	역사	
694	皇城新聞	1906.11.02	地方自治制度	역사	
695	皇城新聞	1906.11.02	[神斷公案] 疑生員驅家葬龍宮孽奴兒倚樓驚惡夢 (二一)	시가·소설	
696	皇城新聞	1906.11.05	大東古事	역사	
697	皇城新聞	1906.11.05	祝繼天紀元慶節	역사	
698	皇城新聞	1906.11.05	[神斷公案] 疑生員驅家葬龍宮孽奴兒倚樓驚惡夢 (二二)	시가·소설	
699	皇城新聞	1906.11.06	賀光武學校盛況	사업	
700	皇城新聞	1906.11.06	大東古事	역사	
701	皇城新聞	1906.11.06	[神斷公案] 疑生員驅家葬龍宮孽奴兒倚樓驚惡夢 (二三)	시가·소설	
702	皇城新聞	1906.11.07	東華書舘趣旨書	사업	
703	皇城新聞	1906.11.07	大東古事	역사	
704	皇城新聞	1906.11.07	[神斷公案] 疑生員驅家葬龍宮孽奴兒倚樓驚惡夢 (二四)	시가·소설	
705	皇城新聞	1906.11.08	河源始淸	논설	
706	皇城新聞	1906.11.08	大東古事	역사	
707	皇城新聞	1906.11.08	[神斷公案] 疑生員驅家葬龍宮孽奴兒倚樓驚惡夢 (二五)	시가·소설	
708	皇城新聞	1906.11.09	大東古事	역사	
709	皇城新聞	1906.11.09	漢北興學會演說	역사	
710	皇城新聞	1906.11.09	[神斷公案] 疑生員驅家葬龍宮孽奴兒倚樓驚惡夢 (二六)	시가·소설	
711	皇城新聞	1906.11.10	大東古事	역사	

No.	매체	날짜	제목	분야	본문수록
712	皇城新聞	1906.11.10	[神斷公案] 癡生員驅家葬龍宮孽奴兒倚樓驚惡夢 (二七)	시가·소설	
713	皇城新聞	1906.11.12	我韓人民의 應行홀 義務	논설	
714	皇城新聞	1906.11.12	[神斷公案] 癡生員驅家葬龍宮孽奴兒倚樓驚惡夢 (二八)	시가·소설	
715	皇城新聞	1906.11.13	大東古事	역사	
716	皇城新聞	1906.11.13	我韓人民의 應行홀 義務 (續)	역사	
717	皇城新聞	1906.11.13	[神斷公案] 癡生員驅家葬龍宮孽奴兒倚樓驚惡夢 (二九)	시가·소설	
718	皇城新聞	1906.11.14	大東古事	역사	
719	皇城新聞	1906.11.14	[神斷公案] 癡生員驅家葬龍宮孽奴兒倚樓驚惡夢 (卅)	시가·소설	
720	皇城新聞	1906.11.15	大東古事	역사	
721	皇城新聞	1906.11.15	[神斷公案] 癡生員驅家葬龍宮孽奴兒倚樓驚惡夢 (三二)	시가·소설	
722	皇城新聞	1906.11.16	大東古事	역사	
723	皇城新聞	1906.11.16	[神斷公案] 癡生員驅家葬龍宮孽奴兒倚樓驚惡夢 (三三)	시가·소설	
724	皇城新聞	1906.11.16	國語講習	한글	
725	皇城新聞	1906.11.17	大東古事	역사	
726	皇城新聞	1906.11.17	[神斷公案] 癡生員驅家葬龍宮孽奴兒倚樓驚惡夢 (三四)	시가·소설	
727	皇城新聞	1906.11.19	大東古事	역사	
728	皇城新聞	1906.11.19	[神斷公案] 癡生員驅家葬龍宮孽奴兒倚樓驚惡夢 (三五)	시가·소설	
729	皇城新聞	1906.11.20	大東古事	역사	
730	皇城新聞	1906.11.20	[神斷公案] 癡生員驅家葬龍宮孽奴兒倚樓驚惡夢 (三六)	시가·소설	
731	皇城新聞	1906.11.21	大東古事	역사	
732	皇城新聞	1906.11.21	[神斷公案] 癡生員驅家葬龍宮孽奴兒倚樓驚惡夢 (三七)	시가·소설	
733	皇城新聞	1906.11.22	大東古事	역사	
734	皇城新聞	1906.11.22	[神斷公案] 癡生員驅家葬龍宮孽奴兒倚樓驚惡夢 (三八)	시가·소설	
735	皇城新聞	1906.11.23	大東古事	역사	
736	皇城新聞	1906.11.23	[神斷公案] 癡生員驅家葬龍宮孽奴兒倚樓驚惡夢 (三九)	시가·소설	
737	皇城新聞	1906.11.24	大東古事	역사	
738	皇城新聞	1906.11.24	[神斷公案] 癡生員驅家葬龍宮孽奴兒倚樓驚惡夢 (四十)	시가·소설	
739	皇城新聞	1906.11.26	大東古事	역사	
740	皇城新聞	1906.11.26	[神斷公案] 癡生員驅家葬龍宮孽奴兒倚樓驚惡夢 (四一)	시가·소설	
741	皇城新聞	1906.11.27	[神斷公案] 癡生員驅家葬龍宮孽奴	시가·소설	

No.	매체	날짜	제목	분야	본문 수록
742	皇城新聞	1906.11.28	大東古事	역사	
743	皇城新聞	1906.11.28	[寄書] 警告全國兩班	역사	
744	皇城新聞	1906.11.28	[神斷公案] 癡生員驅家葬龍宮孼奴兒倚樓驚惡夢 (四三)	시가·소설	
745	皇城新聞	1906.11.29	大東古事	역사	
746	皇城新聞	1906.11.29	[神斷公案] 癡生員驅家葬龍宮孼奴兒倚樓驚惡夢 (四四)	시가·소설	
747	皇城新聞	1906.11.30	大東古事	역사	
748	皇城新聞	1906.11.30	[神斷公案] 癡生員驅家葬龍宮孼奴兒倚樓驚惡夢 (四五)	시가·소설	
749	皇城新聞	1906.12.01	[大東古事] 朴守卿	역사	
750	皇城新聞	1906.12.01	[大東古事] 葱秀山	역사	
751	皇城新聞	1906.12.01	[神斷公案] 癡生員驅家葬龍宮孼奴兒倚樓驚惡夢 (四六)	시가·소설	
752	皇城新聞	1906.12.03	[大東古事] 金巖	역사	
753	皇城新聞	1906.12.03	[大東古事] 彌勒寺	역사	
754	皇城新聞	1906.12.03	[大東古事] 金正純	역사	
755	皇城新聞	1906.12.03	[神斷公案] 癡生員驅家葬龍宮孼奴兒倚樓驚惡夢 (四七)	시가·소설	
756	皇城新聞	1906.12.04	[大東古事] 許徽	역사	
757	皇城新聞	1906.12.04	[大東古事] 鄭云敬	역사	
758	皇城新聞	1906.12.04	[神斷公案] 癡生員驅家葬龍宮孼奴兒倚樓驚惡夢 (四八)	시가·소설	
759	皇城新聞	1906.12.05	[大東古事] 金先政	역사	
760	皇城新聞	1906.12.05	[大東古事] 朴宜中	역사	
761	皇城新聞	1906.12.05	[神斷公案] 癡生員驅家葬龍宮孼奴兒倚樓驚惡夢 (四九)	시가·소설	
762	皇城新聞	1906.12.06	[大東古事] 崔德之	역사	
763	皇城新聞	1906.12.06	[大東古事] 棘城關	역사	
764	皇城新聞	1906.12.06	[神斷公案] 癡生員驅家葬龍宮孼奴兒倚樓驚惡夢 (四十)	시가·소설	
765	皇城新聞	1906.12.07	[大東古事] 李慕之	역사	
766	皇城新聞	1906.12.07	[大東古事] 大穴寺	역사	
767	皇城新聞	1906.12.07	[大東古事] 朴遂良	역사	
768	皇城新聞	1906.12.07	[神斷公案] 癡生員驅家葬龍宮孼奴兒倚樓驚惡夢 (四一)	시가·소설	
769	皇城新聞	1906.12.08	守巖書畵舘趣旨書	논설	
770	皇城新聞	1906.12.08	[大東古事] 星落營	역사	
771	皇城新聞	1906.12.08	[大東古事] 李之蘭	역사	

No.	매체	날짜	제목	분야	본문수록
772	皇城新聞	1906.12.08	[神斷公案] 凝生員驅家葬龍宮孽奴兒倚樓驚惡夢 (四二)	시가·소설	
773	皇城新聞	1906.12.10	[大東古事] 任叔英	역사	
774	皇城新聞	1906.12.10	[大東古事] 巴嶺柵	역사	
775	皇城新聞	1906.12.10	[神斷公案] 凝生員驅家葬龍宮孽奴兒倚樓驚惡夢 (四三)	시가·소설	
776	皇城新聞	1906.12.11	[神斷公案] 凝生員驅家葬龍宮孽奴兒倚樓驚惡夢 (四四)	시가·소설	
777	皇城新聞	1906.12.12	[神斷公案] 凝生員驅家葬龍宮孽奴兒倚樓驚惡夢 (四五)	시가·소설	
778	皇城新聞	1906.12.13	[神斷公案] 凝生員驅家葬龍宮孽奴兒倚樓驚惡夢 (四六)	시가·소설	
779	皇城新聞	1906.12.13	池氏演說	한글	
780	皇城新聞	1906.12.14	[神斷公案] 凝生員驅家葬龍宮孽奴兒倚樓驚惡夢 (四七)	시가·소설	
781	皇城新聞	1906.12.15	[神斷公案] 凝生員驅家葬龍宮孽奴兒倚樓驚惡夢 (四八)	시가·소설	
782	皇城新聞	1906.12.17	[神斷公案] 凝生員驅家葬龍宮孽奴兒倚樓驚惡夢 (四九)	시가·소설	
783	皇城新聞	1906.12.18	敎科書請求	사업	
784	皇城新聞	1906.12.18	[神斷公案] 凝生員驅家葬龍宮孽奴兒倚樓驚惡夢 (四十)	시가·소설	
785	皇城新聞	1906.12.19	[神斷公案] 凝生員驅家葬龍宮孽奴兒倚樓驚惡夢 (四一)	시가·소설	
786	皇城新聞	1906.12.20	[神斷公案] 凝生員驅家葬龍宮孽奴兒倚樓驚惡夢 (四二)	시가·소설	
787	皇城新聞	1906.12.21	[神斷公案] 凝生員驅家葬龍宮孽奴兒倚樓驚惡夢 (四二)	시가·소설	
788	皇城新聞	1906.12.21	池氏意見書	한글	
789	皇城新聞	1906.12.22	文獻総裁	사업	
790	皇城新聞	1906.12.22	[神斷公案] 凝生員驅家葬龍宮孽奴兒倚樓驚惡夢 (四三)	시가·소설	
791	皇城新聞	1906.12.24	[神斷公案] 凝生員驅家葬龍宮孽奴兒倚樓驚惡夢 (四四)	시가·소설	
792	皇城新聞	1906.12.25	[神斷公案] 凝生員驅家葬龍宮孽奴兒倚樓驚惡夢 (四五)	시가·소설	
793	皇城新聞	1906.12.26	[神斷公案] 凝生員驅家葬龍宮孽奴兒倚樓驚惡夢 (四六)	시가·소설	
794	皇城新聞	1906.12.27	[神斷公案] 凝生員驅家葬龍宮孽奴兒倚樓驚惡夢 (四七)	시가·소설	
795	皇城新聞	1906.12.28	[神斷公案] 凝生員驅家葬龍宮孽奴兒倚樓驚惡夢 (四八)	시가·소설	
796	皇城新聞	1906.12.29	[神斷公案] 凝生員驅家葬龍宮孽奴兒倚樓驚惡夢 (四九)	시가·소설	
797	皇城新聞	1906.12.31	[神斷公案] 凝生員驅家葬龍宮孽奴兒倚樓驚惡夢 (五十)	시가·소설	
798	皇城新聞	1907.01.12	國文硏究	사업	
799	皇城新聞	1907.01.12	國文硏究會趣旨書	한글	
800	皇城新聞	1907.02.08	國文敎育	사업	
801	皇城新聞	1907.02.23	新訂簡便敎課書	사업	

No.	매체	날짜	제목	분야	본문 수록
802	皇城新聞	1907.03.07	國史印刷	사업	
803	皇城新聞	1907.04.01	[寄書] 必尙自國文言	한글	
804	皇城新聞	1907.04.02	[寄書] 必尙自國文言 (續)	한글	
805	皇城新聞	1907.04.03	[寄書] 必尙自國文言 (續)	한글	
806	皇城新聞	1907.04.04	[寄書] 必尙自國文言 (續)	한글	
807	皇城新聞	1907.04.05	[寄書] 必尙自國文言 (續)	한글	
808	皇城新聞	1907.04.06	[寄書] 必尙自國文言 (續)	한글	
809	皇城新聞	1907.06.29	大韓新地誌發行	사업	
810	皇城新聞	1907.07.05	大韓新地志發刊	역사	
811	皇城新聞	1907.07.15	初等小學	사업	
812	皇城新聞	1907.08.12	[小說] 夢潮 (一)	시가・소설	
813	皇城新聞	1907.08.13	[小說] 夢潮 (二)	시가・소설	
814	皇城新聞	1907.08.14	[小說] 夢潮 (三)	시가・소설	
815	皇城新聞	1907.08.15	[小說] 夢潮 (四)	시가・소설	
816	皇城新聞	1907.08.16	[小說] 夢潮 (五)	시가・소설	
817	皇城新聞	1907.08.17	[小說] 夢潮 (六)	시가・소설	
818	皇城新聞	1907.08.19	[小說] 夢潮 (七)	시가・소설	
819	皇城新聞	1907.08.20	[小說] 夢潮 (八)	시가・소설	
820	皇城新聞	1907.08.21	[小說] 夢潮 (九)	시가・소설	
821	皇城新聞	1907.08.22	[小說] 夢潮 (十)	시가・소설	
822	皇城新聞	1907.08.23	[小說] 夢潮 (十一)	시가・소설	
823	皇城新聞	1907.08.26	[小說] 夢潮 (十二)	시가・소설	
824	皇城新聞	1907.08.27	[小說] 夢潮 (十三)	시가・소설	
825	皇城新聞	1907.08.29	[小說] 夢潮 (十四)	시가・소설	
826	皇城新聞	1907.08.31	[小說] 夢潮 (十五)	시가・소설	
827	皇城新聞	1907.09.04	[小說] 夢潮 (十六)	시가・소설	
828	皇城新聞	1907.09.06	[小說] 夢潮 (十七)	시가・소설	
829	皇城新聞	1907.09.07	[小說] 夢潮 (十八)	시가・소설	
830	皇城新聞	1907.09.09	[小說] 夢潮 (十九)	시가・소설	
831	皇城新聞	1907.09.10	[小說] 夢潮 (二十)	시가・소설	

No.	매체	날짜	제목	분야	본문 수록
832	皇城新聞	1907.09.12	[小說] 夢潮 (廿一)	시가・소설	
833	皇城新聞	1907.09.13	國文電報開始	사건	
834	皇城新聞	1907.09.13	[小說] 夢潮 (廿二)	시가・소설	
835	皇城新聞	1907.09.14	[小說] 夢潮 (廿三)	시가・소설	
836	皇城新聞	1907.09.17	[小說] 夢潮 (廿四)	시가・소설	
837	皇城新聞	1907.09.18	國文研究會	사업	
838	皇城新聞	1907.10.01	新地志認定	사업	
839	皇城新聞	1907.10.05	國文研究會	한글	
840	皇城新聞	1907.10.12	國文研究所規則	한글	
841	皇城新聞	1907.11.16	讀伊太利三傑傳有感	역사	
842	皇城新聞	1907.11.26	親授書籍	사건	
843	皇城新聞	1907.12.13	知有國文	사업	
844	皇城新聞	1908.01.14	玄氏熱心	사건	
845	皇城新聞	1908.01.25	進獻書籍	사건	
846	皇城新聞	1908.02.13	敎育의 關係	한글	
847	皇城新聞	1908.02.22	玄氏大捐	사건	
848	皇城新聞	1908.03.01	祠宇重建	고적	
849	皇城新聞	1908.03.01	內次亦捐	고적	
850	皇城新聞	1908.03.15	[寄書] 遣家僮ㅎ야 入國文夜學校	사업	
851	皇城新聞	1908.03.19	忠武位土旬管	고적	
852	皇城新聞	1908.03.20	朝鮮魂이 稍稍還來乎	역사	
853	皇城新聞	1908.03.22	東窓話夢	역사	
854	皇城新聞	1908.03.25	熱心哉玄氏	사건	
855	皇城新聞	1908.04.04	玄氏寄冊	사건	
856	皇城新聞	1908.04.12	韓語編纂	사업	
857	皇城新聞	1908.04.26	國文夜學	사업	
858	皇城新聞	1908.05.07	書院의 歷史를 證ㅎ야 學校의 將來를 論홈	역사	
859	皇城新聞	1908.05.07	崧院追慕	역사	
860	皇城新聞	1908.05.07	國文研會繼 (續)	한글	
861	皇城新聞	1908.05.14	靑年의 大事業	사업	

No.	매체	날짜	제목	분야	본문수록
862	皇城新聞	1908.05.28	墳墓整理	민속	
863	皇城新聞	1908.05.29	勝捷懸板見失	고적	
864	皇城新聞	1908.05.29	我韓의 人鬼關	논설	
865	皇城新聞	1908.05.31	[寄書] 贊墳墓整理論	민속	
866	皇城新聞	1908.06.02	地方風俗調査	민속	
867	皇城新聞	1908.06.10	[寄書] 小學敎育에 對ㅎㄴ 意見	한글	
868	皇城新聞	1908.06.18	俚諺童謠査察	사업	
869	皇城新聞	1908.06.30	普文社所傳	사업	
870	皇城新聞	1908.07.01	敎育月報	사업	
871	皇城新聞	1908.07.03	妙香山의 晚翠景況	기행	
872	皇城新聞	1908.07.12	小學生徒의 腦髓	역사	
873	皇城新聞	1908.07.18	文字之危	사건	
874	皇城新聞	1908.07.18	惟我十二世祖嘉義同知中樞府事吳信男이	사건	
875	皇城新聞	1908.07.18	三山刱立	사업	
876	皇城新聞	1908.07.24	書籍收去	사건	
877	皇城新聞	1908.07.24	法典調査會日開	사업	
878	皇城新聞	1908.07.24	儒林界의 新敎育家	역사	
879	皇城新聞	1908.07.25	隆熙二年七月十八日士曜發刊ᄒ	사건	
880	皇城新聞	1908.07.31	國文硏究會開催	한글	
881	皇城新聞	1908.08.07	文獻備考放賣	사업	
882	皇城新聞	1908.08.16	警告宦官家	역사	
883	皇城新聞	1908.08.18	本所에셔 國文硏究에 對하야	한글	
884	皇城新聞	1908.08.19	本所에셔 國文硏究에 對하야	한글	
885	皇城新聞	1908.08.20	編纂員賞與	사업	
886	皇城新聞	1908.08.20	辨大東學報 第四號論說	역사	
887	皇城新聞	1908.08.20	本所에셔 國文硏究에 對하야	한글	
888	皇城新聞	1908.08.21	同文社任員	사업	
889	皇城新聞	1908.08.21	本所에셔 國文硏究에 對하야	한글	
890	皇城新聞	1908.08.22	內籍刊行	사업	
891	皇城新聞	1908.08.22	冊子曝曬	사업	

No.	매체	날짜	제목	분야	본문수록
892	皇城新聞	1908.08.22	本所에셔 國文硏究에 對하야	한글	
893	皇城新聞	1908.08.23	同文趣旨	사업	
894	皇城新聞	1908.08.23	本社에셔 國朝名臣言行과 忠孝烈	사업	
895	皇城新聞	1908.08.23	本所에셔 國文硏究에 對하야	한글	
896	皇城新聞	1908.08.25	本社에셔 國朝名臣言行과 忠孝烈	사업	
897	皇城新聞	1908.08.25	本所에셔 國文硏究에 對하야	한글	
898	皇城新聞	1908.08.27	國語硏究	한글	
899	皇城新聞	1908.08.30	勸讀論語說	논설	
900	皇城新聞	1908.08.30	璿源譜略御覽	사건	
901	皇城新聞	1908.09.02	國文硏究開會	한글	
902	皇城新聞	1908.09.04	本所에셔 國文硏究에 對ᄒ야ᄒᄒᄆ	한글	
903	皇城新聞	1908.09.06	本所에셔 國文硏究에 對ᄒ야ᄒᄒᄆ	한글	
904	皇城新聞	1908.09.10	板權所有	사건	
905	皇城新聞	1908.09.10	本所에셔 國文硏究에 對ᄒ야ᄒᄒᄆ	한글	
906	皇城新聞	1908.09.12	夢拜白頭山靈	논설	
907	皇城新聞	1908.09.15	奎章閣의 寶鑑專纂	사업	
908	皇城新聞	1908.09.15	兩氏同纂	사업	
909	皇城新聞	1908.09.15	風俗調査	사업	
910	皇城新聞	1908.09.16	國朝寶鑑纂輯官差下	사업	
911	皇城新聞	1908.09.16	御製編次	사업	
912	皇城新聞	1908.09.17	黨習尙存	사건	
913	皇城新聞	1908.09.19	本所에셔 國文硏究에 對하야ㄱㄷ	한글	
914	皇城新聞	1908.09.22	廣韓于西	사업	
915	皇城新聞	1908.09.22	本所에셔 國文硏究에 對하야ㄱㄷ	사업	
916	皇城新聞	1908.09.23	璿譜 下賜	사건	
917	皇城新聞	1908.09.23	本所에셔 國文硏究에 對하야ㄱㄷ	한글	
918	皇城新聞	1908.09.30	敦寧譜編定	사업	
919	皇城新聞	1908.10.08	鐵椎子傳	논설	
920	皇城新聞	1908.10.08	本所에셔 國文硏究에 對ᄒ야	한글	
921	皇城新聞	1908.10.09	本所에셔 國文硏究에 對ᄒ야	한글	

No.	매체	날짜	제목	분야	본문 수록
922	皇城新聞	1908.10.10	本所에서 國文硏究에 對ㅎ야	한글	
923	皇城新聞	1908.10.18	終聲用法	한글	
924	皇城新聞	1908.10.24	運動會의 寄付	사건	
925	皇城新聞	1908.10.27	女學校秋期聯合大運動會寄附諸氏의 芳名	사건	
926	皇城新聞	1908.10.28	通牒普校	사업	
927	皇城新聞	1908.10.29	國朝寶鑑校正	사업	
928	皇城新聞	1908.10.30	病枕에 得李忠武詩有感	문학	
929	皇城新聞	1908.11.01	告海外留學生諸君	논설	
930	皇城新聞	1908.11.06	圓覺社觀光의 鄕客談話	사업	
931	皇城新聞	1908.11.08	博文新舘	사업	
932	皇城新聞	1908.11.11	少年發行	사업	
933	皇城新聞	1908.11.27	少年界에 新導線	논설	
934	皇城新聞	1908.12.11	地圖의 觀念	논설	
935	皇城新聞	1908.12.11	國朝寶鑑校正官及委員	사업	
936	皇城新聞	1908.12.12	纂輯官校正官並委員加差	사업	
937	皇城新聞	1908.12.27	國文硏究審査	한글	
938	皇城新聞	1909.01.06	讀高句麗永樂大王(廣開土王)墓碑謄本	고적	O
939	皇城新聞	1909.01.13	警告儒林諸君 (續)	논설	
940	皇城新聞	1909.01.14	依賴의 害毒	논설	
941	皇城新聞	1909.01.15	我國將來에 人物觀	논설	
942	皇城新聞	1909.01.19	我國基督敎의 將來	논설	
943	皇城新聞	1909.01.20	嶠南學生의 維新思想	논설	
944	皇城新聞	1909.01.27	大駕西巡	역사	
945	皇城新聞	1909.01.29	致祭	사업	
946	皇城新聞	1909.01.29	致祭	사업	
947	皇城新聞	1909.01.29	致祭	사업	
948	皇城新聞	1909.01.29	致祭	사업	
949	皇城新聞	1909.01.31	三件檢定	사건	
950	皇城新聞	1909.02.02	致祭三忠	사건	
951	皇城新聞	1909.02.02	致祭加贈	사건	

No.	매체	날짜	제목	분야	본문수록
952	皇城新聞	1909.02.03	檀君陵致祭	사건	
953	皇城新聞	1909.02.03	箕子陵奉審	사건	
954	皇城新聞	1909.02.03	東明王陵奉審	사건	
955	皇城新聞	1909.02.03	致祭乙支文德	사건	
956	皇城新聞	1909.02.06	我國古代發達의遺蹟	역사	O
957	皇城新聞	1909.02.10	歷史敎科의急速改正件	역사	
958	皇城新聞	1909.02.11	檀墓事蹟	사업	
959	皇城新聞	1909.02.18	靑舘演說	사건	
960	皇城新聞	1909.02.26	我國將來에必有大學問家出	철학	
961	皇城新聞	1909.03.02	慰禮城懷古	시가·소설	
962	皇城新聞	1909.03.21	桑港及布哇에居留ㅎ는我同胞의各團體가聯合ㅎ야	사업	
963	皇城新聞	1909.03.27	天壇觀測	고적	
964	皇城新聞	1909.03.28	慢不擧行	고적	
965	皇城新聞	1909.03.28	栗谷先生復活期	역사	
966	皇城新聞	1909.03.31	士林協議	고적	
967	皇城新聞	1909.04.01	遺族任地調査	고적	
968	皇城新聞	1909.04.03	兩學生의 文明師範	논설	
969	皇城新聞	1909.04.03	法典調査	사업	
970	皇城新聞	1909.04.06	親畊歌	시가·소설	
971	皇城新聞	1909.04.08	史冊移實	사업	
972	皇城新聞	1909.04.11	先哲紀念	철학	O
973	皇城新聞	1909.04.20	乙支公山	역사	
974	皇城新聞	1909.04.21	檀君聖祖由來紀念	역사	
975	皇城新聞	1909.04.27	學員加募廣告	사업	
976	皇城新聞	1909.04.28	柴商談話	논설	
977	皇城新聞	1909.04.29	池氏等意見	논설	
978	皇城新聞	1909.05.05	檀君墓封築提議	사업	
979	皇城新聞	1909.05.06	麗王陵改莎	고적	
980	皇城新聞	1909.05.06	史筆移運	사건	
981	皇城新聞	1909.05.07	敎化改良論	논설	

No.	매체	날짜	제목	분야	본문수록
982	皇城新聞	1909.05.07	勉于漢學	사건	
983	皇城新聞	1909.05.07	歷代系統圖印送	사업	
984	皇城新聞	1909.05.09	普成學校修學旅行	기행	
985	皇城新聞	1909.05.12	漢文俱樂部	사업	
986	皇城新聞	1909.05.13	柞蠶會社希望	논설	
987	皇城新聞	1909.05.13	救濟商會	사업	
988	皇城新聞	1909.05.14	乙支公家史에 對ᄒ야 又一觀念	역사	O
989	皇城新聞	1909.05.15	惟我全氏肇目百濟暨至大韓勳封巨卿積德餘慶顯於東土然世遠人亡	기타	
990	皇城新聞	1909.05.15	享費擔報	사건	
991	皇城新聞	1909.05.16	視察終了還歸	사업	
992	皇城新聞	1909.05.18	兩湖의 最劣度	논설	
993	皇城新聞	1909.05.19	歷代陵改莎費	사업	
994	皇城新聞	1909.05.22	高麗以上史記	사업	
995	皇城新聞	1909.05.27	高麗磁器材料發見	사건	
996	皇城新聞	1909.05.29	連續押收	사건	
997	皇城新聞	1909.06.01	六臣墓致祭	사건	
998	皇城新聞	1909.06.04	高句麗詩史	문학	O
999	皇城新聞	1909.06.11	日語研究會	사업	
1000	皇城新聞	1909.06.13	翰墨社趣旨書	사업	
1001	皇城新聞	1909.06.13	本社에셔 詩古詩 排律 七律 七絶 五律 五絶	현상공모	
1002	皇城新聞	1909.06.19	黨派舊習	사건	
1003	皇城新聞	1909.06.20	[詞藻] 新羅忠烈公朴堤上	시가·소설	
1004	皇城新聞	1909.06.22	撫順等地에 高句麗器發現	고적	
1005	皇城新聞	1909.06.30	滿洲에 對ᄒ 關係論	역사	
1006	皇城新聞	1909.07.02	特別廣告	사업	
1007	皇城新聞	1909.07.03	名所古蹟	고적	
1008	皇城新聞	1909.07.03	特別廣告	사업	
1009	皇城新聞	1909.07.04	名所古蹟	고적	
1010	皇城新聞	1909.07.04	特別廣告	사업	

No.	매체	날짜	제목	분야	본문수록
1011	皇城新聞	1909.07.06	第三回夏期國語講習所를 尙洞靑年學院內에셔 開ᄒ오니 聽講코자ᄒ시는이ᄂ	사업	
1012	皇城新聞	1909.07.07	特別廣告	사업	
1013	皇城新聞	1909.07.08	第三回夏期國語講習所를 尙洞靑年學院內에셔 開ᄒ오니 聽講코자ᄒ시는이ᄂ	사업	
1014	皇城新聞	1909.07.09	名所古蹟	고적	
1015	皇城新聞	1909.07.09	特別廣告	사업	
1016	皇城新聞	1909.07.09	文明始祖	역사	
1017	皇城新聞	1909.07.10	名所古蹟	고적	
1018	皇城新聞	1909.07.11	名所古蹟	고적	
1019	皇城新聞	1909.07.13	名所古蹟	고적	
1020	皇城新聞	1909.07.14	名所古蹟	고적	
1021	皇城新聞	1909.07.15	新羅古器	사건	
1022	皇城新聞	1909.07.21	國文機械新發明	사업	
1023	皇城新聞	1909.07.22	名所古蹟	고적	
1024	皇城新聞	1909.07.24	名所古蹟	고적	
1025	皇城新聞	1909.07.25	名所古蹟	고적	
1026	皇城新聞	1909.07.25	檀君敎會調査	사건	
1027	皇城新聞	1909.07.27	名所古蹟	고적	
1028	皇城新聞	1909.07.28	名所古蹟	고적	
1029	皇城新聞	1909.07.29	古蹟美事	고적	
1030	皇城新聞	1909.07.29	大呼英雄崇拜主義	논설	
1031	皇城新聞	1909.07.30	名所古蹟	고적	
1032	皇城新聞	1909.07.31	名所古蹟	고적	
1033	皇城新聞	1909.08.01	名所古蹟	고적	C
1034	皇城新聞	1909.08.03	名所古蹟	고적	
1035	皇城新聞	1909.08.04	名所古蹟	고적	
1036	皇城新聞	1909.08.05	名所古蹟	고적	
1037	皇城新聞	1909.08.08	古賢偉蹟	고적	
1038	皇城新聞	1909.08.08	[詞藻] 聞間島有事	시가・소설	

No.	매체	날짜	제목	분야	본문수록
1039	皇城新聞	1909.08.11	名所古蹟	고적	
1040	皇城新聞	1909.08.11	舊慣調査	사업	
1041	皇城新聞	1909.08.12	名所古蹟	고적	
1042	皇城新聞	1909.08.13	古蹟一斑	고적	
1043	皇城新聞	1909.08.14	名所古蹟	고적	
1044	皇城新聞	1909.08.17	名所古蹟	고적	
1045	皇城新聞	1909.08.18	名所古蹟	고적	
1046	皇城新聞	1909.08.19	名所古蹟	고적	
1047	皇城新聞	1909.08.19	國朝寶鑑告成	사업	
1048	皇城新聞	1909.08.20	名所古蹟	고적	
1049	皇城新聞	1909.08.20	萬物畢觀	사업	
1050	皇城新聞	1909.08.21	名所古蹟	고적	
1051	皇城新聞	1909.08.22	名所古蹟	고적	
1052	皇城新聞	1909.08.24	名所古蹟	고적	
1053	皇城新聞	1909.08.24	社會와 吾身의 關係	논설	
1054	皇城新聞	1909.08.25	名所古蹟	고적	
1055	皇城新聞	1909.08.26	名所古蹟	고적	
1056	皇城新聞	1909.08.27	[詞藻] 拜李忠武公墓	시가・소설	
1057	皇城新聞	1909.08.29	名所古蹟	고적	
1058	皇城新聞	1909.08.31	名所古蹟	고적	
1059	皇城新聞	1909.08.31	我民族의 歷代境遇	역사	O
1060	皇城新聞	1909.09.01	名所古蹟	고적	
1061	皇城新聞	1909.09.02	名所古蹟	고적	
1062	皇城新聞	1909.09.03	偉人遺蹟	역사	
1063	皇城新聞	1909.09.04	名所古蹟	고적	
1064	皇城新聞	1909.09.05	名所古蹟	고적	
1065	皇城新聞	1909.09.07	名所古蹟	고적	
1066	皇城新聞	1909.09.08	名所古蹟	고적	
1067	皇城新聞	1909.09.10	名所古蹟	고적	
1068	皇城新聞	1909.09.12	名所古蹟	고적	

No.	매체	날짜	제목	분야	본문 수록
1069	皇城新聞	1909.09.14	名所古蹟	고적	
1070	皇城新聞	1909.09.16	名所古蹟	고적	
1071	皇城新聞	1909.09.16	請改麗史不正	역사	
1072	皇城新聞	1909.09.17	名所古蹟	고적	
1073	皇城新聞	1909.09.17	請改麗史不正	역사	
1074	皇城新聞	1909.09.18	名所古蹟	고적	
1075	皇城新聞	1909.09.18	滿洲地方에 高麗古器의 發見혼 新史	역사	
1076	皇城新聞	1909.09.19	名所古蹟	고적	
1077	皇城新聞	1909.09.21	名所古蹟	고적	
1078	皇城新聞	1909.09.22	名所古蹟	고적	
1079	皇城新聞	1909.09.23	名所古蹟	고적	
1080	皇城新聞	1909.09.23	國朝寶鑑下賜	사건	
1081	皇城新聞	1909.09.24	[詞藻] 玉笛	시가·소설	
1082	皇城新聞	1909.09.25	名所古蹟	고적	
1083	皇城新聞	1909.09.26	名所古蹟	고적	
1084	皇城新聞	1909.09.28	名所古蹟	고적	
1085	皇城新聞	1909.09.30	名所古蹟	고적	
1086	皇城新聞	1909.10.01	名所古蹟	고적	
1087	皇城新聞	1909.10.02	名所古蹟	고적	
1088	皇城新聞	1909.10.02	安東士人의 書院復設에 對호야 更加一椎	사건	
1089	皇城新聞	1909.10.03	名所古蹟	고적	
1090	皇城新聞	1909.10.05	名所古蹟	고적	
1091	皇城新聞	1909.10.05	[詞藻] 讀星湖學說	시가·소설	
1092	皇城新聞	1909.10.06	名所古蹟	고적	
1093	皇城新聞	1909.10.07	名所古蹟	고적	
1094	皇城新聞	1909.10.08	名所古蹟	고적	
1095	皇城新聞	1909.10.09	學問不進이 都是泥舊의 獘害	논설	
1096	皇城新聞	1909.10.10	名所古蹟	고적	
1097	皇城新聞	1909.10.10	成均舘歷史의 感念	역사	
1098	皇城新聞	1909.10.12	勸告儒林社會	논설	

No.	매체	날짜	제목	분야	본문수록
1099	皇城新聞	1909.10.12	古人佳話	역사	
1100	皇城新聞	1909.10.14	名所古蹟	고적	
1101	皇城新聞	1909.10.15	名所古蹟	고적	
1102	皇城新聞	1909.10.16	名所古蹟	고적	
1103	皇城新聞	1909.10.17	名所古蹟	고적	
1104	皇城新聞	1909.10.20	名所古蹟	고적	
1105	皇城新聞	1909.10.20	大同講演	역사	
1106	皇城新聞	1909.10.23	名所古蹟	고적	
1107	皇城新聞	1909.10.24	[詞藻] 讀輿地圖	시가·소설	
1108	皇城新聞	1909.11.09	本朝儒林의 功過	역사	
1109	皇城新聞	1909.11.10	史庫와 廟壇調査	사업	
1110	皇城新聞	1909.11.16	儒教發達이 爲平和之最大基礎	논설	
1111	皇城新聞	1909.11.17	保守主義로 進步홈이 佳良홈 方針	논설	
1112	皇城新聞	1909.11.18	我國織造의 新特色	역사	
1113	皇城新聞	1909.11.21	檀君聖祖祭日	논설	
1114	皇城新聞	1909.11.23	三學士講話會	사업	
1115	皇城新聞	1909.11.24	哲學家의 眼力	철학	
1116	皇城新聞	1909.11.26	我韓歷史의 價値	역사	○
1117	皇城新聞	1909.11.27	淸國簡字學堂에 對ᄒ야 比較的思想	문학	
1118	皇城新聞	1909.12.15	儒書請求	사건	
1119	皇城新聞	1909.12.28	哲學界往復	사건	
1120	皇城新聞	1909.12.29	韓語硏究會	사업	
1121	皇城新聞	1910.01.12	陶山書院의 實文義塾	사업	
1122	皇城新聞	1910.02.25	少年雜誌社公開第一次講演會	사업	
1123	皇城新聞	1910.02.25	這老娘은 也是成精的라	시가·소설	
1124	皇城新聞	1910.02.27	少年講演	사업	
1125	皇城新聞	1910.02.27	少年雜誌社公開第一次講演會	사업	
1126	皇城新聞	1910.03.03	我韓의 宗敎와 歷史	역사	○
1127	皇城新聞	1910.03.27	傳記編纂	사업	
1128	皇城新聞	1910.03.31	本所에셔 大韓地理歷史와 其敎授法을	사업	

No.	매체	날짜	제목	분야	본문수록
1129	皇城新聞	1910.04.01	本所에셔 大韓地理歷史와 其敎授法을	사업	
1130	皇城新聞	1910.04.01	陜川海印寺에 八萬大藏經	역사	
1131	皇城新聞	1910.04.02	本所에셔 大韓地理歷史와 其敎授法을	사업	
1132	皇城新聞	1910.04.03	本所에셔 大韓地理歷史와 其敎授法을	사업	
1133	皇城新聞	1910.04.05	本所에셔 大韓地理歷史와 其敎授法을	사업	
1134	皇城新聞	1910.04.06	史庫視察	사업	
1135	皇城新聞	1910.04.10	八萬大藏經에 對ᄒ야 續論	역사	
1136	皇城新聞	1910.04.14	史庫視察保護	사업	
1137	皇城新聞	1910.04.14	大東靑史請認	사업	
1138	皇城新聞	1910.04.15	孫氏申訴	사건	
1139	皇城新聞	1910.04.17	史庫視察發程	사업	
1140	皇城新聞	1910.04.21	我民族의 神聖歷史	역사	O
1141	皇城新聞	1910.04.28	讀渤海攷	역사	
1142	皇城新聞	1910.04.29	國文發達을 注意홈	한글	
1143	皇城新聞	1910.04.30	開城有志의 古跡保護	사업	
1144	皇城新聞	1910.05.07	國文廢止의 風說	사건	
1145	皇城新聞	1910.05.08	我國書籍을 日本大學敎授에 參考키 爲ᄒ야	사건	
1146	皇城新聞	1910.05.08	我國古書輸去	사업	
1147	皇城新聞	1910.05.17	平壤愛	기행	
1148	皇城新聞	1910.05.20	拜乙支文德像及碑	고적	
1149	皇城新聞	1910.05.20	檀敎敎科書	사업	
1150	皇城新聞	1910.05.21	乙支文德公의 石像과 石碑가	고적	
1151	皇城新聞	1910.05.24	學部地理敎科書	사업	
1152	皇城新聞	1910.05.25	檀君敎說筆記	역사	
1153	皇城新聞	1910.06.08	國朝榜目	사업	
1154	皇城新聞	1910.06.15	拓社와 韓國事情	사업	
1155	皇城新聞	1910.06.21	西道旅行記	기행	
1156	皇城新聞	1910.06.22	西道旅行記	기행	
1157	皇城新聞	1910.06.23	西道旅行記	기행	
1158	皇城新聞	1910.06.23	世界無類의 珍寶	역사	

No.	매체	날짜	제목	분야	본문수록
1159	皇城新聞	1910.06.24	西道旅行記	기행	
1160	皇城新聞	1910.06.24	世界無類의 珍寶 (續)	역사	
1161	皇城新聞	1910.06.25	西道旅行記	기행	
1162	皇城新聞	1910.06.26	西道旅行記	기행	
1163	皇城新聞	1910.06.28	商務歷史編纂	사업	
1164	皇城新聞	1910.06.28	圖書課新建築	사업	
1165	皇城新聞	1910.06.28	本國高等地理歷史와 學校一切管理文簿들	사업	
1166	皇城新聞	1910.06.28	世界無類의 珍寶 (續)	역사	
1167	皇城新聞	1910.06.28	甚矣라 文勝의 弊害됨이여 古今歷	역사	
1168	皇城新聞	1910.06.29	本國高等地理歷史와 學校一切管理文簿들	사업	
1169	皇城新聞	1910.06.29	世界無類의 珍寶 (續)	역사	
1170	皇城新聞	1910.06.29	其日人心의 巧僞를 增長케홈은 何	역사	
1171	皇城新聞	1910.06.30	西道旅行記	기행	
1172	皇城新聞	1910.06.30	本國高等地理歷史와 學校一切管理文簿들	사업	
1173	皇城新聞	1910.06.30	世界無類의 珍寶 (續)	역사	
1174	皇城新聞	1910.06.30	文勝의 弊害를 痛論ᄒ (續)	역사	
1175	皇城新聞	1910.07.01	然而說者ㅣ 尙且云云ᄒ기를	역사	
1176	皇城新聞	1910.07.02	顯宗은 此年에 崩ᄒ고 明年에 德宗이	역사	
1177	皇城新聞	1910.07.05	世界無類의 珍寶 (續)	역사	
1178	皇城新聞	1910.07.06	世界無類의 珍寶 (續)	역사	
1179	皇城新聞	1910.07.06	文勝의 弊害를 痛論홈	역사	
1180	皇城新聞	1910.07.07	其正史이도 鋟板의 事를 記載치아니홈으로	역사	
1181	皇城新聞	1910.07.08	世界無類의 珍寶 (續)	역사	
1182	皇城新聞	1910.07.09	世界無類의 珍寶 (續)	역사	
1183	皇城新聞	1910.07.12	世界無類의 珍寶 (續)	역사	
1184	皇城新聞	1910.07.13	世界無類의 珍寶 (續)	역사	
1185	皇城新聞	1910.07.14	世界無類의 珍寶 (續)	역사	
1186	皇城新聞	1910.07.15	世界無類의 珍寶 (續)	역사	
1187	皇城新聞	1910.07.17	翌年에 正案을 成ᄒ며 私賤은 父祖가 遺書를 貽ᄒ고	논설	
1188	皇城新聞	1910.07.19	鬱島에 關흔 調查	사업	

No.	매체	날짜	제목	분야	본문수록
1189	皇城新聞	1910.07.24	今日我韓에무삼 一定흔것이잇스리오	한글	
1190	皇城新聞	1910.07.26	忠達公金玉均氏의 延諡禮式을	사건	
1191	皇城新聞	1910.07.26	今日我韓用文에 對ᄒ야	한글	
1192	皇城新聞	1910.07.28	金忠達公延諡式	사건	
1193	皇城新聞	1910.08.09	我檀君子孫의 氏族과 疆土와 敎化의 歷史	역사	O
1194	皇城新聞	1910.08.10	我民族의 思想統一的機關	역사	
1195	皇城新聞	1910.08.14	開國紀元節頌	논설	
1196	皇城新聞	1910.08.21	丁茶山의 諡典	사건	
1197	皇城新聞	1910.09.04	檀敎名義	사업	
1198	皇城新聞	1910.09.09	古經閣敎命을 奉承ᄒ와 本檀君敎는 本名倧敎로 紀年開極立道는 本紀	사업	
1199	皇城新聞	1910.09.10	國朝人物誌寄付	사업	
1200	皇城新聞	1910.09.11	日本國寶에 編入된 者	사업	
1201	皇城新聞	1910.09.13	合倂顚末	사업	
1202	皇城新聞	1910.09.13	朝鮮宗覽編纂	사업	
1203	大韓每日申報	1905.08.27	軍照外部	사업	
1204	大韓每日申報	1905.09.06	國旗發賣所廣告	사업	
1205	大韓每日申報	1905.09.22	鬱島問題	논설	
1206	大韓每日申報	1905.09.24	申論鬱島問題	논설	
1207	大韓每日申報	1905.09.26	警告大韓全國人民	논설	O
1208	大韓每日申報	1905.09.27	警告大韓全國人民 二	논설	O
1209	大韓每日申報	1905.09.29	韓國은 將由耶蘇新敎而立	논설, 철학	
1210	大韓每日申報	1905.09.30	歌亦悲壯	논설, 시가·소설	
1211	大韓每日申報	1905.10.03	史庫奉審	사업	
1212	大韓每日申報	1905.10.05	論蒙學敎科	논설	O
1213	大韓每日申報	1905.10.12	書籍이 爲開發民智之指南	논설	
1214	大韓每日申報	1905.11.02	會長出席	사업	
1215	大韓每日申報	1905.11.05	斷髮可否	민속, 논설	
1216	大韓每日申報	1905.11.12	三人歌 (속)	시가·소설	

No.	매체	날짜	제목	분야	본문 수록
1217	大韓每日申報	1905.11.16	農書廣佈	사업	
1218	大韓每日申報	1905.11.23	欺有君無臣	논설	
1219	大韓每日申報	1905.12.01	信教自强	논설	
1220	大韓每日申報	1905.12.05	讀趙元老遺書	논설	
1221	大韓每日申報	1905.12.08	女學宜興	논설	
1222	大韓每日申報	1906.01.04	新年祝詞	논설	
1223	大韓每日申報	1906.01.06	東山雨雪	시가·소설	
1224	大韓每日申報	1906.01.07	務望興學 二	논설	
1225	大韓每日申報	1906.02.08	東學論	논설, 철학	
1226	大韓每日申報	1906.02.10	廣新學以輔舊學說	논설, 철학	
1227	大韓每日申報	1906.02.10	圖書企畫	사업	
1228	大韓每日申報	1906.02.11	廣新學以輔舊學說 (續)	논설	
1229	大韓每日申報	1906.02.22	大關風化	논설	
1230	大韓每日申報	1906.02.23	尹氏美擧	한글, 사업	
1231	大韓每日申報	1906.03.10	刑法譯佈	사업	
1232	大韓每日申報	1906.03.11	時事滑稽(二)	사건	
1233	大韓每日申報	1906.03.17	間島問題	사건	
1234	大韓每日申報	1906.03.29	申論敎科書	논설, 한글	
1235	大韓每日申報	1906.04.03	大韓自强會를 發起홈이 其趣旨	논설	
1236	大韓每日申報	1906.04.03	敎科改良	논설, 한글	
1237	大韓每日申報	1906.04.06	最宜獎勵工業	논설	
1238	大韓每日申報	1906.05.02	門號改定	고적, 사업	
1239	大韓每日申報	1906.05.09	三氏書製	고적, 사업	
1240	大韓每日申報	1906.05.19	換揭懸板	고적, 사업	
1241	大韓每日申報	1906.05.20	韓語編輯	한글, 사업	
1242	大韓每日申報	1906.05.30	國文一定意見	한글, 사업	
1243	大韓每日申報	1906.06.06	敎育禍胎	논설, 한글	
1244	大韓每日申報	1906.07.10	大韓自强會月報를 本月二十五日로	사업	
1245	大韓每日申報	1906.07.27	讀朝陽報	논설	
1246	大韓每日申報	1906.08.24	字典刊將	사업	

No.	매체	날짜	제목	분야	본문 수록
1247	大韓每日申報	1906.09.13	太極學報	사업	
1248	大韓每日申報	1906.09.26	告每日申報	논설	
1249	大韓每日申報	1906.10.12	大韓自强會에셔 由來韓國의 惡慣悖習을	논설, 민속	
1250	大韓每日申報	1906.10.13	大韓自强會에셔 由來韓國의 惡慣悖習을	논설, 민속	
1251	大韓每日申報	1906.10.17	東國史略自序	논설, 역사	
1252	大韓每日申報	1906.10.18	東國史略自序 (續)	논설, 역사	
1253	大韓每日申報	1906.11.01	修補告由	고적, 사업	
1254	大韓每日申報	1906.11.11	紀念碑閣측의 建築	고적, 사업	
1255	大韓每日申報	1906.11.13	李疏槩意	고적, 사업	
1256	大韓每日申報	1906.11.13	時事만評	논설	
1257	大韓每日申報	1906.11.16	憑朱營私	기타	
1258	大韓每日申報	1906.11.16	倉洞國語	한글, 사업	
1259	大韓每日申報	1906.11.16	童謠豫言	시가・소설	
1260	大韓每日申報	1906.11.17	閔忠正公血竹	시가・소설	
1261	大韓每日申報	1906.11.21	人之 貴는 在乎五倫	논설	
1262	大韓每日申報	1906.11.22	童謠新唱	시가・소설	
1263	大韓每日申報	1906.11.23	書冊播校	사업	
1264	大韓每日申報	1906.11.23	奇談可聞	시가・소설	
1265	大韓每日申報	1906.11.25	黃海道谷山龍峯山卽 神德高皇后 誕降舊基	고적	
1266	大韓每日申報	1906.12.13	贊文學校에셔 去日曜日에 贊成會를	역사, 기타	
1267	大韓每日申報	1906.12.13	靑會演說	한글, 사업	
1268	大韓每日申報	1906.12.15	內照禮院	고적	
1269	大韓每日申報	1906.12.19	咸察報府	고적	
1270	大韓每日申報	1906.12.21	請正國文	한글	
1271	大韓每日申報	1906.12.22	金昔狼貝	고적, 사건	
1272	大韓每日申報	1906.12.28	平壤居장淳應田德龍黃錫龍川氏가 本社寄函ᄒ되	논설	
1273	大韓每日申報	1906.12.28	慶尙北道慶州군養兒山은	사건, 기타	
1274	大韓每日申報	1907.01.20	鳳鳴學校趣旨 (續)	사업	
1275	大韓每日申報	1907.01.30	國文硏究會趣旨書	논설, 한글	O
1276	大韓每日申報	1907.01.31	雜誌發刊	사업	

No.	매체	날짜	제목	분야	본문수록
1277	大韓每日申報	1907.01.31	國文研究會趣旨書 (續)	논설, 한글	O
1278	大韓每日申報	1907.02.01	國文教育	한글	
1279	大韓每日申報	1907.02.26	壬錄不見	기타	
1280	大韓每日申報	1907.03.12	死守玉塔	고적	
1281	大韓每日申報	1907.06.02	峨洋古操	고적	
1282	大韓每日申報	1907.06.04	韓國寶塔問題(日本二六新聞譯謄)	고적, 사건	
1283	大韓每日申報	1907.06.04	玉塔奪去의 顚末	고적, 사건	
1284	大韓每日申報	1907.06.05	韓國寶塔問題의 續論	고적, 논설	
1285	大韓每日申報	1907.06.05	玉塔奪去의 顚末 (續)	고적, 사건	
1286	大韓每日申報	1907.06.06	玉塔奪去의 顚末 (續)	고적, 사건	
1287	大韓每日申報	1907.06.15	是豈成說	기타	
1288	大韓每日申報	1907.07.26	大韓三十年間變亂歷史	논설, 역사	
1289	大韓每日申報	1907.07.27	詩調 癸童의 童謠	시가·소설	
1290	大韓每日申報	1907.08.24	有志寄函	논설, 한글	
1291	大韓每日申報	1907.09.06	蜜啞子經歷	논설, 기타	
1292	大韓每日申報	1907.09.18	國文研究會	한글	
1293	大韓每日申報	1907.09.25	大韓精神의 血書	논설	O
1294	大韓每日申報	1907.09.26	大韓精神의 血書 (續)	논설	O
1295	大韓每日申報	1907.09.26	晨夕이 乍凉에 秋意가 宛然이라	시가·소설	
1296	大韓每日申報	1907.10.01	國文研究	한글	
1297	大韓每日申報	1907.10.02	願者一席	한글	
1298	大韓每日申報	1907.10.03	韓國이 渴望ᄒᄂᆞᆫ 人物(太極報照謄)	논설	
1299	大韓每日申報	1907.10.05	景福宮修理	고적	
1300	大韓每日申報	1907.10.05	磁器研究	사업	
1301	大韓每日申報	1907.10.05	寺刹整理	사업	
1302	大韓每日申報	1907.10.09	韓語講習	한글, 사업	
1303	大韓每日申報	1907.10.12	研究會議	한글	
1304	大韓每日申報	1907.10.20	開會退定	한글	
1305	大韓每日申報	1907.10.27	委員濫竽	한글	
1306	大韓每日申報	1907.11.21	家庭重◆	사업	

No.	매체	날짜	제목	분야	본문수록
1307	大韓每日申報	1907.12.22	農事雜誌	사업	
1308	大韓每日申報	1908.01.05	謝告	현상공모	
1309	大韓每日申報	1908.01.07	生호 我韓帝國	논설	
1310	大韓每日申報	1908.01.07	謝告	현상공모	
1311	大韓每日申報	1908.01.08	妙年先覺	한글	
1312	大韓每日申報	1908.01.08	謝告	현상공모	
1313	大韓每日申報	1908.01.10	리氏熱心	한글	
1314	大韓每日申報	1908.01.15	北美韓人同盟新興會趣旨書	논설	
1315	大韓每日申報	1908.01.26	國文學校의 日增	한글	○
1316	大韓每日申報	1908.02.09	博物館云設	사업	
1317	大韓每日申報	1908.02.09	獎學月報社廣告	현상공모	
1318	大韓每日申報	1908.02.18	庸醫宜禁	한의학	
1319	大韓每日申報	1908.02.20	書冊寄校	사건	
1320	大韓每日申報	1908.02.21	英雄會議	시가·소설, 역사	○
1321	大韓每日申報	1908.03.01	國文研究에 對호 管見	한글	○
1322	大韓每日申報	1908.03.04	寺亦讓日	고적	
1323	大韓每日申報	1908.03.12	毁城着手	고적	
1324	大韓每日申報	1908.03.17	國漢文의 輕重	한글	○
1325	大韓每日申報	1908.03.18	國漢文의 輕重 (續)	한글	○
1326	大韓每日申報	1908.03.19	國漢文의 輕重 (續)	한글	○
1327	大韓每日申報	1908.03.24	狐와 猫의 問答	논설 시가·소설	
1328	大韓每日申報	1908.04.03	讀壬辰誌有感	역사	○
1329	大韓每日申報	1908.04.10	歌曲改良의 意見	음악, 시가·소설	○
1330	大韓每日申報	1908.04.11	靑年討論	한글, 사업	
1331	大韓每日申報	1908.04.12	日학韓語	한글	
1332	大韓每日申報	1908.04.26	警局兩會	사업	
1333	大韓每日申報	1908.05.02	水軍第一偉人 李舜臣	역사	
1334	大韓每日申報	1908.05.03	水軍第一偉人 李舜臣	역사	

No.	매체	날짜	제목	분야	본문 수록
1335	大韓每日申報	1908.05.05	甚矣韓人之不知學問也	논설	
1336	大韓每日申報	1908.05.05	水軍第一偉人 李舜臣	역사	
1337	大韓每日申報	1908.05.06	水軍第一偉人 李舜臣	역사	
1338	大韓每日申報	1908.05.07	水軍第一偉人 李舜臣	역사	
1339	大韓每日申報	1908.05.08	水軍第一偉人 李舜臣	역사	
1340	大韓每日申報	1908.05.09	水軍第一偉人 李舜臣	역사	
1341	大韓每日申報	1908.05.09	昌宮燈歌	음악	
1342	大韓每日申報	1908.05.10	水軍第一偉人 李舜臣	역사	
1343	大韓每日申報	1908.05.10	新纂歷史	역사	
1344	大韓每日申報	1908.05.12	水軍第一偉人 李舜臣	역사	
1345	大韓每日申報	1908.05.14	水軍第一偉人 李舜臣	역사	
1346	大韓每日申報	1908.05.15	水軍第一偉人 李舜臣	역사	
1347	大韓每日申報	1908.05.17	水軍第一偉人 李舜臣	역사	
1348	大韓每日申報	1908.05.21	水軍第一偉人 李舜臣	역사	
1349	大韓每日申報	1908.05.22	水軍第一偉人 李舜臣	역사	
1350	大韓每日申報	1908.05.23	水軍第一偉人 李舜臣	역사	
1351	大韓每日申報	1908.05.24	水軍第一偉人 李舜臣	역사	
1352	大韓每日申報	1908.05.26	水軍第一偉人 李舜臣	역사	
1353	大韓每日申報	1908.05.27	水軍第一偉人 李舜臣	역사	
1354	大韓每日申報	1908.05.28	水軍第一偉人 李舜臣	역사	
1355	大韓每日申報	1908.05.30	水軍第一偉人 李舜臣	역사	
1356	大韓每日申報	1908.05.31	水軍第一偉人 李舜臣	역사	
1357	大韓每日申報	1908.06.02	水軍第一偉人 李舜臣	역사	
1358	大韓每日申報	1908.06.03	水軍第一偉人 李舜臣	역사	
1359	大韓每日申報	1908.06.05	水軍第一偉人 李舜臣	역사	
1360	大韓每日申報	1908.06.06	水軍第一偉人 李舜臣	역사	
1361	大韓每日申報	1908.06.07	水軍第一偉人 李舜臣	역사	
1362	大韓每日申報	1908.06.09	噫라 惟吾裴씨之上系가 自檀箕羅麗로	민속	
1363	大韓每日申報	1908.06.09	水軍第一偉人 李舜臣	역사	
1364	大韓每日申報	1908.06.10	農業界新福音	논설	

No.	매체	날짜	제목	분야	본문 수록
1365	大韓每日申報	1908.06.10	水軍第一偉人 李舜臣	역사	
1366	大韓每日申報	1908.06.10	意見書發刊	한글	
1367	大韓每日申報	1908.06.11	水軍第一偉人 李舜臣	역사	
1368	大韓每日申報	1908.06.12	水軍第一偉人 李舜臣	역사	
1369	大韓每日申報	1908.06.13	水軍第一偉人 李舜臣	역사	
1370	大韓每日申報	1908.06.14	舊書蒐集의 必要	논설, 역사	○
1371	大韓每日申報	1908.06.14	小學敎育에 對하는 意見	한글	○
1372	大韓每日申報	1908.06.16	舊書蒐集의 必要 (續)	논설	○
1373	大韓每日申報	1908.06.16	水軍第一偉人 李舜臣	역사	
1374	大韓每日申報	1908.06.16	小學敎育에 對하는 意見 (續)	논설, 한글	○
1375	大韓每日申報	1908.06.17	水軍第一偉人 李舜臣	역사	
1376	大韓每日申報	1908.06.17	歷史에 對한 管見二則	논설, 역사	○
1377	大韓每日申報	1908.06.18	水軍第一偉人 李舜臣	역사	
1378	大韓每日申報	1908.06.19	水軍第一偉人 李舜臣	역사	
1379	大韓每日申報	1908.06.20	水軍第一偉人 李舜臣	역사	
1380	大韓每日申報	1908.06.23	水軍第一偉人 李舜臣	역사	
1381	大韓每日申報	1908.06.28	東洋史檢閱	사업	
1382	大韓每日申報	1908.06.28	水軍第一偉人 李舜臣	역사	
1383	大韓每日申報	1908.06.30	水軍第一偉人 李舜臣	역사	
1384	大韓每日申報	1908.07.01	推委學部	사건	
1385	大韓每日申報	1908.07.01	事係變怪	사건	
1386	大韓每日申報	1908.07.03	賀敎育月報刊行	논설, 한글	
1387	大韓每日申報	1908.07.08	近今國文小說著者의 注意	문학	
1388	大韓每日申報	1908.07.11	論學校用歌	음악	
1389	大韓每日申報	1908.07.12	劇界改良論	논설	○
1390	大韓每日申報	1908.07.16	世界近世史를 不可不覽	논설	
1391	大韓每日申報	1908.07.18	尙未晩矣	논설	○
1392	大韓每日申報	1908.07.19	告湖南學會	논설, 역사	○
1393	大韓每日申報	1908.07.24	書籍收入	사건	
1394	大韓每日申報	1908.07.25	韓國과 滿洲	역사	○

No.	매체	날짜	제목	분야	본문 수록
1395	大韓每日申報	1908.07.28	韓人可敎不可敎에 對혼 一論	논설	O
1396	大韓每日申報	1908.07.31	國文施行協議	한글	
1397	大韓每日申報	1908.08.08	水軍第一偉人 李舜臣	역사	
1398	大韓每日申報	1908.08.08	許多古人之罪惡審判	논설, 역사	O
1399	大韓每日申報	1908.08.09	水軍第一偉人 李舜臣	역사	
1400	大韓每日申報	1908.08.11	水軍第一偉人 李舜臣	역사	
1401	大韓每日申報	1908.08.12	國粹保全說	역사	O
1402	大韓每日申報	1908.08.12	玄氏云辭	한글	
1403	大韓每日申報	1908.08.13	進化와 降衰	논설	O
1404	大韓每日申報	1908.08.13	水軍第一偉人 李舜臣	역사	
1405	大韓每日申報	1908.08.14	開國紀元節慶祝	논설	
1406	大韓每日申報	1908.08.14	水軍第一偉人 李舜臣	역사	
1407	大韓每日申報	1908.08.16	水軍第一偉人 李舜臣	역사	
1408	大韓每日申報	1908.08.18	英雄을 鑄造ᄒᆞᄂᆞ 機械	논설	
1409	大韓每日申報	1908.08.18	水軍第一偉人 李舜臣	역사	
1410	大韓每日申報	1908.08.22	慈善會雜誌發刊	사업	
1411	大韓每日申報	1908.08.22	國文委員加差	한글	
1412	大韓每日申報	1908.08.27	讀史新論	역사	
1413	大韓每日申報	1908.08.27	國語硏究	한글	
1414	大韓每日申報	1908.08.29	讀史新論	역사	
1415	大韓每日申報	1908.08.29	八大義士	논설, 시가·소설	
1416	大韓每日申報	1908.08.30	讀史新論	역사	
1417	大韓每日申報	1908.08.30	國語國文獨立論	한글	O
1418	大韓每日申報	1908.09.01	讀史新論 (續)	역사	
1419	大韓每日申報	1908.09.02	讀史新論 (續)	역사	
1420	大韓每日申報	1908.09.02	國文疑點協議	한글	
1421	大韓每日申報	1908.09.03	讀史新論 (續)	역사	
1422	大韓每日申報	1908.09.04	讀史新論 (續)	역사	
1423	大韓每日申報	1908.09.06	讀史新論 (續)	역사	

No.	매체	날짜	제목	분야	본문 수록
1424	大韓每日申報	1908.09.08	讀史新論 (續)	역사	
1425	大韓每日申報	1908.09.10	讀史新論 (續)	역사	
1426	大韓每日申報	1908.09.12	讀史新論 (續)	역사	
1427	大韓每日申報	1908.09.13	著譯家의 大不幸	사건	
1428	大韓每日申報	1908.09.13	讀史新論 (續)	역사	
1429	大韓每日申報	1908.09.15	讀史新論 (續)	역사	
1430	大韓每日申報	1908.09.16	讀史新論 (續)	사건	
1431	大韓每日申報	1908.09.17	呂氏獨擔編次	사업	
1432	大韓每日申報	1908.09.27	進步ㅎ라 同胞여	논설	
1433	大韓每日申報	1908.10.16	實業敎育將興乎	논설	
1434	大韓每日申報	1908.10.18	平壤의 磁器發明	논설	
1435	大韓每日申報	1908.10.27	敎科書의 妄發ᄒ 句語	논설, 역사	
1436	大韓每日申報	1908.10.29	是何惡魔	사건	
1437	大韓每日申報	1908.10.29	讀史新論 (續)	역사	
1438	大韓每日申報	1908.10.30	讀史新論 (續)	역사	
1439	大韓每日申報	1908.10.30	硏究委員被任	한글	
1440	大韓每日申報	1908.10.31	讀史新論 (續)	역사	
1441	大韓每日申報	1908.11.01	讀史新論 (續)	역사	
1442	大韓每日申報	1908.11.03	戶口表調査	사업	
1443	大韓每日申報	1908.11.03	讀史新論 (續)	역사	
1444	大韓每日申報	1908.11.04	讀史新論 (續)	역사	
1445	大韓每日申報	1908.11.05	讀史新論 (續)	역사	
1446	大韓每日申報	1908.11.06	讀史新論 (續)	역사	
1447	大韓每日申報	1908.11.07	讀史新論 (續)	역사	
1448	大韓每日申報	1908.11.07	文法을 宜統一	한글	○
1449	大韓每日申報	1908.11.08	演劇界之李人稙	문학, 논설	
1450	大韓每日申報	1908.11.08	讀史新論 (續)	역사	
1451	大韓每日申報	1908.11.11	讀史新論 (續)	역사	
1452	大韓每日申報	1908.11.12	讀史新論 (續)	역사	

No.	매체	날짜	제목	분야	본문수록
453	大韓每日申報	1908.11.13	銀世界新演劇大廣告	공연-전시(광고)	
454	大韓每日申報	1908.11.13	讀史新論 (續)	역사	
455	大韓每日申報	1908.11.14	讀史新論 (續)	역사	
456	大韓每日申報	1908.11.14	國文研究會委員諸氏에게 勸告홈	한글	O
457	大韓每日申報	1908.11.15	讀史新論 (續)	역사	
458	大韓每日申報	1908.11.17	讀史新論 (續)	역사	
459	大韓每日申報	1908.11.18	讀史新論 (續)	역사	
460	大韓每日申報	1908.11.20	讀史新論 (續)	역사	
461	大韓每日申報	1908.11.21	讀史新論 (續)	역사	
462	大韓每日申報	1908.11.22	讀史新論 (續)	역사	
463	大韓每日申報	1908.11.22	學界寶鑑	한글	
464	大韓每日申報	1908.11.24	讀史新論 (續)	역사	
465	大韓每日申報	1908.11.25	讀史新論 (續)	역사	
466	大韓每日申報	1908.11.26	讀史新論 (續)	역사	
467	大韓每日申報	1908.11.27	讀史新論 (續)	역사	
468	大韓每日申報	1908.11.28	讀史新論 (續)	역사	
469	大韓每日申報	1908.11.29	讀史新論 (續)	역사	
470	大韓每日申報	1908.12.02	讀史新論 (續)	역사	
471	大韓每日申報	1908.12.02	韓半島	시가·소설, 역사	
472	大韓每日申報	1908.12.03	讀史新論 (續)	역사	
473	大韓每日申報	1908.12.04	讀史新論 (續)	역사	
474	大韓每日申報	1908.12.04	花寨秘訣	시가·소설, 역사	O
475	大韓每日申報	1908.12.05	讀史新論 (續)	역사	
476	大韓每日申報	1908.12.06	讀史新論 (續)	역사	
477	大韓每日申報	1908.12.08	讀史新論 (續)	역사	
478	大韓每日申報	1908.12.09	讀史新論 (續)	역사	
479	大韓每日申報	1908.12.10	讀史新論 (續)	역사	
480	大韓每日申報	1908.12.11	讀史新論 (續)	역사	

No.	매체	날짜	제목	분야	본문수록
1481	大韓每日申報	1908.12.12	讀史新論 (續)	역사	
1482	大韓每日申報	1908.12.13	遍告僧侶同胞	논설	O
1483	大韓每日申報	1908.12.13	讀史新論 (續)	역사	
1484	大韓每日申報	1908.12.17	奇奇怪怪혼 會名	논설	
1485	大韓每日申報	1908.12.18	舊書刊行論	논설	O
1486	大韓每日申報	1908.12.19	舊書刊行論 (續)	논설	O
1487	大韓每日申報	1908.12.20	舊書刊行論 (續)	논설	O
1488	大韓每日申報	1908.12.23	獵官奔競	사업	
1489	大韓每日申報	1908.12.25	大東共報의 創立을 賀홈	논설	
1490	大韓每日申報	1908.12.30	女子及勞働社會의 知識普及훌 道 (續)	논설, 한글	
1491	大韓每日申報	1909.01.01	新年	논설	
1492	大韓每日申報	1909.01.01	國其存乎	사건	
1493	大韓每日申報	1909.01.05	國家의 精神을 發揮홀지어다	논설	
1494	大韓每日申報	1909.01.07	咸興郡州南面桑동私立普明學校趣旨書	논설	
1495	大韓每日申報	1909.01.09	譯書家의게 一告홈	논설, 역사	O
1496	大韓每日申報	1909.01.15	俯仰古今	논설, 역사	O
1497	大韓每日申報	1909.01.19	分利ᄒᆞᄂᆞ 人은 國民이 賊	논설	
1498	大韓每日申報	1909.01.26	禱厄新方	시가·소설, 민속	
1499	大韓每日申報	1909.01.27	敎科書檢定	사업	
1500	大韓每日申報	1909.01.28	東洋伊太利	논설	O
1501	大韓每日申報	1909.01.29	東洋伊太利 (續)	논설	O
1502	大韓每日申報	1909.02.02	敎科檢定	사업	
1503	大韓每日申報	1909.02.03	社會의 中軸	논설	
1504	大韓每日申報	1909.02.07	渾一團自國精神	논설	
1505	大韓每日申報	1909.02.07	韓人惡習	논설, 시가·소설	
1506	大韓每日申報	1909.02.09	儒敎界特色	논설	
1507	大韓每日申報	1909.02.09	口碑上偉人	역사	O
1508	大韓每日申報	1909.02.09	何憚不改	시가·소설, 민속	

No.	매체	날짜	제목	분야	본문 수록
509	大韓每日申報	1909.02.16	希望歌	논설, 시가・소설	
510	大韓每日申報	1909.02.18	靑會◆演	사업	
511	大韓每日申報	1909.02.20	文氏熱心	한글, 사업	
512	大韓每日申報	1909.02.21	橫倅興學	한글, 사업	
513	大韓每日申報	1909.02.23	上 太學及各道各邑鄕校書院書	논설	
514	大韓每日申報	1909.02.25	韓國의 第一豪傑大王	역사	O
515	大韓每日申報	1909.02.25	懸賞求論	현상공모	
516	大韓每日申報	1909.02.25	儒敎耶蘇敎關係論	현상공모	
517	大韓每日申報	1909.02.26	韓國의 第一豪傑大王 (續)	역사	O
518	大韓每日申報	1909.02.26	儒敎耶蘇敎關係論	현상공모	
519	大韓每日申報	1909.02.27	儒敎耶蘇敎關係論	현상공모	
520	大韓每日申報	1909.02.28	儒敎界에 對흔 一論	논설, 역사	
521	大韓每日申報	1909.02.28	儒敎耶蘇敎關係論	현상공모	
522	大韓每日申報	1909.03.02	讀史有感	논설, 시가・소설	
523	大韓每日申報	1909.03.02	儒敎耶蘇敎關係論	현상공모	
524	大韓每日申報	1909.03.03	儒敎耶蘇敎關係論	현상공모	
525	大韓每日申報	1909.03.11	警告河東郡人士	논설	
526	大韓每日申報	1909.03.12	所謂敎育家	논설	O
527	大韓每日申報	1909.03.13	敎科書檢定調査의 着眼處	논설	
528	大韓每日申報	1909.03.13	圓覺不圓	사건	
529	大韓每日申報	1909.03.13	夜月彈琴	시가・소설	
530	大韓每日申報	1909.03.14	敎科書檢定調査의 着眼處 (續)	논설	
531	大韓每日申報	1909.03.16	國家를 滅亡케 ᄒᄂ 學部	논설	
532	大韓每日申報	1909.03.18	古蹟調査	사업	
533	大韓每日申報	1909.03.19	韓國社會의 模範的人物	논설	
534	大韓每日申報	1909.03.19	論介學	시가・소설, 역사	
535	大韓每日申報	1909.03.20	偉大흔 事業은 積功에 在홈	논설	
536	大韓每日申報	1909.03.21	人民은 法律을 自知ᄒᆞ야 權利를 自護홈이 可홈	논설	

No.	매체	날짜	제목	분야	본문 수록
1537	大韓每日申報	1909.03.23	同化의 悲觀	논설	
1538	大韓每日申報	1909.03.24	全門呼訴	사업	
1539	大韓每日申報	1909.03.24	可痛何多	논설, 시가·소설	
1540	大韓每日申報	1909.03.24	大東義俠行	시가·소설, 역사	
1541	大韓每日申報	1909.03.25	乾元節頌	논설	
1542	大韓每日申報	1909.03.27	地圖를 觀ᄒ다가 所感을 記홈	논설	
1543	大韓每日申報	1909.03.31	陶器改良	사업	
1544	大韓每日申報	1909.04.01	最畏惟心	논설, 시가·소설	
1545	大韓每日申報	1909.04.02	宋魔의 凶腸	논설	
1546	大韓每日申報	1909.04.02	報社移接	사건	
1547	大韓每日申報	1909.04.04	萬歲曆押收	사건	
1548	大韓每日申報	1909.04.13	史庫看審	사업	
1549	大韓每日申報	1909.04.13	靑會演說	사업	
1550	大韓每日申報	1909.04.16	將安適歸	논설	
1551	大韓每日申報	1909.04.17	寃及古塚	고적, 사건	
1552	大韓每日申報	1909.04.18	少年雜誌를 祝홈	논설	
1553	大韓每日申報	1909.04.18	旣悶且悶	논설, 시가·소설	
1554	大韓每日申報	1909.04.23	西間島의 來信	논설	○
1555	大韓每日申報	1909.04.25	敬告我龍岡同胞	논설	
1556	大韓每日申報	1909.04.27	毀塔取寶	고적, 사건	
1557	大韓每日申報	1909.04.28	香火請捐	사업	
1558	大韓每日申報	1909.04.29	僧侶運動	사업	
1559	大韓每日申報	1909.05.05	全氏請願	고적	
1560	大韓每日申報	1909.05.05	檀陵改築	고적, 사업	
1561	大韓每日申報	1909.05.06	麗王陵寢改사	고적	
1562	大韓每日申報	1909.05.06	運搬北闕	사업	
1563	大韓每日申報	1909.05.07	書籍押收	사건	

No.	매체	날짜	제목	분야	본문 수록
1564	大韓每日申報	1909.05.09	呂倅報告	고적, 사업	
1565	大韓每日申報	1909.05.11	北闕拜覽記	기행	
1566	大韓每日申報	1909.05.12	平察質報	고적, 사업	
1567	大韓每日申報	1909.05.12	驅民黑暗	사건	
1568	大韓每日申報	1909.05.13	國은 卽一大家	논설	
1569	大韓每日申報	1909.05.15	無名의 多數小英雄을 求훔	논설	
1570	大韓每日申報	1909.05.16	道傍築室	고적, 사업	
1571	大韓每日申報	1909.05.18	寄呈于李觀榮氏	논설	
1572	大韓每日申報	1909.05.19	舊陵狀況	고적, 사업	
1573	大韓每日申報	1909.05.19	蒸蔘改良	기타	
1574	大韓每日申報	1909.05.22	有何層節	사업	
1575	大韓每日申報	1909.05.22	殿陵處理未定	고적, 사업	
1576	大韓每日申報	1909.05.23	直員改稱件	고적, 사업	
1577	大韓每日申報	1909.05.25	檀陵開役	고적, 사업	
1578	大韓每日申報	1909.05.25	祝每日報	논설	
1579	大韓每日申報	1909.05.26	藉賢挾雜	사건	
1580	大韓每日申報	1909.05.27	石上問答	논설, 시가·소설,	
1581	大韓每日申報	1909.05.28	帝國主義와 民族主義	논설	
1582	大韓每日申報	1909.05.28	官制改正	고적, 사업	
1583	大韓每日申報	1909.05.28	畿察◆部	고적, 사업	
1584	大韓每日申報	1909.05.29	韓人의 憂는 韓國에 在ᄒ니라	논설	
1585	大韓每日申報	1909.05.29	金氏善擧	한글, 사업	
1586	大韓每日申報	1909.06.03	靑會演說	사업	
1587	大韓每日申報	1909.06.06	地方沿革修定	사업	
1588	大韓每日申報	1909.06.08	大呼韓國宗敎界偉人	논설	
1589	大韓每日申報	1909.06.08	悖風尙存	민속, 시가·소설	
1590	大韓每日申報	1909.06.08	靑會演說	사업	
1591	大韓每日申報	1909.06.09	全訴誤金	사건	

No.	매체	날짜	제목	분야	본문 수록
1592	大韓每日申報	1909.06.10	舊陵修築反對	고적, 사업	
1593	大韓每日申報	1909.06.11	其意難測	사건	
1594	大韓每日申報	1909.06.11	翰墨社設立	사업	
1595	大韓每日申報	1909.06.13	自卑의 國民은 自滅의 國民	논설	
1596	大韓每日申報	1909.06.15	歷史品輸去	사건	
1597	大韓每日申報	1909.06.15	移屬內部	고적, 사업	
1598	大韓每日申報	1909.06.16	儒敎擴張에 對흔 論	논설	
1599	大韓每日申報	1909.06.17	韓國儒敎와 淸報	논설	
1600	大韓每日申報	1909.06.17	解産日記御覽	사건	
1601	大韓每日申報	1909.06.18	韓人의 當守홀 國家的主義	논설	
1602	大韓每日申報	1909.06.20	影入商品	고적, 사건	
1603	大韓每日申報	1909.06.20	覓還決議	고적, 사건	
1604	大韓每日申報	1909.06.20	大隈의 言論	논설	
1605	大韓每日申報	1909.06.22	敬天敎宗	사업	
1606	大韓每日申報	1909.06.22	閱報一評	논설, 시가・소설	
1607	大韓每日申報	1909.06.24	警醒ᄒ며 憤發ᄒ라	논설	
1608	大韓每日申報	1909.06.24	佛像入舘	고전, 사건	
1609	大韓每日申報	1909.06.25	列聖係統圖發刊	사업	
1610	大韓每日申報	1909.06.25	韓國模型圖	사업	
1611	大韓每日申報	1909.06.25	補助金又請	사업	
1612	大韓每日申報	1909.06.26	新統監赴任後 韓國人의 感情	논설	
1613	大韓每日申報	1909.06.29	何必忠祠	사건	
1614	大韓每日申報	1909.06.29	英日博覽會出品	사업	
1615	大韓每日申報	1909.06.29	第三回夏期國語講習所를 尙洞靑年學院內에	한글, 사업	
1616	大韓每日申報	1909.06.30	今日 敎育界의 精神界	논설	
1617	大韓每日申報	1909.06.30	大成放學	사업	
1618	大韓每日申報	1909.06.30	第三回夏期國語講習所를 尙洞靑年學院內에	한글, 사업	
1619	大韓每日申報	1909.07.01	第三回夏期國語講習所를 尙洞靑年學院內에	한글, 사업	
1620	大韓每日申報	1909.07.02	競爭은 生存의 機 商業上韓日人의 比較 (續)	논설	

No.	매체	날짜	제목	분야	본문 수록
1621	大韓每日申報	1909.07.02	第三回夏期國語講習所를 尙洞靑年學院內에	한글, 사업	
1622	大韓每日申報	1909.07.03	打破餘習	논설, 시가・소설	
1623	大韓每日申報	1909.07.03	圓社不圓	사건	
1624	大韓每日申報	1909.07.03	博覽出品	사업	
1625	大韓每日申報	1909.07.03	第三回夏期國語講習所를 尙洞靑年學院內에	한글, 사업	
1626	大韓每日申報	1909.07.03	韓國自治制畧史	역사	O
1627	大韓每日申報	1909.07.04	雜感	논설	
1628	大韓每日申報	1909.07.04	仁陵祭典	고전, 사건	
1629	大韓每日申報	1909.07.04	出宮時期와 路次	고전, 사건	
1630	大韓每日申報	1909.07.04	第三回夏期國語講習所를 尙洞靑年學院內에	한글, 사업	
1631	大韓每日申報	1909.07.06	神宮奉敬會	논설	
1632	大韓每日申報	1909.07.06	演場投石	사건	
1633	大韓每日申報	1909.07.06	第三回夏期國語講習所를 尙洞靑年學院內에	한글, 사업	
1634	大韓每日申報	1909.07.07	蔘政調査費	사업	
1635	大韓每日申報	1909.07.07	第三回夏期國語講習所를 尙洞靑年學院內에	사업	
1636	大韓每日申報	1909.07.08	第三回夏期國語講習所를 尙洞靑年學院內에	한글, 사업	
1637	大韓每日申報	1909.07.09	書籍界一評	논설	
1638	大韓每日申報	1909.07.09	第三回夏期國語講習所를 尙洞靑年學院內에	한글, 사업	
1639	大韓每日申報	1909.07.10	殿陵祠費用	고적, 사업	
1640	大韓每日申報	1909.07.13	人生은 目的을 確定홈이 可홈 (續)	논설	
1641	大韓每日申報	1909.07.13	朝雲夜學	사업	
1642	大韓每日申報	1909.07.13	又試一鋒	논설, 시가・소설	
1643	大韓每日申報	1909.07.16	身家國三觀念의 變遷 (續)	논설	
1644	大韓每日申報	1909.07.16	本人의 先祖 增補文獻備考의	사업	
1645	大韓每日申報	1909.07.17	身家國三觀念의 變遷 (續)	논설	
1646	大韓每日申報	1909.07.17	本人의 先祖 增補文獻備考의	사업	
1647	大韓每日申報	1909.07.17	工業界曙光	논설, 시가・소설	
1648	大韓每日申報	1909.07.21	各社寺處置	고적, 사업	

No.	매체	날짜	제목	분야	본문수록
1649	大韓每日申報	1909.07.21	世界에 惟一强權	논설	
1650	大韓每日申報	1909.07.21	檀君敎弘布	사업	
1651	大韓每日申報	1909.07.22	寶鑑垂成	사업	
1652	大韓每日申報	1909.07.22	兩氏熱心	사업	
1653	大韓每日申報	1909.07.24	我란 觀念을 擴張흘지어다	논설	
1654	大韓每日申報	1909.07.27	翰墨發展	사업	
1655	大韓每日申報	1909.07.27	檀檀團	시가・소설, 역사	
1656	大韓每日申報	1909.07.28	神宮計劃	사업	
1657	大韓每日申報	1909.07.28	靑氈歌	시가・소설	
1658	大韓每日申報	1909.07.29	因地撤堂	고적	
1659	大韓每日申報	1909.07.29	冊子帶往	사건	
1660	大韓每日申報	1909.07.30	喝醒賣國者	논설	
1661	大韓每日申報	1909.07.30	韓家靑氈	사건	
1662	大韓每日申報	1909.07.30	儒生請願	사건	
1663	大韓每日申報	1909.07.30	殿陵管轄引繼	고적, 사업	
1664	大韓每日申報	1909.07.30	八陣圖	논설, 시가・소설	
1665	大韓每日申報	1909.07.31	英雄紀念祭	논설, 역사	
1666	大韓每日申報	1909.08.01	喝醒賣國者 (續)	논설	
1667	大韓每日申報	1909.08.01	擊劍歌	시가・소설, 역사	
1668	大韓每日申報	1909.08.03	毁堂搆亭	고전, 사건	
1669	大韓每日申報	1909.08.03	艶頂壹針	시가・소설, 역사	
1670	大韓每日申報	1909.08.04	玄琴八閱	논설, 시가・소설	
1671	大韓每日申報	1909.08.04	奴性을 去흠 然後에 學術이 進흠	논설, 철학	
1672	大韓每日申報	1909.08.05	逐邪經	논설, 시가・소설	
1673	大韓每日申報	1909.08.06	檀君歌	시가・소설, 역사	

No.	매체	날짜	제목	분야	본문 수록
1674	大韓每日申報	1909.08.06	堅忍之功	시가 · 소설, 역사	
1675	大韓每日申報	1909.08.07	商民에게 一告	논설, 역사	
1676	大韓每日申報	1909.08.07	招隱操	시가 · 소설, 역사	
1677	大韓每日申報	1909.08.08	東洋主義에 對ᄒᆞᆫ 批評	논설	O
1678	大韓每日申報	1909.08.10	東洋主義에 對ᄒᆞᆫ 批評 (續)	논설	O
1679	大韓每日申報	1909.08.10	殿陵整理	고적, 사업	
1680	大韓每日申報	1909.08.11	舊慣調査	사업	
1681	大韓每日申報	1909.08.11	實業請求	사업	
1682	大韓每日申報	1909.08.11	血性딕	논설, 시가 · 소설	
1683	大韓每日申報	1909.08.12	陵員增置說	사업	
1684	大韓每日申報	1909.08.13	胞衣取締法	민속	
1685	大韓每日申報	1909.08.13	神會計劃	사업	
1686	大韓每日申報	1909.08.13	論忠臣	논설, 역사	
1687	大韓每日申報	1909.08.14	慶節休暇	사건	
1688	大韓每日申報	1909.08.14	是日敬爲同胞一告	역사	
1689	大韓每日申報	1909.08.17	二十世紀新東國之英雄	논설	
1690	大韓每日申報	1909.08.18	二十世紀新東國之英雄 (續)	논설, 역사	
1691	大韓每日申報	1909.08.18	韓半島	시가 · 소설	
1692	大韓每日申報	1909.08.19	告由設行	사업	
1693	大韓每日申報	1909.08.19	寶鑑竣工	사업	
1694	大韓每日申報	1909.08.19	委員加資	사업	
1695	大韓每日申報	1909.08.19	二十世紀新東國之英雄 (續)	논설, 역사	
1696	大韓每日申報	1909.08.20	二十世紀新東國之英雄 (續)	논설	
1697	大韓每日申報	1909.08.20	祭官差擇	사업	
1698	大韓每日申報	1909.08.20	惡虫之害	논설, 시가 · 소설	
1699	大韓每日申報	1909.08.22	刊冊請願	사업	
1700	大韓每日申報	1909.08.25	在內同胞ᄂᆞᆫ 在外同胞를 効則ᄒᆞᆯ지어다	논설	

No.	매체	날짜	제목	분야	본문수록
1701	大韓每日申報	1909.08.27	紀念日祝賀	시가·소설	
1702	大韓每日申報	1909.09.01	韓日事蹟編纂	사업	
1703	大韓每日申報	1909.09.01	印刷所計劃	사업	
1704	大韓每日申報	1909.09.04	神祇震怒	논설, 시가·소설	
1705	大韓每日申報	1909.09.08	大韓工業會趣旨書	논설	
1706	大韓每日申報	1909.09.11	古人遺蹟을 吊흠	고적, 논설	O
1707	大韓每日申報	1909.09.14	所謂東洋傳道舘	논설	
1708	大韓每日申報	1909.09.14	儒生通文	사건	
1709	大韓每日申報	1909.09.14	秋享設行	사업	
1710	大韓每日申報	1909.09.16	社稷祭	논설, 시가·소설	
1711	大韓每日申報	1909.09.17	冊子移儲	사업	
1712	大韓每日申報	1909.09.17	佛書續刊	사업	
1713	大韓每日申報	1909.09.17	分院沙器에 就흔 一論(其歷史及現狀과 將來發展策)	역사	O
1714	大韓每日申報	1909.09.17	누가 敢히	논설, 시가·소설	
1715	大韓每日申報	1909.09.18	思想變遷의 階級	논설	
1716	大韓每日申報	1909.09.18	殿陵祀費	사업	
1717	大韓每日申報	1909.09.18	海外同胞의 祖國思想	사업	
1718	大韓每日申報	1909.09.18	今則可遑乎	역사	
1719	大韓每日申報	1909.09.19	工業之發達이 富强之源	논설	
1720	大韓每日申報	1909.09.19	文藝舘美擧	사업	
1721	大韓每日申報	1909.09.22	五江調査	사업	
1722	大韓每日申報	1909.09.22	秋江月	시가·소설, 역사	O
1723	大韓每日申報	1909.09.23	國朝寶鑑下賜	사건	
1724	大韓每日申報	1909.09.24	各陵審査	사업	
1725	大韓每日申報	1909.09.25	敎育家評論	역사, 사건	
1726	大韓每日申報	1909.09.25	頑人頑夢	역사	O

No.	매체	날짜	제목	분야	본문 수록
1727	大韓每日申報	1909.09.25	萬波息	시가 · 소설, 역사	○
1728	大韓每日申報	1909.09.25	問諸靑山	시가 · 소설, 역사	○
1729	大韓每日申報	1909.09.26	人生의 境遇	논설	
1730	大韓每日申報	1909.09.30	日本書籍의 勢力	논설	
1731	大韓每日申報	1909.10.01	無恥會社	논설, 역사	
1732	大韓每日申報	1909.10.01	巖陵秋享	사업	
1733	大韓每日申報	1909.10.01	關野評論	역사	
1734	大韓每日申報	1909.10.01	月下問答	논설, 시가 · 소설	
1735	大韓每日申報	1909.10.02	兩先哲遺論(又記者附論)	논설	○
1736	大韓每日申報	1909.10.02	陵墓調査	사업	
1737	大韓每日申報	1909.10.03	韓國出品	사업	
1738	大韓每日申報	1909.10.05	此輩腹中에 何所有	논설, 고적	
1739	大韓每日申報	1909.10.06	論麗史誣筆	역사	○
1740	大韓每日申報	1909.10.07	吊漢挐山	논설	
1741	大韓每日申報	1909.10.08	魔學會의 名稱變更	논설	
1742	大韓每日申報	1909.10.08	西人韓史	사업, 역사	
1743	大韓每日申報	1909.10.09	國內老人同胞에게 一告홈	논설	
1744	大韓每日申報	1909.10.09	移屬學部	사업	
1745	大韓每日申報	1909.10.09	香祝下送	사업	
1746	大韓每日申報	1909.10.10	靑年의 劣敗를 嘆홈	논설	
1747	大韓每日申報	1909.10.10	江山아	논설, 시가 · 소설	
1748	大韓每日申報	1909.10.10	照妖眼	논설, 시가 · 소설	
1749	大韓每日申報	1909.10.12	繼天慶節	사건	
1750	大韓每日申報	1909.10.12	文獻押收	사건	
1751	大韓每日申報	1909.10.12	一筆沈吟	논설, 시가 · 소설	

No.	매체	날짜	제목	분야	본문 수록
1752	大韓每日申報	1909.10.15	學界喜聞	사업	
1753	大韓每日申報	1909.10.16	圖型委任	사업	
1754	大韓每日申報	1909.10.19	儒敎를 賣ᄒᄂᆞ 賊	논설	
1755	大韓每日申報	1909.10.19	農部奔走	사업	
1756	大韓每日申報	1909.10.19	神宮儀節	사업	
1757	大韓每日申報	1909.10.19	檀君敎傳布	사업	
1758	大韓每日申報	1909.10.22	院地橫占	고전, 사건	
1759	大韓每日申報	1909.10.22	麗器紀念	사건	
1760	大韓每日申報	1909.10.22	先諾後斬	사건	
1761	大韓每日申報	1909.10.22	寺刹調査	사업	
1762	大韓每日申報	1909.10.22	國文歌	시가·소설, 한글	
1763	大韓每日申報	1909.10.22	大韓醫士總合所趣旨書	한의학, 논설	
1764	大韓每日申報	1909.10.22	의士總會	한의학, 사업	
1765	大韓每日申報	1909.10.26	國權이 無ᄒᆞ고 民權을 夢ᄒᄂᆞ 痴物輩	논설	
1766	大韓每日申報	1909.10.27	牧隱影幀奉安式	고적, 사업	
1767	大韓每日申報	1909.10.27	纂輯官敍勳	사업	
1768	大韓每日申報	1909.10.28	事涉重大	사업	
1769	大韓每日申報	1909.10.31	大同演說 (續)	논설	
1770	大韓每日申報	1909.11.09	天喜堂詩話	문학	
1771	大韓每日申報	1909.11.11	天喜堂詩話 (續)	문학	
1772	大韓每日申報	1909.11.12	天喜堂詩話 (續)	문학	
1773	大韓每日申報	1909.11.13	天喜堂詩話 (續)	문학	
1774	大韓每日申報	1909.11.14	西道沿海의 漁場	기타	
1775	大韓每日申報	1909.11.14	天喜堂詩話 (續)	문학	
1776	大韓每日申報	1909.11.16	天喜堂詩話 (續)	문학	
1777	大韓每日申報	1909.11.16	兩氏向南	사업	
1778	大韓每日申報	1909.11.16	社寺保存會	고적, 사업	
1779	大韓每日申報	1909.11.17	天喜堂詩話 (續)	문학	

No.	매체	날짜	제목	분야	본문수록
780	大韓每日申報	1909.11.18	賊徒掘塚	고적, 사건	
781	大韓每日申報	1909.11.18	天喜堂詩話 (續)	문학	
782	大韓每日申報	1909.11.18	地區沿革溯考	사업	
783	大韓每日申報	1909.11.20	天喜堂詩話 (續)	문학	
784	大韓每日申報	1909.11.20	開國日慶祝	사업	
785	大韓每日申報	1909.11.21	天喜堂詩話 (續)	문학	
786	大韓每日申報	1909.11.23	天喜堂詩話 (續)	문학	
787	大韓每日申報	1909.11.24	國民敎育을 施ᄒ라	논설	
788	大韓每日申報	1909.11.24	天喜堂詩話 (續)	문학	
789	大韓每日申報	1909.11.25	天喜堂詩話 (續)	문학	
790	大韓每日申報	1909.11.26	天喜堂詩話 (續)	문학	
791	大韓每日申報	1909.11.26	警局編纂	사업	
792	大韓每日申報	1909.11.26	柳令雲 韓石峰	역사	
793	大韓每日申報	1909.11.26	社會燈	논설, 시가·소설	
794	大韓每日申報	1909.11.28	邑誌送交	사업	
795	大韓每日申報	1909.11.28	博覽會出品件	사업	
796	大韓每日申報	1909.11.28	偉人의 頭角	역사	
797	大韓每日申報	1909.11.28	今日宗敎家에게 要ᄒᄂ바	논설, 철학	O
798	大韓每日申報	1909.11.30	文部通知	사업	
799	大韓每日申報	1909.11.30	哲人의 面目	역사	
800	大韓每日申報	1909.12.01	談叢	논설	
801	大韓每日申報	1909.12.01	古物撮影	사업	
802	大韓每日申報	1909.12.01	大韓帝國咸鏡南道咸興郡私立一能學校落成歌	논설, 시가·소설	
803	大韓每日申報	1909.12.02	天喜堂詩話 (續)	문학	
804	大韓每日申報	1909.12.02	開國年代調査	사업	
805	大韓每日申報	1909.12.03	天喜堂詩話 (續)	문학	
806	大韓每日申報	1909.12.04	天喜堂詩話 (續)	문학	
807	大韓每日申報	1909.12.04	寺僧獻品	사건	

No.	매체	날짜	제목	분야	본문 수록
1808	大韓每日申報	1909.12.05	談叢	논설	
1809	大韓每日申報	1909.12.05	東國巨傑 崔都統	역사	
1810	大韓每日申報	1909.12.08	再告韓國同胞	논설	
1811	大韓每日申報	1909.12.08	所謂一進會合邦聲明書全文	논설	
1812	大韓每日申報	1909.12.09	東國巨傑 崔都統	역사	
1813	大韓每日申報	1909.12.10	東國巨傑 崔都統	역사	
1814	大韓每日申報	1909.12.10	韓俗日探	사업	
1815	大韓每日申報	1909.12.10	談叢	논설, 역사	O
1816	大韓每日申報	1909.12.11	模型圖垂成	사업	
1817	大韓每日申報	1909.12.11	東國巨傑 崔都統	역사	
1818	大韓每日申報	1909.12.11	談叢	논설, 역사	O
1819	大韓每日申報	1909.12.12	談叢	논설	
1820	大韓每日申報	1909.12.12	東國巨傑 崔都統	역사	
1821	大韓每日申報	1909.12.14	布告天下文	논설	
1822	大韓每日申報	1909.12.14	談叢	논설, 역사	O
1823	大韓每日申報	1909.12.15	陵裔一覽表	사업	
1824	大韓每日申報	1909.12.15	談叢	한글, 역사	
1825	大韓每日申報	1909.12.16	東國巨傑 崔都統	역사	
1826	大韓每日申報	1909.12.17	談叢	논설	
1827	大韓每日申報	1909.12.17	東國巨傑 崔都統 (續)	역사	
1828	大韓每日申報	1909.12.18	東國巨傑 崔都統 (續)	역사	
1829	大韓每日申報	1909.12.19	談叢	논설, 역사	O
1830	大韓每日申報	1909.12.21	東國巨傑 崔都統 (續)	역사	
1831	大韓每日申報	1909.12.21	談叢	논설, 역사	
1832	大韓每日申報	1909.12.22	談叢	논설	
1833	大韓每日申報	1909.12.22	東國巨傑 崔都統 (續)	역사	
1834	大韓每日申報	1909.12.24	東國巨傑 崔都統 (續)	역사	
1835	大韓每日申報	1909.12.24	談叢	논설, 역사	
1836	大韓每日申報	1909.12.28	日本人의게	논설	
1837	大韓每日申報	1909.12.29	談叢	논설, 한글	

No.	매체	날짜	제목	분야	본문 수록
1838	大韓每日申報	1909.12.29	語會組織	한글, 사업	
1839	大韓每日申報	1909.12.30	談叢	논설	
1840	大韓每日申報	1909.12.30	韓人時局觀	논설	
1841	大韓每日申報	1910.01.05	新年一感	논설	
1842	大韓每日申報	1910.01.05	談叢	논설, 역사	
1843	大韓每日申報	1910.01.06	談叢	논설	
1844	大韓每日申報	1910.01.07	韓日合倂論者에게 告홈 (續)	논설, 역사	
1845	大韓每日申報	1910.01.07	東國巨傑 崔都統 (續)	역사	
1846	大韓每日申報	1910.01.08	韓日合倂論者에게 告홈 (續)	논설, 역사	
1847	大韓每日申報	1910.01.08	談叢	논설, 역사	○
1848	大韓每日申報	1910.01.08	舊俗調查	사업, 민속	
1849	大韓每日申報	1910.01.08	東國巨傑 崔都統 (續)	역사	
1850	大韓每日申報	1910.01.09	大韓의 人口	논설	
1851	大韓每日申報	1910.01.09	商工調查	사업	
1852	大韓每日申報	1910.01.11	敎科書와 學部	논설	
1853	大韓每日申報	1910.01.13	機會와 實力	논설	
1854	大韓每日申報	1910.01.13	談叢	논설	○
1855	大韓每日申報	1910.01.14	談叢	논설	
1856	大韓每日申報	1910.01.14	我主人	논설, 시가·소설	
1857	大韓每日申報	1910.01.16	談叢	논설	
1858	大韓每日申報	1910.01.19	別別出品	사업	
1859	大韓每日申報	1910.01.19	滿洲問題에 就ᄒ야 再論홈	역사	○
1860	大韓每日申報	1910.01.19	談叢	역사	
1861	大韓每日申報	1910.01.20	談叢	논설	
1862	大韓每日申報	1910.01.20	滿洲問題에 就ᄒ야 再論홈 (續)	역사	○
1863	大韓每日申報	1910.01.21	談叢	논설, 역사	
1864	大韓每日申報	1910.01.21	滿洲問題에 就ᄒ야 再論홈 (續)	논설, 역사	○
1865	大韓每日申報	1910.01.22	滿洲問題에 就ᄒ야 再論홈 (續)	논설	○
1866	大韓每日申報	1910.01.22	談叢	논설	

No.	매체	날짜	제목	분야	본문 수록
1867	大韓每日申報	1910.01.22	印章還推	역사, 사건	
1868	大韓每日申報	1910.01.23	防砲神法	논설, 역사	
1869	大韓每日申報	1910.01.25	四忠祠致祭	사업	
1870	大韓每日申報	1910.01.25	東國巨傑 崔都統 (續)	역사	
1871	大韓每日申報	1910.01.29	坎中連	논설, 시가 · 소설	
1872	大韓每日申報	1910.01.30	談叢	역사	
1873	大韓每日申報	1910.01.30	觀海有感	논설, 역사	
1874	大韓每日申報	1910.02.01	談叢	논설	
1875	大韓每日申報	1910.02.02	文明普及의 好方法	논설	
1876	大韓每日申報	1910.02.02	文獻正誤開始	사업	
1877	大韓每日申報	1910.02.02	社會燈	논설, 시가 · 소설	
1878	大韓每日申報	1910.02.03	書類正寫	사업	
1879	大韓每日申報	1910.02.04	談叢	논설	
1880	大韓每日申報	1910.02.09	宋子大全刊行說에 對ᄒ야 一論홈	논설	
1881	大韓每日申報	1910.02.09	云非僞造	사업	
1882	大韓每日申報	1910.02.12	學術家의 責任	논설	
1883	大韓每日申報	1910.02.13	墓犾處刑	고적, 사건	
1884	大韓每日申報	1910.02.13	精神과 物質	논설	
1885	大韓每日申報	1910.02.13	現象一斑	논설, 시가 · 소설	
1886	大韓每日申報	1910.02.15	太極敎會에 告홈	논설	
1887	大韓每日申報	1910.02.15	要覽編纂	사업	
1888	大韓每日申報	1910.02.16	新暖書感	논설	O
1889	大韓每日申報	1910.02.16	東國巨傑 崔都統 (續)	역사	
1890	大韓每日申報	1910.02.16	聖神感化	논설, 시가 · 소설	
1891	大韓每日申報	1910.02.17	東國巨傑 崔都統 (續)	역사	
1892	大韓每日申報	1910.02.17	英雄演說會	논설, 시가 · 소설	

No.	매체	날짜	제목	분야	본문수록
1893	大韓每日申報	1910.02.18	運命說	논설	
1894	大韓每日申報	1910.02.19	文化와 武力	논설	O
1895	大韓每日申報	1910.02.19	東國巨傑 崔都統 (續)	역사	
1896	大韓每日申報	1910.02.20	韓國民族地理上發展	역사	O
1897	大韓每日申報	1910.02.22	東國巨傑 崔都統 (續)	역사	
1898	大韓每日申報	1910.02.24	二十世紀新國民 (續)	논설	
1899	大韓每日申報	1910.02.27	二十世紀新國民 (續)	논설	
1900	大韓每日申報	1910.02.27	設院請願	사업	
1901	大韓每日申報	1910.03.03	冥府女裁判所	논설,시가·소설	O
1902	大韓每日申報	1910.03.04	地理唱歌	사업	
1903	大韓每日申報	1910.03.05	東國巨傑 崔都統 (續)	역사	
1904	大韓每日申報	1910.03.08	隱凡聽五學生談夢	논설	
1905	大韓每日申報	1910.03.10	外人의 眼에 映하는 朝鮮	논설	
1906	大韓每日申報	1910.03.10	東國巨傑 崔都統 (續)	역사	
1907	大韓每日申報	1910.03.11	東國古代仙敎考	철학, 역사	O
1908	大韓每日申報	1910.03.12	東國巨傑 崔都統 (續)	역사	
1909	大韓每日申報	1910.03.17	東國巨傑 崔都統 (續)	역사	
1910	大韓每日申報	1910.03.23	次第調査	사업	
1911	大韓每日申報	1910.03.25	韓國法典	사업	
1912	大韓每日申報	1910.03.25	古物陳列所觀高麗磁器有感	역사	O
1913	大韓每日申報	1910.03.29	大藏經渡日	사건	
1914	大韓每日申報	1910.03.30	安墓發掘	사건	
1915	大韓每日申報	1910.03.31	嶺南開進의 先鋒	논설	
1916	大韓每日申報	1910.04.03	東國巨傑 崔都統 (續)	역사	
1917	大韓每日申報	1910.04.06	東國巨傑 崔都統 (續)	역사	
1918	大韓每日申報	1910.04.07	談叢	논설	O
1919	大韓每日申報	1910.04.07	東國巨傑 崔都統 (續)	역사	
1920	大韓每日申報	1910.04.08	東國巨傑 崔都統 (續)	역사	
1921	大韓每日申報	1910.04.09	內部發訓	고적	

No.	매체	날짜	제목	분야	본문 수록
1922	大韓每日申報	1910.04.09	東國巨傑 崔都統 (續)	역사	
1923	大韓每日申報	1910.04.09	書籍一評	시가·소설, 역사	
1924	大韓每日申報	1910.04.10	大藏經來歷	고적, 역사	
1925	大韓每日申報	1910.04.12	國寶散失의 悲	고적, 논설	
1926	大韓每日申報	1910.04.12	東國巨傑 崔都統 (續)	역사	
1927	大韓每日申報	1910.04.12	누구런고	시가·소설, 역사	
1928	大韓每日申報	1910.04.15	國魂	논설, 시가·소설	
1929	大韓每日申報	1910.04.21	언제나	시가·소설, 역사	
1930	大韓每日申報	1910.04.22	東國巨傑 崔都統 (續)	역사	
1931	大韓每日申報	1910.04.22	頓耶蛤耶	시가·소설, 한글	
1932	大韓每日申報	1910.04.23	東國巨傑 崔都統 (續)	역사	
1933	大韓每日申報	1910.04.23	民族競爭의 最後勝利	논설, 역사	O
1934	大韓每日申報	1910.04.24	東國巨傑 崔都統 (續)	역사	
1935	大韓每日申報	1910.04.27	東國巨傑 崔都統 (續)	역사	
1936	大韓每日申報	1910.04.28	其計亦巧	한글	
1937	大韓每日申報	1910.04.30	爲保舊跡	고적	
1938	大韓每日申報	1910.04.30	社會燈	한글	
1939	大韓每日申報	1910.04.30	文亦遭厄	한글, 사건	
1940	大韓每日申報	1910.05.01	東國巨傑 崔都統 (續)	역사	
1941	大韓每日申報	1910.05.03	學部辨明	한글, 사건	
1942	大韓每日申報	1910.05.06	修理費請願	고적	
1943	大韓每日申報	1910.05.06	古蹟買入	고적	
1944	大韓每日申報	1910.05.06	桑門回祿	고적	
1945	大韓每日申報	1910.05.06	東國巨傑 崔都統 (續)	역사	
1946	大韓每日申報	1910.05.07	東國巨傑 崔都統 (續)	역사	
1947	大韓每日申報	1910.05.08	韓書渡日	사건	

No.	매체	날짜	제목	분야	본문 수록
948	大韓每日申報	1910.05.08	東國巨傑 崔都統 (續)	역사	
949	大韓每日申報	1910.05.10	東國巨傑 崔都統 (續)	역사	
950	大韓每日申報	1910.05.11	我族의 族名	논설	O
951	大韓每日申報	1910.05.11	東國巨傑 崔都統 (續)	역사	
952	大韓每日申報	1910.05.12	東國巨傑 崔都統 (續)	역사	
953	大韓每日申報	1910.05.13	高麗陵破掘	고적	
954	大韓每日申報	1910.05.13	東國巨傑 崔都統 (續)	역사	
955	大韓每日申報	1910.05.15	韓國宗敎界의 將來	논설	O
956	大韓每日申報	1910.05.17	韓國宗敎界의 將來 (續)	논설	O
957	大韓每日申報	1910.05.17	新聞界에 外交家	사업	
958	大韓每日申報	1910.05.18	韓國宗敎界의 將來 (續)	논설	O
959	大韓每日申報	1910.05.20	敎書發刊	사업	
960	大韓每日申報	1910.05.22	東國巨傑 崔都統 (續)	역사	
961	大韓每日申報	1910.05.24	新地理발行	사업	
962	大韓每日申報	1910.05.24	方針可知	사업	
963	大韓每日申報	1910.05.24	東國巨傑 崔都統 (續)	역사	
964	大韓每日申報	1910.05.25	乙支公의 壯蹟復現	고적	
965	大韓每日申報	1910.05.25	姜侍中致祭擧行	사건	
966	大韓每日申報	1910.05.25	東國巨傑 崔都統 (續)	역사	
967	大韓每日申報	1910.05.26	東國巨傑 崔都統 (續)	역사	
968	大韓每日申報	1910.05.27	東國巨傑 崔都統 (續)	역사	
969	大韓每日申報	1910.05.29	施政譜配付	사업	
970	大韓每日申報	1910.06.14	牧師의 史記印刷	사업, 역사	
971	大韓每日申報	1910.06.16	文學何會	사건	
972	大韓每日申報	1910.06.19	商業地誌發刊	사업	
973	大韓每日申報	1910.06.24	國勢貧弱의 所以	논설	
974	大韓每日申報	1910.06.25	無聲의 軍器	논설	O
975	大韓每日申報	1910.06.26	英雄과 時勢	논설	
976	大韓每日申報	1910.06.28	聖經冊發刊	사업	
977	大韓每日申報	1910.06.30	地方費要錄	사업	

No.	매체	날짜	제목	분야	본문 수록
1978	大韓每日申報	1910.07.01	少年의 韓國	논설	
1979	大韓每日申報	1910.07.01	商務歷史分布	사업	
1980	大韓每日申報	1910.07.05	何事退却	사건	
1981	大韓每日申報	1910.07.07	奎章閣廢止說	사건	
1982	大韓每日申報	1910.07.12	檀君敎擴張	사업	
1983	大韓每日申報	1910.07.23	文獻考改刊	사업	
1984	大韓每日申報	1910.07.24	有名의 英雄과 無名의 英雄이라	논설, 역사	
1985	大韓每日申報	1910.08.06	忠北情況冊子	사업	

No.	매체	날짜	제목	필자	분야	본문수록
1	親睦會會報	1896.03.××	朝鮮論	洪奭鉉	논설	
2	親睦會會報	1896.03.××	論冠婚	–	민속	
3	親睦會會報	1896.03.××	漢文字와國文字의損益如何	申海永	한글	
4	親睦會會報	1896.06.××	題金公玉均之墓	申海永	역사	
5	親睦會會報	1896.12.××	一心離心의關係	申佑善	논설	
6	親睦會會報	1896.12.××	朝鮮에學徒衣服의新章	–	논설	
7	親睦會會報	1896.12.××	朝鮮에獨立門	–	사업	
8	親睦會會報	1896.12.××	朝鮮에獨立新聞	–	사업	
9	親睦會會報	1897.06.××	喚惺翁의談(變化氣質의四大重要)	申海永	논설	
10	親睦會會報	1897.12.××	大韓國의位置及境界와臣民의覺悟	權浩善	논설	
11	大朝鮮獨立協會會報	1896.11.30	국문론	지석영	한글	
12	共修學報	1906.01.31	國家思想을論홈이라	金志侃	논설	
13	共修學報	1907.04.30	韓國이不小	金聖睦	논설	
14	共修學報	1907.07.31	日土韓族	朴有秉	역사	○
15	共修學報	1907.10.30	我國의銅製活字發明	林大奎	역사	○
16	共修學報	1909.03.20	思想의未開	具滋鶴	논설, 역사	
17	少年韓半島	1906.11.01	史說	–	사업, 논설	
18	少年韓半島	1906.11.01	國文源流	–	논설, 역사	
19	少年韓半島	1906.12.01	史說 (續)	–	논설, 역사	
20	少年韓半島	1907.01.01	鄭喬	–	논설, 역사	
21	少年韓半島	1907.01.01	大韓文典	–	논설, 철학	
22	少年韓半島	1907.02.01	大韓文典 (續)	–	논설, 역사	
23	少年韓半島	1907.03.01	大韓文典 (續)	–	논설, 한글	
24	少年韓半島	1907.04.01	朝日修好條規	–	논설, 역사	
25	少年韓半島	1907.04.01	大韓文典 (續)	–	논설, 철학	
26	大韓自强會月報	1906.07.31	南游紀行 游智異山 (一)	晩醒 朴致馥	논설, 철학	
27	大韓自强會月報	1906.07.31	本會會報	尹孝定 編纂	논설, 철학	
28	大韓自强會月報	1906.07.31	大韓精神	謙谷 朴殷植	논설, 철학	
29	大韓自强會月報	1906.07.31	殖産部	雲草 玄은	논설, 한글	

No.	매체	날짜	제목	필자	분야	본문수록
30	大韓自强會月報	1906.07.31	國朝故事	南嵩山人 張志淵	역사	O
31	大韓自强會月報	1906.07.31	小說	—	논설, 역사	
32	大韓自强會月報	1906.07.31	本國方言	—	논설, 역사	
33	大韓自强會月報	1906.07.31	東西問答	—	문학, 역사	
34	大韓自强會月報	1906.08.25	偉大한 國民에난 三個特性이 有함을 見함	大垣丈夫	논설, 철학	
35	大韓自强會月報	1906.08.25	嵩齋漫筆	南嵩山人 張志淵	철학, 역사	
36	大韓自强會月報	1906.08.25	國朝故事(前號續)	南嵩山人 張志淵	논설, 한글	
37	大韓自强會月報	1906.08.25	小說(前號續)	李沂	논설, 기타	
38	大韓自强會月報	1906.08.25	本國方言(前號續)	李沂	논설, 철학	
39	大韓自强會月報	1906.09.25	大韓地圖說	李沂	논설	
40	大韓自强會月報	1906.09.25	地理 一	—	역사	
41	大韓自强會月報	1906.09.25	嵩齋漫筆 (續)	南嵩山人 張志淵	논설, 역사	
42	大韓自强會月報	1906.09.25	國朝故事(前號續)	南嵩山人 張志淵	역사, 민속	
43	大韓自强會月報	1906.09.25	小說 (續)	李沂	시가 · 소설	
44	大韓自强會月報	1906.09.25	本國方言 (續)	李沂	한글	
45	大韓自强會月報	1906.10.25	南遊紀行 (續)	朴致馥	기행	
46	大韓自强會月報	1906.10.25	地理二. (續)	南嵩山人 張志淵	역사	
47	大韓自强會月報	1906.10.25	國朝故事 (續)	南嵩山人 張志淵	역사	
48	大韓自强會月報	1906.10.25	人族歷史의 淵源觀念	福城樵夫 梧村 薛泰熙	역사	
49	大韓自强會月報	1906.10.25	小說	李沂	시가 · 소설	
50	大韓自强會月報	1906.10.25	本國方言	李沂	한글	
51	大韓自强會月報	1906.11.25	團體然後民族可保	著者 南嵩山人 張志淵	논설	
52	大韓自强會月報	1906.11.25	地埋三 (續)	南嵩山人 張志淵	논설, 역사	

No.	매체	날짜	제목	필자	분야	본문수록
53	大韓自强會月報	1906.11.25	國朝故事 (續)	南嵩山人 張志淵	역사	
54	大韓自强會月報	1906.11.25	人族의 淵源觀念	福城樵夫 薛泰熙	역사	
55	大韓自强會月報	1906.11.25	小說	李沂	시가·소설	
56	大韓自强會月報	1906.11.25	小說 (續)	洪弼周	시가·소설	
57	大韓自强會月報	1906.11.25	本國方言	李沂	한글	
58	大韓自强會月報	1906.11.25	方言續貂	李鍾濬	한글	
59	大韓自强會月報	1906.12.25	露宿九連城	燕巖 朴趾源 正廟時	시가·소설, 고적	
60	大韓自强會月報	1906.12.25	俗離記行攬要	晚堂 李鍾濬	기행	
61	大韓自强會月報	1906.12.25	國朝故事 (續)	南嵩山人 張志淵	역사	
62	大韓自强會月報	1906.12.25	故事荒誕詭說辨	南嵩山人 張志淵	역사	
63	大韓自强會月報	1906.12.25	人族의 淵源觀念 (續)	福城樵夫 梧村 薛泰熙	역사	
64	大韓自强會月報	1906.12.25	京所鄕所	洪弼周	논설, 역사	
65	大韓自强會月報	1906.12.25	桂苑稗林	柳瑾述	논설, 역사	
66	大韓自强會月報	1906.12.25	小說	李沂	시가·소설	
67	大韓自强會月報	1906.12.25	本國方言	李沂	한글	
68	大韓自强會月報	1906.12.25	方言續貂	李鍾濬	한글	
69	大韓自强會月報	1906.12.25	國文一定法意見書	侃亭 李能和	한글	
70	大韓自强會月報	1907.01.25	畏憂論	春湖 金相範	논설	
71	大韓自强會月報	1907.01.25	人族의 淵源觀念(前續)	福城樵夫 梧村 薛泰熙	논설, 역사	
72	大韓自强會月報	1907.01.25	國朝故事荒詭辨(前續)	南嵩山人 張志淵	역사	
73	大韓自强會月報	1907.01.25	空華起滅	洪弼周	역사	
74	大韓自强會月報	1907.01.25	小說	李沂	시가·소설, 한글	
75	大韓自强會月報	1907.01.25	方言	李沂	한글	

No.	매체	날짜	제목	필자	분야	본문수록
76	大韓自强會月報	1907.02.25	國朝故事	雲岬 玄檃	역사	
77	大韓自强會月報	1907.02.25	虎叱 出燕巖集	洪弼周 述	시가・소설	
78	大韓自强會月報	1907.02.25	許生傳	朴趾源 撰 李鍾濬 譯	시가・소설	
79	大韓自强會月報	1907.03.25	國朝故事 (續)	雲岬 玄檃	역사	
80	大韓自强會月報	1907.03.25	虎叱 (前續)	出燕巖集 洪弼周 述	시가・소설	
81	大韓自强會月報	1907.03.25	小說 許生傳 (續)	朴趾源 撰 李鍾濬 譯	시가・소설	
82	大韓自强會月報	1907.03.25	方言	李沂	한글	
83	大韓自强會月報	1907.04.25	國朝故事	玄檃	역사	
84	大韓自强會月報	1907.04.25	虎叱 (續) 出燕巖集	洪弼周 述	시가・소설	
85	大韓自强會月報	1907.04.25	小說 許生傳 (續)	李晩茂 譯	시가・소설	
86	大韓自强會月報	1907.04.25	方言	李沂	한글	
87	大韓自强會月報	1907.05.25	大韓地誌	柳瑾 抄譯	기타	
88	大韓自强會月報	1907.05.25	讀越南亡國史有感	晩堂 李鍾濬 編纂 智山 吟叟	논설	
89	大韓自强會月報	1907.05.25	本會의 將來	大垣丈夫	논설, 역사	
90	大韓自强會月報	1907.05.25	本國野史	紫隱 洪弼周	역사	
91	大韓自强會月報	1907.05.25	大韓國文說	松村 池錫永	한글	
92	大韓自强會月報	1907.06.25	大韓地誌(承前)	柳瑾	기타	
93	大韓自强會月報	1907.06.25	野史	洪弼周	역사	
94	大韓自强會月報	1907.07.25	大韓地誌(承前)	柳瑾	기타	
95	大韓自强會月報	1907.07.25	列朝故事撮錄	涵齋 安鍾和	역사	
96	大韓自强會月報	1907.07.25	大韓國文說(十一號續)	松村 池錫永	한글	
97	西友	1906.12.01	三聖祠	會員 朴殷植	고적	
98	西友	1906.12.01	本會趣旨書	–	논설	
99	西友	1906.12.01	祝辭	霞山 南延哲 毅齋 閔丙奭 又荷 閔衡植 嵩陽山人 張志淵	논설	

No.	매체	날짜	제목	필자	분야	본문수록
100	西友	1906.12.01	社說	會員 朴殷植	논설	
101	西友	1906.12.01	公函各郡儒林	–	사업, 논설	
102	西友	1906.12.01	人物考	–	역사	
103	西友	1907.01.01	祝辭	金陵 大垣丈夫	논설	
104	西友	1907.01.01	敬告社友	會員 朴殷植	논설	
105	西友	1907.01.01	舊習改良論	會員 朴殷植	논설	
106	西友	1907.01.01	我東古事	–	역사	O
107	西友	1907.01.01	乙支文德傳	–	역사	
108	西友	1907.01.01	국어와 국문의 필요	회원 쥬시경	한글	O
109	西友	1907.02.01	團體成否의 問答	會員 朴殷植	논설	
110	西友	1907.02.01	國民의 性質과 責任	會員 朴聖欽	논설	
111	西友	1907.02.01	東明聖王의 遺蹟	–	역사	O
112	西友	1907.02.01	傳疑錄	–	역사	
113	西友	1907.03.01	新羅始祖	–	역사	
114	西友	1907.03.01	金庾信傳	會員 朴殷植	역사	
115	西友	1907.04.01	師範養成의 急務	會員 朴殷植	논설	
116	西友	1907.04.01	耽羅國	–	역사	
117	西友	1907.04.01	金庾信傳(續)	會員 朴殷植	역사	
118	西友	1907.05.01	一與各의 成敗論	會員 文錫瓛	논설	
119	西友	1907.05.01	我東故事	–	역사	
120	西友	1907.05.01	金庾信傳 (續)	–	역사	
121	西友	1907.06.01	我東古事	–	역사	
122	西友	1907.06.01	金庾信傳 (續)	–	역사	
123	西友	1907.07.01	善德聖王	–	역사	
124	西友	1907.07.01	金庾信傳 (續)	–	역사	
125	西友	1907.08.01	平壤과 開城의 發達	會員 朴殷植	논설, 역사	
126	西友	1907.08.01	花郞	–	역사	
127	西友	1907.08.01	萬波息笛	–	역사	
128	西友	1907.08.01	溫達傳	–	역사	
129	西友	1907.09.01	文弱之弊는 必喪其國	會員 朴殷植	논설, 역사	

No.	매체	날짜	제목	필자	분야	본문수록
130	西友	1907.09.01	竹長陵	—	역사	
131	西友	1907.09.01	書出池	—	역사	
132	西友	1907.09.01	張保皐와 鄭年傳	—	역사	
133	西友	1907.10.01	京義鐵道의 沿路槪況	—	고적	
134	西友	1907.10.01	京城古塔	—	고적	
135	西友	1907.10.01	間島의 來歷	朴聖欽	역사	O
136	西友	1907.10.01	姜邯瓚	—	역사	
137	西友	1907.10.01	京城歷史의 槪要	會員 金達河	역사	
138	西友	1907.11.01	義娘岩	—	고적, 역사	
139	西友	1907.11.01	我韓의 石炭	—	기타	
140	西友	1907.11.01	韓國의 利源	—	기타	
141	西友	1907.11.01	文苑 (續)	會員 金達河	기타	
142	西友	1907.11.01	金富軾	—	역사	
143	西友	1907.12.01	京城歷史의 槪要 (續)	—	고적, 역사	
144	西友	1907.12.01	定界事畧	—	고적, 역사	
145	西友	1907.12.01	濊貊	—	역사	
146	西友	1907.12.01	金富軾 (續)	—	역사	
147	西友	1908.01.01	慶源蕃胡	—	고적, 역사	
148	西友	1908.01.01	李舜臣	—	역사	
149	西友	1908.02.01	社說	朴殷植	논설	
150	西友	1908.02.01	庾黔弼博	—	역사	
151	西友	1908.02.01	金堅益傳	—	역사	
152	西友	1908.02.01	西北學會趣旨書	—	논설, 역사	
153	西友	1908.03.01	人의 事業은 競爭으로 由ㅎ야 發達홈	謙谷	논설	
154	西友	1908.03.01	我韓敎育歷史	一惺子	역사	
155	西友	1908.03.01	趙沖傳	—	역사	
156	西友	1908.03.01	滄海力士黎君傳	—	역사	
157	西友	1908.03.01	夢拜乙支將軍記	大痴子	논설, 역사	
158	西友	1908.05.01	白頭山古蹟	—	기타	O
159	西友	1908.05.01	遯庵鮮于浹先生傳	—	역사	

No.	매체	날짜	제목	필자	분야	본문 수록
160	西友	1908.05.01	聖祖發祥古蹟	―	역사	
161	西友	1908.05.01	西北諸道의 歷史論	―	논설, 역사	
162	太極學報	1906.08.24	告我二千萬同胞 (寄書)	工學士 尙灝	논설	
163	太極學報	1906.10.24	我國國民敎育의 振興策	編輯人 張膺震	논설	
164	太極學報	1906.10.24	韓國樂觀	會員 全志侃	논설	
165	太極學報	1906.11.24	實行主義	吳錫裕	논설	
166	太極學報	1906.12.24	朝鮮魂	崔錫夏	논설	O
167	太極學報	1907.01.24	多情多恨(寫實小說)	白岳春史	시가・소설	
168	太極學報	1907.01.24	國文便利 及 漢文弊害의 說	姜荃	한글	
169	太極學報	1907.02.24	社會我를 論홈	編輯人 張膺震	논설	
170	太極學報	1907.02.24	三國 宗敎略論	禪師 一愚 金太垠	논설, 철학	
171	太極學報	1907.02.24	國文便利 及 漢文弊害의 說 (前號續)	姜荃	한글	
172	太極學報	1907.06.24	精神的 敎育의 必要	石蘇 李東初	논설	
173	太極學報	1907.07.24	韓國의 將來文明을 論홈	文一平	논설	
174	太極學報	1907.07.24	愛國心의 淵源은 愛我心에 在홈	高宜煥	논설	
175	太極學報	1907.10.24	新時代의 思潮	一歲生	논설	
176	太極學報	1908.01.24	文明의 性質有差와 文明의 誘入勿誤	石蘇 李東初	논설	
177	太極學報	1908.03.24	東洋史의 硏究	挽天生	논설	
178	太極學報	1908.05.24	國文과 漢文의 過渡時代	李寶鏡	한글	
179	太極學報	1908.09.24	讀梁啓超所著 朝鮮亡國史略	中叟	논설, 역사	
180	夜雷	1907.02.05	金剛山	―	고적	
181	夜雷	1907.02.05	古賦	金建中; 朴泰輔; 李舜臣; 李濟臣; 金尙憲; 成三問; 金瑬; 石湖散人	기타	
182	夜雷	1907.02.05	薩水大捷	玄采	역사	
183	夜雷	1907.02.05	國語維持論	朴太緖	한글	
184	夜雷	1907.03.05	名勝故跡	尹泰榮	고적	O

No.	매체	날짜	제목	필자	분야	본문 수록
185	夜雷	1907.03.05	民族國家說	松堂 金成喜	논설	
186	夜雷	1907.03.05	唐主李世民中矢傷目	玄采	역사	
187	夜雷	1907.04.05	俗離山	尹泰榮	고적	
188	夜雷	1907.04.05	李舜臣傳	玄采	역사	○
189	夜雷	1907.05.05	尹泰榮	―	고적	
190	夜雷	1907.05.05	姜邯贊	―	역사	
191	夜雷	1907.06.05	名勝古跡	尹泰榮	고적	
192	夜雷	1907.06.05	李元翼拜別舊君	―	역사	
193	夜雷	1907.07.05	歷史地理 李舜臣傳	鴨綠江	기타	
194	大韓俱樂	1907.07.25	獻議書	楓石 李膺種	민속	
195	大韓俱樂	1907.07.25	敎育之方宜先乎漢文	硏農 金洛憲	한글	
196	洛東親睦會學報	1907.10.30	民族論	韓興敎	논설	
197	洛東親睦會學報	1907.11.30	祖國精神	姜漢朝	논설, 역사	
198	洛東親睦會學報	1907.12.30	壬辰倭亂에關ᄒᆞ古文學三度	崔南善	역사	
199	大韓留學生會 學報	1907.03.03	信敎論	趙鏞殷	논설	
200	大韓留學生會 學報	1907.03.03	國文과 漢文의 關係	韓興敎	논설, 한글	
201	大韓留學生會 學報	1907.04.07	國民의 第一聲(國債償還運動)	―	논설	
202	畿湖興學會月報	1908.08.25	大東四千載第一偉人「乙支文德」敍	邁堂居士	역사	
203	畿湖興學會月報	1908.10.25	大韓新地理學	金夏鼎	논설, 역사	
204	畿湖興學會月報	1908.12.25	孔敎問答	尹商鉉	논설, 철학	
205	畿湖興學會月報	1908.12.25	文法을 宜統一	申采浩	논설, 한글	
206	畿湖興學會月報	1909.01.25	學問은 不可不參互新舊	李起	논설	
207	畿湖興學會月報	1909.01.25	氣勝於理	安鍾和	논설, 역사	
208	畿湖興學會月報	1909.06.25	精神的 敎育	尹商鉉	논설	
209	畿湖興學會月報	1909.07.25	硏究	李喆柱	논설	
210	大東學會月報	1908.02.25	論漢文國文	呂圭亨	한글	
211	大東學會月報	1908.03.25	論說	藕山居士	논설, 철학	
212	大東學會月報	1908.03.25	道學源流 (續)	申箕善	철학	

No.	매체	날짜	제목	필자	분야	본문 수록
213	大東學會月報	1908.03.25	道學擬論	藕山居士	철학	
214	大東學會月報	1908.04.25	論說 (前號續)	藕山居士	논설, 철학	
215	大東學會月報	1908.04.25	道學源流 (續)	申箕善	논설, 철학	
216	大東學會月報	1908.05.25	論說 (前號續)	藕山居士	논설, 철학	
217	大東學會月報	1908.05.25	漢文과 國文의 辨別	鄭喬	논설, 한글	
218	大東學會月報	1908.06.25	論說 (前號續)	藕山居士	논설, 한글	
219	大東學會月報	1908.08.25	秋齋叢話	寓松閒人	역사	
220	大東學會月報	1908.08.25	論亞文 (續)	藕山居士	논설, 한글	
221	大東學會月報	1908.09.25	秋齋叢話	寓松閒人	역사	
222	大東學會月報	1908.10.25	秋齋叢話	寓松閑人	역사	
223	大東學會月報	1908.11.25	秋齋叢話	寓松閑人	역사	
224	大東學會月報	1908.12.25	秋齋叢話	寓松閑人	역사	○
225	大東學會月報	1909.01.25	秋齋叢話	寓松閑人	역사	
226	大東學會月報	1909.02.25	秋齋叢話	寓松閑人	역사	
227	大東學會月報	1909.03.25	秋齋叢話	寓松閑人	역사	
228	大東學會月報	1909.04.25	社說	藕山居士	논설, 한글	
229	大東學會月報	1909.04.25	秋齋叢話	寓松閑人	역사	
230	大東學會月報	1909.05.25	齋叢秋話	寓松閑人	역사	
231	大東學會月報	1909.07.25	秋齋叢話	寓松閑人	역사	
232	大東學會月報	1909.08.25	秋齋叢話	寓松閒人	역사	
233	大韓學會月報	1908.02.25	大韓學會趣旨書	─	논설	
234	大韓學會月報	1908.02.25	大呼國民的 團合精神	朴容喜	논설	
235	大韓學會月報	1908.03.25	韓半島文化大觀	李東初	역사	○
236	大韓學會月報	1908.05.25	金將軍德齡小傳	─	역사	
237	大韓學會月報	1908.05.25	韓半島文化大觀 (續)	李東初	역사	○
238	大韓學會月報	1908.06.25	金將軍德齡小傳 (前號續)	─	역사	
239	大韓學會月報	1908.11.25	韓國의 將來	東我 季承漢	논설	
240	大韓學會月報	1908.11.25	我同胞가 果是二千萬乎아	羅弘錫	논설, 역사	
241	大韓協會會報	1908.04.25	大韓의 希望	申采浩	논설, 역사	○
242	大韓協會會報	1908.04.25	地誌	玄檃	역사	

No.	매체	날짜	제목	필자	분야	본문 수록
243	大韓協會會報	1908.04.25	歷史	玄檃	역사	
244	大韓協會會報	1908.05.25	大韓地誌	玄檃	역사	
245	大韓協會會報	1908.05.25	大韓歷史	玄檃	역사	
246	大韓協會會報	1908.05.25	大韓三十年外交略史	雲溪生	역사	○
247	大韓協會會報	1908.05.25	歷史와 愛國心의 關係	申采浩	논설, 역사	○
248	大韓協會會報	1908.05.25	論國文	李鍾一	한글	
249	大韓協會會報	1908.06.25	歷史와 愛國心의 關係 (續)	申采浩	논설, 역사	
250	大韓協會會報	1908.06.25	大韓地誌	玄檃	역사	
251	大韓協會會報	1908.06.25	大韓歷史	玄檃	역사	
252	大韓協會會報	1908.06.25	大韓三十年 外交略史 (續)	雲溪生	역사	
253	大韓協會會報	1908.06.25	滿月臺懷古(五絶)	山雲 李亮淵	시가·소설, 역사	
254	大韓協會會報	1908.07.25	大韓地誌	玄檃	역사	
255	大韓協會會報	1908.07.25	大韓歷史	玄檃	역사	
256	大韓協會會報	1908.07.25	大韓三十年外交略史 (續)	雲溪生	역사	
257	大韓協會會報	1908.07.25	過善竹橋(五絶)	復菴 李俊 秋聲子 輯	시가·소설, 역사	
258	大韓協會會報	1908.08.25	地誌歷史	—	역사	
259	大韓協會會報	1908.08.25	歷史 太祖故事	—	역사	
260	大韓協會會報	1908.08.25	大韓三十年外交史 (續)	雲溪生	역사	
261	大韓協會會報	1908.09.25	眞志士	桂奉瑀	논설	
262	大韓協會會報	1908.09.25	會蘇曲	佔齋 金宗直 秋聲子 輯	문학, 역사	
263	大韓協會會報	1908.09.25	歷史 太祖故事	玄檃	역사	
264	大韓協會會報	1908.09.25	地誌	—	역사	
265	大韓協會會報	1908.09.25	大韓 三十年 外交史 (續)	雲溪生	역사	
266	大韓協會會報	1908.10.25	憂變而不變則殆	李鍾麟	논설	
267	大韓協會會報	1908.10.25	教育問題	蘆浪居士	논설	
268	大韓協會會報	1908.10.25	歷史 太祖故事	玄檃	역사	
269	大韓協會會報	1908.10.25	地誌	玄檃	역사	
270	大韓協會會報	1908.10.25	大韓三十年外交史 (續)	雲溪生	역사	

No.	매체	날짜	제목	필자	분야	본문 수록
271	大韓協會會報	1908.11.25	歷史	玄檃	역사	
272	大韓協會會報	1908.11.25	大韓三十年外交史 (續)	雲溪生	역사	
273	大韓協會會報	1908.11.25	地誌	—	역사	
274	大韓協會會報	1908.12.25	歷史	玄檃	역사	
275	大韓協會會報	1908.12.25	大韓三十年 外交史 (續)	雲溪生	역사	
276	大韓協會會報	1908.12.25	地誌	玄檃	역사	
277	大韓協會會報	1908.12.25	黃昌郎	佔佯齋 金宗直 秋聲子 輯	문학, 역사	
278	大韓協會會報	1909.01.25	歷史 定宗故事	玄檃	역사	
279	大韓協會會報	1909.01.25	大韓三十年外交史 (續)	雲溪生	역사	
280	大韓協會會報	1909.01.25	地誌 (續)	玄檃	역사	
281	大韓協會會報	1909.02.25	語學의 性質	圓石散人	논설	
282	大韓協會會報	1909.02.25	歷史	玄檃	역사	
283	大韓協會會報	1909.02.25	大韓三十年外交史	雲溪生	역사	
284	大韓協會會報	1909.02.25	地誌	玄檃	역사	
285	大韓協會會報	1909.03.25	歷史	—	역사	
286	大韓協會會報	1909.03.25	大韓三十年外交史 (續)	雲溪生	역사	
287	大韓協會會報	1909.03.25	地誌	—	역사	
288	大韓協會會報	1909.03.25	憤笛	雪峯 池運永	시가·소설, 논설	
289	西北學會月報	1908.06.01	休靜大師傳	附惟政 靈圭	역사	
290	西北學會月報	1908.06.01	國漢文論	李承喬	한글	
291	西北學會月報	1908.08.01	對童子論史	栩然子	역사	
292	西北學會月報	1908.08.01	鄭鳳壽傳	—	역사	
293	西北學會月報	1908.09.01	朴大德傳	—	역사	
294	西北學會月報	1908.10.01	韓禹臣傳	—	역사	
295	西北學會月報	1908.11.01	執庵黃順承傳	—	역사	
296	西北學會月報	1909.02.01	高句麗永樂太王墓碑文	長白榮禧筱峯 甫輯	역사	
297	西北學會月報	1909.02.01	讀高句麗永樂大王碑謄本	皇城子 編者識	역사	○

No.	매체	날짜	제목	필자	분야	본문수록
298	西北學會月報	1909.02.01	高句麗永樂大王墓碑 發見혼 事實	日本世界雜志 編者識	역사	
299	西北學會月報	1909.02.01	高句麗永樂大王 墓碑贋言	—	역사	
300	西北學會月報	1909.02.01	廣開土王의 伐燕拓地史論	—	역사	
301	西北學會月報	1909.03.01	儒敎求新論	謙谷生	논설, 철학	
302	西北學會月報	1909.03.01	我國歲時風俗記		민속	
303	西北學會月報	1909.03.01	金景瑞將軍傳		역사	
304	西北學會月報	1909.04.01	崔孝一傳		역사	
305	西北學會月報	1909.05.01	丁卯義士事略	—	역사	
306	西北學會月報	1909.05.01	退溪先生의 學이 行于日本者久矣		철학, 역사	
307	西北學會月報	1909.05.01	元田東野先生書匾跋	內田周平 謹識	철학	
308	西北學會月報	1909.06.01	我國歲時風俗記 (續)		민속	
309	西北學會月報	1909.07.01	栗谷先生 自警文	—	기타	
310	西北學會月報	1909.07.01	高句麗詩史	皇城子	문학, 역사	
311	西北學會月報	1909.07.01	我國歲時風俗記 (續)		민속	
312	西北學會月報	1909.07.01	金時習 先生傳	—	역사	
313	西北學會月報	1909.08.01	國民의 主義	梅溪盧義瑞	논설	
314	西北學會月報	1909.08.01	我國歲時風俗記		민속	
315	西北學會月報	1909.08.01	李膺擧傳	—	역사	
316	西北學會月報	1909.10.01	金良彦傳	—	역사	
317	西北學會月報	1909.11.01	我國古代文明의 流出	秋醒子	역사	
318	西北學會月報	1909.12.01	歷史와 國性의 關係	筆山夢人 李錫龍	논설, 역사	
319	湖南學報	1908.06.25	乙支文德 幼年必讀書抄	—	역사	
320	湖南學報	1908.06.25	楊萬春 幼年必讀書抄	—	역사	
321	湖南學報	1908.07.25	國漢文輕重論 附	每日申報	논설, 한글	
322	湖南學報	1908.07.25	金庾信	—	역사	
323	湖南學報	1908.07.25	姜邯贊	—	역사	
324	湖南學報	1908.07.25	庾黔弼	—	역사	
325	湖南學報	1908.07.25	徐熙	—	역사	

No.	매체	날짜	제목	필자	분야	본문수록
26	湖南學報	1908.08.25	成人言行 第四	—	역사	
27	湖南學報	1908.10.25	名人言行 第四	—	역사	
28	湖南學報	1908.10.25	名人言行 第五	—	역사	
29	湖南學報	1908.10.25	國家學 (續)	玄采 譯述	논설, 역사	
30	湖南學報	1908.11.25	國家學 (續)	玄采 述	역사	
31	湖南學報	1908.11.25	名人言行 第五	—	역사	
32	湖南學報	1908.12.25	國家學	玄采 譯述	역사	
33	湖南學報	1908.12.25	名人言行(第四)	—	역사	
34	湖南學報	1909.01.25	國家學	玄采 譯述	역사	
35	湖南學報	1909.01.25	名人言行 第四	—	역사	
36	湖南學報	1909.03.25	國家學	玄采 譯述	역사	
37	湖南學報	1909.03.25	名人言行 第四	—	역사	
38	嶠南教育會雜誌	1909.05.25	守舊論	李晃錫	논설, 기타	
39	嶠南教育會雜誌	1909.06.25	儒不可廢	權重哲	논설	
40	嶠南教育會雜誌	1910.03.25	格致學의 功用 (續)	蔡章默	기타	
41	大韓興學報	1909.03.20	一塊熱血	洪命憙	논설	○
42	大韓興學報	1909.03.20	政治上으로 觀혼 黃白人種의 地位(前 大韓學報 第九號 續)	라인시氏略述, 韓興教譯	논설	
43	大韓興學報	1909.04.20	我韓에 對ᄒᄋᆞ야 富强의 基礎를 論홈	編輯人 姜荃	논설	
44	大韓興學報	1909.04.20	社會進步在於宗教之確立(寄書)	朴憲用	논설, 철학	
45	大韓興學報	1909.05.20	韓國 第一着의 急務 {階級的 習性을 打破 朋黨的 婚姻을 痛禁}	姜荃	논설	
46	大韓興學報	1909.05.20	我國 溫突의 利害	韓興教	민속	
47	大韓興學報	1909.06.20	精神詞	李寅銖	논설, 시가·소설	
48	大韓興學報	1909.07.20	東西 古蹟의 一班	MH生	고적	
49	大韓興學報	1909.07.20	咸鏡道 壬辰義兵 大捷碑文	嘯海生謄	논설, 역사	
50	大韓興學報	1909.10.20	地歷上小譯 (續)	MH生	고적	
51	大韓興學報	1909.10.20	梵寺新聲	韓興教	고적	
52	大韓興學報	1909.10.20	我韓社會觀	李得秊	논설	

No.	매체	날짜	제목	필자	분야	본문 수록
353	大韓興學報	1909.11.20	喚起 我半島 帝國之 民族的 觀念	尹台鎭	논설	
354	大韓興學報	1909.12.20	民是論	岳裔	논설	
355	大韓興學報	1909.12.20	日淸戰爭의 原因에 關한 韓日淸 外交史	碧人 金淇驩	역사	
356	大韓興學報	1910.01.20	韓國硏究	滄海生	논설	
357	大韓興學報	1910.02.20	地理와 人文의 關係	岳裔	논설	
358	大韓興學報	1910.03.20	地理와 人文의 關係 (續)	岳裔	논설	
359	大韓興學報	1910.04.20	三要論	岳裔	논설	

No.	매체	날짜	서적광고
1	독립신문	1896.04.07	한영자뎐, 한영문법
2	皇城新聞	1901.06.28	欽欽新書
3	皇城新聞	1901.12.23	法韓字典
4	皇城新聞	1902.01.09	欽欽新書, 大韓地誌
5	皇城新聞	1902.03.18	安東權氏大譜所
6	皇城新聞	1902.05.17	牧民心書
7	皇城新聞	1902.06.07	穎陽千氏譜所
8	皇城新聞	1902.06.18	密陽朴氏糾正公派大譜所
9	皇城新聞	1902.06.20	欽欽新書, 聖學集要, 大韓地志, 萬國地志
10	皇城新聞	1902.08.02	耳談續纂
11	皇城新聞	1902.10.28	驪州李氏譜所
12	皇城新聞	1903.02.11	牧民心書, 父師必讀小學指南, 欽欽新書, 溫故知新堂叢鈔, 大韓地志, 耳談續纂
13	皇城新聞	1903.03.19	東史輯略
14	皇城新聞	1903.06.02	白氏譜所
15	皇城新聞	1903.07.03	溫陽方氏譜所
16	皇城新聞	1903.11.30	大東紀年
17	皇城新聞	1903.12.01	高氏大譜所
18	皇城新聞	1904.01.08	東史發售, 大東紀年, 東史輯略
19	皇城新聞	1904.02.25	大韓疆域考
20	皇城新聞	1904.12.23	晋州柳氏族譜
21	皇城新聞	1905.04.03	東史節要
22	皇城新聞	1905.07.03	大東歷史
23	皇城新聞	1905.08.04	漢文東國輿地勝覽
24	皇城新聞	1905.09.21	新增東國輿地勝覽
25	皇城新聞	1906.03.10	漢文新增東國輿地勝覽
26	皇城新聞	1906.07.30	日韓會話辭典
27	皇城新聞	1906.08.23	東國歷史普通教科, 大韓地誌, 大東紀年, 歷史輯畧, 萬國地誌, 牧民心書, 尺牘完編, 大韓全圖, 日韓會話辭典
28	皇城新聞	1907.01.15	初等小學

No.	매체	날짜	서적광고
29	皇城新聞	1907.02.18	高等小學讀本, 中等修身教課書, 新訂東國歷史, 初等小學, 初學地誌, 改良士民必知, 大韓地誌, 大韓地圖
30	皇城新聞	1907.05.04	大韓地誌, 無冤錄, 東國史略
31	皇城新聞	1907.06.01	增修無冤錄大全
32	皇城新聞	1907.06.01	大韓地誌, 東國史略, 無冤錄, 刑法大典
33	皇城新聞	1907.06.05	鬼의 聲
34	皇城新聞	1907.06.17	本國地誌
35	皇城新聞	1907.06.29	大韓新地誌
36	皇城新聞	1907.07.06	現行大韓法規類纂
37	皇城新聞	1907.07.12	東西洋歷史, 萬國地理, 中等萬國史, 初等小學
38	皇城新聞	1907.07.29	初等地理教科書
39	皇城新聞	1907.08.09	刑法大典, 大韓地誌, 漢文東國名將傳, 東國史略, 幼年必讀釋義
40	皇城新聞	1907.09.05	幼年必讀上下
41	皇城新聞	1907.10.17	二十世紀朝鮮論
42	皇城新聞	1908.01.01	增修無冤錄大全, 大韓法規類纂, 初等倫理學教科書, 國民須知
43	皇城新聞	1908.01.01	刑法大典, 東國史略, 欽欽新書, 東國史略, 漢文大韓地誌
44	皇城新聞	1908.01.09	初等大韓地誌
45	皇城新聞	1908.01.22	幼年必讀
46	皇城新聞	1908.02.12	刑法大典, 東國史略, 欽欽新書, 東國史略, 漢文大韓地誌, 枯木花, 中等萬國地誌
47	皇城新聞	1908.02.19	東國史畧
48	皇城新聞	1908.03.12	新舊刑事法規大全
49	皇城新聞	1908.03.25	小學漢文讀本
50	皇城新聞	1908.04.23	女子讀本
51	皇城新聞	1908.05.09	東西洋歷史, 初等小學, 萬國地理, 新編大韓地理, 中等地文學, 農學初階, 倫理學, 天文學, 農學入門附圖, 農業新論, 小學讀本
52	皇城新聞	1908.05.22	東言考略
53	皇城新聞	1908.05.27	善山金氏大同譜
54	皇城新聞	1908.05.30	國文課本
55	皇城新聞	1908.05.31	初等本國歷史
56	皇城新聞	1908.06.03	普通教科普通歷史略
57	皇城新聞	1908.06.03	乙支文德

No.	매체	날짜	서적광고
58	皇城新聞	1908.06.20	新訂分道大韓地圖, 刑法大全, 普通敎科東國史略, 欽欽新書, 演說法方, 漢文大韓地誌, 枯木花, 中等萬國地誌, 高等小學理科敎科書, 高等小學大韓地誌, 東國史略
59	皇城新聞	1908.07.02	東言考略
60	皇城新聞	1908.08.01	東言考略
61	皇城新聞	1908.08.05	鬼의 聲
62	皇城新聞	1908.08.07	增補文獻備考
63	皇城新聞	1908.08.13	女子讀本, 初等理倫學敎科書, 初等大韓地志, 初等小學, 初等小學修身書, 中等萬國新地志, 國民須知, 增修無冤錄大全, 乙支文德, 世界三怪物, 新小說血淚, 乙支文德國文, 新小說鬢上雪
64	皇城新聞	1908.08.14	신찬국문쳑독
65	皇城新聞	1908.09.01	찬산국문간독
66	皇城新聞	1908.09.12	초등대한디지, 초등대한력사ᄉ
67	皇城新聞	1908.09.12	東言考略
68	皇城新聞	1908.09.22	東言考略
69	皇城新聞	1908.09.23	國語入門
70	皇城新聞	1908.10.02	初等作文法
71	皇城新聞	1908.10.16	치악산
72	皇城新聞	1908.10.18	祥原金氏大同譜
73	皇城新聞	1908.10.30	警世鍾
74	皇城新聞	1908.11.06	東國史略, 漢文大韓地誌, 幼年必讀, 幼年必讀釋義, 欽欽新書, 漢文增修無冤錄, 國文枯木花 中等萬國地誌, 刑法大全, 漢文東國名將傳, 刑法改正草案, 演說方法, 新訂分道大韓帝國地圖, 懸吐具鮮孟子, 小學漢文讀本, 李忠武公實, 毛筆畵帖, 童蒙修身畵, 初等作文法, 國文簡牘, 普通東國歷史, 大韓輿地圖, 大韓地志敎科書, 高等小學
75	皇城新聞	1908.11.25	國漢文新玉篇
76	皇城新聞	1908.11.27	改正刑法大全
77	皇城新聞	1908.12.03	國語讀本, 修身書, 漢文讀本, 漢文入門, 圖畵臨本
78	皇城新聞	1908.12.12	漢陽歌
79	皇城新聞	1908.12.12	懷中新鏡
80	皇城新聞	1908.12.17	日韓會話辭典, 獨習新案日韓對話
81	皇城新聞	1908.12.24	啓明星
82	皇城新聞	1909.01.01	文章指南

No.	매체	날짜	서적광고
83	皇城新聞	1909.01.06	臥遊金剛
84	皇城新聞	1909.01.07	東言考略
85	皇城新聞	1909.01.09	치악산
86	皇城新聞	1909.01.09	婦幼獨習
87	皇城新聞	1909.01.16	姜邯贊傳
88	皇城新聞	1909.01.26	勞動夜學
89	皇城新聞	1909.01.27	地方自治制論
90	皇城新聞	1909.01.30	國朝人物志, 姜邯贊傳
91	皇城新聞	1909.02.11	單方新編
92	皇城新聞	1909.03.17	初等國語語典
93	皇城新聞	1909.03.18	國朝寶鑑
94	皇城新聞	1909.03.28	國朝人物志
95	皇城新聞	1909.04.08	聖山明鏡
96	皇城新聞	1909.04.16	實地應用作文法
97	皇城新聞	1909.04.29	婦幼獨習
98	皇城新聞	1909.05.13	李忠武實記, 臥遊金剛, 國朝人物志, 古代名筆眞本
99	皇城新聞	1909.06.20	大東風雅
100	皇城新聞	1909.06.20	字典釋要
101	皇城新聞	1909.06.25	樵牧必知
102	皇城新聞	1909.06.29	最新國文
103	皇城新聞	1909.06.29	欽欽新書, 刑法大全, 大韓帝國附港灣地圖一幅, 韓日文對照新法律, 新訂分道大韓帝國地圖, 普通東國歷史, 大韓志地敎科書, 高等小學
104	皇城新聞	1909.07.18	韓日關係論
105	皇城新聞	1909.08.10	신찬국문간독
106	皇城新聞	1909.09.01	問答大韓新地誌, 女子修身敎科書, 國文初學, 獨習韓日會話
107	皇城新聞	1909.09.04	國語文典
108	皇城新聞	1909.09.08	新纂初等小學
109	皇城新聞	1909.09.30	初等小學, 國文句解新纂尺牘, 新撰國文簡牘家庭, 大韓帝國地圖, 新訂分道帝國地圖, 韓國大地圖, 欽欽新書, 國文簡牘, 最新改正刑法大全, 現行刑法大全, 改正刑法大全, 古文畧選, 國文枯木花, 國文捷徑
110	皇城新聞	1909.10.16	初等本國歷史

No.	매체	날짜	서적광고
111	皇城新聞	1909.11.24	新撰尺牘完篇
112	皇城新聞	1910.01.05	中等萬國史, 二箇月速成日韓語捷徑, 初等國語語典, 救急藥方單方新編, 紅桃花, 雉岳山, 國文簡牘
113	皇城新聞	1910.01.05	精選萬國史, 初等本國畧史, 初等本國地理, 東洋史敎科書, 大韓文典, 勞動夜學純國文, 懷中新鏡, 初等大韓誌地, 懸吐具解大學, 樵木必知, 大韓興圖, 精選言文自通, 國朝人物志, 臥遊金剛, 李忠武公實記, 大東風雅, 恨月
114	皇城新聞	1910.02.20	初等本國略史, 初等本國地理
115	皇城新聞	1910.02.24	普通敎育漢文新讀本
116	皇城新聞	1910.03.05	국문보감
117	皇城新聞	1910.03.11	初等大韓地理
118	皇城新聞	1910.04.01	國文寶鑑, 高等小學讀本
119	皇城新聞	1910.04.05	精選萬國史全, 初等本國略史, 中等本國地理, 初等大東歷史, 初等修身, 初等本國歷史, 東西洋歷史, 國文寶鑑, 新撰尺牘完編, 銀世界, 字典釋要, 新玉篇, 大韓文典, 國語讀本, 修身書
120	皇城新聞	1910.04.07	新撰尺牘完編, 銀世界, 初等大東歷史, 初等修身
121	皇城新聞	1910.04.09	初等大韓地誌, 初等作文法, 新訂中等萬國地誌, 經濟敎科書, 新訂方藥合編, 婦人儀範
122	皇城新聞	1910.04.10	新撰初等歷史
123	皇城新聞	1910.05.04	新訂中等萬國新地誌, 孟子集註, 論語集註, 庸學集註, 初等自解日語文典, 讀習國文日語自述, 女子讀本, 國文初等大韓歷史, 國文初等大韓地誌, 國民須知, 言文, 增修无冤錄大全國漢文, 乙支文德寫眞幷, 乙支文德國文, 二十世紀之大慘劇帝國主義, 警世鍾, 幼學字聚, 新訂國文, 鬢雪, 耳談續纂, 牖蒙千字, 出界三怪物, 初等倫理學敎科書, 韓日英三國文
124	皇城新聞	1910.05.12	中等萬國史, 初等國語語典, 救急藥方單方新編, 紅桃花, 雉岳山, 國文簡牘, 普通敎育漢文新讀本, 新訂中等萬國地誌, 實地應用作文法, 大韓新地志
125	皇城新聞	1910.05.20	現代漢城の風雲と名士
126	皇城新聞	1910.05.25	字典釋要
127	皇城新聞	1910.06.09	敎育辭典
128	皇城新聞	1910.06.22	국문보감
129	皇城新聞	1910.07.10	朝鮮産業誌
130	皇城新聞	1910.08.14	自由鍾

No.	매체	날짜	서적광고
131	皇城新聞	1910.08.02	監本孟子, 新纂初等小學, 新纂尺牘洋, 家庭簡牘, 韓國大地圖, 大韓帝國地圖, 韓國通信略圖, 韓國京城實測地圖, 大韓輿地圖, 初等本國歷史, 初等大東歷史, 初等大韓地理, 初等修身, 類合, 小學漢文讀本, 言文, 東洋史敎科書, 精撰萬國史, 初等本國史, 初等本國地理, 新選初等歷史, 大韓文典, 倫理學敎科書, 新訂大韓地理, 萬國地理, 東西洋歷史, 中等地文學
132	皇城新聞	1910.08.14	自由鍾
133	大韓每日申報	1905.08.18	大東紀年
134	大韓每日申報	1906.04.26	國民須知
135	大韓每日申報	1906.07.18	國文指南
136	大韓每日申報	1906.08.01	刑法大全, 牧民心書, 耳談續纂, 溫故知新堂叢鈔, 父師必讀小學指南, 尺牘完編, 大韓地誌
137	大韓每日申報	1906.08.15	東國歷史, 普通敎科國漢文, 大韓輿地圖, 大韓地誌, 牧民心書, 萬國地誌, 尺牘完編, 農政新編, 溫故知新堂蕆抄, 父師必讀小學指南, 刑法大全
138	大韓每日申報	1906.12.22	遺集, 淵源可考文蹟
139	大韓每日申報	1907.01.04	大韓地誌, 萬國略史, 東國歷史, 刑法大典, 牧民心書, 尺牘完編, 父師必讀, 溫古知新, 大韓地圖, 世界全圖, 精選萬國史
140	大韓每日申報	1907.06.01	增修無寃錄大全
141	大韓每日申報	1907.06.30	大韓新地誌
142	大韓每日申報	1907.06.30	鬼의 聲
143	大韓每日申報	1907.08.30	大東文粹, 新撰地文學
144	大韓每日申報	1907.09.05	幼年必獨
145	大韓每日申報	1907.10.08	初等倫理學敎科書, 初等衛生學敎科書, 國民須知, 增修無寃錄大全, 大韓法規類纂
146	大韓每日申報	1907.10.17	東國史略, 普通敎科東國歷史, 新訂東國歷史, 歷史輯略, 大東紀年, 大東歷史, 東國名將傳, 東國輿地勝覽, 大韓疆域考, 大韓新地誌, 大韓地誌附地圖, 初等地理敎科書, 新撰地文學, 萬國地理, 士民必知國文, 初學地誌, 萬國史記, 中等萬國史, 精撰萬國史, 東西洋歷史, 刑法大全, 牧民心書, 增修漢文無寃錄大全, 大東文粹, 尺牘完篇, 準備時代, 鬼聲, 血淚, 初等小學, 幼年必讀, 幼年必讀釋義, 高等小學讀本, 牖蒙千字, 中等修身敎科書, 溫故知新堂叢鈔, 父師必讀小學指南, 大韓興地圖, 最新詳密京城全圖, 最新韓國全圖, 最新韓國地圖, 分道詳密韓國新地圖, 韓國新地圖, 韓語大成獨習, 日韓通話, 韓日會話辭典, 獨修速成日韓會話, 二十世紀朝鮮論, 中等萬國地誌, 高等小學修身書, 國文算學新編, 中等地文學, 大韓地理, 漢文大韓地誌
147	大韓每日申報	1907.12.18	演說法方
148	大韓每日申報	1907.12.21	蒙學漢文初楷

No.	매체	날짜	서적광고
149	大韓每日申報	1908.01.01	增修無冤錄大全, 大韓法規類纂洋裝, 初等倫理學敎科書, 國民須知
150	大韓每日申報	1908.03.08	新舊刑事法規大全
151	大韓每日申報	1908.03.08	大韓文典
152	大韓每日申報	1908.04.09	初等女學讀本
153	大韓每日申報	1908.04.30	小學漢文讀本, 初等女學讀本
154	大韓每日申報	1908.05.19	女子讀本, 初等倫理學, 國民須知, 初等小學, 中等萬國新地誌, 增修無冤錄大全, 血淚, 世界三怪物
155	大韓每日申報	1908.06.11	初等大東歷史, 初等小學修身書, 新撰尺牘完編, 血淚
156	大韓每日申報	1908.07.02	初等小學, 現行刑法大全, 雪中梅, 演說法方, 無冤錄, 大韓帝國新地圖, 刑法新論, 貳拾世紀朝鮮論
157	大韓每日申報	1908.09.23	初學捷徑
158	大韓每日申報	1908.09.23	地方行政論
159	大韓每日申報	1908.11.13	松籟琴
160	大韓每日申報	1908.12.30	懷中新鏡
161	大韓每日申報	1909.01.01	銀世界
162	大韓每日申報	1909.01.01	問答初等大韓新地誌, 初等大韓地誌
163	大韓每日申報	1909.01.01	國語文典音學
164	大韓每日申報	1909.01.01	漢字初習
165	大韓每日申報	1909.01.05	警世歌
166	大韓每日申報	1909.01.09	新撰外國地誌, 二十世紀朝鮮論
167	大韓每日申報	1909.01.15	新訂分道大韓帝國地圖
168	大韓每日申報	1909.01.30	最新幼學字聚
169	大韓每日申報	1909.02.03	最新初等小學, 最新初等大韓地誌, 最新高等大韓地誌, 初等大韓歷史
170	大韓每日申報	1909.02.20	國語綴字捷徑
171	大韓每日申報	1909.03.07	精選家庭救急方
172	大韓每日申報	1909.03.18	國朝寶鑑
173	大韓每日申報	1909.04.08	達道大全
174	大韓每日申報	1909.06.12	全氏族譜
175	大韓每日申報	1909.07.16	言文

No.	매체	날짜	서적광고
176	大韓每日申報	1909.07.20	大韓地誌敎科書, 高等小學, 懸吐具解孟子, 監本孟子, 小學漢文讀本, 新訂分道大韓帝國地圖, 言文, 大韓國大地圖, 新撰國文家庭尺牘, 普通東國歷史, 改正刑法大全, 大韓帝國附港灣地圖, 演說方法
177	大韓每日申報	1909.08.24	初等大東歷史, 初等修身
178	大韓每日申報	1909.08.27	問答大韓新地誌, 女子修身敎科書, 國文初學, 獨習韓日會話
179	大韓每日申報	1909.09.01	新纂初等小學
180	大韓每日申報	1909.09.15	新纂初等小學, 國文句解新纂尺牘, 新撰國文家庭尺牘
181	大韓每日申報	1909.10.02	懸吐具解小學
182	大韓每日申報	1909.12.24	新撰尺牘完篇
183	大韓每日申報	1910.01.21	國文初等大韓歷史, 國文初等大韓地誌
184	大韓每日申報	1910.07.17	字典釋要, 日韓文對照, 刑法大全
185	大韓每日申報	1910.07.26	字典釋要, 신찬국문가뎡간독
186	少年韓半島	1906.12.01	大東歷史略, 初等小學
187	夜雷	1907.02.05	初等小學, 東國史略
188	夜雷	1907.03.05	東國史略
189	夜雷	1907.03.05	東國史略, 初等小學
190	夜雷	1907.07.05	東國史略, 東西洋歷史, 初等小學, 萬國地理

3부

근대전환기 신문·잡지
'한국학' 관련
주요 기사 본문

신문

『독립신문』
『황성신문』
『대한매일신보』

『**독립신문**』1896.04.07

우리가 독닙신문을 오늘 처음으로 츌판ᄒᆞᄂᆞᆫ디 조션속에 잇ᄂᆞᆫ 닉외국 인민의게

분야	▎한글, 논설
주제어	▎국문, 조선글, 독립신문, 상하귀천, 영문, 조선사정, 한문, 말마디, 국가문적, 명령, 부인네, 새지각, 새학문

㉔ 1 독립신문
2 상하귀천

우리가 독닙신문[1]을 오늘 처음으로 츌판ᄒᆞᄂᆞᆫ디 조션 속에 잇ᄂᆞᆫ 닉외국 인민의게 우리 쥬의를 미리 말ᄉᆞᆷᄒᆞ여 아시게 ᄒᆞ노라 우리는 첫직 편벽 되지 아니ᄒᆞᆫ고로 무슴 당에도 상관이 업고 샹하귀쳔[2]을 달니딕졉아니ᄒᆞ고 모도죠션 사름으로만 알고 죠션만 위ᄒᆞ며공평이 인민의게 말 홀터인딕 우리가 셔울 빅셩만 위ᄒᆞᆯ게 아니라 죠션 젼 국인민을 위ᄒᆞ여 무슴일이든지 디언ᄒᆞ여 주랴홈 정부에 셔 ᄒᆞ시ᄂᆞᆫ일을 빅셩의게 젼ᄒᆞᆯ터이요 빅셩의 졍셰을 졍 부에 젼ᄒᆞᆯ터이니 만일 빅셩이 졍부일을 자세이알고 졍 부에서 빅셩에 일을 자세이 아시면 피ᄎᆞ에 유익ᄒᆞᆫ 일만 히 잇슬터이요 불평ᄒᆞᆫ ᄆᆞ음과 의심ᄒᆞᄂᆞᆫ 싱각이 업서질

터이옴 우리가 이신문 출판 ᄒᆞ기는 취리ᄒᆞ랴는게 아닌고
로 갑슬 헐허도록 ᄒᆞ엿고 모도 언문 으로 쓰기는 남녀 샹
하귀쳔이 모도 보게홈이요 또 귀졀을 ᄶᅦ여 쓰기는 알어
보기 쉽도록 홈이라 우리는 바른 ᄃᆡ로만 신문을 ᄒᆞᆯ터인
고로 졍부 관원이라도 잘못ᄒᆞ는이 잇스면 우리가 말홀터
이요 탐관오리 들을 알면 셰샹에 그사름의 ᄒᆡᆼ젹을 폐일
터이요 ᄉᆞᄉᆞ빅셩이라도 무법ᄒᆞᆫ일ᄒᆞᆫ 사름은 우리가 차
져 신문에 셜명홀터이옴 우리는 죠션 대군쥬폐하와 됴션
졍부와 죠션인민을 위ᄒᆞᆫ 사름드린고로 편당잇는 의논
이든지 ᄒᆞᆫ쪽만 싱각코 ᄒᆞ는 말은 우리 신문샹에 업실터
이옴 또 ᄒᆞᆫ쪽에 영문[3]으로 긔록ᄒᆞ기는 외국인민이 죠션
ᄉᆞ졍[4]을 자셰이몰은즉 혹 편벽 된 말만 듯고 죠션을 잘못
싱각홀ᄭᅡ 보아 실샹 ᄉᆞ졍을 알게ᄒᆞ고져ᄒᆞ여 영문으로 조
곰 긔록홈 그리ᄒᆞᆫ즉 이신문은 ᄯᅩᆨ 죠션만 위홈을 가히 알
터이요 이신문을 인연ᄒᆞ여 ᄂᆡ외 남녀 샹하 귀쳔이 모도
죠션일을 셔로알터이옴 우리가 또 외국 사졍도 죠션 인
민을 위ᄒᆞ여 간간이 긔록홀터이니 그걸 인연ᄒᆞ여 외국은
가지 못ᄒᆞ드ᄅᆡ도 죠션인민이 외국 사졍도 알터이옴 오날
은 처음인 고로 대강 우리 쥬의만 셰샹에 고ᄒᆞ고 우리신
문을 보면 죠션인민이 소견과 지혜가 진보홈을 밋노라
논셜 ᄭᅳᆺ치기젼에 우리가 대군쥬 폐하ᄭᅴ 숑덕ᄒᆞ고 만세을
부르ᄂᆞ이다 우리신문이 한문은 아니쓰고 다만 국문[5]으로
만 쓰는거슨 샹하귀쳔이 다보게 홈이라 또 국문을 이러

ᄌᆞ 3 영문
4 조선사정
5 국문

케 귀졀을 쎄여 쓴즉 아모라도 이신문 보기가 쉽고 신문 속에 잇는말을 자셰이 알어 보게 흠이라 각국에셔는 사 룸들이 남녀 무론흐고 본국 국문을 몬저 비화 능통흔 후 에야 외국 글을 빈오는 법인딕 죠션셔는 죠션 국문은 아 니 빈오드릭도 한문⁶만 공부 흐는 싸둙에 국문을 잘아는 사룸이 드물미라 죠션 국문흐고 한문흐고 비교흐여 보면 죠션국문이 한문 보다 얼마가 나흔거시 무어신고흐니 첫 직는 빈호기가 쉬흔이 됴흔 글이요 둘직는 이글이 죠션 글⁷이니 죠션 인민 들이 알어셔 빅스을 한문딕신 국문으 로 써야 샹하 귀쳔이 모도보고 알어보기가 쉬흘터이라 한문만 늘써 버릇흐고 국문은 폐흔 싸둙에 국문으로 쓴 건 죠션 인민이 도로혀 잘 아러보지 못흐고 한문을 잘알 아보니 그게 엇지 한심치 아니흐리요 쏘 국문을 알아보 기가 어려운건 다름이 아니라 첫직는 말마딕⁸을 쎄이지 아니흐고 그져 줄줄닉려 쓰는 싸둙에 글즈가 우희 부터 는지 아릭 부터는지 몰나셔 몃번 일거 본후에야 글즈가 어딕부터는지 비로소 알고 일그니 국문으로 쓴편지 흔쟝 을 보자흐면 한문으로 쓴것 보다 더듸 보고 쏘 그나마 국 문을 자조 아니 쓴는고로 셔툴어셔 잘못봄이라 그런고로 졍부에셔 닉리는 명녕⁹과 국가 문젹¹⁰을 한문으로만 쓴즉 한문못흐는 인민은 나모 말만 듯고 무숨 명녕인줄 알고 이편이 친이 그글을 못 보니 그사룸은 무단이 병신이 됨 이라 한문 못 흔다고 그사룸이 무식흔사룸이 아니라 국

문만 잘ᄒ고 다른 물졍과 학문이잇스면 그사름은 한문만
ᄒ고 다른 물졍과 학문이 업ᄂᆫ 사름 보다 유식ᄒ고 놉흔
사름이 되ᄂᆫ 법이라 죠션 부인네[11]도 국문을 잘ᄒ고 각식
물졍과 학문을 빅화 소견이 놉고 힝실이 졍직ᄒ면 무론
빈부 귀쳔 간에 그부인이 한문은 잘ᄒ고도 다른 것 몰으
ᄂᆫ 귀죡 남ᄌ 보다 놉흔 사름이 되ᄂᆫ 법이라 우리 신문은
빈부 귀쳔을 다름업시 이신문을 보고 외국 물졍과 ᄂᆡ지
ᄉ졍을 알게 ᄒ랴ᄂᆫ 쯧시니 남녀 노소 샹하 귀쳔 간에 우
리 신문을 ᄒ로 걸너 몃돌간 보면 새지각[12]과 새학문[13]이
싱길걸 미리 아노라

11 부인네
12 새지각
13 새학문

『**독립신문**』1898.03.08

대한 인민들이 대한을 ᄌᆞ긔 나라로 싱각ᄒᆞᄂᆞᆫ

분야	논설
주제어	대한인민, 대한사기, 충신열사, 인민교육, 본국사기, 대한인종, 한나라사기, 당나라사기, 명나라사기, 용ᄆᆡᆼ, 문명, 한당학문, 상투, 도포, 큰갓, 창의, 만주풍속, 만주야만, 허문, 중흥, 충신명장, 우리말
인물	李舜臣, 趙憲, 林慶業, 關羽, 張飛

㈜ 1 본국사기
2 대한인종

　　대한 인민들이 대한을 ᄌᆞ긔 나라로 싱각 ᄒᆞᄂᆞᆫ 싱각이 적고 대한 토디 인민을 가지고 텬하에 힝셰 ᄒᆞ야 동등국 대졉을 밧기가 어려온줄노 싱각 ᄒᆞᄂᆞᆫ 사름이 만히 잇셔 긔어히 다른 나라에 의지 ᄒᆞ야 그 나라 졀뎨를 밧아야 지팅 ᄒᆞᆯ줄노 아ᄂᆞᆫ것은 무슴 외국 학문ᄆᆞᆫ 업셔 그런것이 아니라 본국 ᄉᆞ긔[1]를 ᄌᆞ셰히들 몰으ᄂᆞᆫ 고로 대한 사름들이 본국 인종을 셔로 업슈히 넉혀 대한 사름 가지고ᄂᆞᆫ 중흥 ᄒᆞᄂᆞᆫ ᄉᆞ업을 못 ᄒᆞᆯ줄노 알아 그러 ᄒᆞ되 대한 ᄉᆞ긔를 보거드면 대한 인종[2] 속에도 영특 ᄒᆞ고 굉장ᄒᆞᆫ 인물들이 업난 것이 아니라 다ᄆᆞᆫ 대한 인종을 남으ᄅᆞᆯ것 ᄀᆞᆺᄒᆞ면 대한 사름들이 용ᄆᆡᆼ과 무긔가 업셔 어려온 일을 담당 ᄒᆞ여 가지

고 큰 소업을 흐여 보기를 쥬져 흐는것이니 그것은 다름
이 아니라 몃 빅년을 한 나라 당 나라 명 나라 소긔[3]만 보
고 의긔와 용밍과 혈긔는 다 눌녀 업세 바리고 다만 붓긋
가지고 큰 쇼릭 흐는 학문에 져셔 무론 무슴 일을 당 흐던
지 싱각 흐기를 쳣지는 대한 소긔[4]를 가지고 싱각지 아니
흐고 한 나라 당 나라 명 나라 째 일을 가지고 싱각 흐는
고로 그 싱각이 쳥국 사람의 싱각이요 대한 사람의 싱각
은 아니며 압데와 허흔 문조에 눌녀 본릭 가졋던 용밍[5]을
다 이져 버리고 쏘 용밍 잇는것을 도로혀 쳔히 녁혀 누구
던지 의긔 잇고 용밍 잇는 일을 힝흔 사람은 업수히 녁히
게 사람을 굴ㅇ첫슨즉 실상 일 흐는 조리에 당 흐여셔는
다만 글만 지여 가지고는 대포 알을 막을 슈가 업는지라
구 미 각국은 다만 글만 슝샹 흐는것이 아니라 혈긔를 도
아 주며 용밍을 칭찬 흐야 글과 용밍이 굿치 가는 고로 글
잘 흐는 사람일쇼록 용밍이 잇고 용밍 잇는 사람일쇼록
대개 학문이 잇는 사람들이라 그런 고로 싱각 흐는것과
경영 흐는것이 다만 문명[6] 홀쑨이 아니라 일흐는것이 용
밍이 잇고 과단이 잇서 쇽에 잇는 마음을 힝 흐는딕 낫하
내는것이어니와 쳥국 학문은 글노는 셰샹에 좃타는것은
모도 말 흐엿스되 그 사람들의 흐는일을 보거드면 글과는
온통 다른지라 지금 대한에 익극 익민 흐고 나라를 중흥
흐야 셰계 각국에 넉넉히 대졉을 밧기십흔 싱각을 아니
흐는 사람이 업는건 아니여 그러 흐되 용밍이 업셔 그마

㈜ 3 한나라사기
      당나라사기
      명나라사기
   4 대한사기
   5 용맹
   6 문명

옴을 힝실노 낫하낼 근력이 업는것은 몃 빅년을 한 당 학
문[7]에 눌녀 엎주그러 흐것이라 명 나라 스긔를 보더린도
그 째에 글잘흐는 사름도 만히 잇고 글시 잘 쓰는 사름도
만히 잇스며 치국 평 텬하홀 획칙을 죠회 우의다가 쓰랴
면 잘 쓸 사름이 만히 잇섯스나 만쥬셔 글은 못 흐더린
도 용밍 잇는 사름 몃이 일어나 명 나라를 치고 젼국을 통
일 흐야 만쥬 사름의게 나라를 쎗기고 그쑨 아니라 명 나
라 사름들이 그럿케 스랑 흐고 위 흐던 쌍 샹투[8]와 도포[9]
와 큰 갓[10]과 챵의[11]를 다 일허 버리고 오날늘 만쥬 풍쇽[12]
으로 머리를 싸셔 도야지 쏭지 모양으로 느리고 다니며
그럿케 쳔히 녁이고 업슈히 녁이던 만쥬 야만[13]의 복식들
을 다 입으니 그걸 보거드면 명 나라 재 사름들이 용밍이
업는것을 가히 알터이요 그 사름들이 용밍 업는것은 한
나라 당 나라 풍쇽에 눌녀 용밍을 일허 버렷고 지금 쳥국
도 명 나라를 쎗은 후에 만쥬 풍쇽을 만히 내여 버리고 명
나라가 망흔 그 뒤를 본 밧아 쏘 용밍과 의긔와 혈긔를 쳔
대흐고 허문[14]을 슝샹 흐다가 오날늘 세계 각국이 모도 쳥
국 챵기를 헌 신쪽 갓치 챠되 흔놈도 나셔서 그럿케 아니
되도록 흐난 즈이 업고 쳥인 속에도 분히 녁히는 즈이 업
는건 아니여 그러 흐되 다믄 말노 분 흐다던지 글노믄 분
흐다고 흐는것은 죠곰치도 일에는 샹관이 업는것이라 이
것을 대한 사름들이 거울 갓치 들여다 보면셔 죵시 한 당
송 명 쳥이 그 식둙에 망흔 학문을 죵시 슝샹 흐는것은 쏙

지혜가 잇는 일인지 알슈가 업고 우리가 불으기는 대한 인민들이 대한 스긔 속에 유명훈 즁신 렬스[15]들을 쟈셰히 공부 ㅎ야 그네들과 ㄳ치 용밍 잇게 일을 ㅎ거드면 의심 업시 대한도 세계에 대졉을 밧을터이라 대한 스긔에 유명 훈 츙신들은 츙무공 리슌신[16]씨와 죠즁봉[17]씨와 림경업[18] 씨의 스젹들 을 비화 그네들 ㅎ던 스업과 그네들 가졋던 용밍을 본 밧거드면 대한도 즁흥[19]홀늘이 잇슬터이요 한 나라 쟝슈 관우[20] 쟝비[21]를 위 ㅎ지 말고 대한 츙신 명쟝[22] 들을 되신 위 ㅎ고 스랑 ㅎ고 본 밧거드면 다믄 나라 일에 만 유죠 홀쑨이 아니라 대한 인민들이 대한 인물과 토디 를 가지고도 세계에 내로라고 홀 싱각들이 날터이니 죠야 간애 참 깁흔 싱각 잇는이들은 우리말[23]을 흘후히 듯지 말 고 인민 교휵[24] ㅎ는되 젼후에 대한 스긔에 참말 용밍 잇 고 츙심 잇는 쟝샹들을 한 나라 당 나라 명 나라 유명훈 쟝 샹들 보다 더 공경 ㅎ고 본 밧게 ㅎ는것이 의리에 맛당 홀 너라

『**독립신문**』 1899.03.01

학문의 득실

분야	논설
주제어	학문, 교육, 교당, 학교, 신문, 옳게 쓰기, 개명, 삼강오륜, 예의염치, 자기 나라 사기

㉜ 1 학문
　2 옳게 쓰기

셔양에 엇던 유 지각흔 션비가 말ᄒᆞ되 학문[1]은 곳 사름의 권력이라 만일 학문이 잇스면 악흔 사름이 더 악흔 일을 ᄒᆡᆼᄒᆞ며 착흔 사름이 더 착흔 일을 ᄒᆡᆼᄒᆞ나니 그런 고로 학문을 빈호기가 어려운 일이 아니요 그 학문을 가지고 올케 쓰기[2]가 어려온지라 불이란 물건을 잘 쓰거드면 릉히 사름을 더웁게 ᄒᆞ고 릉히 음식을 익혀 그 불노 인연 ᄒᆞ야 사름이 사니 불ᄀᆞᆺ치 죠흔 물건이 업스나 만일 불을 잘 쓰지 못ᄒᆞ면 사름이 집도 틱으고 인명도 샹ᄒᆞᆯ것이요 물이란 물건이 ᄯᅩᄒᆞᆫ ᄆᆡ우 유죠 ᄒᆞ야 목마른것을 릉히 구 ᄒᆞ며 곡식을 릉히 자라게 ᄒᆞ며 증긔를 ᄂᆡ여 각ᄉᆞᆨ 긔계를 운동 ᄒᆞ게 ᄒᆞ야 릉히 바다에 륜션이 다니며 륙디에 륜거가

왕릭를 ᄒ니 이 ᄀᆺ치 사름의게 리로은것이 업스되 올케
쓰지 못 ᄒ면 역시 불과 ᄀᆺ치 만히 히 될 째가 잇ᄂ지라
그러 ᄒ나 만일 학문을 잘못 쓰거드면 더옥 셰계에 불이
나 물을 잘못 쓰ᄂ것 보다 히가 된다 ᄒ엿스니 이ᄂ 참 통
리ᄒ 말이라 엇지 사름마다 명심 홀빅 아니리요 이 ᄉᆞᆰ
에 키명[3]ᄒ 나라에셔ᄂ 이 폐단 막기를 위 ᄒ야 사름들을
교육[4]ᄒᄂ 긔계가 셰 가지니 교당[5]과 학교[6]와 신문[7]이라
사름이 교를 아니 ᄒ면 엇지 삼강 오륜[8]과 례의 염치[9]를
알니요 굴네 업ᄂ 물이 비록명ᄆᆞ라도 사름이 릉히 어거
치 못홀것이요 교 업ᄂ 사름들이 비록 지릉이 츌즁 ᄒ나
가히 쓰지 못 홀것이며 학교가 업스면 사름이 엇지 학문
을 빅화 지식을 넓히리요 단련치 못ᄒ 쇠가 강텰이 되지
못ᄒ며 빅양치 못ᄒ 나무가 동냥의 지목이 못 될것이요
신문이 업스면 엇지 사름들이 문견을 넓히며 늘마다 텬
하 시셰와 셰계 일이 엇더케 되야 가ᄂ지 알슈 잇스리요
귀 먹고 눈 어둔 사름이 셩ᄒ 사름의게 비 ᄒ면 병신이라
대한 사름들은 학문 잇ᄂ 사름도 귀 ᄒ거니와 안다ᄂ것
은 다믄 쳥국 학문이요 ᄌᆞ긔의 나라 사긔[10]ᄂ 젼혀 몰으
고 쳥국믄 셰계에 쟝ᄒ 나라로 아ᄂ 고로 엇던 우미ᄒ 션
비들은 말 ᄒ되 대한이 다시 명나라를 셤겨야 올타ᄂ 사
름도 잇고 혹 나라를 위 ᄒ야 샹쇼나 ᄒ다 ᄒ고 시골 빅셩
의게 돈을 글그며 혹 남을 속이며 거즛 말이나 ᄒᄂ것이
영웅으로 알며 혹 어느 직샹의게 쳡이나 ᄒ야 원을 엇어

ㅎ면 엇더케 빅셩의 돈을 글거셔 논을 사가지고 딕딕 손
손이 감안이 안져 살 경영이라 학문 빅화 가지고 이런 일
을 ㅎ는것이 올케 쓰는것인지

『**독립신문**』1899.05.20

타국 글 아니라

분야	한글, 논설
주제어	국문, 방언, 본국말, 타국말, 한문, 본국글, 타국글, 청국, 훈민정음, 여자, 하례배, 갑오개혁, 관보, 공문, 개명, 한당, 충절, 송나라, 명나라, 문장, 군자, 대국, 중원, 본국, 보학, 명현, 사적, 자기 조상 내력
인물	朝鮮世宗
기관·조직	學部

　나라 마다 방언[1]만 다를쓴 아니라 각기 국문[2]이 잇는 고로 어느 나라 사름이던지 몬져 본국 말[3]을 다 안연후에 타국 말[4]을 빅호고 본국 글[5]을 다 통달흔 연후에 타국 글[6]을 빅호는것은 사름의 샹졍이요 스리에 당연 흔 바로다 대한 디방이 청국[7]과 심히 갓갑고 샹관되는 일이 쏘흔 만흔 고로 몃 千년 이릭로 한문[8]을 슝샹 흐엿거니와 대한국에 와셔는 세종 대왕[9]씌셔 세계 각국은 다 국문이 잇스되 대한이 홀노 업는것을 민망이 녁이샤 특별히 훈민 졍음[10]을 지으샤 민간에 광포 흐심은 비록 향곡에 사는 녀즈[11]와 하예비[12] 신지라도 다 알고 씌닷기 쉽게 흐심이니 후세에 신민된이가 맛당히 그 셩의를 봉힝 흐야 국문을 슝

주	1	방언
	2	국문
	3	본국말
	4	타국말
	5	본국글
	6	타국글
	7	청국
	8	한문
	10	훈민정음
	11	여자
	12	하례배
인	9	朝鮮世宗

샹 홀 것이여늘 그젼에는 대한 젼국이 엇지 ᄒᆞ야 다만 한
문믄 슝샹 ᄒᆞ고 본국 글은 등기 ᄒᆞ엿던지 우리가 죡히 말
홀것이 업거니와 갑오 경쟝[13] 흔 이후로는 대한 졍부에셔
황연이 ᄭᆡ다른 고로 한문을 급작이 폐지는 못 ᄒᆞ되 국문
을 얼마큼 소즁이 알어셔 관보[14]와 각항 공문[15]을 다 국문
과 한문을 통용 ᄒᆞ야 ᄆᆞᆫ들고 학부[16]에셔도 셔칙을 혹 슌
젼이 국문으로믄 번력 ᄒᆞ야 빅셩이 유무식 간에 다 보고
알게 ᄒᆞ엿스니 이것은 젼국 인민을 기명[17] 식히는 ᄃᆡ 크
게 유익흔 일이라 대한에 와셔 잇는 외국 사름 ᄭᅡ지라도
속 ᄆᆞ음에 얼마큼 칭찬 ᄒᆞ엿더니 근일에 드른즉 대한 졍
부에셔 뎌쟝 법률 교정 ᄒᆞ는ᄃᆡ 각항 쟝뎡 규칙에 온젼히
한문으로 쓰라고 ᄒᆞ엿다 ᄒᆞ니 지금 대한 졍부에 당국 ᄒᆞ
신 졔공은 고명흔 식견으로 이ᄲᅢ를 당 ᄒᆞ야 아모죠록 기
명에 진보코져 홀터인ᄃᆡ 엇지 구습을 바리지 못 ᄒᆞ고 졈
졈 뒤로 물너가는 일을 힝홀리가 잇스리요 한문의 리허
는 대한 사름이 우리 보다 더 알터인즉 반다시 셜명 홀것
이 업스되 대뎌 한문이란 글은 심히 어렵고 넘어 호번 ᄒᆞ
야 지죠와 총명이 아모리 월등흔 사름이라도 슈十년을 힘
써 공부 ᄒᆞ여야 계오 셰상에 힝셰홀듯 ᄒᆞ다 칭 홀것이요
만약 지죠가 로둔 ᄒᆞ고 총명이 업는 사름이면 평싱을 공
부 ᄒᆞ여도 릉히 통달 치 못 ᄒᆞᄂᆞ니 그런 고로 대한에 글즈
흔다는 션빅를 보면 무졍흔 셰월을 칙상 압헤셔 다 보ᄂᆡ
고 셩셩흔 빅발이 거울 속에 빗최이믄 평싱에 흔가지 ᄉ

업도 흔것이 업슬샌터러 일편 정신을 다 한문 공부에 허비 호고 다른 물성에는 견혀 몽민 호야 데 집안 처즈도 엇더케 졉세홀 경영이 업시 다믄 안지면 고담 쥰론 호는 말이 한당[17]째에는 아모의 츙절[18]이 굉쟝 호며 송나라[19]에 와셔는 누가 문쟝[20]이요 명나라[21]에 와셔는 누가 군즈[22]라 호야 청국을 대국[23]이니 즁원[24]이니 칭찬 불이 호고 본국[25]에 엇더흔 명현[26]의 亽젹[27]과 아모 츙신의 결개는 도모지 알 싱각도 아니 호고 본밧을 무음도 업스니 진소위 남의집 보학[28]은 다 알되 즈긔의 죠샹 니력[29]을 누가 물으면 릉히 디답지 못 홈과 굿도다 그샌 아니라 한문에는 릉동흔 이가 국문을 디 호면 닙을 벌이지못 호니 말노는 션왕의 례법을 칭송 호면셔 뎡작 션왕씌셔 무드신 글은 이지 등기 호나뇨 춤 불가 亽문어린국이로다 그 중에도 대흔 사름 빅명을 모하 놋코 보면 한문 아는이가 열명 되기가 어려온즉 이 무식흔 빅셩의 어두온 무음을 어느 하가에 한문으로 글우처 속히 기명케 호리오 대한 국문은 진소위 호로 아츰 글이라 오늘 몰으다가 뤼일 아는 슈가 잇슬샌 아니라 국문으로 못 무들 말이 업고 못 번력홀 글이 업스니 과연 쉽고도 긔묘흔 글이로디 대한 경부에셔 엇지 쉽고 편흔 국문은 쓰지 안코 어렵고 싀다론 한문을 슝샹 호고져 호는지 우리는 밋지 안노라

『독립신문』 1899.06.27

요긴 흔일

분야	논설
주제어	개명, 인민, 교육, 문명, 진보, 대학교, 만국사기, 개벽, 이집트(이 급국, Egypt), 그리스(희리니국, Greece), 로마(로므국, Roma), 일 본국, 소학교, 만국역사, 만국지리학, 청국사기, 고금역대, 과문육 체, 시부표책, 본국사기, 본국지리, 부인협회, 여학교

㈜ 1 개명
2 인민
3 교육
4 문명
5 진보
6 대학교
7 만국사기
8 개벽
9 이집트(이급국, Egypt)
10 그리스(희리니국, Greece)

나라이 기명[1] 되기를 위 호눈쟈 향샹 말 호되 인민[2]을 교육[3]호 후에 문명[4]의 진보[5]가 된다 호나니 그 의론이 죠 흔 말솜이어니와 현금에 정부 스셰가 시급 흔지라 즈뎨 들이 어느 겨를에 각항 학문을 다 졸업 호야 나라에 슈용 호며 국중에 대학교[6] 호나이 업거늘 정부에서 엇지 학식 이 고명흔 직목을 엇을슈 잇스리요 그런즉 각국 어학과 각식 긔계와 쳔만 가지 물화의 데죠흠은 츳츳 졸업싱이 싱긴후에 그 스업이 졈졈 발달 호려니와 시급히 불가불 숭샹 흘 공부눈 두가지가 잇스니 첫지눈 만국의 력되스긔 와 둘지눈 만국의 디리학이라 사름이 만국 스긔[7]를 몰온 즉 태셔의 기벽[8] 흠이 몬져 이급국[9]으로 브터 희리니국[10]

에 이르고 희리니국으로 브터 로ᄆ국[11]에 흥황 홈과 엇던
나라는 아모 님군 째에 기명 ᄒ고 엇던 나라는 아모 신하
째에 픠망홈과 쳔빅듸의 치란 흥망을 알지 못 홀것이요
디리학을 공부치 아니 ᄒ면 류대 부쥬의 동 셔 남 북과 열
듸 디경은 엇더 ᄒ고 링듸디경 은 엇더 ᄒ며 아모 나라의
크고 젹은것과 아모 바다의 넓고 좁은것과 아모 디방의
소산이 무엇인지 풍속이 엇더 ᄒ지 도모지 알슈 업셔 어
두은 밤즁에 소경과 ᄀᆺ홀지니 엇지 가런치 아니리요 닉외
국 친구를 교졔 ᄒ기에도 오히려 답답ᄒ 일이 만 할터이
어늘 홈을며 정부 관인이 되야 국ᄉ를 경졔 홈이리요 동
양의 일본국[12]과 태셔의 졔국들은 각ᄉᆨ 학교를 궁벽ᄒ 시
골ᄭᆞ지 도쳐에 셜립 ᄒ고빅셩을 ᄀᆯ으치되 남녀를 물론 ᄒ
고 六셰 이샹은 모도 학교로 보내여 十四셰에 이르기ᄭᆞ지
소학교[13] 졸업ᄉᆼ이 되게 ᄒ며 만일 ᄌᆞ데를 학교에 보내지
아니 ᄒ면 그 ᄋᆞ희의 부형을 형벌 ᄒᄂᆫ 고로 사름마다 글
ᄌᆞ를 모로ᄂᆫ이가 ᄒ나도 업고 쇼학교에 ᄀᆯ으치ᄂᆫ 규칙은
몬져 만국력ᄉ[14]와 만국 디리학[15]를 빅호게 ᄒᄂᆫ 고로 태
셔 졔국과 일본에ᄂᆫ 비록 삼쳑 동ᄌᆞ라도 텬하 각국의 고
금 릭력과 동 셔 남 북의 디리 물산을 쇼쇼 명명히 말솜 ᄒ
거늘 대 한국에ᄂᆫ 문쟝 거벽이라 ᄒᄂᆫ 션비를 보건듸 슈
十년 등잔 아릭 만권셔를 보앗스나 아ᄂᆫ것은 불과 쳥 국
ᄉ긔[16]에 고금 력듸[17]요 과문 륙톄[18]에 시 부 표 칙[19]이라
두샹 빅발이 셔리 ᄀᆺ치 쇼쇼 ᄒ되 본국 ᄉ긔와 디리[20]도

㈜ 21 부인협회
22 여학교

아지 못 ᄒᄂ 션비가 만ᄒ지라 외국에 어리셕은 부녀들과 십여셰 ᄋ히라도 무불 통지 ᄒᄂ 력ᄉ와 디리를 대한 국에ᄂ 산림학쟈와 정부 관인들도 몰ᄋᄂ이가 만히 잇ᄉ니 죠졍에 사름 쓰기를 그럿케 규모 업시 ᄒ고야 나라이 엇지 기명 되기를 ᄇᆞ랄ᄋ리요 진실노 외국 ᄋ히를 ᄃᆡᄒ야 붓그러온 일이로다 ᄯᅩ ᄃᆞ른즉 일본국 부인들이 태셔 졔국의 규모를 의방 ᄒ야 부인 협회²¹를 새로 창셜 ᄒ고 동 셔양 녀학교²²의 죠혼 학문을 합 ᄒ야 녀ᄌ의 덕ᄒᆡᆼ을 닥금과 학문을 널니 흠과 기슐과 샹업에 유죠ᄒ 학문을 확장 ᄒ기로 의론 ᄒ다 ᄒ니 우리ᄂ 일본부녀를 위 ᄒ야 대단히 치하 ᄒ거니와 대한국 부녀들은 언졔나 셰샹을 구경 ᄒ며 ᄌᆞ긔의 권리를 ᄎᆞ질ᄂ지 알슈업도다 대한을 위 ᄒ여 계교 ᄒ건ᄃᆡ 녀학교ᄂ 고샤 ᄒ고 남ᄌ 브터 시급ᄒ 두 가지 공부를 졸업ᄒ 후에 친구의 교졔 법과 정부의 ᄉ무를 보게 ᄒ야 컴컴ᄒ 쇽에 지식의 욕심ᄆ 잇ᄂ 사름들을 좀 글ᄋ 칫스면 위션 다ᄒᆡᆼ ᄒ 일노아노라

『황성신문』 1898.09.28

國文漢文論 上

분야	논설, 한글
주제어	漢文, 羅馬字, 象形文字, 發音文字, 知識優劣, 國勢强弱

世界各國에 現行文法이 大槪二種이라 一種은 象形文字[1]니 淸國에 行用ᄒᆞᄂᆞᆫ 漢文[2]이오 一種은 發音文字[3]니 我東反切字와 歐西各國에 近行ᄒᆞᄂᆞᆫ 羅馬字[4]라 漢文은 事物을 形蓉ᄒᆞᄂᆞᆫ 圖式이니 義와 音이 異ᄒᆞ야 通曉ᄒᆞ기 甚難홈이 聰明人이아니면 學問에 絶念ᄒᆞ고 才子라야 十許年에 略通ᄒᆞ고 平生을 從事ᄒᆞ야 人民百數에 行文者ㅣ 不過幾個요 反切字羅馬字는 語音을 飜譯ᄒᆞᄂᆞᆫ 圖式이니 字音이곳 言語인 故로 解會ᄒᆞ기 甚易ᄒᆞ야 男女智愚를 勿論ᄒᆞ고 一二年이면 學이 成ᄒᆞᄂᆞᆫ 中에 反切字ᄂᆞᆫ 더욱 至易ᄒᆞ야 비록 提孩男女라도 十日內에 大綱을 領會ᄒᆞ야 十人에 八九個가 無識을 免ᄒᆞ난지라 孔聖이 有言ᄒᆞ사ᄃᆡ 쉽고간략ᄒᆞ여야 天下事를 得ᄒᆞ다ᄒᆞ시

주 1 象形文字
2 漢文
3 發音文字
4 羅馬字

니 反切字ᄂᆞᆫ 天下各國에 第一쉽고 第一간략ᄒᆞᆫ 文字라 天下公論이반다시 大韓反切로 文壇盟主를 定ᄒᆞ리라ᄒᆞ노라 何以然고 漢字로 觀ᄒᆞ건듸 上古結繩의 政이 繁冗ᄒᆞ야 籒字가 初出ᄒᆞ고 此도 支離ᄒᆞ야 大篆이 出ᄒᆞ고 此도 煩鎖ᄒᆞ야 小篆이 出ᄒᆞ고 此도 猶不便捷ᄒᆞ야 隷書八分楷字草書가 次第로 漸變ᄒᆞ얏고 歐西古文도 漢文과 彷彿ᄒᆞ더니 繁亂홈을 嫌ᄒᆞ야 今日羅馬字를 創行ᄒᆞ니 此非他故라 厭煩就簡ᄒᆞ고 捨難趣易ᄒᆞᆫ 綠故라ᄒᆞ노라 或云ᄒᆞ되 漢文은 中土聖人의 所製신 故로 言外意를 形容ᄒᆞ고 難치아니면 文章이 何足貴오 發音文字ᄂᆞᆫ 閨閣女子와 末利商賈의 淺陋ᄒᆞᆫ 俗套라엇지 文이라 具數ᄒᆞ리오ᄒᆞ니 此ᄂᆞᆫ 腐儒의 局見惑說이라 誠如所云ᄒᆞ면 黑字上이 有何言外意오 言語本旨에 言外意를 含蓄한 故로 黑字上에 發見홈이니 此를 譬喩컨듸 人物繪像이 人物本體보다 韻態가 有ᄒᆞ단말과다르리오 大抵象形字를 用ᄒᆞᄂᆞᆫ 世界ᄂᆞᆫ 何故蒙昧ᄒᆞ고 發音字를 用ᄒᆞᄂᆞᆫ 世界ᄂᆞᆫ 何故開明ᄒᆞ고 必是文字難易를 因ᄒᆞ야 人民의 知識優劣[5]이 生ᄒᆞ며 知識優劣을 由ᄒᆞ야 國勢强弱[6]이 現ᄒᆞᄂᆞ니 此ᄂᆞᆫ 目前實驗이라 聖人이 復起사도 此言은밧구지못ᄒᆞ시리라ᄒᆞ노라

『황성신문』 1898.09.28

國文漢文論 下

분야	한글, 논설
주제어	國文, 漢文, 諺文, 新羅, 文明
인물	朝鮮世宗
기관/조직	國文都監
레퍼런스	通鑑節要, 史略

或云ᄒᆞ듸 子의 國文辨論을 讀ᄒᆞᆫ즉 不無理勝ᄒᆞ나 新羅[1]時로붓터 漢文通用ᄒᆞᆫ지 二千餘年에 尊尙篤行ᄒᆞ야 國文[2]의 便易ᄒᆞᆷ을 略知ᄒᆞ나 諺文[3]이라 賤待ᄒᆞ며암클이라 嘲弄ᄒᆞ야 文字로 齒及지아니커늘엇지 一朝에 漢文[4]을 廢ᄒᆞ고 國文만 行ᄒᆞ리요 雖有其說ᄒᆞ나 必難成이거늘엇지 呶ㄷ不已ᄒᆞ나뇨 子는 可謂多事人이로다 余ㅣ 笑答曰俗子ㅣ 何知오 惟我 世宗[5]朝끠옵셔 天縱ᄒᆞ신 聖明으로 一代憲章을 丕顯ᄒᆞ신 後에 有國ᄒᆞ면 不可無一國之文이라ᄒᆞ샤 國文都監[6]을 設ᄒᆞ시고 鴻才碩學을 彙萃質問ᄒᆞ샤 屢年만에 製成ᄒᆞ시니 八域民生이 眼目을 始開ᄒᆞᆷ이 漆夜에 明燭과 冥空에 果日갓ᄒᆞᆫ지라 大抵國文經始ᄒᆞ든 當日에 漢文이 無ᄒᆞ야 然ᄒᆞᆫ가 國文만 行

주 1 新羅
　 2 國文
　 3 諺文
　 4 漢文
인 5 朝鮮世宗
기 6 國文都監

ᄒ고 漢文은 廢코져호민가 子言갓ᄒ면坐한 多事라 稱홀가
漢文은 上才아니면 學ᄒ기 難ᄒ니 中下才는 皆歸於無識홀
가 大聖人弘遠ᄒ신 制法이 今日에 寢弛不振ᄒ니 槪歎處이
며 至易한 國文을 賤閣ᄒ고 極難혼 漢文만 崇尙홈이 外國嘲
笑件이라맛당히 國文으로 主文을 定ᄒ야 奏疏文字라도 國
文을 純用케도ᄒ며 國漢文叅用도 不拘케ᄒ며 同文ᄒᄂ 一
衙門을 另設ᄒ야 漢文日本文英法等文을 敎習ᄒ야 交隣事務
를 修擧케ᄒ며 國內人民敎授法을 講究ᄒ야 物名과 經史에
易曉홀 章句를 簡而備토록 國文으로 譯成數卷ᄒ야 幼穉男
女를 設校敎習ᄒ야 十五歲以內에 卒業토록 行ᄒ면 通鑑[7]史
略[8]十許卷으로 好歲月를 消遣타가 文理도 通치못ᄒ고 無識
之流에 歸ᄒᄂ것과 何如오 一代文明[9]之運이 唾手在此ᄒ고
拭目不遠ᄒ리니 政府諸公은 奮發之志를 振刷ᄒ야 亟圖亟行
ᄒ시옵

『황성신문』 1898.10.20

咸鏡北道鍾城居三品前五衛將吳三甲等이 大韓과 淸國間에 地界를 定ᄒ고

분야	▌고적, 역사
주제어	▌地界, 定界碑, 間島, 女眞, 白頭山, 遼東, 四郡, 分界, 地限, 幅圓, 韓界, 土門江, 豆滿江
인물	▌尹瓘, 吳延寵, 朝鮮世宗, 金宗瑞, 申叔舟, 崔潤德, 吳明義, 李滿住, 康熙帝, 穆克登, 秦泳, 賈元桂, 吳三甲, 高麗肅宗, 高麗睿宗, 朱元璋

咸鏡北道鍾城居三品前五衛將**吳三甲**[1]等이 大韓과 淸國間에 **地界**[2]를 定ᄒ고 官員을 派ᄒ야 廢地에 居留ᄒᆫ 我民을 管轄ᄒ와달나고 上疏를ᄒ엿기에 其疏本을 謄騰ᄒ노라 伏以 臣等이비록 關北에 僻處ᄒ왓시나坯ᄒ 聖人의 氓이온지라 朝廷에 施措ᄒ심을 伏俟홈이 宜ᄒ오나 凡邊務民情에 關ᄒ야ᄂ 上으로 宰相이 或未察ᄒ실지라도 下으로 韋布가坯ᄒ 可以言ᄒ을지라 勢ᄂ임의 膠固墨守ᄒ기가 難ᄒ고 義ᄂ 敢히 越視柰聾치못홀지라 竊히 西北廢地에 流民을 爲ᄒ야 特히 設舘定約홀 事로 管見을 敬具ᄒ와 聖鑑ᄒ시기를 仰祈ᄒ오니 政府에 勅下ᄒ샤 約章을 議定ᄒ야 事項을 辦理케ᄒ소셔 伏査ᄒ온즉 麗朝**肅宗**[3]**睿宗**[4]時에 **尹瓘**[5]과 **吳延寵**[6]을 派遣ᄒ

주 2 地界

인 1 吳三甲
3 高麗肅宗
4 高麗睿宗
5 尹瓘
6 吳延寵

야 女眞[7]을 勦逐ᄒᆞ고 其地限[8]을 遂定ᄒᆞ니 白頭山[9]內外에 地勢와 山脉이 尙今指点可考ᄒᆞ겟고 我朝에 至ᄒᆞ와도 依舊ᄒᆞᆫ 幅圓[10]을 他邦에 占有키를 不許ᄒᆞᆫ고로 雖明太祖[11]創業ᄒᆞᆫ 兵威로도 此地를 兼幷치안코다만 與我親陸ᄒᆞᆫ 故로 兩國民이 雜處ᄒᆞᆯ가 慮ᄒᆞ야 界上을 割ᄒᆞ야 閑有地를 作ᄒᆞ니 我之廢地ᄂᆞᆫ 遼東[12]이 是也오 廢四郡[13]은 甲山西에 在ᄒᆞ야 茫然ᄒᆞᆫ 風沙에 人烟이 絶無ᄒᆞ더니 世宗[14]朝에 逮ᄒᆞ야 野人이 其土에 孼芽ᄒᆞᄆᆡ 金宗瑞[15]申叔舟[16]崔潤德[17]三臣이 迭相征討ᄒᆞᆯᄉᆡ 甲山府使 吳明義[18]로 先鋒을삼아 其酋李滿住[19]를 擒ᄒᆞ니 野亂이 斯靖ᄒᆞᆫ지라이에 江界節制를 置ᄒᆞ야써 三水甲山을 隘ᄒᆞ니 漠然百年之間에 但見山高水淸ᄒᆞ야 野旣閑曠ᄒᆞ더니 其後에 或餘種이 有ᄒᆞ나 隱處棲幕ᄒᆞ야 暫聚旋散ᄒᆞᄂᆞᆫ 故로 未克遺兵掃除ᄒᆞ고 方思再作經略ᄒᆞ왓더니 淸朝康熙[20]五十一年에 彼我界를 更定ᄒᆞᆯᄉᆡ 鳥喇摠督穆克登[21]이 碑를 分水嶺上에 立ᄒᆞ야 韓界[22]를 定ᄒᆞ엿시니 前後三朝에 此界가 我地에 屬홈을 分明可記ᄒᆞᆯ지라 盖白頭山에 大澤이 有ᄒᆞ고 澤邊에 定界碑[23]가 有ᄒᆞ고 碑下에 分水嶺이 有ᄒᆞ니 土石으로 堆를 列ᄒᆞ고 樹木으로 柵를 成ᄒᆞ니 是ᄂᆞᆫ 分界[24]에 明驗이오 東北三舍地에 水出ᄒᆞ야 分界江이되고 分界江이 流ᄒᆞ야 土門江[25]이되야 水ᄂᆞᆫ 始分于嶺ᄒᆞ고 嶺은 終沿于水ᄒᆞ니 分水嶺은 下半嶺에 至ᄒᆞ고 分界江은 土門江에 至ᄒᆞ야 上下東西에 其地를 邊裏邊外라 稱名ᄒᆞ니 是ᄂᆞᆫ分界에 確證이온지라 淸國이 與我開市홈이 淸駄輪運ᄒᆞᆯ 時에ᄂᆞᆫ 穩城傳把가 旗를 豆滿江[26]中에 立

㊟ 29 間島
㊞ 27 秦泳
28 賈元桂

ㅎ고 相爲傳受ㅎ니 此ᄂᆫ 豆滿江合流處를 分界홈이오 鍾城
輸馱의 傳給은 豆滿江을 越ㅎ야 字加土九十里地에 至ㅎ니
此ᄂᆫ 韓界가 此地에 止홈이라 如斯ㅎ지 百八十年에 分界의
確據가 以上三件에 明證이옵거늘 曩年定界之日에 淸國派員
秦泳[27]과 賈元桂[28]가 豆滿江을 指ㅎ야 曰土門江이라ㅎ고 界
限을 勒定ㅎ얏고 分界豆滿兩江間에 間島[29]라 名ㅎᄂᆫ 地가
有ㅎ니 內地人民이 韓界로 認ㅎ고 入居ㅎᆫ 者屢萬戶라 今에
淸人에게 壓制를 受ㅎ야 生命을 難保ㅎ니 堂堂ㅎᆫ 大韓土地
와 人民으로 他國에 付與ㅎ옴이엇지 憤歎치아니ㅎ올잇가
臣等이 近伏聞ㅎ온즉 駐淸公使를 派遣ㅎ옵시오니 此ᄂᆫ 千
載의 一期會라 此界에 關ㅎᆫ 約條와 章程을 明定ㅎ시면 國家
에 萬幸이옵고 人民에 萬幸이로소이라 批旨省疏具悉疏辭
令政府稟處

『**황성신문**』 1899.05.02

國文源流

분야	한글, 역사
주제어	國文, 箕疇, 國音, 諺文, 漢文, 土音, 文話
인물	檀君, 朝鮮世宗, 孔子, 李滉, 朝鮮高宗, 李珥
레퍼런스	思政殿訓義, 七書

吾東의 有國以來를 爰溯ᄒ건ᄃᆡ 曰 鰈域이니 曰 九夷神市
니다 鴻蒙未開에 付ᄒ고 檀君[1]의 肇基홈에 言語와 文字가
略具ᄒᆫ 듯ᄒ나 雅馴이 無徵ᄒ고 箕疇[2]의 祖東홈으로 仁賢
의 化ㅣ 開ᄒ야 其俗의 樸素純質홈이 葛天時代와 髣髴ᄒ지
라 孔子[3]ㅣ 曰ᄒ샤ᄃᆡ 道不行이라 乘桴浮于海ᄒ야 吾居九夷
矣라 ᄒ시니 其艶慕歸依ᄒᆫ심을 可證ᄒ너라 而ᄒ야 三韓의
分區홈과 新羅 百濟 高勾麗의 爭雄홈에 詐力이 增長ᄒ고 强
覇를 好尙ᄒ다가 高麗時代에 及ᄒ야 統合之功이 著ᄒ고 開
進之運을 現ᄒ엿고 迄于本朝ᄒ야ᄂᆞᆫ 吾道가 居東ᄒ고 人文
이 大開홀ᄉᆡ 我世宗[4]廟ᄭᅴ옵셔 乃聖乃神ᄒ옵고 乃文乃武ᄒ
옵셔 禮를 制ᄒ고 樂을 作ᄒ시며 三綱行實을 發明ᄒ시ᄆᆡ

彝와 倫이 攸敍ᄒᆞ고 北擒滿住ᄒᆞ오며 東戢馬島ᄒᆞ시고 於是
에 國民之聲을 定ᄒᆞ샤 國音[5]의 古初ᄅᆞᆯ 昭釋ᄒᆞ야 國文[6]을 作
ᄒᆞ니 其字形은 篆書의 古法을 倣ᄒᆞ얏고 其字體ᄂᆞᆫ 子母의 反
切로 成ᄒᆞ얏고 其字音은 梵書의 聲韻을 ᄯᅡᄒᆞ엿더라 降ᄒᆞ여
中葉에 垂ᄒᆞ도록 學士大夫가 國文을 尊尙ᄒᆞᄂᆞᆫ 者ㅣ 無幾ᄒᆞ
고 曰호ᄃᆡ 諺文[7]이라 ᄒᆞᄂᆞ 婦孺와 黎庶ᄂᆞᆫ 國文을 愛好性이
頗有ᄒᆞ얏고 退溪[8] 栗谷[9] 二先生에 至ᄒᆞ야 七書[10]ᄅᆞᆯ 釋ᄒᆞ야 解
ᄒᆞ미 名ᄒᆞ여 曰호ᄃᆡ 諺解라 ᄒᆞ여 思政殿訓義[11]ᄅᆞᆯ 仍成ᄒᆞ엿
고 而ᄒᆞ야 四百有餘載于玆에 我大皇帝陛下[12]셰ᄋᆞᆸ셔 中興의
運을 膺ᄒᆞᄋᆸ시고 獨立의 基礎ᄅᆞᆯ 建ᄒᆞᄋᆸ시며 自主의 權을
秉ᄒᆞᄋᆸ시고 萬國에 平等한 尊을 享ᄒᆞᄋᆸ셔 祖宗의 烈을 揚
休ᄒᆞ실ᄉᆡ 國文으로 漢文[13]을 互用ᄒᆞ야 公車文字ᄅᆞᆯ 行ᄒᆞ시
니 國音이 於是乎一ᄒᆞ엿고 國文이 於是乎 興ᄒᆞ오며 國民의
學이 於是乎 簡易함을 基ᄒᆞ엿더라 東亞의 語類ᄅᆞᆯ 溯攷ᄒᆞ건
ᄃᆡ 各其 邦國에 土音[14]이 本有한ᄃᆡ 我國의 語類ᄂᆞᆫ 梵音의 淵
源이 最多ᄒᆞ얏고 蒙古韃靼의 土音도 間雜ᄒᆞ엿스며 其文話[15]
ᄂᆞᆫ (文字로 語時에 幷行ᄒᆞᄂᆞᆫ 類)支那의 漢文을 專行ᄒᆞ고 日
本의 語音도 其源이 相近ᄒᆞ더라 (未完)

『황성신문』 1899.11.21

[寄書]西湖居士

분야	역사, 논설
주제어	故事, 國史, 史家, 野史, 滅絶, 盡滅, 史牒
인물	金濯纓, 南孝溫
레퍼런스	國朝寶鑑, 燃藜述, 朝野記聞, 秋江冷話, 旬五誌, 芝峰類說, 陰厓雜記, 三國史記, 高麗史, 於于野談

三國史[1]와 高麗史[2]는 吾東의 歷史오 本朝에 至ㅎ야는 史家者[3]流가 稍稍遺傳ㅎ딕 曰 國朝寶鑑[4] 曰 燃藜述[5] 曰 朝野記聞[6] 曰 秋江冷話[7] 曰 旬五誌[8] 曰 芝峰類說[9] 曰 陰厓雜記[10] 曰 於于野談[11] 等 百餘種에 不下ㅎ고 國史[12]로 一代秘書의 職이 撰定ㅎ바 名山石室에 深藏ㅎ 史牒[13]이 寢備ㅎ이 國民의 訓誥와 考據와 資治와 讀本을 作ㅎ기 不許ㅎ 쑨 아니라 中古에는 野史[14]類는 文人의 書案에 著存ㅎ기 不敢ㅎ고 或 史案을 因ㅎ야 刑辟에 陷ㅎ 者ㅣ 有ㅎ니 如金濯纓[15] 南秋江[16]其人이다 此에 坐ㅎ이러라 또 民人에게는 版權이 無ㅎ야 實用이 有ㅎ 經濟之學이던지 典古와 格致와 政治와 法律에 可師可法ㅎ 文籍이라도 志士의 筆端에 螢窓十年의 工夫를 費ㅎ야 成帙成卷

흔 書冊을 其人이 一去ᄒ면 書廚冊肆間에 鸞飄鳳泊ᄒ다가 覆甕糊窓의 厄會를 難免ᄒ기로 文獻이 散亡ᄒ고 學業이 泯滅ᄒ야 書名은 尙存ᄒ나 書種이 久絶흔 者ㅣ 幾十百種에 不止ᄒ고 坮 如干 藏書家도 其傳世ᄒ야 藏置ᄒ고도 攷繙과 發明과 廣傳홀 計劃은 本無ᄒ기로 苔黴와 蠹粉에 幾十百年이면 滅絶[17]乃已ᄒ니 如此ᄒ다가는 我國의 書種은 祖龍의 一炬를 不借ᄒ고라도 必盡滅[18]홀지니 人類는 將次 淪胥ᄒ야 爲禽爲獸乎인뎌 今에 活版의 利益을 旣知ᄒ얏스니 本國에 餘存흔 書種의 可傳홀 者를 蒐葺刊行ᄒ야 人民으로 ᄒ야곰 自家故事[19]를 足徵케 ᄒ며 坮 天下에 現行ᄒᄂ 實用書籍도 廣求繙刊ᄒ야 時務에 矇昧홈이 無케 ᄒ기를 切望ᄒ노라

주 **17** 滅絶
18 盡滅
19 故事

『황성신문』 1901.03.26

遼界沿革

분야	역사, 논설
주제어	朝鮮版圖, 我國之藩屛, 白頭山, 四郡, 眞蕃, 渤海, 三鎭, 定界碑, 我國幅員, 豆滿江, 鴨綠江, 歷代之沿革
인물	高麗睿宗, 尹瓘, 朝鮮肅宗, 琉璃王, 長壽王, 高麗顯宗, 衛滿, 檀君, 箕子, 漢武帝, 唐玄宗, 大祚榮, 唐太宗, 穆克登, 燕王喜, 箕準, 盧綰, 高朱蒙, 慕容皝, 宋徽宗, 蕭遜寧

粤自檀[1]箕[2]開創以後 有三韓之分據 又自衛滿[3]東來 薊門以東 與燕爲界 遼地 盡爲朝鮮版圖[4] 漢武帝[5]分爲四郡[6] 眞蕃[7]一郡 是遼之東西爲言也 西有婆江邊之平那山 鎭於平州 北有黃龍府之黑龍江 入于北海 亦爲肅愼靺羯之分據 唐玄宗[8]時大榮祚[9]所封渤海[10]之國 在於婆江之內 連接高句麗而能覇一時 後爲契丹所幷 高句麗南部自建州直至靑州爲界 灣越之遼東城安市城白岩城黃城銀城等諸州郡 至唐太宗[11]東征時 降于唐 高麗睿宗[12]時侍中尹瓘[13]北築通泰公嶮平戎三鎭[14]於宣春嶺以北 永作我國之藩屛[15] 我肅宗[16]時 淸差烏喇摠管穆克登[17]立定界碑[18]於白頭山[19]上 臙脂峯以南 雖入於我國幅員[20] 要之原根則豆滿江[21]非我界限 肅愼靺羯之地本屬我界 何必宣春嶺以內三鎭而已乎 白頭山前後左右 直至北海 渾爲我地者漢武帝時朝鮮眞蕃郡治雪縣 距長安爲七

千六百三十里云 此非的確可據之論乎 燕王喜[22]破胡拓地時 滿
瀋漢 始入於燕 箕準[23]時 盧綰[24]爲燕王 以婆猪江爲限 大氏納欵
後 盡入於我之版圖 高句麗始祖[25]生於遼之句麗山下 立於卒本
琉璃王[26]移都於遼之國內城 至山上王都於丸都城 有魏時幽州
刺史毋丘儉之亂及燕王慕容皝[27]之兵 長壽王[28]又移於平壤 遼之
東西 自是我地 間入於契丹所管 至宋徽宗[29]政和丙申 卽高麗顯
宗[30]時也 契丹蕭遜寧[31]之敗歸也 寧德抱州歸化於我 以鴨綠江[32]
爲限 江之越界 今爲淸人所管 大抵 醫巫閭爲北方之主山 歷虎
坤堆而爲我東白頭山 混同江 爲天下之大江 合黑龍江而入于北
海之濱 是以北方之富强 賴有此名山大川 人材輩出 物貨豐産
自古與中國抗衡 通天下分南北 大開兵端 稱曰南北朝 互相稱
雄 自燕京以北 有上京中京之號 契丹 遼 女眞 金 蒙古 元 亦相
替興於此 地靈人傑 豈非信然乎由是遼之一幅 日被攻掠 於焉
四五百年之間 朝鮮之勢 日就孤弱 遼東之地 亦一望荒蕪矣 五
六十年以來 我國流民 稍稍離去 田野大闢閭閻櫛比 我民之奠
居于遼者不下十餘萬生靈 此可謂我國之外府 彼淸之人 自稱地
主 編于部伍 奴隷之苛責之 民不得聊生樂業 其情甚可感矣 本
記者ㅣ 曰 余嘗溯攷遼北山川之形勝과 歷代之沿革[33]이로디 未
嘗編輯一通이러니 近覽長津郡志士 林有麟氏 寄書則 平日所
考가 八九相脗 故로 姑載於此ᄒᆞ야 以俟高明之訂正이어니와
至若 遼野一帶ᄒᆞ야ᄂᆞᆫ 未知何日에 便作合浦之璧ᄒᆞ니 可發一
嘆이로다

『황성신문』1901.04.24

讀史有感

분야	역사, 논설
주제어	鬱陵島, 于山國, 東史, 淸國, 愚眛, 必亡, 敎民
인물	異斯夫, 智證王

주 1 東史
　3 于山國
　4 鬱陵島

인 2 智證王
　5 異斯夫

按**東史**[1] 新羅**智證王**[2] 十二年에 討服**于山國**[3] 홀식 于山은 在溟

洲正東海中ᄒ니 卽今**鬱陵島**[4] 라 地方이 不過百里로딕 恃其險

不服이어늘 伊飱**異斯夫**[5] ㅣ 率甲兵 十餘人ᄒ고 以木造獅子百

許頭ᄒ야 塗飾金彩ᄒ야 載之戰船ᄒ야 抵其島 誑之曰 汝若

不降이면 卽放此獸 踏殺之ᄒ리라 ᄒ딕 國人이 大懼 乃降이

라 ᄒ니 恃險不服者ᄂ 始何强項이며 大懼乃降者ᄂ 終何柔

腸耶아 料其山河之固가 足以不受敵ᄒ며 城池之壯이 足以堅

其守ᄒ며 人民戰士之能作捍禦者를 審其衆寡强弱之勢ᄒ야

知其不能攻然後에 可以不服이어늘 海上孤嶋가 小如點墨者

ㅣ 所恃維何而徒恃其險고 可知其民之愚也오 見其甲士之猛

이 足以蹂躪이오 戰船之多가 足以衝擊이오 金毛獅子之能售

悍獰者를 究其眞假詐正之跡ᄒ야 知其不能制然後에 可以乃
降이어늘 幻目奇怪로 一言威嚇者를 所懼維何 而大懼乃降고
可知其民之昧也니 其民이 愚且昧而其國不亡者ㅣ 自古及今
에 未之有也라 比今世界以觀之컨딕 大小强弱이 相與聯肩이
로딕 其民이 不愚昧則始而不恃ᄒ야 相與和好ᄒ며 終而不懼
ᄒ야 相與猗角키로 小與大相抗ᄒ며 弱與强相立이어니와
其民이 愚昧則始而未嘗不恃ᄒ며 終而未嘗不懼ᄒ야 小爲大
呑ᄒ며 弱爲强幷이오 民其愚昧之甚則不惟小者弱者라 大者
强者도 亦至呑幷ᄒ니 不必遠求라 泰西之波蘭이 可謂大者强
者로딕 其民이 愚昧 故로 終爲呑幷於俄普奧ᄒ며 現今 支那
之淸國[6]이 亦可謂大者强者로딕 其民이 愚昧 故로 方見敗陷
於聯合軍ᄒ야 未知呑幷於誰手ᄒ니 其民愚昧[7]而其國必亡[8]之
證을 昭然可據라 如今 木造獅子之威嚇가 羅列前後에 不啻一
二로딕 民之愚昧ᄂᆫ 甚于于山ᄒ니 可不憂哉아 有國者ㅣ 急
先敎民[9]ᄒ야 開其愚昧ᄒ야 能知木獅之眞假詐正이면 豈非存
國興國之大基本이리오

주 6 淸國
7 愚昧
8 必亡
9 敎民

『황성신문』1901.06.10

國文宜潤色

분야	한글, 논설
주제어	國文, 漢文, 字之音則, 方言, 韓語言, 書契, 潤色
인물	伏羲氏
레퍼런스	春秋左氏傳

我國之**國文**[1]이 字甚簡略이로딩 子母之相生이 甚繁ㅎ야 千字萬語를 無不述ㅎ고 音甚夒澁이로딩 反切之相變이 甚明ㅎ야 五聲八音을 無不諧ㅎ야 雖**左傳史策**[2]이라도 解之甚詳而學之甚精ㅎ고 婦人童稚라도 習之甚易而用之甚繁ㅎ니 可謂天人吉祥之眼目이오 古今絶妙之唇舌이니 眞大聖人神智之所及이라 豈庸人俗子의 所可尋常而論之리오마ᄂᆞᆫ 國文之草創以後 至今 屢百年之久에 一無潤色ㅎ야 不能至於盡善而盡美者ㅣ 恐或一二存焉이라 假令 **漢文**[3]則 凡於尋覓句讀之際에 葉葉閱過라도 粘眼輒得이로딩 至於國文ㅎ야ᄂᆞᆫ 要其尋覓句讀則 便讀自上徹下 然後에 可以搜出端緒니 此ᄂᆞᆫ 國文之以音集字오 不能以畫集成ㅎ야 以爲完字故也며 渾渾無平上去聲

ᄒᆞ야 俗談에 上가 下ᄀ 之類로 分其高低라 ᄒᆞ되 如거 **字之音則**[4] 何以分其高低며 져 字 뎌 字之類로 分其高低라 ᄒᆞ되 져 字ᄂᆞᆫ 操如로 切이오 뎌 字ᄂᆞᆫ 刀如로 切이니 音本不同이어늘 俗相訛傳ᄒᆞ야 淆雜不分ᄒᆞ니 何以別高低리오 此ᄂᆞᆫ 國文之徒以反切로 成音이오 本無高低故也라 或謂 國文은 可以譯言語也라 ᄒᆞ되 以**韓語言**[5]之라도 **方言**[6]이 居半이오 漢文이 居半ᄒᆞ야 以成言語라 徒以國文으로 譯其音響則 使不知漢文者로 見之컨딘 殊不解其語意者ㅣ 多矣리니 何以譯言語乎리오 然則 國文은 可以偏用也오 不可以全用也니 何以則 完成全用耶아 盖**羲皇**[7]**書契**[8]以後로 假借象形이 世各變異ᄒᆞ고 篆隷楷草가 時以不同ᄒᆞ니 此亦**潤色**[9]而至於盡善盡美也오 且近日 法國之文法四十條改正이 亦要其潤色而進於盡善盡美也니 此亦宜其潤色而十年不成則 二三十年이 未爲不可오 一士不能則 千百士ㅣ 並致其工ᄒᆞ야 日漸月摩ᄒᆞ야 極其精華면 豈不臻於盡善而盡美也리오

『황성신문』 1902.02.02

軍事軍費亟宜裁整

분야	역사, 논설
주제어	軍制, 國富, 兵强, 徵兵, 水軍, 唐朝府兵之制, 漢朝南北軍之制, 羅麗, 軍事, 防外戰役, 財政, 歲入, 預算
인물	李成桂, 朝鮮文宗, 朝鮮宣祖, 朝鮮仁祖, 朝鮮肅宗
기관/조직	三事府, 義興三軍府, 三軍都摠制府, 五衛都摠府, 義興衛, 親軍衛, 八衛, 龍驤衛, 虎賁衛, 忠佐衛, 忠武衛, 五衛, 扈衛廳, 御營廳, 摠戎廳, 守禦廳, 束伍軍, 訓鍊院, 禁衛營, 經理營, 統制營

주 1 國富
2 兵强

兵之設이 盖久矣라 有國者ㅣ於禦 難除暴之具에 不得不預 爲之準備故 로 其國之大小는 無論ᄒ고 旣◆是國 인된 莫不 各從其國之範圍分限ᄒ야 必有是兵은 乃東西洋古今之通例也 라 然而其兵之强弱은 不繫於區域大 小之分限이오 在乎其制 置規模之便 否踈密이로디 總之則其制置規模도 必待乎財政 之贏裕然後에 可言也오 非空手窮乏者之能行也니 是故로 世 之人이 論國之勢力者ㅣ必稱富强은 謂其**國富**[1]而**兵强**[2]也오 未 嘗有國財窘絀而能致其兵强者也니 兵也者는 卽 其國勢力之張 本也라 觀乎國者ㅣ必 先觀乎兵ᄒ야 卜其國强弱盛衰之候 ᄒ 나니 現今歐米列邦之張大聲勢ᄒ야 陸梁東西者ㅣ無不藉其富 强之力 이나 然이나 是皆費了屢十年經營ᄒ야 先致其富國之

術然後에 第二着手 於軍事[3]之擴張也오 非强其兵於末富 之先
也라 顧我韓은 處東洋船路之衝 ㅎ야 三面抱海ㅎ고 一路接陸
ㅎ야 可謂四方受敵之國而國朝以來로 軍制[4]之沿革이 無常ㅎ
니 大槪國初에 因高麗之舊ㅎ야 軍制之設立◆有二ㅎ니 一曰
三事府[5]니 太祖[6]二年에 改三軍都摠制府[7]ㅎ야 爲義興三軍府[8]ㅎ시
고 二曰五衛都摠府[9]니 太祖元年에 創 義興[10]親軍[11]等八衛[12]ㅎ야
掌率禁旅ㅎ야 分番宿衛라가 至文宗[13]朝ㅎ야 改爲 義興龍驤[14]
虎賁[15]忠佐[16]忠武[17]等五衛[18]ㅎ야 分屬中左右前後五軍케ㅎ시
니 盖三軍府ᄂ 倣唐朝府兵之制[19]ㅎ고 五衛都 摠府ᄂ 倣漢朝南
北軍之制[20]而其法이 兵農相依ㅎ야 猶有古丘井之遺意ㅎ고 且
與近日各國徵兵[21]之規로 大略相 類러니 自宣祖[22]朝壬癸以後
로 始置束伍軍[23]訓鍊院[24]ㅎ시고 仁祖[25]朝에 別設扈衛[26]御營[27]摠
戎[28]守禦[29]等諸廳ㅎ시고 肅宗[30]朝에 設禁衛經理諸營[31]ㅎ시니
此ᄂ 唐宋擴騎牙兵之制而兵農이 始分 矣오 其水軍[32]之制ᄂ
自羅麗[33]以來로 我 國之受兵이 每從西北起點ㅎ고 東南 之由
海受敵은 不過俘掠侵擾之患而 未嘗有大經懲創일ᄉ 自古防外
戰役[34] 이 惟以固守로 爲上策ㅎ야 收功於山 城故로 歷代水軍
之制ᄂ 未曾槩見也러니 至龍蛇經劫之餘에 始知有海上 之役
ㅎ고 於是有鍊習水軍之制ㅎ야 創設統制之營[35]이나 然이나
不旋踵而 又爲虛名之徒立矣則當此列强侵凌 之日ㅎ야 海陸
軍兵之籌辦整頓은 誠 汲汲然不容咎刻緩忽者로듸 現當財 用
匱竭之際ㅎ야 亟宜迅着裕財之方 然後에 始可談兵也니 試將
我韓現狀 而言之컨듸 零星之歲入[36]이 不能敷尾 閭之糜費ㅎ

『황성신문』 1902.02.27

本國史學懵陋之獘

분야	역사, 논설
주제어	本國歷史, 壬辰倭亂, 野史, 史乘, 國史牒, 經史, 圖籍, 鹵莽孤陋, 湮滅莫傳, 湮沒散佚, 金卵金蛙之類, 荒誕不經, 雜記, 尊尙支那, 慢侮自國
인물	高興, 高麗肅宗, 朝鮮世宗, 蘇定方, 甄萱
레퍼런스	東國通鑑, 三國史記, 高麗史, 三國遺事, 三史略, 東國史略, 東史纂要, 麗史提綱, 東史會綱, 東史綱目, 靑野謾輯, 紀年通攷, 燃藜紀述, 朝野僉載, 國朝典謨, 文獻通考, 名臣錄
레퍼런스 저자	鄭麟趾, 徐居正, 權近, 河崙, 李陌, 吳雲, 兪棨, 林象德, 安鼎福, 金富軾

我邦은 無史矣夫라 有史而不知讀이면 與無史로 奚以異哉
리오 近世所謂宿儒碩士라도 問以支那二十二代之史면 瞭瞭
如自己國史로딕 若叩之以**本國歷史**[1]則多茫然不省ᄒᆞ니 以此之
故로 奸兇爲惡者ㅣ肆行無憚ᄒᆞ야至有誰見**東國通鑑**[2]之語ᄒᆞ니
良足慨歎也로다 大抵我邦이 自箕韓以來**史乘**[3]과 百濟**高興**[4]博
士所記之史ᄂᆞᆫ 經唐兵**蘇定方**[5]刦火ᄒᆞ야 蕩掃靡遺ᄒᆞ고 辰韓伽
耶新羅諸**國史牒**[6]은 遭**甄萱**[7]刦火ᄒᆞ야 盡付冷燼ᄒᆞ고 **高麗肅宗**[8]
以後御庫所藏書籍과 國朝**世宗**[9]以來**經史**[10]**圖籍**[11]之類ᄂᆞᆫ 被**壬辰
兵燹之變**[12]ᄒᆞ야 御庫所藏이 蕩無餘存ᄒᆞ니 此ㅣ我韓文獻之三
大厄運也라 今之所傳者ᄂᆞᆫ 僅高麗**金富軾**[13]所撰**三國史**[14]와 本朝
鄭麟趾[15]所撰**高麗史**[16]와 **徐居正**[17]等所撰東國通鑑而所謂三國史

는 掇拾煨燼ᄒ야 疎略訛謬샏더러 又專取麗僧無亟菴所撰三國
遺事[18]之說故로 如金卵金蛙之類[19]가 皆荒誕不經[20]이오 其他如權
近[21]河崙[22]等所撰三史略[23]과 李嵒[24]之東國史略[25]과 吳雲[26]之東史
纂要[27]와 兪棨[28]之麗史提綱[29]과 林象德[30]之東史會綱[31]과 安鼎福[32]
之東史綱目[33]은 皆簡精明當ᄒ야 足爲讀史者之權衡이오 至於
國朝以來野史[34]之類ᄒ야ᄂ 如燃藜紀述[35]國朝典謨[36]朝野僉載[37]靑
野謾輯[38]紀年通攷[39]文獻通攷[40]名臣錄[41]等諸書가　不爲不備ᄒ고
又其他諸家所撰雜記[42]瑣錄漫筆隨筆漫錄隨錄劇談撫言野談類
說小說雜纂日記箚錄塞說心書等諸書가 或紀時政ᄒ며 或錄風
俗ᄒ며 或論經濟政治法律制度各種ᄒ야 可謂載籍이 極備언
마ᄂ 我韓痼性이 其獘有三ᄒ니曰捨本趍外니 尊尙支那[43]ᄒ고
慢侮自國[44]ᄒ야 初不留心於本邦書史故로 視之等棄ᄒ니 所以
史學之鹵莽孤陋[45]가其獘一也오 曰慳吝錮守니 得一新書則認
做傳家之私乘ᄒ야 不要借人ᄒ고 忌諱深藏에 任其蠹蝕苔黴
之敗壞ᄒ야 遂使著述者之嘔心尤目으로 湮滅莫傳[46]케ᄒ니 所
以書籍之甚稀極貴가 其獘二也오 曰不知購覽이니 或有一二
有志者ㅣ集資釀金ᄒ야 刊印書籍이라도 購書者ㅣ絕無僅有
ᄒ니 刊印者ㅣ何以補其印刷之費而連續廣刊乎아 由是로 學
問之士ㅣ或有著纂文字라도 若非其家子孫이 辦資刊行ᄒ야
散與親友者면 殊無一卷半帙之公佈者ᄒ니 所以書史之湮沒散
佚[47]이其獘三也라 然則史學之難明이 惡得不然乎아 若因是而
又過幾多歲月이면 彼殘編缺簡之略存略無者必將銷煨沉滅矣
리니 今宜裒集諸書ᄒ야 刪繁增略ᄒ며 訂訛釐誤ᄒ야 編成一

部完史ㅎ야 印行中外則非但爲敎育之良科라 抑且爲我邦文獻
之大幸也리니 吾輩ᄂ 以此深望於宏博諸君子也로라

『황성신문』 1902.06.06

西北沿界疆土居民

분야	역사, 논설
주제어	渤海, 疆域, 鴨綠, 先春, 土門, 大韓赤子, 開拓舊地, 三鎭, 白頭山, 四郡, 豆滿江, 我地, 我疆, 間島, 淸人, 我民, 定界碑, 先春嶺, 湯河, 分水嶺, 高句麗舊疆, 高麗舊界
인물	文武王, 高麗睿宗, 尹瓘, 吳延寵, 朝鮮穆祖, 朝鮮太宗, 姜思億, 皇甫仁, 朝鮮肅宗, 朝鮮世宗, 李義復, 李重夏, 穆克登, 王建

夫疆理地方은 有國之大關則學史者ㅣ不可不先明乎疆域[1]之分이온 況今列强呑嚙之日에 尤豈不注意於地界之限制者乎아 試攷我韓輿地컨디 東西南三面은 至海爲界ᄒ고 西北은 阻險連陸ᄒ야 地接山戎ᄒ고 且通支那ᄒ야 得失無常이나 究本而論之면 遼地半壁과 鳥喇以南이 皆我地也而隋唐宋之際에 渤海契丹完顔諸族이 代相侵軼ᄒ야 地界漸縮ᄒ니 惜乎라 新羅文武[2]以後로 皆無遠慮ᄒ야 併濟本麗에 志願已足일시 不能收復句麗舊疆[3]ᄒ고 使渤海[4]坐大而後來麗祖[5]ㅣ有意恢復이라가 卒不能遂ᄒ고 後王은 僅得西限鴨綠[6]ᄒ며 北界先春[7]ᄒ고 不能窺遼滿一步之地ᄒ니 此ㅣ千古志士之所長吁短嘆者也로다 然而至于近日ᄒ야는 先春舊疆은 固無論ᄒ고 東自土門[8]과 西沿鴨綠히

上下數千里之地에 四萬戶 大韓赤子[9]를 無故棄置於隣人之管轄ᄒ야 任其束縛之奴隸之ᄒ고 曾不少恤ᄒ니 鳴乎異哉로다 按高麗睿宗[10]三年에 遣尹瓘[11]吳延寵[12]等ᄒ야 開拓舊地[13]ᄒ야 設公險平戎通泰三鎭[14]ᄒ고 立定界碑[15]於先春嶺[16]ᄒ니 距今慶源東北七百里오 通泰鎭古城은 在松花江邊ᄒ니 南隣貝州ᄒ며 北接堅州라 穆祖[17] | 始居于此故로 太宗[18]十三年에 命都巡撫使姜思德[19]ᄒ샤 築城ᄒ시고 世宗[20]二十七年에 遣皇甫仁[21]立定界碑於湯河[22]上ᄒ시고 肅宗[23]三十年에 淸國烏喇摠管穆克登[24]이 同我差目 李義復[25]等ᄒ야 査邊時에 立定界碑於分水嶺[26]上ᄒ니 嶺은 在白頭山脊이라 土門鴨綠兩源이 出白頭山[27]ᄒ야 西流者 | 爲鴨綠이오 東流者 | 爲土門而鴨綠은 經廢四郡[28]合婆豬江ᄒ야 入黃海ᄒ고 土門은 接混同江合松花江ᄒ야 入黑龍江ᄒ고 從茂山發源ᄒ야 接荷蘭江連琿春江ᄒ야 至慶興入海者ᄂ 爲豆滿江[29]이니 以先春定界碑言之則自松花江一帶로 沿黑龍江至許發浦난 皆高麗舊界[30]也오 以分水嶺定界碑言之則土門以南으로 沿分界江一帶ᄒ야 茂會穩鍾之間島ᄂ 皆我地[31]也오 自白頭西至吉林十三道溝之間히 三甲厚慈之間島도 皆我彊[32]이니 東西間島[33]之地 | 長皆六七百里오 廣皆數三百里而久爲曠土故로 地極肥沃에 百產이 豐茂ᄒ야 五六十年來로 我民之流寓者 | 無慮四萬餘戶오 淸國之匪徒流民來住者 | 亦至一千七八百戶而田野大闢ᄒ며 閭閻櫛比ᄒ니 如設置管轄之區域則可當我東北一省이어늘 今淸人[34]이 自稱地主ᄒ고 部分編籍ᄒ야 設立敦化通化等縣ᄒ야 苛責備至에 民不得聊生이라ᄒ니 噫라 往在丙戌에 勘

주 9 大韓赤子
13 開拓舊地
14 三鎭
15 定界碑
16 先春嶺
22 湯河
26 分水嶺
27 白頭山
28 四郡
29 豆滿江
30 高麗舊界
31 我地
32 我彊
33 間島
34 淸人

인 10 高麗睿宗
11 尹瓘
12 吳延寵
17 朝鮮穆祖
18 朝鮮太宗
19 姜思德
20 朝鮮世宗
21 皇甫仁
23 朝鮮肅宗
24 穆克登
25 李義復

界使**李重夏**[35] ㅣ 與淸使賈元桂査邊之際에 賈稱土門豆滿이 華音

相似라ㅎ고 指豆滿爲界ㅎ야 至于今未能有劃一之定界ㅎ고 遂

使我彊**我民**[36]으로 一任他人之越占ㅎ야 受其苦楚ㅎ니 寧不惜

哉아

『황성신문』 1902.08.23

統論宗敎源流之說

분야	철학, 논설
주제어	中國三代, 開物成務, 化民成俗, 我東邦文明, 洪範九疇, 八條之敎, 釋氏之敎, 三韓, 羅麗濟, 王氏之代, 宗敎, 道家, 儒賢
인물	周武王, 薛聰, 崔冲, 安珦, 禹倬, 李齊賢, 鄭夢周, 李穡, 箕子, 檀君
레퍼런스	九經

東西洋各國宗敎[1]源流之說은 執筆人已述之詳矣라 他國은 姑毋論ᄒ고只就我大韓而言之컨디 檀君[2]之代는 文獻이 無徵ᄒ니 尙矣어니와 當中國三代[3]盛時에 殷太師箕聖[4]이 旣陳洪範九疇[5]ᄒ샤 以傳道統於周武王[6]ᄒ시고 東來朝鮮ᄒ샤 始設八條之敎[7]ᄒ샤 開物成務[8]ᄒ며 化民成俗[9]ᄒ시니 我東邦文明[10]之運이 實肇基於此矣라 逮夫三韓[11]以降으로 歷羅麗濟[12]三國ᄒ이 以至王氏之代[13]히 所崇奉者ㅣ 釋氏之敎[14]而已오 弘儒侯薛聰[15]은 以方言解九經[16]之旨나 湮晦而莫傳焉ᄒ고 間或有學道家[17]修煉之術者나 亦泯沒而無稽焉이러니 至麗氏季葉ᄒ야 崔文憲[18]安文成[19]禹易東[20]李益齋[21]鄭圃隱[22]李牧隱[23]諸賢이 相繼崛起ᄒ야 闢廓秕糠ᄒ고 倡明斯文ᄒ니 實啓我 盛朝文明之運而我國家聖繼神

承ᄒᆞ샤 以明德新民之功ᄋᆞ로 著禮樂道義之化ᄒᆞ시니 如太陽中天에 萬象咸照라 於是 儒賢[24]輩出ᄒᆞ야 翼贊聲敎ᄒᆞ니 文治之隆이 誠卓冠千古而斯民之所尊崇者ㅣ 實在是矣라 然而至于近日ᄒᆞ야ᄂᆞᆫ 五洲連軌ᄒᆞ고 萬國交航ᄒᆞ야 各國敎師之抱經譯文而至者ㅣ 朝夕接踵而皆許其各樹門戶ᄒᆞ야 無畦畛城府之限則惟當任其所趨而已오 不可强之使從吾之好나 然而夫無論何敎ᄒᆞ고 律之以中正之規則雖不無公私之分이나 要之其導人於爲善去惡之心은 無此敎彼敎之殊矣니 然則不須問其門路之如何ᄒᆞ고 敎士ㅣ 日廣則風俗人心之迷惡이 宜亦日變而化善矣어ᄂᆞᆯ 今風俗之淪迷와 人心之劣惡이 乃反日甚一日ᄒᆞ니 其故何哉오 豈非趨敎者ㅣ 只出於利慾藉挾之計ᄒᆞ고 初無眞實信服之心故而然歟아 嗚乎라 中正光明之道ㅣ 非不盡善而盡美니 如欲行之면不求諸人而實在我者언마ᄂᆞᆫ 今旣不能於强其回棹則寧各自隨其所好而任之無禁이로ᄃᆡ 今世道卑下에 日趨焚溺ᄒᆞ야 殆無法以可拯救之ᄒᆞ니 然則又奚暇與論於趣向之正否也歟아 執筆人이 誠不勝慨然歎息之想일ᄉᆡ 申以警告信敎之諸同胞也ᄒᆞ노라

『**황성신문**』 1903.01.05

我韓古今貨幣沿革攷

분야	역사
주제어	貨幣, 銀貨, 洪範九疇, 八政, 朝鮮通寶, 卦錢, 星錢, 童子錢, 龍錢, 十長生錢, 壽福錢, 市肆, 鐵錢, 鐵鑄錢, 禁錢, 銅錢, 東國通寶, 海東通寶, 海東重寶, 三韓重寶, 東國重寶, 銀瓶, 濶口
인물	韓彦恭, 尹瓘, 箕子, 周武王, 昭智王, 高麗成宗, 高麗穆宗, 高麗肅宗, 高麗睿宗, 高麗忠烈王, 軒轅, 우임금, 姜太公
기관/조직	鑄錢監
레퍼런스	朝鮮雜記, 東史, 六鞱書

夫貨者는 市估物貨交易之標準也라 肇自軒轅[1]氏 採銅鑄刀ᄒ고 夏禹[2]氏 始鑄錢以來로 龜貝 金錢 刀布之幣ㅣ 興焉 而其制莫詳이러니 至周時ᄒ야 太公望[3]이 始立九府圜法ᄒ고 創軆圓孔方之制ᄒ야 輕重以銖ᄒ니 此ㅣ 孔方錢貨之所由起 而六鞱書[4]에 云 武王[5]이 入殷ᄒ야 散鹿臺之金錢이라 ᄒ니 箕子[6]東來에 聲敎文物을 一依殷家舊度ᄒ고 制治規模를 悉以洪範九疇[7]則 於食貨八政[8]에 貨幣[9]通行이 亦必有金錢遺制 而惜其文獻이 無徵ᄒ야 今不可攷오 朝鮮雜記[10]에 有云 朝鮮通寶[11]는 是箕朝所鑄之錢이라 ᄒ되 不過野人傳訛之說則 不足據信이오 又云 三韓時代에 有卦錢[12] 星錢[13] 童子錢[14] 龍錢[15] 十長生錢[16] 壽福錢[17] 等ᄒ야 現今 祝賀贈物記念之使用이라 ᄒ되 此皆荒誕穿

鑿之言則 亦非可據也오 東史[18]에 新羅昭智王[19]庚午에 始置市肆[20] 交易物貨之法이나 只以麻布로 易有無而已오 無錢幣通行之說で고 高麗之初에도 亦沿襲新羅之俗이러니 至成宗[21]十五年에 始用鐵錢[22]で니 盖其時 通宋遼諸國 而遼ㅣ 始行錢幣 故로 倣其制で야 以鐵鑄行で니 此ㅣ 以鐵鑄錢[23]之始也오 至穆宗[24]九年에 因侍中 韓彦恭[25] 疏陳で야 禁使錢之路で되 惟茶坊 酒肆 食物 等 店舖ㄴ 許仍舊使用で고 其他 一切 交易은 任用土宜で니 此ㅣ 禁錢[26]之始也오 肅宗[27]二年에 因平章事 尹瓘[28]之議で야 乃設鑄錢監[29]官で고 鑄造銅錢[30] 一萬五千貫で야 文曰 東國通寶[31]라 で고 至六年四月에 告廟頒行で니 民以爲便이라 其後에 又有海東通寶[32] 海東重寶[33] 三韓重寶[34] 東國重寶[35] 等 各種 錢文 而其制度輕重은 史無可稽오 同年에 又製造銀瓶[36]爲貨で니 其制ㄴ 以銀一斤으로 爲重量で야 像本國地形で고 名稱濶口[37]라 で니 此ㅣ 銀貨[38]製造之始 而奸民이 有和銅雜鑄之弊 故로 詔令銀瓶을 皆標印で야 以爲式이러니 七年에 又制言 富民利用이 莫重錢貨 故로 西北兩國(宋遼)은 行之已久로되 吾東은 獨未之行이라가 今始制鼓鑄法で니 其以所鑄錢 一萬五千貫으로 分賜宗樞 文武 兩班 軍人で라 で고 仍置京城左右酒務及店舖で야 以興使錢之利러니 睿宗[39]元年에 朝議多有言用錢不便者호되 詔不聽이나 其後 百五六十年間에 未聞有續鑄之令 而錢行이 甚少で고 又其銀瓶은 民間詐僞日滋で야 雜用銀銅混鑄 故로 價愈低落で야 民益病之라 至忠烈王[40]三年で야 時에 銀幣 一斤에 直米 五十石이러니 及

九年七月에 出榜令銀瓶直米二十石者를 改定十石爲價호되

市人이 貿易不行일시 旋許復舊호고 十三年에 乃禁銀瓶호고

用碎銀爲貨호니 此ㅣ 碎銀爲貨之始也오 (未完)

『황성신문』 1903.01.12

北邊開拓始末

분야	▌ 역사
주제어	▌ 北邊, 我境, 兀良哈, 斡朶里
인물	▌ 金宗瑞, 朝鮮世宗

世宗[1] 十九年丁巳十一月에 咸吉道都節制使 金宗瑞[2]] 上言

窃惟儒者] 皆謂 待夷之道는 來則 撫之ᄒᆞ고 去則 不追ᄒᆞ야

不結怨不生釁이라 ᄒᆞ고 又謂 和親이 爲貴ᄒᆞ야 得此計者는

安ᄒᆞ고 失此計者는 危라 ᄒᆞ니 臣亦居常에 每謂 如斯而已러

니 今出守北邊[3]ᄒᆞ야 與胡虜雜處ᄒᆞ야 目擊耳聞에 察知其情

ᄒᆞ니 胡人은 千態萬狀ᄒᆞ야 不可執一論也라 無恩이면 無以

悅其心이오 無威면 無以畏其志나 恩過則驕ᄒᆞ고 威過則怨ᄒᆞ

야 怨而致亂者는 畏威而或不敢動이나 驕而爲患者는 輕蔑而

益肆其毒ᄒᆞ니 恩威를 固不可偏廢也니이다 今慶源之賊이 率

多愁濱江 兀狄哈의 近在我境[4]ᄒᆞ야 食我魚鹽ᄒᆞ며 衣我布帛이

라가 一朝忘我大德ᄒᆞ고 潛結童巾兀狄 一二人ᄒᆞ야 無故入侵

주 5 兀良哈
6 斡朶里

에 殺我人民ᄒ며 虜我人畜ᄒ야 造攻自彼ᄒ니 釋此不伐이
면 彼以畏怯으로 將曰 朝鮮을 可伐也오 人民을 可虜也라 ᄒ
야 後日肆毒이 有甚此賊ᄒ리니 非獨此賊이라 諸胡窺伺에
效此而繼起則 邊氓之將不勝言이니 臣은 願來秋八九月之交
에 選本道精兵 四千ᄒ고 募兀良哈[5] 斡朶里[6]之結怨於兀哈者ᄒ
야 以爲鄕導ᄒ야 分送往征則 師直而壯이라 何慮不克이릿가
臣以不才로 旣受節鉞에 實踰涯分ᄒ와 恒懼不稱커던 豈又希
功慕爵ᄒ야 敢爲此擧릿가 天地神祇가 實所鑑臨이니이라
上이 覽之ᄒ시고 御思政殿ᄒ샤 召承旨 辛引孫 曰 此書辭語
至切이나 然이나 近來 災異屢見에 年歉人飢ᄒ고 且北方人
心이 未集ᄒ나 不可輕擧라 ᄒ시고 優批答之ᄒ시니 (未完)

北邊開拓始末

분야	역사
주제어	四邑, 忽刺溫, 妲眞, 女眞, 九城, 八指揮, 疆域, 斡朶里, 兀良哈
인물	金宗瑞, 李澄玉, 沈道源, 鄭欽之, 尹璀, 童者音彼, 卜兒看, 都兒溫, 鄭承祐, 公嶮鎭

金宗瑞[1] 又上言曰 斡朶里[2]童者音彼[3]言호딕 凡察及兀良哈[4] 卜兒看[5]都兒溫[6] 等이 與忽刺溫으로 結好ᄒ야 欲於明春에 虜掠人民ᄒ고 移居遠處라 ᄒᄆᆡ 今會寧節制使 李澄玉[7]이 以者音彼之言으로 來告臣ᄒ고 因曰 凡察奸謀ᄂᆞᆫ 非一朝一夕이라 此賊이 終必爲患은 我固知之나 恨不早除也라 前日欲因事誅之라가 沈道源[8] 鄭欽之[9] 等이 止之 故로 不卽誅之러니 乃今深悔焉ᄒ니 今可速啓ᄒ야 誅其酋長 三四人ᄒ고 仍撫恤其衆ᄒ며 援立管三歲子爲酋長ᄒ야 使有統屬則 大姦去而斡朶里 兀良哈之類] 各安其心ᄒ리니 此策之善者也오 或盡滅之無遺種ᄒ야 以絶後日之患에 策之尤善者也오 失此事機則 悔將何及이리오 ᄒ니 其言이 迫切에 不但已也라 臣은 以謂今新設

四邑[10]에 惟會寧은 築石城호고 其餘皆不築호며 且糧餉이 不足호야 守未甚固호고 軍卒이 未甚衆而西有忽刺溫[11]호고 北有姐眞[12]호야 皆已結怨호니 彼皆乘隙而窺伺矣라 且如澄玉之計호야 能執凡察而誅之면 餘黨이 得無驚動乎잇가 何以刺人之父而殺之호고 撫其子欲安이면 寧有是理哉아 不惟其類라 兀良哈이 亦曰 今日凡察이면 明日에 次及我矣라 호야 相與搆禍則 非徒更生一賊이라 將結遠近兀良哈호고 同謀嫁禍於我리니 臣은 恐庚寅之禍復作일가 호노이다 臣又思之컨디 高麗臣尹瓘[13]이 誘殺女眞[14]호고 屢立奇功호야 雖建九城[15]이나 尋復失之호고 本朝臣鄭承祐[16]가 誘殺八指揮[17]호고 遂殲其妻孥라가 以開庚寅之禍호니 此亦可鑑矣云云이라 흔디 璽書ㅣ 密諭曰 初富居慶源之民이 告于朝曰 古慶源之地는 宜牧宜農호고 且有江易守호니 請遷居之라 호고 又有言曰 古之爲國者는 務廣其地니 公嶮鎭[18]以南은 不可棄也라 호고 癸丑之冬에 適有兀良哈이 破殺管禿父子而斡木河에 無酋長矣라 時에 講之者ㅣ 言曰 疆域[19]을 不可棄오 機會를 不可失也니 宜沿江設鎭에 高其郭城호며 多其軍民호야 以耕以守라 호고 (未完)

『**황성신문**』 1903.01.15

北邊開拓始末

분야	역사
주제어	六鎭, 北塞, 四邑, 我民, 龍城, 磨天嶺, 鐵嶺, 肇基之地, 先祖之地, 復興王之地, 藩屛, 開拓, 北邊, 豆滿江, 國興王之地, 拓彊
인물	尹瓘, 金宗瑞, 朝鮮世宗

臣今在北方ᄒᆞ야 無處不見ᄒᆞ니 富居石幕이 皆非限域處오 龍城[1]이 亦非關塞之地니 議者曰 龍城은 如秦之函谷ᄒᆞ야 阨險無比ᄒᆞ니 若守於此則 胡人이 不敢向我而售奸이오 我民[2]이 可以安枕而肆志矣라 ᄒᆞ되 是大不然ᄒᆞ니 無水可阻면 何以設險이며 無山可據면 何以爲固리오 眞所謂 四散四戰之地也라 若以四邑[3]要衝으로 宜作大鎭ᄒᆞ야 以爲主將之所ᄒᆞ며 以爲四邑之援則然矣로ᄃᆡ 倘如議者之言ᄒᆞ야 以龍城爲界라도 猶未免侵憑之患則 後之議者ᅵ 必以磨天嶺[4]爲界而又未免則 乃以鐵嶺[5]爲界而後已리니 前朝之事可鑑矣니이다 臣은 又聞歷代帝王이 莫不重肇基之地[6]ᄒᆞ야 漢之豊沛와 唐之晉陽에 盖可見矣니 棄先祖之地而不守ᄒᆞ며 忘肇基之地而不復則 謂之肯搆肯

穫而謂其有後乎아 抑以龍城爲界者는 有一不義二不利ᄒ니 戚先祖之地[7] 一不義也오 無山川之險이 一不利也오 無守禦之便이 二不利也오 以豆滿爲限者는 有一大義二大利ᄒ니 復興王之地[8] 一大義也오 據長江之險이 一大利也오 有守禦之便이 二大利也라 然則 欲以龍城爲界者는 偶未之思耳니이다 第緣聖算神妙ᄒ샤 不鞭一吏ᄒ며 不刑一民ᄒ고 數萬之衆이 纔閱月而畢集於新地ᄒ니 大事易就에 新邑永建이 其與旋得旋失者로 不可同日語矣라 古人이 有言曰 毒民이라도 不由其上則民懷敵愾之心이라 ᄒ고 又曰 悅而使民이면 民忘其勞라 ᄒ니 今日之築城廓이 專以鞏固藩屏[9]也며 今日之戌邊圉ㅣ 亦欲禦賊而安我民也니 然則 今日之事는 非可已不已而輕用民力也며 非好大喜功而窮兵黷武也니 自古在外建事之臣이 必遭讒謗ᄒ야 不能脫禍者多矣라 前朝尹瓘[10]이 盖其一耳니 瓘은 以臣室大功으로도 幾乎未免이온 而況無尺寸之功ᄒ고 又無建事之才而所爲多舛에 寧不寒心이릿가 ᄒ되 上이 卽遺慰諭曰 今見卿書ᄒ니 北方之事는 予無憂라 ᄒ시고 賜御衣 一襲ᄒ시고 於是에 以開拓[11]北邊[12]之事로 專任宗瑞[13]ᄒ시니 浮議乃息이어늘 宗瑞ㅣ 乃自鏡城以北으로 至豆滿江[14]岸히 凡拓地千餘里ᄒ야 創設慶源 慶興 會寧 鍾城 穩城 茂山 等 六鎭[15]ᄒ고 徙南民以實之ᄒ니 初에 宗瑞請設六鎭ᄒ되 朝議多有異同호되 宗瑞力主不回ᄒ니 議者ㅣ 謂 宗瑞以有限之人力으로 開不可成之役ᄒ니 罪可誅也라 호되 世宗[16]曰 雖有寡人이나 若無宗瑞면 不足以辦此事오 雖有宗瑞나 若無寡人이면 不足

以主此事라 ᄒᆞ시고 堅執不撓러니 及是에 宗瑞旣設六鎭ᄒᆞ고 日置酒張樂ᄒᆞ야 大饗將士ᄒᆞ니 用度極侈ᄒᆞ야 凡設一宴이면 裨將 百人에 皆設牛脚大臠ᄒᆞᄃᆡ 或이 規其不節이어늘 宗瑞曰 北塞[17]ᄂᆞᆫ 爲國興王之地[18]라 祖宗所欲恢而未果를 今幸拓疆[19]ᄒᆞ니 壯士ㅣ 十年遠戍에 不若是면 無以慰之온 況作事之始에 不可以凉이라 今 雖用一牛脚이나 後十數歲則 鷄脚도 亦不贍矣니 將士ㅣ 謳歌思歸則 誰與固圉乎오 ᄒᆞ니라 時에 吏民이 苦於奉供ᄒᆞ야 膳夫ㅣ 屢置蠱ᄒᆞᄃᆡ 不能害ᄒᆞ고 一日夜宴에 有反側之徒ㅣ 射中酒尊ᄒᆞ니 左右驚擾ᄒᆞᄃᆡ 宗瑞ᄂᆞᆫ 自若이라 人請其故어늘 宗瑞曰 奸人이 試我耳라 何能爲哉리오 ᄒᆞ니 此ㅣ 北邊開拓之始末也라 (完)

『**황성신문**』 1903.01.16

西邊征服始末

분야	▌ 역사
주제어	▌ 婆猪江
인물	▌ 崔潤德, 朴好問, 朴厚茂, 黃喜, 李藏, 崔致雲, 朝鮮世宗, 李滿住, 沈托納, 林哈剌

世宗[1]朝에 上이 留意邊事ᄒ샤 屢聚武士ᄒ야 觀射後苑ᄒ시고 將征討野人ᄒ실ᄉ 命群臣議可將三軍ᄒ신ᄃ 皆曰 **崔潤德**[2]이니이다 於是以潤德으로 爲平安道都節制使ᄒ시고 引見賜鞍馬弓矢ᄒ시니라 時에 **婆猪江**[3]野人 **李滿住**[4] **沈托納**[5] **林哈剌**[6] 等이 盤據部落ᄒ야 屢搆邊釁일ᄉ 上이 遣**朴好問**[7] **朴厚茂**[8]ᄒ샤 審察入寇情僞及種類多少와 山川險夷와 道里迂邇ᄒ신ᄃ 好問 等이 復命에 上이 引見ᄒ시고 密問野人聲息ᄒ신ᄃ 好問 等이 歷陳道路迂直과 山川險夷와 部落多少ᄒ고 且言前到野人部落ᄒ야 觀其勢컨ᄃ 皆空家登山ᄒ오니 今欲誘之安業이라 ᄒ고 掩其不意而擊之ᄒ며 且大軍涉江時에 江流甚駛ᄒ야 不可不爲浮橋이니다 上이 得好問之啓ᄒ시고 尤決意

주 3	婆猪江
인 1	朝鮮世宗
2	崔潤德
4	李滿住
5	沈托納
6	林哈剌
7	朴好問
8	朴厚茂

討之ᄒᆞ샤 召政府 六曹及三軍都巡撫ᄒᆞ야 以好問之言ᄋᆞ로 議之ᄒᆞ라 ᄒᆞ신ᄃᆡ 黃喜[9]曰 所獲이 不償所失이오 勞而無功ᄒᆞ리니 乞依前日獻策ᄒᆞ야 令都節制使로 責還被擄人口와 牛馬家財ᄒᆞ고 如其不從이어든 宣言致討ᄒᆞ야 使之知懼케 ᄒᆞ야 不得安土耕耘而遠遁則 名正言順ᄒᆞ야 直在我矣오 如不得已면 必待合氷ᄒᆞ소셔 上曰 當用四月草長이니 時不可違也라 ᄒᆞ신ᄃᆡ 喜曰 浮橋事ᄂᆞᆫ 不知水勢悍急과 船橋便否ᄒᆞ고 遙度實難이니 令將帥로 或船或橋를 從宜造之케 ᄒᆞ소셔 上이 命都承旨 辛引孫ᄒᆞ샤 就贊成事 申槩第ᄒᆞ야 密議ᄒᆞ라 ᄒᆞ신ᄃᆡ 槩ㅣ 上十二條어늘 上曰 可라 ᄒᆞ시고 遂命草事目ᄒᆞ샤 謂李藏[10]曰 北湖之事ᄂᆞᆫ 專委於卿이라 ᄒᆞ시고 又命崔潤德爲大將往討之ᄒᆞ시니 潤德이 遣崔致雲[11]啓曰 今承內傳ᄒᆞ와 伏審征討婆猪江野人호ᄃᆡ 發軍 三千이라 ᄒᆞ시니 臣은 窃惟虜地險阻ᄒᆞ야 每於所經要害에 須留兵守險이니 臣이 窃計一道ᄂᆞᆫ 自滿浦로 一道ᄂᆞᆫ 自碧潼ᄋᆞ로 共向兀剌 等處ᄒᆞ고 一道ᄂᆞᆫ 自甘洞ᄋᆞ로 向馬遷 木柵 等處ᄒᆞ야 東西齊擧ᄒᆞ고 臣則 欲自小甫里로 向托納奴 林哈剌居處ᄒᆞ면 須用萬兵이라야 乃可이니다 上이 引見曰 初與群臣ᄋᆞ로 議軍數에 或言 七八百ᄒᆞ고 或言 一千이라 ᄒᆞ야 紛紜甲乙타가 終定三千호ᄃᆡ 予以爲少ᄒᆞ고 朴好問이 亦言當不下萬이러니 今觀上書ᄒᆞ니 果然이로다 (未完)

『황성신문』 1903.01.17

西邊征討始末

분야	역사
주제어	哈剌, 托納奴, 忽剌溫
인물	崔致雲, 崔潤德, 安崇善, 朴好問, 吳明義, 朴信生, 林哈剌

乃召政府六曹議之ᄒᆞ신ᄃᆡ 或曰 應加五百이라 ᄒᆞ고 或曰 加一千이라 ᄒᆞ고 或曰 不必加라 ᄒᆞ야 議論不一이어늘 致雲[1]이◆曰 潤德[2]이 言初來時에 只欲攻托納奴哈剌[3] 等인ᄃᆡ 若得 精兵 一千이면 足以辦事로ᄃᆡ 今更思之ᄒᆞ니 白馬遷至兀剌 等處에 野人이 散居山谷ᄒᆞ야 鷄犬相聞ᄒᆞ니 若擊三◆落則 必相救援ᄒᆞ야 成敗難知라 古人이 有動大衆而爲小寇所敗오 況大軍을 固難再擧니 每一二落에 各遣一軍則 彼將自救不暇 ᄒᆞ야 不能援他人矣니 故로 非萬兵이면 不可니이다 上曰 然 ᄒᆞ다 致雲曰 潤德이 言黃海之兵이 遠赴則 疲斃不可用이오 平安之兵이 幾至三萬ᄒᆞ니 不必黃海之兵이니이다 上曰 然ᄒᆞ 다 又問曰 潤德이 欲於何時擧兵고 致雲曰 潤德이 計端午時

주 3 哈剌

인 1 崔致遠
　 2 崔潤德

에 賊俗이 相聚爲戲ᄒᆞ고 艸亦長이니 但慮雨水ᄒᆞ야 待二十

四五日 欲擧事러더라 ᄒᆞ고 仍告曰 潤德이 言征討之日에 宜

寫彼人罪名ᄒᆞ야 張榜而還이라 ᄒᆞ더니다 上이 命**安崇善**[4] 艸

榜文以送ᄒᆞ니 兵曹啓自募赴征人이 如能立功者ᄂᆞ 閑良則 賞

職ᄒᆞ고 鄕吏驛子則 免役ᄒᆞ고 官奴則免賤以賞功이라 ᄒᆞ니

라 於是 潤德이 卽發馬步兵 一萬과 黃海道軍 五千ᄒᆞ야 四月

初十日에 會于江界府ᄒᆞ야 七道俱進홀ᄉᆡ 潤德이 自所灘下時

番洞口로 過江ᄒᆞ야 住師江邊ᄒᆞ니 有四獐이 自投營中이어

늘 營軍이 獲之ᄒᆞᄃᆡ 潤德曰 章은 野獸也ㅣ다 今自來見獲ᄒᆞ니

實野人殲滅之兆也라 ᄒᆞ고 至魚虛江邊ᄒᆞ야 留六百兵設柵ᄒᆞ

고 十九日昧爽에 攻**林哈剌**[5]塞里ᄒᆞ고 仍住營ᄒᆞ니 **托納奴**[6]塞里

ᄂᆞ 皆遁去라 見江邊虜 十餘輩出射ᄒᆞ고 潤隱이 令通事呼語曰

我等行兵은 只爲**忽剌溫**[7]이오 非爲爾也니 毋恐ᄒᆞ라 ᄒᆞᄃᆡ 虜

皆下馬叩頭어늘 遣**吳明義**[8]奉箋賀ᄒᆞ고 又遣**朴好問**[9]◆ 凡擒捕

男婦 二百三十六名ᄒᆞ고 斬獲 一百七十名ᄒᆞ고 得牛馬 一百七

餘頭ᄒᆞ고 我軍戰死者 四人이오 中箭者 五人이라 ᄒᆞᄃᆡ 上◆

賜明義 好問 衣 各二領ᄒᆞ시고 遣宣慰使 **朴信生**[10]ᄒᆞ야 至軍賜

酒勞諸將ᄒᆞ시고 宣旨曰 今日之事ᄂᆞ 實賴天地祖宗之靈ᄒᆞ야

以至於此오 非予所敢當也니 還師之日에 宜有報復이오 其生

擒人은 除老幼外 丁壯은 悉斬之ᄒᆞ라 ᄒᆞ시니라 (未完)

『황성신문』 1903.01.22

西北邊征討始末

분야	역사
주제어	西北邊界之地, 婆猪江, 兀剌山, 哈剌, 豆滿, 四郡, 開拓, 六鎭, 北邊
인물	崔潤德, 金宗瑞, 李澄玉, 鄭種, 申叔舟, 李施愛, 康孝文, 申眄, 許由禮, 李珠, 魚有沼, 朝鮮世祖, 朝鮮端宗, 朴好問, 李滿住
기관/조직	洪濟院

婆猪江[1]은 在今碧潼郡童巾江之北ᄒ니 一曰 滿浦江이니 源出兀剌山[2]ᄒ니 卽吉林省烏喇之南也라 自國初以來로 野人哈剌[3]衆部落이 盤據于此及豆滿[4]以北蘇下江之地ᄒ야 連年侵略에 屢爲邊患 故로 至是에 命崔潤德[5] 等征服ᄒ시니 潤德 等이 班師에 命知申事迎慰ᄒ시고 以捷音으로 布告中外ᄒ시고 特拜潤德爲右議政ᄒ시고 上이 御勤政殿賜宴ᄒ실ᄉᆡ 親執爵賜潤德 等ᄒ시고 又命世子行酒ᄒ실ᄉᆡ 命潤德勿起受酒ᄒ라ᄒ시고 上이 謂群臣曰 攻戰之後에 守禦을 不可不嚴이니 閭延 等 防禦가 解氷後 雖云不緊이나 野人이 心懷報仇ᄒ야 計出不測을 不可不慮니 欲以右議政으로 爲都按撫察理使ᄒ야 築城設柵ᄒ야 以固疆圉ᄒ노니 何如오 ᄒ시고 秋七月에 上

주 1 婆猪江
　2 兀剌山
　3 哈剌
　4 豆滿

인 5 崔潤德

이 御慶會樓ᄒᆞ샤 餞都按撫察理使 崔潤德及軍官 等ᄒᆞ시고 又命知申事餞于洪濟院[6]ᄒᆞ시니 潤德이 到江界에 啓曰 野人이 言前日 送還被擄人을 滿住喜甚ᄒᆞ되 我輩家屬이 若生이 면 好乞相見於江邊이라 ᄒᆞ니 今 沿邊防禦에 軍馬疲極ᄒᆞ고 且 欽差奉勅而來ᄒᆞ니 俘虜中 一二人을 或 入送이거나 或 送江 邊相見ᄒᆞ야 以遂彼歸順之心ᄒᆞ소셔 上이 令臨機措置ᄒᆞ라 ᄒᆞ시고 仍賜衣一襲ᄒᆞ시니라 至世祖[7]初年乙亥에 以野人侵突 로 遂廢閭延 茂昌 虞芮 慈城 等 沿江四郡[8]ᄒᆞ시고 空其地ᄒᆞ야 屬江界ᄒᆞ시고 移其民江界 龜城 兩郡ᄒᆞ시니 於是西北邊界之 地[9]ㅣ 遂空無居人ᄒᆞ고 至肅廟朝ᄒᆞ야 南相九萬이 建議請復廢 四郡之地라가 朝議不一ᄒᆞ야 遂罷之ᄒᆞ니라 金宗瑞[10]ㅣ 開拓[11] 六鎭[12]之後에 薦李澄玉[13]爲節制使ᄒᆞ야 鎭北邊數十年이러니 至端宗[14]癸酉에 命以朴好問[15]으로 爲節制使ᄒᆞ야 輕騎任代之 ᄒᆞ라 ᄒᆞ되 澄玉이 大恐ᄒᆞ야 遂擊殺好問ᄒᆞ고 自稱 大金皇帝 라 ᄒᆞ고 勒兵渡江ᄒᆞ야 入野人界以據之ᄒᆞ니 北邊[16]이 騷亂이 라 鏡城判官 鄭種[17]이 乘夜襲殺之ᄒᆞ니 六鎭이 復靖이로되 野 人之居江北者ㅣ 連年侵掠이어늘 世祖五年庚辰에 命申叔舟[18] 爲江原 咸吉道都體察使兼宣慰使ᄒᆞ야 往討之ᄒᆞ시니 叔舟ㅣ 到五鎭에 部分將士ᄒᆞ야 渡江攻諸部落ᄒᆞ야 焚蕩巢穴ᄒᆞ고 大 捷而還ᄒᆞ니라 初에 叔舟ㅣ 在北營에 虜ㅣ 乘夜進擊ᄒᆞ니 營 中이 喧呼應戰이어늘 叔舟ㅣ 堅臥不動ᄒᆞ고 召幕僚口占一絶 云 虜中霜落塞垣寒 鉄騎縱橫百里間 夜戰未休天欲曉 臥看星 斗正闌干이라 ᄒᆞ니 將士ㅣ 見其安閒ᄒᆞ고 賴以不擾러라 至

世祖十二年丁亥에 吉州人 前會寧府使 **李施愛**[19]叛호야 殺節度
使 **康孝文**[20]과 觀察使 **申㻶**[21]호고 據州以叛이어늘 以龜城君
浚으로 爲都統使호고 贊成 曹錫文으로 爲副都統호며 以康
純 魚有沼도 爲大將호고 起復許琮호야 爲本道節度使호야
往討之혼딕 純 琮 等이 大戰于洪原호고 又戰于北靑홀식 時
都統使 浚이 屯兵不進이어늘 琮이 爲書諭之使速來호고 至
北靑호니 賊已據蔓嶺호야 乘高據險에 矢下如雨호니 我軍이
仰攻에 死傷에 過當이라 琮이 指示魚有沼호야 令潛師魚貫
而上혼딕 有沼ㅣ 以小舟로 載精兵着靑衣호야 與艸木色無別
호고 由海曲攀木緣厓호야 繞出上峯호야 俯賊背鼓譟혼딕 賊
이 大驚이라 嶺下軍이 亦乘勢蒙楯호야 蟻附以上호니 賊遂
潰호야 施愛ㅣ 走吉州호야 盡收婦女財寶호야 欲入虜中이라
가 吉州人 **許由禮**[22]ㅣ 誘賊黨 **李珠**[23] 等호야 擒施愛來斬于軍前
호고 傳首京師혼딕 策敵愾功臣호시니라 時에 明朝ㅣ 有命
夾攻建州衛 **李滿住**[24]之勅일식 上이 遣魚有沼 南怡 等爲大將
호야 回軍赴之케 호시니 有沼ㅣ 直擣野人巢穴호야 斬李滿
住父子호고 擒獲無筭이라 乃斫大樹白而書之曰 某年某月日
에 朝鮮大將 **魚有沼**[25] 滅建州衛而還이라 혼딕 後明兵이 追到
라가 見白書호고 具由以奏혼딕 明帝遣使褒獎호고 賜綵緞
白金 紋繡 西洋布호시고 又賜有沼 等銀兩表裏호니라 方其旋
師也◆虜驍騎數十이 衝突我軍이어늘 有沼ㅣ 瞋目而出혼딕
士卒이 毋得相從이라 單騎馳射호야 連發殪之호니 虜ㅣ 驚
潰不敢逼호니라 (未完)

『황성신문』 1903.01.23

西北邊征討始末

분야	역사
주제어	伊板嶺, 龍城, 北邊, 疆土, 西北, 鴨綠江, 豆滿, 開拓, 六鎭, 收復, 舊地, 疆域, 先春嶺, 高句麗之版圖, 三韓, 沃沮, 扶餘, 靺鞨, 百濟, 契丹, 鐵嶺, 渤海, 公嶮鎭
인물	尹弼商, 許琮, 申立, 李鎰, 尹璀, 柳仁雨, 趙生, 金宗瑞, 朝鮮成宗, 朝鮮宣祖, 文武王, 高麗睿宗, 高麗恭愍王, 李成桂, 朝鮮世宗, 누르하치 (努爾哈赤), 尼个車
기관/조직	建州三衛
레퍼런스	高麗史地志

인 1 朝鮮成宗
2 尹弼商

永安道城底野人이 有擧◆ 潛移他處者어늘 朝廷이 恐生他釁ᄒ야 特遣魚有沼慰安之ᄒ니 以有沼ㅣ 曾爲北道兵使ᄒ야 服其心也니 有沼ㅣ 倍道而進ᄒ야 先使人於其◆ᄒ야 開示敎書홀ᄃᆡ 野人이 初不信曰 誑我輩也라 ᄒ고 遂投其書于地어늘 使者曰 汝苟不信이면 魚令公이 來矣라 野人曰 令公이 果來乎아 令公이 來則 是我父也니 可得見之乎아 有沼聞之ᄒ고 馳入其部ᄒᆫᄃᆡ 虜皆羅拜라 有沼ㅣ 開誠撫諭ᄒ니 皆悅服歸命이어늘 遂率其酋長而還ᄒ야 使還其居ᄒ니라 至成宗[1]十年己亥에 明朝ㅣ 又命我夾攻建州野人이어늘 命尹弼商[2]爲大將往征滿◆江ᄒ야 俘獲人畜及被虜漢人ᄒ야 遣使獻俘ᄒᆫᄃᆡ

帝遣使褒諭建州之功ᄒᆞ고 仍賜白◆紋錦ᄒᆞ니라 至二十一年辛亥에 野人尼个車[3] ᅵ 又寇北邊이어늘 命許琮[4] 爲 永安觀察使ᄒᆞ야 往征之ᄒᆞᄃᆡ 琮이 興師數萬ᄒᆞ야 往討之ᄒᆞ니 虜皆遁逃ᄒᆞ고 建州三衛[5]도 亦聞聲震懼ᄒᆞ니라 至宣廟[6]十六年癸未에 尼湯个又寇北邊[7]ᄒᆞ야 連陷◆源 阿山 安原 等地ᄒᆞ고 進◆鍾城이어늘 穩城府使 申立[8]이 以部下精兵으로 聞變先到ᄒᆞ야 與賊殊死戰ᄒᆞ야 矢如雨集ᄒᆞᄃᆡ 射殺賊將ᄒᆞ니 賊騎風靡ᄒᆞ야 旋即奔潰라 遂進擊大敗之ᄒᆞ고 至二十一年戊子에 野人이 又寇北邊이어늘 命北兵使 李鎰[9]領兵深入ᄒᆞ야 蕩剿巢穴而還ᄒᆞ니 自是以後ᄂᆞᆫ 淸太祖[10] ᅵ 起於滿洲ᄒᆞ야 邊患이 遂息ᄒᆞ니라 本記者曰 我韓西北[11]疆土[12]ᄂᆞᆫ 其沿革이 不一而◆ 鴨綠江[13]北盛京省以◆烏喇興京之地ᄂᆞᆫ 本高句麗之版圖[14]也오 今咸鏡道豆滿[15]以北渾春 等地ᄂᆞᆫ 本沃沮[16] 扶餘[17]之域而後 爲靺鞨[18]之地러니 自新羅文武士[19]이 統合句麗 百濟[20]以後로 鴨江西北은 爲契丹[21]之地ᄒᆞ고 鐵嶺[22]以北으로 至豆滿南北은 並爲渤海[23]之封疆이러니 至高麗睿宗[24]朝ᄒᆞ야 元師尹瓘[25]이 征服女眞ᄒᆞ고 拓地至公嶮鎭[26]ᄒᆞ야 立碑先春嶺[27]以爲界ᄒᆞ니 先春嶺은 在今慶源東北七百餘里 俄領揮春之地로ᄃᆡ 考高麗史地志[28]에 自今吉州以北으로 至先春嶺千餘里之地에 無一州縣之設은 何哉오 意者尹瓘立碑之後에 旋又爲女眞所侵占 而移設公嶮鎭于內地 故로 麗史◆云 女眞이 圍吉州어늘 遣吳延寵救之ᄒᆞᆯᄉᆡ 行至公嶮鎭ᄒᆞ니 賊이 遮路掩擊이라 ᄒᆞ니 以此攷之則 公嶮이 似在吉州之◆而不在豆滿以北에 明矣를 又恭愍王[29]五年에 柳仁雨

30 等이 拔雙城ᄒᆞᆫ디 趙生[31]이 逃入伊板嶺[32](今磨大嶺)北立石之地어늘 於是 按地圖收復[33]舊地[34]라 ᄒᆞ니 以此觀之則 伊板之北에 恐非麗地 而立石之地가 非尹瓘定界處耶아 我太祖高皇帝[35]始守豆滿以南孔鏡 等 七州 而其後 累爲野人侵掠 故로 時에 朝議ㅣ 多有言以龍城[36](今鏡城)爲界者로되 世宗[37]이 不聽ᄒᆞ시고 命金宗瑞[38]開拓[39]六鎭[40]ᄒᆞ시니라 今其三韓[41]以來로 羅麗濟之國彊域[42]과 四府沃沮 扶餘 穢貊之地界ᄂᆞᆫ 後 當詳考更錄 故로 今姑未載ᄒᆞ노라 (完)

『황성신문』 1903.04.29

我韓疆域西北沿革攷

분야	역사
주제어	磨天大嶺, 長嶺, 豆滿河, 鴨綠河, 九城, 先春嶺, 沃沮, 高句麗, 渤海, 女眞, 高麗, 契丹, 肅愼, 東眞
인물	高麗文宗, 金景祖, 金穆宗, 金景宗, 阿骨打, 高麗睿宗, 尹瓘, 吳延寵, 烏古迺, 函普, 劾里鉢, 宋徽宗, 宋欽宗, 高麗高宗
기관/조직	會寧府, 率賓府
레퍼런스	金史世紀

北路에 有**磨天大嶺**[1]하니 其南은 爲東**沃沮**[2]오 其北은 爲北沃沮니 皆**句麗**[3]所轄이러니 句麗之亡에 爲**渤海**[4]所統하고 渤海亡後에 始稱 **女眞**[5]하니 南北沃沮之地가 遂爲女眞 而女眞이 又分東西二部하야 在**長嶺**[6](白頭山大幹)之東 **豆滿河**[7]南北者난 爲東女眞이오 亦曰 生女眞이라 하며 在長嶺之西 **鴨綠河**[8]之北者난 爲西女眞이오 亦曰 熟女眞이라 하되 其不屬於契丹者난 西亦生也라 **高麗**[9]之興에 渤海適亡 而咸興以北은 漸化爲女眞하니 高麗 ㅣ 不能復舊하고 仍以咸興之都連浦로 爲界 (在今府南三十五里 卽成川下流 有萬歲橋 古長城尾接于此)하니라 麗氏之盛에 女眞이 歸服하야 朝見貢獻이 首尾相續하고 賜爵賜号를 東西唯均하야 歷世請命이 迨同蕃翰이러니

주	
1	磨天大嶺
2	沃沮
3	高句麗
4	渤海
5	女眞
6	長嶺
7	豆滿河
8	鴨綠河
9	高麗

至文宗[10]二十八年에 東眞[11]酋長 烏古迺[12]가 死하고 子 劾里鉢[13]
이 嗣하니 劾里鉢은 卽金主 完顏世祖也라 本我平州(今永興)
僧 今俊之後니 金史世紀[14]에 始祖 函普[15]가 初從高麗來하야 居
完顏部僕斡水之涯러니 至景祖[16](卽烏古迺 始祖 函普之六世
孫)하야 稍役屬諸部하야 自白山(今茂山) 耶悔(今六鎭) 統門
(卽土門江) 耶嬾(今咸興) 土骨論(或云 今定平)之屬으로 以至
五國之長히 皆聽命이라 하고 又穆宗[17] 盈哥난 景宗[18]之第五
子오 太祖 阿骨打[19]난 穆宗之兄子니 至是에 其勢寢盛하야 屢
與高麗로 侵爭疆土하다가 至睿宗[20]二年에 命尹瓘[21] 吳延寵[22]
等 領兵 十六萬九千餘人하야 大破女眞하고 乃劃定地界하야
立碑先春嶺[23]하고 築九城[24]以還흔딕 自是로 女眞이 連年寇掠
하야 兵連禍結하고 又金人이 叩關乞和어늘 乃以九城으로
還于女眞이러니 及阿骨打[25](卽金太祖)嗣立에 遂稱帝而改國
號金이라 하고 至睿宗十二年에 遣使寄書曰 兄 大女眞金國皇
帝난 致書于弟 高麗國王하노니 自我祖考로 介任一方하야
謂契丹[26]爲大國하고 高麗爲父母之邦이러니 契丹이 無道하
야 屢加無名之師일식 我不得已拒之하야 獲殄滅之하니 唯王
은 許我和親하고 結爲兄弟라 하고 於是에 九城이 旣還 故로
無復南侵之憂而專意北方하야 略定肅愼[27]故地하고 旣滅契丹
에 又南呑汴宋 而吉州以南으로 至于咸州난 爲曷懶路하고 古
渤海之率賓府[28](今蘇濱江地)東南으로 踰鴨綠河하야 以至今三
水甲山之地난 爲恤西路라가 海陵(卽金主亮)이 改名 速頻路라
하니 咸興은 盖金祖發祥之地 故로 特置總管府하고 今 虎兒哈

河東南之徽로 以至我吉州以北은 爲胡里改路라 하니 宋徽欽[29]
二帝之拘囚於五國城이 卽我之會寧府[30]也라 今 甫乙下鎭西에
有大塚하니 自古稱 皇帝塚 而衆小塚이 纍纍圍繞者를 謂之侍
臣塚이라 하고 至今 耕者ㅣ 往往 得崇寧錢이라 하고 金史에
天會八年七月에 徙昏德公 趙佶과 重昏侯 趙桓[31]于骨里改路라
하니 骨里改난 卽胡里改之轉音也라 及金人之衰에 萬奴叛主
하야 自号東眞이라 하고 寇我朔州 (今安邊 卽高宗[32]十二年)
及定長二州 (今定平) 하고 自是로 連年寇掠하야 北路又陷ᄒ
니라 (未完)

『황성신문』 1903.04.30

我韓疆域西北沿革攷 (續)

분야	역사, 논설
주제어	九城, 伊板嶺, 北伐, 高麗, 六鎭, 豆滿, 蒙古, 公嶮鎭, 疆域
인물	高麗高宗, 趙暉, 卓靑, 朴仁起, 高麗恭愍王, 柳仁雨, 尹瓘, 高麗恭讓 王, 李成桂, 朝鮮太宗, 朝鮮世宗, 李壽山, 朱元璋, 朴宜中, 朝鮮穆祖, 朝鮮宣祖, 朝鮮正祖, 朝鮮純祖
기관/조직	雙城摠管府, 哈蘭府, 鐵嶺衛
레퍼런스	盛京志

주 2 蒙古

인 1 高麗高宗
3 趙暉
4 卓靑
5 朴仁起
8 高麗恭愍王
9 柳仁雨

기 6 雙城摠管府
7 哈蘭府

至高宗[1]十九年에 蒙古[2]伐東眞하야 擄萬奴以歸로딕 其後에 東眞餘衆이 又攻陷龍津 鎭溟(並在今德源) 耀德 靜邊(並在今 永興) 等鎭하고 又犯東州(今鉄原)境이러니 蒙古之初에 以磨 天以北으로 分設桃溫(今穩城) 胡里改, 斡朶憐 脫斡憐, 孛苦 江 等 五府하고 高宗四十五年에 蒙古人이 又領兵來屯古和州 (今永興)흔딕 龍津人 趙暉[3]와 定州(今定平)人 卓靑[4]이 與朔方 諸城人으로 謀引蒙古하야 殺兵馬使 愼執平及登州(今安邊) 副使 朴仁起[5] 等하고 以和州迆北으로 附于蒙古하니 蒙古置雙 城摠管府[6]于和州하며 置哈蘭府[7]于咸州하고 明年에 趙暉之黨 이 又引蒙兵하야 來攻寒溪城(今麟蹄)이러니 及恭愍王[8]五年 에 遣樞密副使 柳仁雨[9]하야 攻破雙城(今永興)하고 於是에 按

地圖收復和登 定長(幷今定平) 預(今定平) 高(今高原) 文(今文川) 宜(今德源)州及宣德(在咸興) 元興(在定平) 寧仁 耀德 靜邊 等鎭하니 前此 朔方道를 以都連浦爲界하고 築長城置三關門(定州 宣德 元興)이라가 沒于元凡九十九年에 至是始復之하고 以李壽山[10]爲都巡問使하야 定疆域[11]하고 復号東北面이라 하고 又復咸(元稱哈蘭) 吉(元稱海洋) 福(元稱禿魯 今端川) 靑(元稱三撒 今北靑) 等 四州하니 卽尹瓘[12]所拓九城[13]之地而沒于金元共 二百四十餘年에 至是收復하고 以伊板嶺[14] (今磨天嶺)爲界하니라 至明太祖[15]洪武二十年에 議割今安邊之鐵嶺以北하야 立鐵嶺衛[16]흔딕 七月에 乃遣密直提學 朴宜中[17]表請曰 鐵嶺迤北으로 歷◆高和定咸 等 諸州히 以至公嶮鎭[18]은 係是本國之地러니 至元初蒙古收付女眞之時에 本國叛民 趙暉 卓靑이 以和州迤北之地로 迎降흘식 聞知金朝遼東咸州路附近 瀋州에 有雙城縣하고 因本國咸州近處 和州에 有舊築小城 二座흠으로 曚朧奏請하야 遂將和州冒稱 雙城이러니 至正十六年에 申達元朝하야 以和州迤北으로 還屬本國이어늘 今 鐵嶺迤北을 原屬開原이라 하니 此鐵嶺之山이 距王京僅三百里오 公嶮之鎭이 限邊界非一二年云云이라 흔딕 時에 遼東司ㅣ 以兵莅江界하야 將立鐵嶺衛하고 自遼東으로 東至鐵嶺히 置七十站하니 禑ㅣ 怨明祖하야 決意攻遼之計하고 遂徵兵北伐[19]이러니 及宜中이 還에 禮部咨曰 鐵嶺數州之地가 今 合隷遼東하니 高麗[20]所言을 未可輕信이니 必待詳察然後已라 하고 遂寢其事 而按盛京志[21]에 奉天府鉄嶺縣은 明改

鉄嶺衛니 古鉄嶺城은 在今治東南五百里하야 接高麗界하니 洪武二十一年에 置라가 二十六年에 徙此라 하니 盖明祖欲 置衛於我而不遂 故로 移設于彼也라 恭讓王[22]四年에 又復三甲 二州하고 我太祖[23]龍興에 置六鎮[24]一府하시니 慶源은 古孔州 니 本穆祖[25]肇基之地(穆祖舊居在今慶興東三十里)오 且有德 安二陵 故로 太祖七年에 因古址築石城하고 陞爲府라가 復 因女眞人寇하야 徙二陵于咸州하고 遂虛其地러니 太宗[26]十七 年에 復置慶源府於富居站이라가 後移治于會叱家之地하고 其孔州舊城은 世宗[27]이 復置孔城縣이라가 二十五年에 陞爲 慶興府하고 宣祖[28]朝에 逐藩胡麻乙干하고 以其所居三蓬坪 으로 置茂山府하니 在會寧西百三十里 豆滿[29]江發源處하고 正祖[30]朝에 又置◆津府하니 在咸興西北三百里하야 西南距薛 罕嶺五十里오 純祖[31]朝에 又置厚州府(今厚昌)하니 在三水西 百餘里하야 東距葛坡堡三十里오 又於廢四郡之地에 置慈城 郡하니 在古慈城東하야 東距厚昌二百里하니라 (未完)

『황성신문』 1903.05.01

我韓疆域西北沿革攷 (續)

분야	역사, 논설
주제어	高句麗, 遼東, 渤海, 女眞, 新羅, 高麗, 契丹, 遼, 還我舊地, 六城, 鴨綠江, 高句麗舊地, 浿西十三鎭, 薩水
인물	高麗成宗, 徐熙, 金叔興, 高麗顯宗, 姜邯贊, 趙元, 高麗德宗, 高麗文宗, 高麗睿宗, 弓裔, 高麗定宗, 蕭遊寧, 阿骨打, 姜民瞻, 耶律寧, 康兆, 柳韶
기관/조직	安東都護府

高句麗[1]旣亡에 唐置安東都護府[2]라가 上元二年에 內徙遼東[3] (今安東縣)하니 浿西之地난 淪爲賊藪하고 薩北鴨沿之地난 爲渤海[4]女眞[5]之占이러니 新羅[6]末에 弓裔[7]破赤衣 黃衣 等賊하고 始定浿西十三鎭[8]하고 高麗[9]之初에 以薩水[10]爲界라가 定宗[11]以後로 稍收薩北之地하야 城德昌(博川)德成 安朔(幷寧邊) 威化(雲山) 泰川 嘉州(嘉山) 等鎭하고 成宗[12]十二年에 契丹[13](後改號遼[14]) 蕭遊寧[15]이 聲言 復句麗舊地[16]하고 大擧來侵하니 或 議乞降하며 或 請割與西京以北하고 以黃州慈悲嶺爲界어늘 徐熙[17]獨言其不可하고 請使丹營하야 抗辨遜寧曰 我國은 卽高句麗之舊 故로 号高麗라 하니 若論地界면 貴國之東京이 皆在我境이오 且鴨江內外도 亦我境內어늘 今 女眞이 盜據其間하야

주	1	高句麗
	3	遼東
	4	渤海
	5	女眞
	6	新羅
	8	浿西十三鎭
	9	高麗
	10	薩水
	13	契丹
	14	遼
	16	高句麗舊地
인	7	弓裔
	11	高麗定宗
	12	高麗成宗
	15	蕭遊寧
	17	徐熙
기	2	安東都護府

頑黠變詐에 道途阻梗하니 朝聘之不通은 女眞故也라 若令逐
女眞하고 還我舊地[18]하야 築城堡 通途路則敢不修聘가 흔딕 於
是에 遂媾和罷兵하고 明年에 契丹이 乃許自安北府(安州) 至
鴨江東히 計 二百八十里에 酌量地里하야 幷令築城通道하야
以開朝覲之路 故로 是年에 熙率兵逐女眞하고 遂築興化(在今
義州) 鐵州(鐵山) 通州(宣川) 龍州(龍川) 龜州(龜城) 郭州(郭
山) 等 六城[19]하고 始置鴨綠渡句當使하니 盖此女眞은 卽西女
眞也라 盤據薩北鴨沿之地하야 世修朝貢於我하야 受麗朝之
封爵을 如東蕃之女眞 而間又侵掠爲患이라가 至阿骨打[20]稱帝
以後난 悉歸金統하야 朝貢이 泯迹이로딕 金人은 每以高麗로
爲其父母之邦 故로 未嘗妄肆侵略하야 不至如遼元之虐毒也러
라 及康兆[21]弑成宗하고 顯宗[22]이 初立에 契丹主 ㅣ 藉稱問罪之
師하고 自將四十萬騎하고 渡鴨江直至通州하야 移軍銅山이
어늘 康兆率三十萬兵하고 出龜州合攻이라가 至三水砦하야
悅惚見前王怒叱하고 遂被縛見誅로딕 丹兵이 猶深入內地하
야 陷肅州 攻西京하고 焚京城太廟宮闕이어늘 王이 避兵廣州
하야 乞和退兵이라가 丹兵이 爲龜州別將 金叔興[23] 等 擊敗하
야 被斬萬餘級하니 盖是役也에 契丹이 意在興化 等 六城 故로
自是以來로 每責還六城하야 兵連禍結에 無歲不侵이러니 顯
宗六年에 契丹이 作橋於鴨綠江하고 夾橋築東西二城하며 十
一月에 又取宣化 定遠 二鎭而城之하고 置保州(義州)宣義軍이
러니 至九年에 蕭遜寧이 又將兵 十萬來侵이어늘 以姜邯贊[24]爲
元帥하야 帥兵 二十萬八千三百하야 出屯寧州(安州)하야 至

興化鎭大破之호딕 遜寧이 引兵直趍開城이어늘 姜民瞻[25]이 又
追及慈州大破之하고 趙元[26]이 又擊於馬灘하야 斬獲萬餘級하
고 明年正月에 遜寧이 回軍至漣 (价川) 渭(渭原)州라가 爲姜
邯贊掩敗하고 二月에 又戰於龜州東郊하야 追奔至石川盤嶺
하니 僵尸蔽野하고 俘獲人口 馬馳 甲冑 兵仗은 不可勝數라 遜
寧이 遁去하니 生還者ㅣ 僅 數千人이러라 明年에 王이 乃請和
通聘이라가 德宗[27]初에 又請毀橋城不聽이어늘 遂絶和하고
使至來遠城(在義州江外)호딕 皆不納하고 二年에 命平意事 柳
韶[28]하야 創置西北關防홀식 起自麟州界鴨綠江[29]入海處하야
東跨威遠, 興化, 靜州, 寧海, 寧德, 寧朔(並任義州東南) 雲州,
(雲山) 安水, 淸塞, (熙川) 平虜, 寧遠, (並今寧遠) 定戎, 孟州, 朔
州, 等 十四城하야 抵耀德, 靜邊, 和州(並在永興) 等 三城하야
東傅于海하니 延袤千餘里오 以石爲城하야 高厚 各二十五尺
이러라 文宗[30]八年에 契丹이 設弓口門闌于抱州(卽保州)어늘
請罷橋城及弓口欄子호딕 不許러니 睿宗[31]十二年에 金主 阿骨
打叛 攻抱州하야 取遼開州(鳳凰城)하고 遂襲來遠城하야 盡
燒戰艦한딕 統軍 耶律寧[32] 等이 將泛海而遁홀식 遂以來遠 抱州
二城으로 歸于我어늘 我入其城하야 收其兵仗及錢財寶物甚
多하니 王이 大悅하야 改抱州爲 義州防禦使하고 以鴨綠江爲
界하니라 (未完)

『황성신문』1903.05.02

我韓疆域西北沿革攷 (續)

明宗[1]五年에 西京留守 趙位寵[2]이 叛하야 以慈悲嶺[3]以西 鴨綠江[4]以東 四十餘城으로 請內附于金흔딕 金主不納하고 執送于我誅之하니라 至高宗[5]三年八月에 契丹[6]遺種金山[7]金始[8]二王子가 遣其將 鵝兒[9] 乞奴[10] 等하야 引兵 數萬하고 渡寧朔定戎之境하야 稱大遼國王하고 建元天成이어늘 蒙古大擧伐之흔딕 二王子席捲而東하야 與金兵 三萬으로 戰於開州하야 金兵이 不克이라 契丹이 乃追攻之하고 明日에 遂引兵渡鴨綠江하야 攻寧朔 等鎭하고 又明日에 闌入義靜 朔昌 延(延 今寧邊) 等州及宣德 定戎 諸鎭하야 彌滿山野에 恣取禾畜而食之하고 屠寧德城하며 進圍安義龜三州하며 又攻鐵宣等州하고 移書督降曰 大遼諸邑을 盡行收復이라 하고 自開平 香山 平

壤 博州 渭州로 渡大同江入西海道하야 屠黃, 壚, (延安) 白
(白川) 三州하고 所過에 無不殘滅이러니 明年에 又女眞**黃旗
子**[11]軍이 自婆速府로 渡鴨綠江하야 來屯古義州城이어늘 十
月에 **趙冲**[12]이 與戰于麟州하야 大敗之하고 是年正月에 壚州
人이 擊走契丹兵흔딕 二月에 契丹賊 三萬餘人이 復入定州
하야 焚燒城柵하고 進至安州라가 三月에 寇牛峯(金川)하야
遂趍臨江長湍하고 又東出于東州(鐵原)하야 過漣川, 豊壤,
砥平, 原州, 橫川, 하야 陷安陽, (春川)黃驪, (驪州)及堤州, 하
고 又東至溟州(江陵) 大關嶺하며 其一枝난 北入咸預高和四
州, 하야 蹂躪慘酷하고 明年七月에 契丹賊이 又大搶이어늘
元帥 趙冲이 至洞州(瑞興)遇賊하야 擒其毛克千戶흔딕 賊이
入保江東이라 十二月에 **蒙古**[13]遣元帥 **哈眞**[14]及**札剌**[15]하야 率
兵 一萬하고 與**東眞**[16]**完顔子淵**[17]兵 二萬으로 聲言討契丹하고
攻和猛 孟山 順德 四城破之하고 直指江東이러니 明年春에
趙冲**金就礪**[18]ㅣ 會蒙眞兵하야 攻契丹于江東城下之하니 賊魁
王子난 自殺하고 其官人 軍卒 婦女 五萬餘人은 出降이라 於
是丹賊이 甫平에 蒙眞兵이 又留屯鎭溟(德源)하야 大肆搶掠
하니 七年에 **韓恂**[19] 等이 又以淸川以北으로 投東眞하야 潛
引金元帥丐哥下하야 令屯義州하고 自領諸城兵屯博川이라
가 爲金元帥所斬하고 自玆以後로난 蒙古東眞이 迭相侵困하
야 寧息無日하니 兵禍之慘이 無如此酷矣라 十八年에 蒙帥
撒禮塔[20]이 來侵이어늘 叛賊 **洪福源**[21]이 迎降軍前하고 又圍咸
新鎭흔딕 守將 **趙叔昌**[22](冲之子)이 亦降이라 是歲에 蒙兵이

屠鉄州하고 侵靜龜朔渭四州라가 朴犀[23]擊却之흔딕 乃陷宣
郭二州하고 歷黃鳳平等州하야 直逼京城하야 分屯四門하고
又南下楊廣 忠淸 等州하야 討索金銀財物男女人畜을 不可殫
計오 明年에 撒禮塔이 又大擧來侵하야 所在屠掠老幼婦女하
야 皆殺之하고 攻廣州及處仁(龍仁)城이라가 有一僧이 射殺
禮塔하니 蒙兵이 遂潰러라 又明年에 西京賊 畢賢輔 洪福源
이 殺宣諭使어늘 崔禹[24]遣家兵 三千하야 與兵馬使 閔羲[25]로
討斬賢輔흔딕 福源은 逃入蒙古하야 爲東京總管하니라 於是
에 悉徙西京餘民於海島하니 西京이 遂爲丘墟러라 二十二年
에 蒙兵이 又陷龍岡咸◆三登하야 執其守令하고 遂徧寇北路
하야 砥平 海平(在善山)이 皆被侵掠하고 明年에 又闌入關東
하며 又分屯于寧朔 嘉州 安北地하야 嘉博之間에 火氣連天
하고 又屯宣慈朔龜郭黃諸州하야 以至信川 安岳 南京(漢陽)
溫水 平澤 牙州 河陽倉(牙山) 竹州(竹山) 全州 古阜 等郡히 所
過殘滅하고 廿五年에 又至東京하야 燒黃龍寺塔[26]하고 彌滿
◆中하야 無遠不到하며 無深不入하야 乍往乍來者ㅣ 屢年에
我國人民은 皆入保山城海島하고 王은 在沁島하니 松京이
一空이러라 (未完)

『황성신문』 1903.05.04

我韓疆域西北沿革攷 (續)

분야	역사, 논설
주제어	鴨綠江, 四郡, 紅巾賊, 蒙主, 婆猪江
인물	高麗高宗, 洪福源, 高麗元宗, 林衍, 崔坦, 韓愼, 金孝臣, 高麗忠烈王, 高麗恭愍王, 李成桂, 安祐, 李芳實, 金得培, 趙小生, 卓都卿, 崔濡, 崔瑩, 李原景, 朝鮮世祖, 松柱, 車羅大, 忽必烈, 潘誠沙, 劉關, 納哈出
기관/조직	東寧府

高宗[1]四十年에 洪福源[2]이 又誘蒙主[3]하야 大擧來侵홀싀 皇弟 松柱[4]난 率兵 一萬하야 入東界하고 福源은 領兵趍北界하야 屯于土山(祥原地)하며 戰于金郊(平山地)하며 東陷東州하며 北屯高和하며 南掠全州하며 焚廣州寇忠州하며 圍春州 金壤(通川) 登州 楊根 黃驪 襄陽 等郡하고 明年에 蒙主委軍 於車羅大[5]하야 又率兵來侵홀싀 攻忠尙 陜丹(丹城) 等州하야 被擄男女가 凡二十六萬千八百餘人이오 所經州郡은 皆爲煨燼하야 殺戮無筭이러니 明年에 又寇掠龍威 等縣하야 以到西京하야 南攻忠州하고 又明年에 闌入南界하야 羅大난 屯潭陽하고 福源은 屯海陽(光州)하야 放兵四略에 南至海隅하며 東至嶺外하고 又將舟師 七十艘하야 攻押海(在羅州海中)

주 3 蒙主

인 1 高麗高宗
　2 洪福源
　4 松柱
　5 車羅大

不克하고 羅大遂登通津山하야 望江都하고 退屯守安縣이러니 又明年에 渡淸州趣龍咸하야 至南京하고 退屯壜州하야 侵昌麟 甕津하고 又明年에 城義州하며 屯嘉郭壜白平等州라가 八月에 羅大又來屯舊京(松京)하야 游兵이 出沒楊廣 忠淸之間하니 是時에 北路난 又有暉卓之亂이라 凡東西北三面이 盡爲蒙人營壘하고 全國이 蕩然矣라 又明年에 蒙兵이 始修築西京古城하고 開屯田爲久守之計러니 五月에 羅大暴死하고 前年에 福源은 爲蒙古罪誅하야 籍沒其家하니라 七月에 西京留屯兵이 又入松禾 安岳 豊海 等州하야 驅掠人物이러니 及元宗[6]元年에 蒙古 忽必烈[7]이 立하야 招還西京屯兵한되 自玆로 僅得八年無事하다가 至元宗十年에 林衍[8]이 廢王한되 於是西北面兵馬營記官 崔坦[9] 韓愼[10] 等이 以誅衍爲名하고 嘯聚徒衆하야 殺咸從縣令及段島分司御史하고 又殺西京留守及龍靈鉉宣慈五州守하니 西北諸城이 皆沒於賊이라 遂執義州副使 金孝臣[11] 等하야 歸于蒙古하고 請兵 三千하야 來鎭西京하니 ◆主ㅣ 改西京爲東寧府하고 劃慈悲嶺爲界어늘 王이 屢請西京復屬호되 不聽하고 其遂安 谷州 殷栗 等縣도 亦屬東寧이라가 至忠烈王[12]十二年에 元이 始歸我遂谷二州하고 十六年三月에 始移東寧府하고 復歸我西北諸城하니라 恭愍王[13]十年에 紅頭賊[14] 潘誠沙[15] 劉關[16] 等이 率兵 十餘萬하고 渡鴨綠江[17]하야 屠朔州破安州하고 進陷京城하야 屠炙男女에 恣其殘虐이라 王은 南幸福州하고 明年正月에 我太祖[18]與安祐[19] 李芳實[20] 金得培[21] 等으로 率兵 二十萬하고 進圍大破之하

사 斬首十餘萬級하시고 獲元玉璽 金寶 等物하니 餘賊이 遁走러니 七月에 又雙城賊 趙小生[22] 卓都卿[23] 等이 引胡賊 納哈出하야 領兵數萬하고 屯于洪原이어늘 我太祖殲之하신딕 納哈이 遁去러니 十三年正月에 叛賊 崔濡[24] 以元兵 一萬으로 奉德興君渡江하야 據宣州어늘 我太祖與崔瑩[25]으로 戰于達川(在定州)大破之하시고 十九年에 我太祖以騎步一萬五千으로 渡鴨綠江討東寧府[26]홀식 攻迂羅山城(在婆猪江[27]北)흔딕 李原景[28]及諸城이 悉降이라 得戶萬餘하니 東至皇城坪 北至也頓村 南至鴨綠히 爲之一空하고 十月에 又襲攻遼城拔之하신딕 納哈出[29] 等이 皆降하니라 本朝始設渭原理山(楚山) 昌城 朔州와 及閭延 茂昌 虞芮 慈城 四郡이러니 世祖[30]元年에 廢四郡[31]하시고 鴨江以北은 遂荒廢無人居하니라 (完)

『황성신문』1903.05.05

敍我韓疆域攷後說

분야	역사, 논설
주제어	史學, 地志學, 漢魏隋唐之史傳, 支那日本諸史, 疆域, 政治, 區劃沿革, 分割得失, 疆土境界, 四郡, 二府, 三韓, 三國, 扶餘, 沃沮, 濊貊, 肅愼, 靺鞨, 女眞, 渤海, 契丹, 蒙古, 分合無常, 文獻無徵, 箕王之代, 名稱異同, 鴨水猪灘, 混稱浿江, 高句麗, 弁韓, 史志荒誕, 我韓風習, 誕妄之說, 百濟, 山川城邑, 版圖輿誌, 書籍未備, 卒本, 率賓, 尼谿
인물	衛滿, 箕子, 大祚榮
레퍼런스	地理志, 三國史記, 高麗史, 輿地勝覽
레퍼런스 저자	金富軾, 鄭麟趾

주 1 史學
2 政治
3 區劃沿革
4 分割得失
5 地志學

　　我韓疆域攷 一部난 余豈無謂而發哉아 盖讀史者ㅣ 只欲驚其博多하야 以資其攷據掇摘之用而已면 是난 一個老博士之等耳라 奚取於政術이며 奚補於世敎也哉아 是故로 讀史者ㅣ 必博究乎古今治亂之機하며 詳採乎成敗興亡之跡하야 鑑其得失하며 藉吾知見하야 欲施諸事業者也니 此ㅣ **史學**[1]之所以有助於**政治**[2]也라 然而讀史者ㅣ 必須先明乎自己疆域之分하야 其**區劃沿革**[3]과 **分割得失**[4]을 瞭瞭如指諸掌然後에 其興廢之蹟과 防守之策을 可以參互而講究矣오 其山川險夷와 風氣俗尙을 亦可以按圖而推測矣니 此又**地志學**[5]之有補於史學也라 我韓은 史學之難이 尤難於疆域之攷하야 其難이 有五하니 曰分

合無常[6]이니 自箕氏[7]以來로 曰 衛滿,[8] 曰 四郡,[9] 曰 二府[10] 曰 三韓[11] 曰 三國[12]이 迭相廢興而其間에 又有東北夫餘[13]와 南北沃沮[14]와 東西濊貊[15]과 肅愼[16]靺鞨[17]之變爲東西女眞[18]과 渤海[19]大氏[20]와 契丹[21]蒙古[22]之屬이 或 割據하며 或 服屬하며 或 呑倂하며 或 遷徙하야 三數千年之間에 蠻觸之爭과 伊戎之變이 閃忽杳茫에 紛紜錯雜하야 疆土境界[23]를 究難指定하니 此其難이 一也오 曰 文獻無徵[24]이니 自箕王之代[25]로 至三國之際히 文字未立에 事蹟茫昧하야 其所可據可考者난 不過金富軾[26] 鄭麟趾[27] 所撰地理志[28]와 與漢魏隋唐之史傳[29]而金鄭兩志난 皆掇拾於斷爛之餘하며 載錄於傳訛之久하야 不能博考而詳核 故로 或 糊塗脫略하고 或 臆斷杜撰하야 疎謬倒錯에 滋起後惑하고 漢魏諸史난 坐在數千里之外하야 只記當時傳聞之說而忽之以外邦 故로 或 以鴨水猪灘[30]으로 混稱浿江[31]하며 或 以句麗[32]渤海로 幷指弁韓[33]하야 諸如此之類를 指不勝僂하니 此其難이 二也오 曰 名稱異同[34]이니 古代에 原無文字可記하고 只以方言傳稱 故로 其山川城邑[35]之号와 版圖輿誌[36]之錄이 或 前後殊名하며 或 南北異音하야 如卒本[37]之爲率賓[38]과 濊貊之爲尼谿[39]가 互相轉訛에 文字各殊하야 千載之下에 無從証辨하니 此其難이 三也오 曰 史志荒誕[40]이니 我韓風習[41]이 自古好信誕妄之說[42]하야 如地名鷄林則 做出白鷄金櫃之說하고 山号下山則 創爲卞韓百濟[43]之論하야 武斷白撰에 載諸信史어늘 後之人은 不求深解하고 認以爲然하야 遂使疆域顚倒에 地界混亂하니 此其難이 四也오 曰 書籍未備[44]니 盖我韓人士난 自前鮮有留意於

史地之學而且東史之刊佈甚狹하야 如三國史[45] 高麗史[46] 輿地勝
覽[47]之類를 得見이 極難하고 又支那 日本諸史[48]를 備覽이 亦難
故로 或 有志於考究者난 因於書籍之未備而不得詳焉하고 其
備於書籍者난 又無意於此等考究之學 故로 未嘗有詳參而博
考者하니 此其難이 五也라 (未完)

『황성신문』 1903.05.06

敍我韓疆域攷後說 (續)

분야	역사, 논설
주제어	日本全史, 古鮮, 高句麗舊疆, 史學, 疆土, 本箕高舊疆, 豆滿, 鴨綠, 斡東, 我聖朝發祥之地, 六鎭, 高句麗遺種, 高麗, 契丹, 完顏, 蒙古, 四郡, 古沃沮句麗之地, 一府
인물	文武王, 李成桂, 高麗睿宗, 朝鮮太宗, 朝鮮世宗, 金宗瑞, 朝鮮穆祖, 朝鮮翼祖, 姜思億, 朴宜中, 朱元璋, 蕭遜寧, 大祚榮, 徐熙
레퍼런스	我邦疆域考, 高麗史
레퍼런스 저자	丁若鏞

由是 後儒談史者ㅣ 各自爲說에 迄無歸宿이러니 惟近世諸
先輩之說이 考據稍詳而 **丁茶山**[1]先生所撰**疆域考**[2]一書는 尤參酌
諸家하며 博考前史하야 最爲◆志之集成이로딕 但 恨其時
에 山碑野誌가 未盡出世하고 **日本全史**[3]도 亦不到韓하야 尙
有參考之未盡處하니 不無完璧之欠点일싀 余每以是爲病이
러니 頃日에 乃敢就疆域考中하야 刪繁裁簡에 撮摘大槪하고
以近世新得者로 參互訂定에 增補其未備하며 間又附之管見
하야 錯綜成編하야 以俟博雅諸君子之採取焉하노니 雖不敢
自謂精確이나 亦未必非**史學**[4]之一助也 故로 自本報第一千三
百三十九号로 至第一千三百五十六号而止하니 凡費了十八個
紙面이라 或者 乃反厭其支離하야 以爲執筆人의 汗漫塡白之

주 3 日本全史
　 4 史學

레 2 我邦疆域考

저 1 丁若鏞

地也라 호디 是豈知言也哉아 盖我韓疆域一欸이 大有關係於 國際하나니 試擧其一二而証之컨딘 契丹 **蕭遜寧**[5]之來覓**句麗** **舊疆**[6]也와 明**太祖**[7]之欲設衛於鐵嶺也에 向使無**徐熙**[8]之抗辨과 **朴宜中**[9]之善對則 禍應叵測에 幾乎**疆土**[10]不保矣리니 有國者ㅣ 於疆域之分에 不其講究而熟察者乎아 大抵 我韓이 東西南三 面은 環以大海하야 自**古鮮**[11]有疆土之爭이어니와 惟西北兩 界난 與幽燕胡羯로 連接大陸 故로 古來得失이 靡常하니 如 究本而論之면 西自遼西之永平(古右北平唐曰平州) 廣寧(古 幽州地有醫無閭山)으로 以及遼東之海城, 蓋平, 金州(今旅順 口) 鳳凰 等城과 奉天之遼陽, 開原, 等縣으로 今盛京 興京 東 南之地와 西北自吉林 烏喇以南으로 東北至海蘭 渾春之地와 先春(距慶源東北七百里) 公嶮之城이 皆**本箕高舊疆**[12]也라 句 麗滅後에 渤海**大氏**[13]가 以**句麗遺種**[14]으로 東保白山黑水之間 하야 稍稍呑據에 奄有其地而新羅**文武王**[15]은 倂濟平麗에 志 願已足하야 但 經營於門闌之內하고 未暇遠圖 故로 終羅之世 토록 不能窺遼滿一步之地하고 **高麗**[16]以後난 **契丹**[17] **完顔**[18] **蒙** **古**[19] 諸種이 代相呑割에 瓜分豆裂하야 遂使疆域日縮而其盤 根旣固 故로 我亦無如之何矣라 是以로 **睿宗**[20]이 雖有一番恢 拓之擧나 兵連禍結에 纔復旋棄하야 先◆定疆을 亦不得保하 고 及其叔葉에 叛賊이 招寇하야 致使西北兩界로 淪爲異域 者ㅣ 垂數百年이라가 我聖祖龍興하샤 西拔兀剌東寧之◆하 샤 古率賓丸都之南에 設置**四郡**[21]하시고 北拓野人藩胡之巢窟 하샤 **古沃沮句麗之地**[22]에 設置**一府**[23]**六鎭**[24]하시니 於是西北疆

域이 稍收版圖而所可恨者난 以我**太祖**[25]**太宗**[26]**世宗**[27]之神聖文

武로 每嘗留意於恢拓彊土而當時諸臣이 未嘗有如**金宗瑞**[28]之

翼贊聖謨하야 遂使**豆滿**[29]**鴨綠**[30]迤北之地로 荒廢空曠하고 只

以鴨綠豆滿으로 作一大鐵限하니 此ㅣ 千古志士之所以長吁

短嘆者也라 我**穆祖**[31]舊居가 在古通泰鎭之東하니 通泰古城은

在松花江邊云而世傳太宗十三年에 以肇基發祥之地로 命都巡

撫使 **姜思億**[32] 等 築城于此라 하니 雖未可詳이나 **麗史**[33]에 明

言 穆翼**兩祖**[34]始居**斡東**[35]之地라 하니 斡東은 卽蒙古五府斡朶

憐脫 斡憐之地而領混同江南北則 斡東古地난 卽今吉林 額敦

之地也ㄹ 以**我聖朝發祥之地**[36]로 淪在異域이 豈不爲無窮之恨

歟아 (未完)

『**황성신문**』1903.05.07

敍我韓疆域攷後說 (續)

분야	▌역사, 논설
주제어	▌北間島, 高麗先春立碑, 土門江, 定界碑, 分水嶺, 聖祖肇基之地, 鴨綠江, 豆滿, 復箕高之故疆, 恢祖宗之舊居, 間島, 海蘭河, 分界江, 魏燕隋唐之兵, 高句麗, 契丹, 箕氏南遷, 完顔, 哈丹, 元, 紅巾賊, 明
인물	▌李成桂, 朝鮮肅宗, 穆克登, 賈元桂, 李重夏, 金始, 金山, 納哈出, 衛滿, 大祚榮

往在**肅廟**[1]壬辰에 淸國烏喇摠管 **穆克登**[2]이 與我劃定疆界時에 以海蘭河爲界하고 立**定界碑**[3]於**分水嶺**[4]上하니 今稱**海蘭河**[5]爲**分界江**[6]者ㅣ 盖以此也라 穆氏定界時에 淸國은 以**土門江**[7]爲界하고 我韓은 以分界江爲限而分界南北에 空其地하야 絶無居人이러니 近代에 我民之流寓者ㅣ 稍稍渡江하야 入居其地者ㅣ 無慮數萬餘戶 而所謂 **北間島**[8]ㅣ 是也라 當穆氏定界之時에 我國差官이 如有能講究於疆域之學하야 以**高麗先春立碑**[9]와 及**聖祖肇基之地**[10]로 按籍而爭之則 縱不能盡復舊疆이라도 未必讓分界沿江之地어늘 奈其時差官이 學識鹵莽에 不能遠慮하야 公然棄膏沃六七百里之地라가 遂◆彼國藉口하니 可勝嘆哉아 其後 乾隆年間에 淸人이 屢建議하야 將於**鴨綠江**[11]西岸

荒廢之地에 欲起墾而居民 故로 我廷이 乃移咨兵部하야 力爭
不可하야 事雖還寢이나 累被嘖言이러니 往在丙戌에 淸國査
官 賈元桂[12]與我勘界使 李重夏[13]氏로 互査地界時에 賈以土門
豆滿[14]이 音相近而勒指豆滿爲界하니 蓋其時에 亦迫於時勢하
야 因循而未決者也라 近歲 淸人이 設置官吏하고 勒轄我民 而
至有編籍辨髮之獘하며 又自慶興洰北으로 至連秋, 阿之味, 時
之味, 海蔘威, 秋豊社, 水淸, 許發浦히 凡二千餘里之間에 我民
之流寓者ㅣ 不下萬餘戶 而此地난 今屬俄領 故로 便作俄土之
民하야 納稅服役을 一從俄制하니 此난 皆我廷貪汚官吏之所
驅之者也로딕 蓋其地界相連에 來去甚便 故로 自前彼我人民
之互相移住가 每關係於其國力之强弱하야 我强則彼移于我하
고 我弱則我遷于彼하야 歷視前史에 龜鑑昭然하니 此尤留心
時務者의 所宜講究深遠者也라 蓋以今◆力으로난 無論於復箕
高之故疆[15]하며 恢祖宗之舊居[16]하고 但 當詳覈往牒하며 講明界
限하야 以爲自强自守之道而已니 間島[17]一欵은 猶係小事어니
와 所可大憂◆난 今西北沿疆이 與滿洲遼東密接하야 兩國之
際에 可謂多事則 最宜注目而操心者也니 試考疆域一部컨딕
我韓自古禍患之生이 每因西北而起하야 如天下有事에 寇賊
이 縱橫則 我韓一方이 每爲逃命之所 而先受其害하나니 戰國
之末에 韓人이 渡海하야 分立三韓하고 燕縮之亂에 衛滿[18]이
東來 而箕氏南遷[19]하고 句麗之代[20]에 魏燕隋唐之兵[21]이 迭相侵伐
히고 大氏[22]之滅에 餘衆數十萬이 悉投於我 而幸彼弱我强 故
로 不能爲患하고 契丹[23]之亡에 金始[24] 金山[25] 等이 亦大肆搶掠

26 完顔

27 哈丹

28 元

30 紅巾賊

32 明

29 納哈出

31 李成桂

하야 數年乃定하고 完顔[26]之衰에 哈丹[27]이 東奔하야 掠據城邑하고 元[28]之亡에 納哈出[29]이 大入北界하고 紅巾賊[30]이 焚蕩京闕이라가 幸賴我太祖[31]神武와 三元帥之智勇하야 終能底定하고 明[32]氏之亡에 我國이 亦先受兵하니 觀乎此則 西北疆域之沿革이 其有關係乎我韓이 顧何如哉아 (未完)

『황성신문』 1903.05.08

敍我韓疆域攷後說 (續)

분야	▌ 역사, 논설
주제어	▌ 滿洲, 東洋之一大問題, 扶餘高句麗之舊疆, 俄人, 豆滿, 鴨綠, 滿洲鐵道, 西北沿界, 渤海, 契丹, 女眞, 蒙古, 永陵, 吉林之寧古塔
인물	▌ 누르하치(努爾哈赤)

況今 滿洲[1]一局이 爲東洋全部之樞要 而各國이 幷皆注目於此하니 必有一大變動之勢난 明在早晚矣라 如一朝有事則 其最關係之密接者난 豈非我韓乎아 今盛京 吉林 兩省之地난 本皆夫餘 高句麗之舊疆[2] 而自句麗以後로 如渤海[3] 契丹[4] 女眞[5] 蒙古[6]之屬이 皆興於其地하야 與我疆土之爭이 不啻頻繁하야 昭載前攷하고 淸祖[7]도 亦嘗發祥於瀋建之地 故로 尊爲興盛二京하며 又有肇興景顯諸祖之陵寢 故로 名曰 永陵[8]이라 하고 吉林之寧古塔[9]은 又淸人之寶藏也라 淸人이 恃以爲根本之地러니 今黑龍省烏蘇里一帶地方이 已屬俄人之領土하고 俄人[10]이 又稍稍伸張勢力하야 有勇進無退之狀態하니 卽現今 東洋之一大問題[11]也라 此則 終當別論이 어니와 盖滿洲全疆이 西北은 與

주	1	滿洲
	2	扶餘高句麗之舊疆
	3	渤海
	4	契丹
	5	女眞
	6	蒙古
	8	永陵
	9	吉林之寧古塔
	10	俄人
	11	東洋之一大問題
인	7	누르하치(努爾哈赤)

蒙古交界하야 爲中央亞細亞之門戶하고 東北은 接海蔘威港灣하고 西南은 際營口 旅順之航路하야 東南數千里之地가 與我豆滿[12] 鴨綠[13] 兩水로 沿江爲界하니 其關係之重要난 固非他國之可比也라 今其滿洲鐵道[14]가 貫哈爾賓爲中心하야 以東西南三方爲岐하니 西線은 沿齊齊哈爾, 卜魁, 札蘭屯, 博克圖, 興安, 海拉爾, 呼倫貝爾 等 各驛하야 約一千餘里之程이오 南線은 自哈爾賓으로 沿寬城, 鐵嶺하야 通奉天遼沿之路 而達旅順 牛莊 營口 大連之灣하고 東線은 綿亘乎烏蘇里之地하니 自牛莊 海城 蓋平 等地로 東至鳳凰城 安東縣하야 以達龍灣이 是爲一路오 自開原 奉天으로 東渡太子河하야 至懷仁 渾河之口하야 以達我楚山 江界之間이 又爲一路오 又自烏喇 吉林之地로 沿松花 土門之束히 至海蘭 豆滿 江北之地가 又爲一路하니 此皆古來交通之大路也라 今鐵路電線을 次第 接設하야 聯絡乎我韓則 其程途甚捷 而又非古者險阻間關之比也리니 誠宜留心世務者之所深究 而熟籌者也라 遼滿之地난 多曠野沃土하며 氣候溫和하야 宜穀粟牧畜之利하고 又其長白以北은 多高山峻嶺하야 饒森林皮革之産하며 金銅煤炭之鑛은 所在碁置하야 實天地間奧區寶庫 故로 俄人之尤流涎呑者ㅣ 此也오 我韓之西北沿界[15]도 亦爲滿洲之直路而森林이 又極豊腴 故로 俄人之意ㅣ 亦經營於此 而近以鴨綠沿岸森林一事로 藉稱保護而多率淸匪하고 陸續 渡來하야 內地重防을 無難犯斫하니 此其意奚但 在森林一端也리오 近閱外國之報컨딕 俄人이 有慈恵淸匪라 하니 此난 盖藉爲遲延於撤兵之

計 而其影響之及이 亦且有關於我韓 故로 生出森林之問題也
로다 彼餉馬賊之類ㅣ 窩窟於江北者ㅣ 頻年抄略하야 每嘗爲
我邊患이어늘 如日後 遼滿이 生事則匪賊之奔崩者ㅣ 必容易
於航一葦而東搶을 安保無納哈紅頭之患也歟아 此又籌邊者之
不得不預講者也니 本記者所以眷眷於我韓疆域之事 而尤申複
致意於西北沿革之攷者ㅣ 此也라 如有能留神於遠大之慮者면
宜有所默會而深歎也夫ㄴ져 (完)

『황성신문』1903.06.16

田制結負考

분야	역사
주제어	結負之法, 田柴科
인물	高麗文宗, 李成桂, 趙浚, 弓裔, 高麗景宗, 王建, 高麗禑王
레퍼런스	四山碑銘, 田制錄, 朴英規傳, 高麗史食貨志, 管子, 周禮
레퍼런스 저자	崔致遠, 柳馨遠

結負之法[1]이 雖自古昔이나 其實은 古者에 以頃畝로 爲結負하고 非如今法이니 高麗史食貨志[2]에 云 文宗[3] 八年에 判凡田不易之地가 爲上이오 一易之地가 爲中이오 再易之地가 爲下니 其不易山田 一結이 準平田 一結하고 一易田 二結이 準平田 一結하고 再易田 三結이 準平田 一結이라 하니 案田結之名이 見於管子[4] 而崔致遠[5]四山碑銘[6]에 有賜田十結之語하니 似若新羅之世에 已用結負之法이나 然이나 今攷麗史컨딕 其文이 若此則 古之結負난 非今之結負矣라 其不易一易再易之名이 猶循周禮[7] 授田之古法而凡所謂 一結之地가 其廣狹이 皆同故로 得云山田 二結이 準平田 一結이라 하니 若如今法이면 山田이 本入下等하야 不得爲二結이오 平田이 本入上等하야

不得爲一結이니 山田 平田을 彼此參互면 同爲一結五十負而
止耳라 豈得以瘠而多者로 準肥而少者乎아 一結實積之地가
肥瘠이 皆同을 斯可驗也오 **柳馨遠**[8]**田制錄**[9]에 云 制田이 莫不
善於結法이니 或者 以爲三韓以來로 通用此法하야 今難容議
나 然이나 **麗太祖**[10]之言에 曰 泰封主ㅣ (卽**弓裔**)[11]以民從欲하
야 一頃之田에 租稅 六石이라 하고 又**朴英規傳**[12]에 云 太祖旣
平神劍에 賜英規田千頃則 結負之名이 似出於其後라 하니 ⊙
案**辛耦**[13]十四年에 大司憲 **趙浚**[14] 等이 上書曰 **太祖**[15]龍興卽位
之初에 慨然歎曰 近世暴斂하야 一頃之租가 收至六石하니 民
不聊生에 予甚憫之하노니 自今으로 宜用什一하야 以田一負
에 出租三升이라 하니 上文一頃이 雖若可據나 下文一負난
又將何解오 結負之名이 遠目新羅오 非自麗始也며 又**景宗**[16]元
年에 始定職官**田柴科**[17]홀식 紫衫 一品에 田柴 各一百十結이
오 丹衫 一品에 田 六十五結이오 緋衫 一品에 田 五十結이오
綠衫 一品에 田 四十五結이라 하니 上距太祖統一之年이 不
過四十餘年이라 此高麗之初也어늘 結負之名이 高古若此호
딕 但 於此時에 無三等六等差地爲結之文이라 (未完)

『황성신문』 1903.06.18

田制結負考 (續)

분야	역사
주제어	量田之法, 磻溪之說, 量田步數, 田稅, 稅法
인물	高麗文宗, 柳馨遠

高麗文宗[1] 二十三年 定量田步數[2]及田稅[3]할식 其步法은 六寸爲一分, 十分爲一尺, 六尺爲一步니 田 一結方三十三步, 二結方四十七步, 三結方五十七步三分, 四結方六十六步, 五結方七十三步八分, 六結方八十步八分, 七結方八十七步四分, 八結方九十步七分, 九結方九十九步, 十結方一百四步三分이오 其稅法[4]은 以十負出米七合五勺하고 積至一結에 米七升五合이오 二十結에 一石이니 柳馨遠[5]曰 文宗時所定量田步數가 諸等地廣이 皆同而賦稅만 隨地品有輕重則 地有濶狹之規난 必是創於麗氏中葉以後오 非自三韓已然也라 案文宗量田之法[6]이 一結之田方三十三步則一結實積이 一千零八十九步也니 必倍加此數하야 得實積二千一百七十八步然後에 方可曰 二結之田

주 7 磻溪之說

而今乃云二結之田이 方四十七步則其實積이 爲二千二百零九步也니 以視一結之例면 所剩이 三十一步而唯徵二結之稅하니 抑何倖乎아 若論三結之田인딘 必於一結之田에 三倍其筭하야 得實積三千二百六十七步然後에 方可曰 三結之田 而今乃云三結之田이 方五十七步則其實積이 爲三千二百四十九步也라 以視一結之例에 所欠이 十有八步而乃徵三結之稅면 抑何寃乎아 此盖文宗之世에 人文猶朴하야 六藝之學이 無所據依 故로 其發於制作이 貿亂如是也라 雖然이나 凡名一結者난 其地廣도 皆同하고 凡名二結者난 其地廣도 皆同이니 **磻溪之說**[7]이 是也라 (未完)

『황성신문』 1903.06.19

田制結負考 (續)

분야	역사
주제어	民斃, 貢法, 旱田, 水田, 租稅, 田尺, 周尺, 五等田品, 悉焚公私田籍, 五等之租, 下三道, 結負束把, 田案, 高麗
인물	朝鮮世宗, 高麗恭讓王, 柳馨遠
레퍼런스	文獻備考, 周官六翼
레퍼런스 저자	金趾

文獻備考[1]云 世宗[2]二十五年 下敎曰 我國損實之法이 見於金趾[3] 所撰周官六翼[4]하니 盖自高麗[5]로 已行이라 此雖美法이나 然收稅輕重이 出於官吏一時所見하야 輕重이 大失에 民斃[6]亦多ᄒ고 且逐段損實은 自古經傳에 無之라 夫貢法[7]이 自三代以至今 行之不易일시 本國로 已於下三道[8]에 試驗이나 其間節目이 有未盡處하니 今宜詳度更定하야 庶幾便民하라 今各等旱田[9] 水田[10]을 一樣改量하고 租稅[11]난 視等加減하야 以遵古制하고 旣遵古制則 其計指田尺[12]과 結負束把[13]를 不依古制하고 仍舊未便이니 宜用周尺[14]改量이나 然一二年內에 未易改量이니 姑將舊田案[15]先分五等田品[16]하고 結負束把난 改作頃畝步法하야 以收五等之租[17]하라 하시니 案聖敎所云 三等之尺이 未知的起

於何時 而**恭讓王**[18]二年에 **悉焚公私田籍**[19]하야 火敎日不滅이라 하니 疑此三等之尺을 作於麗末하야 國初因之니 今不可考也로다 今考聖敎에 欲以周尺으로 改量爲頃畝하고 唯其土品은 分爲五等하야 以收五等之租하시니 此我聖祖精義文理度越百王하사 將以革去謬制하야 以遵簡易之古法也라 **柳磻溪**[20] 平生苦心이 在於此事하야 與聖祖所訓으로 暗合密契하니 惜乎其不講於是也로다 (未完)

㊟ 19 悉焚公私田籍

⑪ 18 高麗恭讓王
20 柳馨遠

『**황성신문**』1903.12.10

鬱島沿革始末

분야	역사
주제어	于山國, 鬱陵島, 武陵, 羽陵, 鬱島, 新羅, 芋陵, 倭人, 女眞, 鬱陵
인물	智證王, 異斯夫, 王建, 白吉土豆, 高麗毅宗, 崔忠獻, 朝鮮太宗, 金麟雨, 朝鮮世宗, 金丸, 朝鮮成宗, 朴元宗, 朝鮮肅宗, 李浚明, 崔再弘, 朝鮮英祖, 趙最壽, 張漢相, 南顥
레퍼런스	三國史記, 高麗史, 國朝實鑑, 輿地勝覽, 文獻備考, 地理考潢考, 周書, 柳得恭詩
레퍼런스 저자	安鼎福, 柳得恭

鬱島[1]者난 我蔚珍東海中小島也니 新羅[2]時에 始發現者也라 三國史[3]에 云 新羅智證麻立干[4]十三年에 于山國[5]이 歸服하야 歲以土宜도 爲貢이라 하고 又云 于山國은 在溟州正東海島니 或 名鬱陵島[6]라 하고 又云 何瑟羅州(今江陵)軍主異斯夫[7]ㅣ 謀並于山國홀식 謂其國人이 愚悍하야 可以計服이라 하고 乃多造木獅子하야 分載戰船하고 抵其島誑之曰 汝若不服이면 放此獸踏殺之라 한딕 其人이 懼乃降이라 하니 此ㅣ 鬱島歸服之始也라 高麗史[8]太祖[9]十三年에 島人白吉土豆[10]ㅣ 獻方物이라 하고 毅宗[11]時에 遣金柔立하야 往視島中한딕 回奏言島中에 有大山村落基址하며 或 有石佛 石塔 鍾鐵 等하고 多生柴胡 石楠 藁本草라 하더니 其後崔忠獻[12]이 議以東郡民으로 實

之라가 因風濤하야 復還本居라 하니 然則 該島之空無居人
은 已自毅宗時 故로 欲移民實之而不果者也라 又按麗史에 云
女眞[13]人이 常乘船寇鈔**芋陵**[14]諸島라 하니 芋陵者난 卽**鬱陵**[15]
而意者當時北界女眞이 每寇掠該島 故로 因而曠廢者也라 麗
季에 倭人漁採者ㅣ 每歲到鬱陵島라 하고 其後에 未有聞焉
이러니 國朝**太宗**[16]時에 聞流民이 逃其島하고 命三陟人 **金麟**
雨[17]하야 刷出하고 空其地러니 至**世宗**[18]二十年에 遣萬戶 **南**
顥[19]하야 率數百人하고 往搜逋民홀식 盡俘 **金丸**[20] 等 七十人
而還하고 **成宗**[21]二年에 遣**朴元宗**[22]하야 覔三峰嶋하다가 因風
波하야 只取大竹 大鰒而還하고 自是以後난 每三年에 一送
人審視호딕 官給斧 十五하야 伐其竹及木하고 又采土物納于
朝하야 以爲信하니 三陟營將과 越松萬戶가 每遞入焉이라
寶鑑[23]에 云**肅宗**[24]二十八年五月에 三陟營將 **李浚明**[25]과 譯官
崔再弘[26]이 還自鬱陵嶋ᄒᆞ야 獻其圖形及紫檀香, 靑竹, 石間朱,
魚皮 等物ᄒᆞ니 盖鬱陵嶋에 間二年 使邊將으로 輪回搜討가
已有定式而今年은 三陟이 當差 故로 浚明이 乘船于蔚珍竹邊
鎭ᄒᆞ야 兩晝夜而還歸라 ᄒᆞ고 又**英祖**[27]十一年에 江原監司 **趙**
最壽[28]가 啓言鬱陵嶋에 每三年一搜討而今年은 歉荒ᄒᆞ니 請
停其搜討라 ᄒᆞ야늘 上이 以問筵臣ᄒᆞ신딕 對曰 往在丁丑에
倭人[29]이 來請此嶋 故로 朝家ㅣ 特送**張漢相**[30]ᄒᆞ야 圖形以來ᄒᆞ
니 盖地廣土沃에 有人居舊址ᄒᆞ고 其西에 又有于山嶋ᄒᆞ야
亦甚廣濶 故로 朝家遂定三年一搜之法하야 至今遵行이라 한
딕 上이 遂命搜討하시니라 盖自廟朝世宗朝以來로 空其地하

고 久無居民이러나 自近三四十年來로 因連年飢饉하야 各道
男女流伊入居者ㅣ 漸繁하야 其設監 設郡之事는 已記於前後
本報之中 故로 煩不疊錄하노라 **輿地勝覽**[31]에 云鬱陵島一名
은 **武陵**[32]이오 又云 **羽陵**[33]이니 在鬱珍正東海中하야 地方百
里오 土地饒沃하야 竹大如杠하며 鼠大如猫하며 桃核大如升
하고 島有三峰이 撑空이니 風日晴朗則 峰頭樹木과 山根沙
渚를 歷歷可見이니 二日에 可到라 하고 **文獻備考**[34]에 云 鬱
陵島에 産藤艸 香木하며 蘆竹이 多合抱者하야 蘆實 桃核가
大可爲盃升이라 하고 又云 鬱陵島海中에 有獸하니 牛形赤
眸無角이오 羣臥海岸이라가 見人獨行이면 害之하고 遇人
多하면 赴入水하니 名曰 可之라 하니 冷齋 **柳得恭**[35]**詩**[36]所謂
惟見可之登岸臥하고 更無獅子撲人來之句가 是也라 又安順
庵**鼎福**[37]**地理考濊考**[38]에 曰 **周書**[39]에 云濊人 前兒난 若獼猴立行
하고 聲如小兒라 하니 今鬱陵嶋에 有嘉支魚하니 無鱗하고
穴居巖磧ㅎ며 有尾四足而後足이 短ㅎ야 陸不善走ㅎ고 水行
如飛ㅎ며 聲如嬰兒ㅎ고 脂可燃燈ㅎ니 或 是歟아 ㅎ니라

『황성신문』 1903.12.14

我韓衣冠制度考

분야	민속, 논설
주제어	文明, 禮義, 衣冠制度, 田蚕, 織作, 蠻夷服, 科頭露紒, 眞髮成新髻, 瓣髮, 胡服, 箕子之遺制, 弁, 折風
인물	檀君, 箕子, 衛滿, 高麗忠烈王, 王融
레퍼런스	東史, 漢書, 史記, 晉書, 禮記, 興服志, 南齊書, 送使新羅詩, 白虎通, 後漢書, 釋名
레퍼런스 저자	司馬遷, 顧況

吾人之有此冠首衣身이 上古之代난 必皆散髮衣皮하고 暑巢寒穴이 與鳥獸同處하다가 及至民智漸達에 文明¹이 日闢則有絲麻之紡績하며 有皮卉之製編하야 始有束髮覆冒之制와 ◈織布蔽盖之服이나 此則 ◈隨其國之文野하야 制度俗習이 各自不同矣러니 我韓은 君長之立이 肇◈檀君²而東史³에 云檀君이 始教民編髮盖首라 호딕 此時난 東方예 未有歷史之文字하고 只出於後人之杜撰則 屬之書契以前이 可也오 後千餘年而箕子⁴東來하시민 漢書⁵에 云 箕子去之朝鮮하야 教其民以禮義⁶ 田蚕⁷ 織作⁸이라 하니 其教化文物이 必有彬彬可觀而柱下之史가 亦佚而無傳焉則 衣冠制度⁹를 無從考稽로딕 以遺風餘俗之往往 流傳於人民者로 溯源而研究則 亦頗有班班可考者

주	1	文明
	6	禮義
	7	田蚕
	8	織作
	9	衣冠制度
인	2	檀君
	4	箕子
레	3	東史
	5	漢書

矣니 其說이 詳在下文하니라 後箕王而代立者난 衛滿[10]也니 馬遷[11]史記[12]에 云 朝鮮王滿者난 故燕人也라 滿이 亡命聚黨 千餘人하고 魋髻蠻夷服[13]으로 而東走出塞渡浿水라 하니 今 之椎髻之俗은 似創自衞滿而晉書[14]에 云 三韓男子科頭露紒[15] 라 하고 唐顧況[16]이 送使新羅詩[17]에 有云 眞髮成新髻[18]者ㅣ 此 也오 高麗忠烈王[19]以後로 始令辮髮[20]胡服[21]하니 此난 多尙元公 主之故也나 至國朝初에 始從舊俗하니라 其冒首之制난 自三 韓以來로 國人上下ㅣ 皆着弁하니 弁者난 卽箕子之遺制[22]也라 釋名[23]에 曰弁[24]은 如兩手相合抃時也라 以爵韋爲之면 謂之爵 弁이오 以鹿皮爲之면 謂之皮弁이오 以韋爲之면 謂之韋弁이 니 白虎通[25]에 曰 皮弁者난 所以法古至質之冠名也라 하고 禮 記[26]에 曰 三王이 共皮弁素積이라 하고 興服志[27]에 曰 皮弁은 與委貌同制하야 長七寸 高四寸하니 制如覆盃하고 前高廣 後 卑銳하야 所謂 夏之母追와 殷之章甫者也라 하니 盖弁은 象 形 故로 上尖銳如兩手合抃이니 卽殷代之遺制也라 周弁殷吁 夏收가 其制實同 故로 曰 三王이 共皮弁이라 하되 自三代以 後로 春秋秦◆은 其制悉變이로딘 惟我韓은 獨守箕子之舊制 하야 至三韓三國而其俗不變 故로 後漢書[28]高句麗傳에 云着折 風[29]形如弁이라 하고 南齊書[30]에 云百濟난 俗冠折風一梁◆ 謂之幘이라 하고 又云 永明中에 句麗使冠折風한다 王融[31]◆ 戲之曰服之不中은 身之災也니 頭上에 定是何物고 麗使ㅣ 答 曰 此卽古弁之遺像也라 하고 (未完)

『황성신문』 1903.12.15

我韓衣冠制度考

분야	민속, 논설
주제어	衣冠制度, 紫大袖裙襦, 章甫冠皮履, 衣褐戴弁, 弁, 首巾幗, 尖幘, 鐵加羅, 加羅國, 伽耶國, 東俗, 幘, 駕洛國, 一摺之巾, 金官, 百濟樂, 新羅, 高句麗, 곡갈, 弁辰, 四夷
인물	李子雄
레퍼런스	隋書, 文獻通考, 東史, 通典, 訓蒙
레퍼런스 저자	丁若鏞

隋書[1]에 曰 新羅[2]嘗遣使어늘 李子雄[3]이 問其冠制所由흔디 使者曰 皮弁[4]遺像이니 安有大國君子而不識皮弁也오 子雄이 因曰 中國無禮에 求諸四夷[5]라 하니 觀此則 漢唐以來로 其制 仍廢하야 中國學士 大夫不識皮弁之爲何物而獨一區東土가 能持古制也라 文獻通考[6]에 云 百濟樂[7]은 舞用二人하고 紫大袖裙襦[8]와 章甫冠皮履[9]라 하니 章甫者난 即殷之冠名也오 東史[10]에 云 高句麗[11]난 衣褐戴弁[12]하고 女子난 首巾幗[13]이니 弁은 即折風也라 上下皆着호디 惟士人은 加兩鳥羽하니 大略은 與 百濟相近이라 하고 通典[14]에 云 新羅冠弁衣錦이라 하니 羅麗 濟三國之俗이 皆一般 戴弁을 推可知也라 茶山 丁若鏞[15]氏曰 今所用祭冠(宗廟祭官之所冠)朝冠(俗云 金冠)이 盖皮弁之遺

[주] 2 新羅
4 弁
5 四夷
7 百濟樂
8 紫大袖裙襦
9 章甫冠皮履
11 高句麗
12 衣褐戴弁
13 首巾幗

[인] 3 李子雄

[레] 1 隋書
6 文獻通考
10 東史
14 通典

[저] 15 丁若鏞

制니 考之禮註에 不甚相遠이어늘 今人이 忽以僧徒所着一摺之巾으로 名之曰 弁(方言에 云 곡갈[16])이라 하니 一摺之巾[17] 은 本非舊制오 乃東僧西山休靜이 始着此巾하야 其頂이 尖銳 不忍正視而俗儒錯認爲弁하야 訓蒙[18]曰 弁이라 하니 盖已往 司憲府 義禁府皁隷及各郡侍奴(方言曰 及唱)皆着尖幘[19]而名 曰 鉄加羅[20](訛傳云 加來)라 하니 加羅者난 鍫也라 (方言에 鍫亦云 加來)鍫未屬柄則 其形이 如弁 故로 名曰 加羅라 하고 加羅 伽耶가 聲相近 故로 弁辰加羅國[21](卽金海駕洛國)을 亦稱 伽耶國[22]하니 加羅로 旣稱弁辰則 古人이 以加羅로 爲弁矣라 茶山이 又曰 東俗[23]이 凡冠幘[24]之尖頂者를 通謂◆弁이라 하 고 亦謂之駕那 故로 今之皁隷 守僕 等所戴尖頂之幘을 名之曰 駕那 亦曰 金駕那라 하니 方言流傳이 必有所本也라 新羅之 時◆ 駕洛國[25]이 在今金海府하야 或 稱加羅 或 稱伽耶하니 此 乃弁辰[26]之總國也라 必◆巾幘◆ 特爲尖頂之制 故로 号之曰 駕那國而中國之人이 譯之以文則 謂之弁辰也라 及其末王仇 亥가 投降新羅之後에 名其國曰 金官[27]이라 하니 金官者난 金 冠也오 金冠者난 金駕那也라 하니 以此考之則 駕洛之稱弁辰 이 亦以其所戴之弁而得名也라 (未完)

『황성신문』1903.12.17

我韓衣冠制度考

분야	▌민속, 논설
주제어	▌衣冠制度, 折風, 靑錦袴, 銀花, 衣褐戴弁, 唐制, 唐服, 處容舞服, 大袖 濶袂, 道袍敞衣, 蒙古胡制, 圓衫, 長衣, 箕聖遺風, 髮髻, 高句麗, 高麗, 新羅, 百濟
인물	▌眞德女王, 金春秋, 文武王, 朝鮮世祖, 高麗忠宣王, 箕子, 梁誠之, 朝 鮮宣祖
레퍼런스	▌文獻通考, 隋書, 東史, 周易
레퍼런스 저자	▌李瀷, 朴趾源

衣服之制난 **文獻通考**[1]에 云濊與句麗도 類하야 男女衣皆曲
領이오 男子난 繫**銀花**[2]廣數寸以爲飾하며 服大袖衫이라 하
고 又云 **高句麗**[3]난 衣類**高麗**[4]라 하고 **隋書**[5]에 云 新羅服色尙素
라 하고 又云 新羅使者ㅣ 服窮袴 冠**折風**[6]이라 하고 **東史**[7]에
云 百濟난 服大袖袍 **靑錦袴**[8]라 하고 高句麗난 **衣褐戴弁**[9]이라
하고 新羅法興王六年에 始制百官公服호딕 自角干阿飡以下
로 以朱紫緋靑黃色有差러니 至**眞德王**[10]二年에 **金春秋**[11]ㅣ 得
唐家冠服하야 始依**唐制**[12]하고 **文武王**[13]三年에 令婦人으로 亦
服**唐服**[14]이나 然而 其制度난 不可考으 但 就中東諸史而考之
컨딕 **大袖濶袂**[15]之制난 自羅麗以來로 至國朝皆同하고 又據
東京(今慶州)所得**處容舞服**[16]着則 稱云 新羅之樂而其服이 果

大袖濶袂에 與今僧徒所着(俗云長衫)으로 略同하니 據此則 當時大袖衫之制度를 槪可推知矣라 今之朝祭之服과 與團領 帖裏之制난 悉倣明朝制度者也오 道袍敞衣[17]之制난 創自宣廟[18] 朝以後而非我舊制也라 婦人之服은 舊制에 皆濶袂長裙이러 니 高麗之末에 多尙元公主하야 宮中髻服이 皆蒙古胡制[19]而士 大夫家도 爭慕宮樣하야 遂以成風하니 燕岩 朴[20]氏曰 今妓女 舞時所着圓衫[21]이 卽古者婦女之服也라 하고 世朝[22]元年에 梁 誠之[23]疏請禁女服長衣[24]라 하니 長衣之廢난 始自光廟而至今 婦女出入時에 作冒面之服하니라 星湖李[25]氏曰 按通考에 新 羅[26]婦人은 美髮繞首하고 高麗난 髻髻垂右肩하고 百濟[27]난 合 兩道라 하니 大抵 相類而今俗에 婦女ㅣ 必爲髮髻[28]하야 兩道繞首하고 屈其尾挿於右하고 以其纓垂之를 恰與都人十 詩所謂 卷鬟有餘之語로 沕合하니 箕聖遺風[29]을 宛如目見이 라 하고 又曰 周易[30]賁之六四에 云 白馬翰如에 匪寇婚媾라 하니 殷人이 尙白 故로 婚必用白馬而我邦은 是箕子[31]舊俗 故 로 高麗忠宣王[32]之婚禮也에 以白馬八十◆匹로 爲贊하고 流傳 之俗이 至今 未改하야 凡士庶之婚에 必求白馬하니 可以見 矣오 其他 衣白劃井이 千百載不變하야 箕俗之流傳이 如此 라 하나 我韓文物風俗之間에 太師之遺風之未泯을 從可知矣 로다 (未完)

『**황성신문**』1905.10.31

高句麗廣開土王碑銘敍記

분야	고적
주제어	廣開土大王陵碑文, 疆土, 古蹟, 史本, 愛國, 懷仁縣, 百濟, 契丹
인물	廣開土大王, 故國壤王, 高朱蒙, 眞武, 高雲, 左宗棠, 酒勻, 慕容熙, 慕容歸, 朴容喜
레퍼런스	三國史記

按三國史[1]高句麗記 廣開土王[2]談德 故國壤王[3]伊連之子 東明王[4]之十九世孫也 狀貌雄偉 有倜儻之志 故國壤王 八年壬辰 薨 太子談德卽位 是年七月 將兵四萬攻**百濟**[5] 陷石峴等十城 九月伐**契丹**[6] 虜男女五百口 又招還本國俘民一萬口 十月又攻百濟 拔關彌城 於是百濟北鄙漢水北諸部落多沒焉 三年乙未百濟左將**眞武**[7]等來伐句麗王率兵七千陣於浿水拒戰濟軍大敗五年丁酉伐燕拔取遼東城八年庚子與**慕容熙**[8]大戰十年壬寅又伐燕拔取宿軍城平州刺史**慕容歸**[9]棄城走十一年二月又伐燕平州克之盡有遼東之地十三年乙巳燕兵來攻遼東城不克前年甲辰又伐燕明年丙午燕兵來攻木底城不克十六年戊申遣使北燕與北燕王**高雲**[10]敍宗族十七年己酉築國東禿山等六城至二十一年癸丑十月薨

주 5 百濟
6 契丹

인 2 廣開土大王
3 故國壤王
4 高朱蒙
7 眞武
8 慕容熙
9 慕容歸
10 高雲

레 1 三國史記

諡曰廣開土王盖美其開斥疆土[11]也然而三國史所記之文不過只此畧千而已今此廣開土王碑文一本特出於數千年之後足以補數千年前史文之缺乏迨與禹碑周皷幷傳其光鳴乎誠可異哉今按其碑在盛京省懷仁縣[12]洞溝地方其地枕鴨綠江右岸距九連城爲百五十里土人言此碑久埋於山谷遷變之中距今三百年前漸至顯露至我開國四百九十一年壬午(卽明治十五年)盛京將軍左宗棠[13]聞知其事始雇人發掘乃知爲高句麗廣開土王碑文[14]而其碑高一丈八尺南北兩面五尺六七寸東西四尺四五寸而南面爲正面四面刻文字南面十一行西面十行北面十三行東面九行每行四十一字合計四十三行一千七百五十九字往在開國四百九十三年甲申日本步兵大尉酒句[15]氏赴清途次搭取一本以來現在于日本東京上野公園之博物舘中其字多用古字篆隷之類頗難强解亦或有刓缺處然此特我國家一部史本[16]也亦我一個古蹟[17]也而我國之人總皆茫然沒聞至于今日日本東京之我韓留學生朴君容喜[18]始得抄寫一本寄贈于本記者故記者亦得詳閱而傳載欲以供今日諸君博古之一資故於此特揭而先敍其事實之詳惟願有志愛國[19]之人士幷宜閱讀而研究可以知當日文野之程度與國力之優劣矣以故特揭于此以備諸君子之博覽也ᄒᆞ노라 (未完)

『황성신문』 1905.11.01

高句麗廣開土王碑銘 (前号續) 附註觧

분야	▌고적
주제어	▌卒本沸流水, 白頭山
인물	▌高朱蒙, 解慕漱, 柳花, 河伯, 金蛙王, 帶素, 烏伊, 摩離, 陜父
레퍼런스	▌東史, 東明王記, 三國史記, 魏書高句麗傳

惟昔始祖鄒牟王之奠基也, 出自北扶餘, 天帝之子, 母河伯女郞, 剖卵降出, 生子有聖○○○○○(右五字刓缺下凡○處皆倣此)命駕巡○南下, 路由夫餘奄利火水, 王臨津言曰我是皇天之子, 母河伯女郞, 那牟王爲木連葭淳龜應, ○郞爲連葭浮龜然後造渡, 苞沸流谷忽本西城山上而建都焉, 記者는 以爲 今 此碑文所稱始祖那牟王之稱이 與東史有不合 故로 博採諸史之說以爲參攷之資하고 兼附辨觧如左하노니 按東史[1]에 高句麗始祖 東明王記[2]에 云 朱蒙[3]의 姓은 高氏니 北夫餘王解慕漱[4]之子也오 母曰 河伯[5]의 女 柳花[6]니 初에 柳花ㅣ 與諸弟로 出游홀ㅅ 慕漱ㅣ 見而悅之ᄒ야 誘入熊心山下鴨綠室中하야 私之홈이 卽往不返홈으로 父母ㅣ 以柳花가 無媒而從人이라 하야 謫于太白

인	3	高朱蒙
	4	解慕漱
	5	河伯
	6	柳花

레	1	東史
	2	東明王記

山(今白頭山[7])南優渤水上이러니 東夫餘王 金蛙[8]가 見而憐之
ᄒᆞ야 收置室中이러니 若有日光이 逐照其身ᄒᆞ다가 果有娠ᄒᆞ
야 生朱蒙ᄒᆞ니 年甫七歲에 自作弓失ᄒᆞ야 發無不中이라 夫餘
俗에 語善射者를 爲朱蒙이라 ᄒᆞᄂᆞᆫ 故로 因名焉ᄒᆞ니라 金蛙
ㅣ 有七字호ᄃᆡ 技能이 皆不及朱蒙흠이 金蛙의 長子帶素[9]가
言於其父曰 朱蒙이 有勇하니 恐爲後患이라 請除之하소셔 ᄒᆞᆫ
ᄃᆡ 柳花ㅣ 知之ᄒᆞ고 謂朱蒙曰 國人이 將害汝하니 以汝材略으
로 何往不可리오 孰與遲留而後悔者乎아 ᄒᆞᆫᄃᆡ 朱蒙이 乃與烏
伊[10] 摩離[11] 陜父[12] 等三人으로 逃至卒本沸流水[13]上 居之ᄒᆞ니 時
年이 二十二이라 云ᄒᆞ고 又按高句麗史[14]에 云 朱蒙이 行至卒
本하야 觀其土壤肥美와 山河險固ᄒᆞ고 結廬於沸流水上 居之
라 ᄒᆞ고 又按百濟史云 朱蒙이 自北夫餘로 逃難至卒本夫餘ᄒᆞᆫ
ᄃᆡ 夫餘王이 無子라 見朱蒙하고 以女妻之러니 未幾에 夫餘
王이 薨커늘 朱蒙이 嗣位하니 是爲高句麗라 ᄒᆞ고 又按魏書高
句麗傳[15]에 云 朱蒙이 自夫餘로 東南走하다가 遇一大水하니
魚鼈이 成橋得渡하야 遂至普述水하야 遇見三人하고 與至訖
升骨城하야 遂居焉이라 하고 (未完)

『황성신문』 1905.11.02

高句麗廣開土王碑銘 (前号續) 附註觧

분야	고적
주제어	彌鄒忽, 慰禮城, 百濟, 廣開土大王陵碑文
인물	解夫婁, 優台, 延陀勃, 召西奴, 沸流, 溫祚, 琉璃王, 大武神王, 高朱蒙, 儒留王
레퍼런스	後漢書, 三國史記, 北史, 韻書
레퍼런스 저자	金富軾, 丁若鏞

又按茶山 丁氏¹說에 云 後漢書²魏略에 並稱北夫餘始祖名 曰 東明이라 ᄒ고 北史³는 以句麗始祖로 爲東明이라 하고 金富軾⁴ 三國史⁵는 從北史하야 以朱蒙⁶으로 爲東明하니 自此以後로 撰 史者例以朱蒙으로 爲東明이나 東明二字는 明是夫餘始祖오 非朱蒙이라 ᄒ고 又按百濟史에 云 初에 夫餘王 解夫婁⁷之孫 優 台⁸가 娶卒本人 延陀勃⁹之女 召西奴¹⁰하야 生二子 長曰 沸流¹¹ 오 次曰 溫祚¹²니 優台死에 朱蒙이 自夫餘로 南奔至卒木하야 娶 召西奴爲妃ᄒ고 待沸流如己子러니 及朱蒙의 子 類利¹³爲太子 嗣位에 沸流 溫祚 遂奉母南行ᄒ야 沸流는 居彌趍忽¹⁴하고 溫 祚는 居慰禮城¹⁵하야 國号 百濟¹⁶라 하고 元年夏五月에 立始祖 東明王廟라 하니 記者는 以爲 據此廣開土王碑文¹⁷則 稱始祖 曰

鄒牟王이라 하고 類利曰 朱留王이라 하니 鄒牟者는 卽朱蒙也라 韻書[18]에 朱音듀니 與邾鄒音同하고 蒙은 冒也니 音與牟相同則 鄒牟者는 卽朱蒙也라 若朱蒙이 有東明之謚号則 今此碑文에 何以捨謚而稱名乎아 當時 雖尙質이나 不應如是鹵莽也오 且句麗王之有謚号는 自**大武神王**[19]爲始則 東明王者는 恐是漢魏史夫餘始祖之說이 爲是也니 茶山之辨이 固當也라 且高句麗紀에 歷代國王이 皆有行幸卒本하야 祀始祖廟之文 而未嘗有祀東明王廟之說則 此足爲東明이 非朱蒙之一証也오 且百濟溫祚王元年에 先立東明王廟ᄒ고 其後嗣王이 卽位之後에 皆謁始祖東明王廟라 ᄒ니 百濟ㅣ 雖陋昧나 奚可以其母再嫁之夫 朱蒙으로 稱爲始祖而立廟首祀之乎아 此는 決無是理니 亦足爲東明이 非朱蒙之二証也니 盖麗濟二國이 皆系出夫餘 故로 並以夫餘之東明으로 爲始祖歟아 今此碑文에 不稱東明而稱鄒牟者ㅣ 尤足爲証案 故로 辨之於此나 然而千載已定之案을 今不敢遽斷일시 姑且附註하야 以俟博雅君子之採証焉ᄒ노라 碑銘中[奄利大水]는 卽朱蒙初渡之淹褫水也오 爲(木連葭浮龜)者는 卽魚鼈成橋之說也오(忽本)은 卽卒本之轉音也니 與本史로 相符하니라 永樂○位, 因遣黃龍來下迎王, 王於忽本東罡(與疆同), 黃龍負昇天, 顧命世子**儒留王**,[20] (卽類利), 以道興治, 大朱留王, (卽儒留), 紹承基業, ○至十七世孫, 國罡土廣開土境平安好太王, (卽尊号), 二九登祚, 号爲永樂太王, 恩澤○于皇天, 威武權被四海, 掃除○○, 庶寧其業, 國富民殷五穀豐熟, 昊天不吊, 三十有九, 晏駕棄國, 以甲寅年九月二十九日乙酉遷

就山陵, 於是立碑銘紀勳績, 以永後世焉, [註解] 黃龍負昇天 卽

麒麟朝天之說 而麗代荒昧 以神聖詭誕之說로 以誑愚俗者를 至

記之碑文ㅎ니 此는 不足多辨이라 (未完)

『**황성신문**』 1905.11.03

高句麗廣開土王碑銘 (前号續) 附註解

분야	고적
주제어	鹽難水, 百濟, 屬邦, 倭兵
인물	廣開土大王, 故國壤王, 辰斯王, 奈勿王, 枕流王, 阿花, 辰斯, 紀角, 阿莘
레퍼런스	通志, 三國史記, 日本史, 百濟史, 東史

其○日○○, 永樂五年歲在乙未, 王以碑麗不息○, 又躬率往討石富山, 負碑至壙水上, 破其丘, 部落六七百, 當用馬兼羊不可稱數, 於是旋駕, 因過駕平道東, 來○城力城北, 豐五備獵○歡土境, 田獵而還, [註解] 按此ᄂᆫ 記立碑功役之鉅也니 [永樂五年乙未ᄂᆫ] 據三國史[1]에 廣開土王[2]이 以故國壤王[3]九年壬辰五月로 卽位則 雖以卽位之年紀元이라도 至乙未歲則 僅爲四年 而此云 永樂[4]五年則 史之紀年이 必誤也오 [負碑至壙水] 壙水ᄂᆫ 卽鹽難水[5]니 通志[6]云 佟家江古壙難水라 源出長白山之分水嶺이라 하고 卽今之婆猪江也라 在楚山鴨綠江北하야 與鴨綠合流하니라 [平道]ᄂᆫ 溝名이오 力城은 地名이라 百殘[音濟]新羅, 舊盡屬民, 由來朝貢, 而倭以辛卯年來渡海破百殘○○○羅以

爲臣民, 以六年丙申, 王躬率水軍, 討任殘國軍, ○○○首攻取
一八城, 曰模盧城, 右模盧城, 幹上利○, ○○城, 閣彌城, 牟盧,
彌沙城, ○舍蔦城, 阿且城, 古利城, ○○○○○利城, 雜彌城,
奧利城, 句牟城, 古須能羅城, 頁○○○○城, 分而能羅○○城,
○○城, ○○○○雙城, 沸八那○, ○○○○○○○○○
○○○加城, 敦拔城○○○婁賣城, 散○城, ○○城, 細城, 牟
婁城, 于婁城, 蘇灰利城, 彌鄒城, 也利城, 大王韓城, 掃城, ○○
○○○○○利城, 就鄒城, ○拔城, 古牟婁城, 國奴城, ○奴城,
○穰城, 燕婁城, 析支利城, 岩門至城, 林○○○,[註觧] 此ᄂ 記
其征伐開土之功이니 [百殘]은 卽百濟⁷오 [屬民]은 猶言屬邦⁸也
오 [倭以辛卯年來]ᄂ 辛卯ᄂ 卽百濟辰斯王⁹七年이오 新羅奈勿
王¹⁰三十六年而史無倭兵¹¹來攻之說ᄒ고 據日本史¹²則 云 百濟
枕流王¹³이 卒ᄒ고 子阿花¹⁴ᄂ 幼어늘 叔父辰斯¹⁵ㅣ 篡立 故로
遣紀角¹⁶ 等侵責ᄒᄃᆡ 國人이 殺辰斯以謝ᄒ고 乃立阿花라 ᄒ
니 此ᄂ 明年壬辰之事라 百濟史¹⁷에 壬辰十一月에 辰斯薨ᄒ
고 阿莘¹⁸이 立이나 然而 其來侵有無ᄂ 未嘗見也오 六年丙申
에도 我與日史에 倂無高句麗破任那百濟之說而此云王이 躬
率水軍ᄒ고 討任殘國軍이라 하니 [任殘]者ᄂ 任那百濟也라
自一八城以下ᄂ 皆地名이니 凡其攻取之城이 略爲五十餘城
而史皆闕佚하고 東史¹⁹에 但 記壬辰七月에 高句麗王이 攻百
濟陷石峴 等 十城하고 十月에 又攻拔百濟關彌城이라 하고 又
曰 百濟北鄙漢水諸部落이 多沒焉이라 하니 雖其紀年은 不無
相差나 亦可見其攻拔城邑之多也라 今此碑文中에 閣彌城은

似是關彌也오 阿且城은 屢見濟史者로딕 其他 諸城은 皆未詳

在何地하니라 (未完)

『황성신문』 1905.11.06

高句麗廣開土王碑銘 (前号續) 附註解

분야	고적
주제어	安羅, 阿羅加羅, 國煙看煙, 陵墓守護, 開拓, 稱述功德, 疆土, 韓穢
인물	廣開土大王
레퍼런스	高句麗詩

平壤城民國烟一看烟十 △連二家爲看烟住婁人國烟一看烟
卅三梁谷二家爲看烟梁城二家爲看烟安夫連廿二家爲看烟改
谷三家爲看烟新城三家爲看烟南蘇城一家爲國烟新來韓穢沙
木城國烟一看烟一牟婁城二家爲看烟 △比鴨岑韓五家爲看烟
句牟客頭二家爲看烟永底韓一家爲看烟舍鳥城韓穢國烟三看
烟廿一古 △能羅城一家爲看烟 △景古城國烟一看烟三客覽韓
一家爲看烟阿且城雜珍城合拾家爲看烟巴奴城韓九家爲看烟
右模盧城四家爲看烟古模盧城二家爲看烟牟水城三家爲看烟
榦弓利城國烟二看烟三爾 △城國烟七看烟七 △利城三家爲看
烟豆奴城國烟一看烟二奧利城國烟二看烟八須鄒城國烟二看
烟五百殘南居韓國烟一看烟五大山韓城六家爲看烟農賣城國
烟一看煙一閨奴城國煙二都煙廿二右牟婁城國煙二看煙八涿

城國煙一看煙八味城六家爲看煙就咨城五家爲看煙三穰城廿
四家爲看煙散那城一家爲國煙那且城一家爲看煙句牟城一家
爲看煙於利城八家爲看煙比利城三家爲看煙, 細城三家爲看煙
若我萬年國罡上廣開土境好太王, 存時教言, 祖王先王, 但教取
遠近舊民, 守墓灑掃, 吾慮舊民, 轉當羸劣, 若其不知法之後安,
守墓者, 但取吾躬率厥署, 來韓穢令備灑掃, 言敎如此, 是以如
敎令, 取韓穢二百廿家, 慮其永安石碑則復取舊民一百拾家合
新舊守墓戶, 國煙卅, 看煙三百, 都合三百卅家自上祖先王以來
墓上永久制守墓, 致使守墓人, 煙戶羌錯惟國罡上廣開土境好
太王, 盡爲祖先王墓上立碑銘其煙戶不令羌錯, 又○○之人, 自
今以後, 復不得更相轉賣, 惟有富足之者, 亦不得擅買, 其有違
令, 賣者刑之, 買人, 制令守墓, [註觧] [安羅]¹는 卽阿羅加羅²오
[國煙看煙]³은 卽陵墓守護⁴之官名이니 羅麗官制에 掌陵寢之官
이 有典煙舍하고 舍有看翁等官하니 國烟看烟云者는 卽守陵
之職也오 [新來韓穢]는 卽新歸化之韓人穢人이니 句麗時⁵에 指
百濟 任那 新羅之人을 謂之韓이라 하고 夫餘 梁貊之人을 謂之
穢라 ᄒ니 盖誇其征服韓穢⁶之人ᄒ야 使之備守墓之烟戶也오
又(百殘南居韓)은 似指任那國人也니 廣開土王⁷이 開拓⁸疆土⁹
하고 凡其祖先王陵寢에 皆置守戶하야 使韓穢諸國之人으로
充其守墓하고 又各立碑銘於陵墓ᄒ야 以表其功業 故로 今此
碑文에 亦稱述功德¹⁰而記銘者니 雖其文字가 多刓缺不堪讀이
나 然而亦可徵其當時功業之盛而足以備考古家古跡之一案일
시 特爲詳錄於本紙하야 以公具眼者之覽採하노라 (完)

『황성신문』 1909.01.06

讀高句麗永樂大王(廣開土王)墓碑謄本

분야	고적
주제어	文明, 英雄, 歷史, 四千餘年文明舊國, 國性, 國粹, 南征, 北伐, 史料, 寶品
인물	廣開土大王, 項羽, 韓信, 乙支文德, 梁萬春, 阿骨打, 칭기즈칸(成吉思汗), 榮禧, 酒勻景信
레퍼런스	通鑑節要, 東國通鑑

夫歷史[1]는 國家의 精神이오 英雄[2]은 國家의 元氣◆ 試觀ᄒ 건딕 凡地球上에 野蠻部落이 아니오 國家의 制度로 成立ᄒ 고 國民의 資格으로 生活ᄒᄂ 者ᄂ 皆其歷史를 尊重히 ᄒ 고 英雄을 崇拜ᄒᄂ딕 其國民이 文明[3]ᄒᆯ사록 歷史를 더욱 尊重히 ᄒ고 英雄을 더욱 崇拜ᄒᄂ니 盖其歷史를 尊重홈과 英雄을 崇拜홈이 即其國家를 愛ᄒᄂ 思想이라 故로 史學上 에 叅攷될 材料가 有ᄒ면 荒原豊草間에 土蘚이 侵蝕ᄒ고 野 火가 燒殘혼 古碑片石이라도 琬琰洪璧과 等視ᄒ고 英雄具 人의 遺蹟이 有ᄒ면 婦女童穉라도 皆尸祝ᄒ며 紀念ᄒ며 膜 拜ᄒ며 歌誦ᄒᄂ지라 我韓은 四千餘年文明舊國[4]이니 四千餘 年間에 歷史의 光輝도 炳朗ᄒᆯ것이오 四千餘年間에 英雄의

주 1 歷史
2 英雄
3 文明
4 四千餘年文明舊國

勳業도 林濯흘 터인딕 乃由來陋習이 自國의 歷史를 發輝치 안코 他國의 歷史를 傳誦ᄒ며 自國의 英雄을 崇拜치안코 他國의 英雄을 稱道ᄒ야 少微通鑑[5]은 兒童이 皆誦ᄒ되 東國通鑑[6]은 老儒도 不講ᄒ며 項羽[7]韓信[8]의 事蹟은 樵牧이 能言ᄒ되 乙支文德[9]梁萬春[10]의 功業은 學士도 罕言ᄒᄂ 中에 一種盲學者의 徒가 尊華二字를 稱托ᄒ고 奴隷學問을 轉相授受ᄒ야 號召國人흠으로 國性[11]이 消鑠ᄒ고 國粹[12]가 磨滅흠에 至ᄒ얏스니 寧不可笑며 寧不可慨리오 ◆若高句麗第十七世廣開土王[13]ᄒ야ᄂ 在位가 十九年에 不過ᄒ되 南征[14]北伐[15]에 所向皆捷ᄒ야 東方諸國이 皆稽額納貢ᄒ고 遼河以北數千里가 皆入飯圖ᄒ얏스니 若天假以壽考ᄒ엿스면 阿骨打[16]와 成吉思汗[17]의 威名이 全國과 蒙古에 不在ᄒ고 高句麗에 在ᄒ얏슬지로다 鳴呼라 其墓碑一片이 鴨綠江北懷仁縣에 在ᄒ니 此實我韓萬世에 最有力흔 史料[18]오 無◆흔 寶品[19]이어늘 千餘年을 土中에 埋沒ᄒ야 史學家의 拂拭摩掌흠을 遭遇치못ᄒ고 田夫牧子의 敲擊燒毀를 被ᄒ다가 終乃日本人佐川[20]氏가 發見而摺寫之ᄒ고 淸儒小榮禧[21]氏가 參攷而注明之ᄒ야 東京博物館에 置ᄒ고 世界雜誌에 記載ᄒ얏스니 是로 由ᄒ야 王의 林林흔 工業이 世界에 發表되얏스나 我韓史學家ᄂ 獨無愧焉가 其發見흔 事實은 曾於本報에 揭載흠이 有ᄒ거니와 今其膽本을 奉讀흠이 遼東大陸을 向ᄒ야 一場大叫를 自不能已ᄒ노라

『황성신문』1909.02.06

我國古代發達의 遺蹟

분야	역사
주제어	高句麗, 高麗磁器, 鐵甲龜船, 文明, 民族, 遺蹟, 古代, 寶品, 史乘, 考古學, 廣開土大王陵碑, 愛國, 神聖種族
인물	檀君, 箕子, 廣開土大王, 李舜臣, 李珥, 李世勣
레퍼런스	擊蒙要訣, 聖學輯要, 磻溪隨錄, 東醫寶鑑, 金剛經

世界上 文明[1]호 民族[2]은 新事業이 發達될사록 古代[3]의 遺蹟[4]을 더욱 崇拜호고 保守호느니 盖其新文明이 卽舊文明에셔 胚胎홈을 硏究호고 思慕홈이오 且古代傳人의 事業을 崇拜호고 保守호는 것이 卽一般國民으로호여곰 自國을 崇拜호고 自國을 保守호는 精神을 培養홈이오 又各國遊覽者로호야곰 自國舊代文明을 著示호는 價値가 有호 故로 泰西各國은 二千年前古屋과 古塔과 古器와 古碑等屬이 皆無上호 寶品[5]이되야 世界人士의 玩覽을 供호고 搭寫를 與호야 舊代文明의 證據를 發表호느니 若其舊代文明의 證據物이 無호면 卽是舊代의 野蠻部落으로 漁獵生活호던 本色◆顯露홈이라 此를 個人의 家族으로 譬諭홀지라도 世家名族은 皆其祖先

주) 1 文明
2 民族
3 古代
4 遺蹟
5 寶品

의 譜牒과 遺稿와 古物을 保守홈이 有ᄒ고 下等賤人家는 其
祖先의 來歷도 不知ᄒᄂ니 其爲榮辱關係가 果何如㦲아 我
韓은 四千年文明古國이라 舊代文明의 遺蹟이 不一而足홀지
어늘 乃檀君[6]箕子[7]及高句麗[8]의 三千年史乘[9]은 李世勣[10]의 焚燬
를 被ᄒ야 文獻이 蕩然ᄒ얏고 金石碑版等이 荒原蕪草間에
埋沒혼 者는 蟲蟲혼 田夫牧子들이 遊覽者의 禾稼踐踏을 厭
惡ᄒ야 打倒或◆藏으로 存者가 殆盡ᄒ고 又讀書士子는
考古學[11]에 留意치아니ᄒ야 披採傳寫가 亦無홈으로 四千年
古國에 前代文明을 證據홀 者幾希ᄒ니 可勝嘆哉아 至今舊
代發達의 遺蹟으로 論ᄒ면 高句麗廣開土王[12]의 墓碑[13]는 富强
發達의 證據오 高麗磁器[14]는 美術發達의 證據오 忠武公[15]의 鐵
甲龜船[16]은 軍艦發明의 證據오 著述文字로 論ᄒ면 栗谷[17]의
擊蒙要訣[18]及聖學輯要[19]는 道學發明의 證據오 磻溪隨錄[20]은 經
濟發達의 證據오 東醫寶鑑[21]은 醫學發達의 證據오 金剛經[22]의
注釋은 佛學發達의 證據니 此皆我國舊代文明의 光明혼 文獻
이오 貴重혼 寶品이어날 乃廣開土王의 墓碑는 土中에 埋沒
ᄒ야 田夫敲擊과 野火燒殘을 被ᄒ되 搜採拂拭ᄒᄂ 者가 無
ᄒ고 高麗磁器는 專히 外人의 購去珍玩을 供ᄒ야 本國人은
愛護ᄒᄂ 者가 無ᄒ고 忠武公의 鐵甲龜船은 繼續發明홀 者
가 無ᄒ고 擊蒙要訣과 聖學輯要와 磻溪隨錄等文字는 近日
外國의 新學問이 輸入혼 後로붓터 後進學生들이 絶不掛眼
ᄒ니 究竟苞籬邊物을 作홀 而已라 然則舊代文明證據는 不
過幾年에 一無存者ᄒ리니 此엇지 文明혼 民族의 歷史이며

愛國[23]ᄒᆞᄂᆞᆫ 民族의思想이며 發達ᄒᆞᄂᆞᆫ 民族의 精神이리오 嗚呼라 我檀箕后裔神聖種族[24]이여 守舊ᄒᆞᆫ다 守舊ᄒᆞᆫ다ᄒᆞᄂᆞᆫ 者ᄂᆞᆫ 所守者何物이며 求新ᄒᆞᆫ다 求新ᄒᆞᆫ다ᄒᆞᄂᆞᆫ 者ᄂᆞᆫ 所求者何物고 新事業이發達될사록 古代遺物을 保守ᄒᆞᄂᆞ니 我大韓人士ᄂᆞᆫ 幸其注意ᄒᆞᆯ지어다

㊀ 23 愛國
24 神聖種族

『황성신문』 1909.04.11

先哲紀念

분야	철학
주제어	先哲, 東洋哲學, 儒者, 國敎, 日本留學界, 韓國之光, 文明, 國粹, 國光, 新文化, 新學問, 奴性
인물	內田周平, 元田東野, 李滉, 孔子, 孟子
레퍼런스	大韓學報, 元田東野先生遍跋

㉦ 1 先哲
2 日本留學界

現今 學界風潮가 皆新文化를 輸入ᄒᆞ고 新學問을 發達ᄒᆞ기로 主倡ᄒᆞᄂᆞᆫ 것은 時義에 適當ᄒᆞᆫ 바오 時務에 必要ᄒᆞᆫ 바니 余도 此에 同意ᄒᆞ며 此에 苦心ᄒᆞ야 言論文字가 此에 不出ᄒᆞ나 然이나 現在 社會風紀와 學界品行에 關ᄒᆞ야 詳細考察ᄒᆞᆫ 則 本領이 淺薄ᄒᆞ고 品行이 輕佻ᄒᆞᆫ 許多欠點이 實屬憂慮者ㅣ 不淺ᄒᆞᆫ 故로 往往히 我國 **先哲**[1]의 學問大節를 掇拾ᄒᆞ야 本紙上에 揭出ᄒᆞᆷ이 有ᄒᆞ니 社會僉彦과 學界諸生이 此에 對ᄒᆞ야 同意ᄒᆞ고 傾聽ᄒᆞᄂᆞᆫ 影響이 有ᄒᆞᆯ은 槪乎未見일 쓴더러 扞格不入ᄒᆞ고 嘲笑不已ᄒᆞᄂᆞᆫ 者가 往往 而有ᄒᆞᆫ 故로 余意의 見이 果是迂謬인지 自訟者 切이로다 惟是 **日本留學界**[2]의 若個學生들이 本紙의 言論을 對ᄒᆞ야 同情을 表ᄒᆞᄂᆞᆫ 者가 有ᄒᆞ니 盖海

外學生은 新文化[3]를 吸收홈과 新學問[4]을 勵倣홈이 內地學生보
다 優過호 程度가 有홀지어늘 乃舊學을 紀念ᄒᆞᄂᆞᆫ 意向이 余
와 相符홈이 有ᄒᆞ니 豈無特見而然哉아 一日은 留學界에셔
發行ᄒᆞᄂᆞᆫ 大韓學報[5]를 閱讀홈이 日人新聞紙에 編述호 內田周
平[6]氏의 元田東野先生遍跋[7]이라는 文字를 謄載ᄒᆞ얏ᄂᆞᆫ디 盖元
田東野[8]ᄂᆞᆫ 日本帝室의 侍講이오 國人의 仰望ᄒᆞᄂᆞᆫ 泰斗인디
卽我國 李退溪[9]先生의 淵源을 溯호 者오 其他 哲學家도 退溪先
生의 學을 論ᄒᆞᄂᆞᆫ 者ㅣ 多ᄒᆞ고 又先生을 擧ᄒᆞ야 東洋哲學[10]系
統에 列ᄒᆞ고 又曰 若使西洋人으로 知退溪之哲學이면 可以增
韓國之光[11]이라 云ᄒᆞ얏더라 由是觀之ᄒᆞ면 現世에 文化를 增
進ᄒᆞ고 人才를 陶鑄ᄒᆞᄂᆞᆫ 者가 實로 自國의 固有호 質素를 盡
棄ᄒᆞ고 專히 他國風潮에 浸溺호 者가 아니어날 乃近日에 在
ᄒᆞ야 文明[12]의 本意를 誤解ᄒᆞᄂᆞᆫ 者가 外國文物에만 心醉ᄒᆞ고
自國風潮ᄂᆞᆫ 無視ᄒᆞ야 認道德爲弁髦ᄒᆞ고 指儒者[13]爲棄物ᄒᆞ야
甚至於 孔[14]孟[15]을 不須學이라 ᄒᆞ며 先儒前輩를 肆口詆斥ᄒᆞ
니 是ᄂᆞᆫ 彝性을 自壞ᄒᆞ고 品行을 自汚ᄒᆞ며 國粹[16]를 廢棄ᄒᆞ
고 奴性[17]을 養成홈에 不過호 者니 寧不寒心가 幸我社會僉彦
과 學界諸生은 我國 先哲의 學問大節를 紀念ᄒᆞ고 發揮ᄒᆞ야
本領을 樹立ᄒᆞ고 風化를 培養ᄒᆞ야 完全호 人格을 成就ᄒᆞ고
固有호 國敎[18]를 保全홀 것이오 且使世界各國人으로 知我國
舊來에 有此等理學先生ᄒᆞ야 國光[19]을 發表홀지어다

『황성신문』 1909.05.14

乙支公家史에 對ᄒ야 又一觀念

분야	역사
주제어	紀績碑, 忠武祠, 乙支文德의 墓地, 乙支公山, 乙支井, 妙淸의 亂, 遺蹟, 文明, 民族, 偉人, 古蹟
인물	頓永燦, 乙支遂, 乙支文德, 高麗仁宗
레퍼런스	隋書, 資治通鑑, 資治通鑑綱目, 三國史記
레퍼런스 저자	金富軾

金富軾[1]氏三國史[2]에 乙支文德[3]傳은 只是支那文字의 隋書[4]와 通鑑[5]과 綱目[6] 等을 據ᄒ야 撰述ᄒᆯ 쑨이오 本國內에 流傳ᄒᄂ 行蹟을 博攷而備載홈은 無ᄒ 故로 至于今千百年에 歷史家가 更히 金氏所傳外에 一言을 增潤ᄒᆫ 바 無ᄒ니 此엇지 千古欠事가 아니리오 余가 曾遊平壤ᄒᆯ 時에 其遺蹟[7]을 搜採코져 흠이 該郡西石多山下가 卽其生長村인 故로 公의 洗硯池가 有ᄒ다 ᄒ며 該村에 紀績碑[8]가 有ᄒ더니 觀察郡守의 觀覽이 種種 有之홈이 村民이 苦其供億ᄒ야 該碑를 江中에 投沈ᄒ얏다 ᄒ며 本朝에 忠武祠[9]를 平壤正陽門外에 立ᄒ야 晉興君 金良彦으로 配享ᄒ고 尤庵 宋先生이 其蹟을 記ᄒ얏더니 年前에 毁撤로 由ᄒ야 故址만 徒存ᄒ얏스며 其遺裔ᄂ

曰 頓氏라 云ᄒ더라 隆熙三年春에 大駕西巡ᄒ시ᄂᆫ 日에 特
旨로 乙支文德의 墓地[10]를 訪ᄒ야 祭典을 致ᄒ라 ᄒ신지라
於是에 該郡人士들이 其墓地를 往訪ᄒᆫ 則該郡西玄巖山東麓
에 在ᄒᆫᄃᆡ 其山名은 乙支公山[11]이라 ᄒ니 其爲可據가 十分
確然ᄒᆫ 故로 本報上에 題曰 乙支公山이라 ᄒ고 記其事實ᄒ
야 攷古史家의 材料를 供給코져 홈이러니 今其遺裔 頓永燦[12]
氏의 家乘을 獲覽홈이 乙支公山下에 廢井이 有ᄒ야 覆以大
石ᄒ얏ᄂᆫᄃᆡ 亦名曰 乙支井[13]이라 每値旱乾ᄒ면 鄕人이 會集
ᄒ야 長杠巨索으로 其石을 翻撼ᄒ면 雨가 卽至라 ᄒ며 又
公의 十七世孫乙支遂[14]가 高麗仁宗[15]時에 妙淸의 亂[16]을 討平
ᄒᆫ 功으로 封頓山伯ᄒ고 仍賜姓頓이라 ᄒ엿스니 此數條가
足히 史家의 材料를 添加ᄒ려니와 大抵 世界에 文明[17]ᄒ고
忠愛ᄒᄂᆫ 民族[18]은 皆其祖國의 偉人[19]을 崇拜ᄒ고 先代의 古
蹟[20]을 紀念ᄒᄂᆞ니 嗟我大韓民族이여

『황성신문』 1909.06.04

高句麗詩史

분야	문학
주제어	高句麗, 四千年文明舊國, 廣開土大王陵碑, 攷古學, 史料, 至寶, 遺蹟
인물	李世勣, 陽原王, 平原王, 乙支文德, 張志淵
레퍼런스	四言詩, 乙支文德五言詩, 孤石詩, 陳標法師詩, 柳得恭懷古詩
레퍼런스 저자	琉璃王, 乙支文德, 柳得恭, 陳標法師

大抵 吾人이 數千載而下에 生ᄒ야 數千載而上의 史를 追補코져 홀진딕 金石의 古物과 天下의 書籍을 廣搜博攷홈이 아니면 不能홀지라 我韓은 四千年文明舊國[1]이라 三國時代에 在ᄒ야는 高句麗[2]가 覇權을 獨占ᄒ 一强國이오 且其壤地가 最히 支那와 接近ᄒ 則 文化의 發達이 最早ᄒ얏슬지나 及其 邦運이 不天ᄒᄂ 日에 李世勣[3]이 史庫를 焚燼ᄒ고 羅人이 逞其宿憾ᄒ야 一切 抹殺홈으로붓터 遺文故事가 散佚殆盡홈이 七百年赫赫覇業이 皆冷灰荒草를 化ᄒ야 千百의 一二를 足徵홀 바 無ᄒ니 엇지 千古史家의 痛恨홀 者가 아니리오 何幸千餘年을 經ᄒ야 鴨綠江左岸에 高句麗廣開土王의 墓碑[4]가 發見되야 攷古學[5]者의 最有力혼 史料[6]를 作홀 샌더러 實로

我祖先時代의 雄强無敵ᄒᆞᆫ 價値를 發表ᄒᆞᆷ이 有ᄒᆞ니 此엇지 天下의 至寶[7]가 아니리오 然이나 此其武烈의 林林ᄒᆞᆫ 遺蹟[8]이오 其文章의 流傳ᄒᆞᄂᆞᆫ 者ᄂᆞᆫ 僅히 琉璃王[9]의 四言詩[10]와 乙支文德[11]의 五言詩[12]ᄲᅮᆫ이라 是以로 歷史家ᄂᆞᆫ 曰 東方의 五言詩가 自乙支公始라 ᄒᆞ고 柳惠風[13]懷古詩[14]에 亦曰 乙支文德眞才士, 倡五言詩冠大東이라 ᄒᆞ얏스니 然則 千餘年來에 一般 學士가 皆以乙支公爲詩祖ᄒᆞ고 乙支公以前에 大詩家의 作者가 已有ᄒᆞᆫ 것은 全然未知ᄒᆞ얏도다 一日에 韋庵 張君[15]이 於支那書籍中에 高句麗時代의 大詩家를 發見ᄒᆞᆷ이 如左ᄒᆞ니

孤石詩[16] 高句麗定法師 逈石直生空, 平湖四望通, 岩隈恒洒浪, 樹杪鎭搖風, 偃流還靖影, 侵霞更上紅, 獨拔羣峰外, 孤秀白雲中 又一 陳標法師[17]詩[18] 中原一孤石, 地理不知年, 根含彭澤影, 頂入香爐烟 屋成二鳥翼, 峯作一芙蓮, 何時發東武, 今來鎭蠻川 按此二篇이 支那南北朝時代의 梁人所編이라 高句麗史로 對證ᄒᆞ면 陽原[19]平原王[20]時에 在ᄒᆞᆫ 者니 以此觀之ᄒᆞ면 我東方의 五言詩가 엇지 乙支文德[21]에 始ᄒᆞ얏다 謂ᄒᆞ리오 但 後世史家가 攷據未博의 失이로다 今於數千載下에 支那書籍을 因ᄒᆞ야 兩個詩家기 發見ᄒᆞᆷ이 足히 史家의 疎謬을 改正ᄒᆞ고 高句麗時代의 文化發達ᄒᆞᆫ 左證을 發表ᄒᆞᆯ지니 豈不奇哉며 豈不幸哉아 吾儕ㅣ 得此에 一雙珙璧을 沙礫中에 搜得ᄒᆞᆷ과 如ᄒᆞᆫ지라 於是乎 特筆揭載ᄒᆞ야 史家의 攷據를 供ᄒᆞ노라

『황성신문』 1909.08.01

名所古蹟

분야	고적
주제어	彌鄒忽古城, 凌虛臺, 仁川府, 文鶴山, 壬辰倭亂, 百濟, 唐, 高句麗, 三國
인물	高朱蒙, 沸流, 金敏善, 金續善

名所古蹟 △彌鄒忽古城[1]은 一云 南山古城이라 仁川府[2]南一里 되는 文鶴山[3]에 在ㅎ니 周回는 四百三十尺인딕 朱蒙[4]의 子沸流[5]의 所都라 壬辰亂[6]에 府使 金敏善[7]氏가 古城을 增修ㅎ고 土民을 率而守之ㅎ야 賊鋒을 屢挫ㅎ더니 癸巳七月에 病逝홈이 金續善[8]氏가 繼守ㅎ야 終始保全ㅎ얏스니 其東門外一百餘步에 敵城의 遺址가 尙有ㅎ니라 △凌虛臺[9]는 同郡四十里海邊에 在ㅎ니 高가 百餘尺이오 大洋을 臨흔지라 三國[10]時百濟[11]가 唐[12]에 遣使코즈 ㅎ나 高句麗[13]에 梗塞흔 바되◆ 故로 此에셔 泛海ㅎ야 登萊에 到泊케 ㅎ니라

『황성신문』1909.08.31

我民族의 歷代境遇

분야	▎ 역사
주제어	▎ 高句麗, 分黨, 國家思想, 土林派, 新羅, 大韓民族, 武强, 文弱, 歷代境遇, 政治權, 政治思想, 愛國, 團合, 偏私, 對外競爭力, 家族, 事大
레퍼런스	▎ 小學, 近思錄

嗚呼라 惟我**大韓民族**[1]이 今日 地球上 歷史에 處ᄒ야 全然히 自存의 幸福과 自立의 價値를 放失흔 原因을 論홀 者ㅣ 一則 曰 我民族의 性質이 **文弱**[2]에 習狃홈이 積久ᄒ야 **武强**[3]의 風이 絶少흔 故로 競爭世界에 獨立홀 能力이 無ᄒ다 ᄒ며 一則 曰 我民族의 性質이 但히 自己의 生活과 家族의 觀念만 有ᄒ고 **國家思想**[4]이 薄弱흔 故로 公益의 事業을 振起홀 能力이 無ᄒ다 ᄒ며 一則 曰 我民族의 性質이 各自**偏私**[5]의 心과 **分黨**[6]의 習으로 **團合**[7]의 體力을 不成ᄒᄂ 故로 國家의 基礎를 鞏固케 홀 能力이 無ᄒ다 ᄒ니 果然 我民族으로 ᄒ야곰 今日 現狀이 有홈에 至흔 것은 實로 性質의 罪인가 抑亦境遇의 罪인가 余ᄂ 此로써 **歷代境遇**[8]의 罪오 決코 性質의

㱣	1	大韓民族
	2	文弱
	3	武强
	4	國家思想
	5	偏私
	6	分黨
	7	團合
	8	歷代境遇

罪는 아니라 ᄒᆞ노라 第一 文弱에 習狃ᄒᆞ야 武强의 風이 絶少ᄒᆞᆫ 原因을 論ᄒᆞ건ᄃᆡ 在昔高句麗[9]時代 我民族이 勇强無敵으로 雄於天下러니 今日에는 何故로 柔懦劫弱ᄒᆞ야 自立홀 氣象이 全無ᄒᆞᆫ뇨 盖高句麗時代에는 四面强敵의 衝에 立ᄒᆞ야 若其武力이 아니면 自存을 不能홀 터인 故로 武强의 風을 崇尙ᄒᆞ고 戰鬪의 勇을 養成ᄒᆞ야 天下莫强의 民族이 된바러니 乃自新羅[10]中葉으로 以至今日ᄭᆞ지는 四面에 敵國이 別無ᄒᆞ고 但히 事大[11]의 陋規만 遵守ᄒᆞ면 苟安無事에 可以自存홀 터인 故로 其民이 文弱에 習狃ᄒᆞ야 武强을 全失홈이니 此其境遇의 罪라 謂홀지며 第二 自己의 生活과 家族[12]의 觀念만 有ᄒᆞ고 國家思想이 薄弱ᄒᆞᆫ 原因을 論ᄒᆞ면 大抵 世界上 何國民族을 勿論ᄒᆞ고 必也參政權이 有ᄒᆞᆫ 然後에 政治學問이 有홀 것이오 政治學問이 有ᄒᆞᆫ 然後에 國家思想이 有ᄒᆞᆫ 것은 大同의 恒情이라 由來我國은 政治權[13]이 但히 貴族家 幾個人에게 在ᄒᆞ고 一般 人士는 皆政治界에 立身홀 蹊逕이 無ᄒᆞᆫ지라 所以로 科擧에 生徒는 平生所學이 詩曰 賦曰에 不逾ᄒᆞ고 山林의 儒者는 終身用力이 小學[14]近思錄[15]에 不過ᄒᆞ야 自身의 榮譽와 家族의 光輝를 企圖홀 而已니 所謂 四民의 首에 居ᄒᆞᆫ 士林派[16]가 政治思想[17]과 國家思想이 薄弱ᄒᆞᆫ 즉 況 普通人民乎아 此其境遇의 罪라 謂홀지며 第三 各自偏私의 心과 分黨의 習으로 團合의 體力을 不成ᄒᆞ는 原因을 論ᄒᆞ면 大凡 天地間에 凡有血氣者는 必皆競爭의 性이 有ᄒᆞᆫ 것인ᄃᆡ 其民이 對外競爭力[18]이 有ᄒᆞᆫ 者는 自內競爭이 止息되고 對外

競爭力이 無ㅎ 者는 自內競爭이 必起ㅎᄂ지라 我民族은 由來 對外競爭의 歷史가 未有ㅎ얏스니 自內競爭이 勢所必有라 所以各自偏私의 心과 分黨의 態로 團合의 體力을 不成ᄒᆷ이니 此亦境遇의 罪라 謂ᄒᆯ지로다 然則 此三種의 原因이 皆 境遇에 罪오 性質의 罪ᄂ 아니라 至于 今日ㅎ야ᄂ 時代의 變遷으로 境遇가 不同ㅎ니 萬一武强의 風과 愛國[19]의 思想과 團合의 體力이 아니면 決코 生存ᄒᆯ 希望이 無ㅎ니 我民族의 性質이 ᄯᅩᄒ 丕變ᄒᆯ 機會가 有ᄒᆯ 줄노 思惟ㅎ노라

주 19 愛國

『황성신문』 1909.11.26

我韓歷史의 價値

분야	역사
주제어	自由自立, 大韓民族, 政治學, 陸軍, 海軍, 理學, 義俠風, 美術製造, 高句麗卒, 事蹟
인물	乙支文德, 李舜臣, 李滉, 李珥, 柳馨遠, 丁若鏞, 滄海力士, 密友, 紐由, 黃昌郞

嗟夫라 目今 我韓의 現狀으로 觀察ᄒᆞ건ᄃᆡ 地位의 墜落홈과 光輝의 慘憺홈이 實로 地球上 歷史에 名詞를 僅存홀 ᄯᅵᆫ이오 自由自立[1]의 資格이 有ᄒᆞ다 稱詡키 難홀지나 余ᄂᆞᆫ 一常 歷史上 觀念으로 我 大韓民族[2]이 世界各國을 對ᄒᆞ야 特色을 不失홀 價値가 有ᄒᆞ다 ᄒᆞ노니 決코 一時境遇의 所値로 將來 希望點을 抛棄키 不可ᄒᆞ고 世界各國도 但히 現狀을 據ᄒᆞ야 我民族을 蔑視ᄒᆞ고 蹂躪을 試홈은 大段誤解로 認定ᄒᆞ노라 何則고 我韓의 地理關係로 論ᄒᆞ면 東洋一隅 小幅員에 不過ᄒᆞ나 四千年間에 人才와 物品의 産出로ᄂᆞᆫ 世界各國의 比較的으로 實로 特別흔 價値가 有흔 것이 鑿鑿흔 確證이 有ᄒᆞ도다 人才의 産出로 論ᄒᆞ면 陸軍[3]의 乙支文德[4]과 海軍[5]의 李舜臣[6]과 如흔 歷

史가 求諸各國에 其儔匹을 得見키 難ᄒ고 **理學**[7]의 發明으로

난 **退溪**[8]의 沈潛積累와 **栗谷**[9]의 明通展振이 世界學者를 對ᄒ

야 稍히 遜讓홀 바 無ᄒ고 **政治學**[10]에ᄂ **柳磻溪**[11] **丁茶山**[12]의 著

述이 如何ᄒ 卓識이 有ᄒ며 如何ᄒ 力量이 有ᄒ다 評定ᄒ깃

ᄂ가 **美術製造**[13]로 言ᄒ면 近日 外國의 好古學士들이 國內 各

地의 古物을 發掘ᄒ고 吾國舊時代의 文明發達을 讚頌치 아니

ᄒᄂ 者ㅣ 無ᄒ며 **義俠風**[14]으로 論ᄒ면 **滄海力士**[15]와 **密友**[16]**紐由**

[17]와 **高句麗卒**[18]과 **黃昌郞**[19]의 **事蹟**[20]이 皆歷史上 特色이라 盖此

半島江山에 靈異淸淑의 所鍾으로 人才와 物品의 産出홈이 古

來如是ᄒ니 至于今日ᄒ야 何獨不然이리오 所以로 余ᄂ 我韓

將來에 自由自立홀 希望이 自在ᄒ 줄노 確信ᄒ노라

『황성신문』 1910.03.03

我韓의 宗敎와 歷史

분야	논설
주제어	宗敎, 敎化, 國敎, 二千萬民族, 精神敎育, 五倫, 八條設敎, 倫紀, 禮俗, 倫敎, 國風, 國語, 天然的宗敎, 天然的歷史, 四千年祖國歷史, 四千年文明古國, 史學, 上等社會, 下等社會
인물	檀君, 箕子, 孔子, 요임금
레퍼런스	史略, 通鑑節要

宇宙間森羅萬象中에 特別히 民族의 思想을 統ㅎ며 國家의 基礎를 固鞏케ㅎ는 者는 宗敎[1]와 歷史라 故로 曰國力이 如何히 腐敗ㅎ고 民權이 如何히 墮落홀지라도 宗敎와 歷史가 不亡ㅎ면 其國이 不亡이라홈이 豈虛言哉리오 噫라 現今我韓의 宗敎로 言ㅎ면 檀箕以來四千年敎化[2]가 日以解紐홈으로 國敎[3]의 惟日宗旨가 不立ㅎ고 各種敎瓜가 分門裂戶ㅎ야 互相推携ㅎ고 競相排斥ㅎ는딘 一般民衆이 入彼出此에 志向이 不一ㅎ고 禮節이 各殊흔즉 宗敎가 有흔 國이라 謂키 難ㅎ며 歷史로 言ㅎ면 從前敎育界에 自國의 歷史는 置之一邊ㅎ고 他國歷史의 史畧[4]通鑑[5]等 冊子로 初學의 敎授를 供ㅎ얏스며 至十今日ㅎ야 一般學者界에셔 舊習의 ◆誤를 大

覺ᄒ고 四千年祖國歷史[6]를 極力發揮ᄒ야 二千萬民族[7]의 精神教育[8]을 施코져ᄒ나 時勢의 壓力으로 因ᄒ야 袞◆의 良筆로 完全ᄒ 史學을 供給키 難ᄒ니 歷史의 光彩도 實로 暗澹홈이 極ᄒ도다 然則我民族의 思想을 統一ᄒ며 我國家의 基礎를 鞏固케홀 者가 全然缺乏ᄒ다 謂홀지나 余는 此에 對ᄒ야 思惟ᄒ기를 我國은 天然的宗教[9]와 天然的歷史[10]가 固有ᄒ야 無上ᄒ 價値와 無量ᄒ 效力을 得ᄒ리라ᄒ노니 何以言之오 我國의 宗教는 檀君[11]聖祖씌옵셔 支那의 唐堯[12]와 併立홀 時에 五倫[13]의 教가 始立ᄒ얏고 箕子[14]씌옵셔 八條設教[15]ᄒ시는 日에 倫紀[16]의 修明과 禮俗[17]의 興行이 極其昌明ᄒ니 此는 孔夫子[18]씌셔 桴海欲居의 志가 有ᄒ신바라 本朝에 至ᄒ야 文教가 益昌에 敦化가 愈明ᄒ니 上等社會[19]는 莫論ᄒ고 雖下等社會[20]의 賤役을 執ᄒ 同胞라도 倫教[21]의 思想은 皆其腦髓에 浹洽홈이 有ᄒ고비록 今日에 各種新教가 更唱迭興ᄒ야 一般人民이 應從을 多得ᄒ나 由來倫教의 範圍는 脫却홀 者가 無홀지니 以是觀之ᄒ면 世界各國의 何等宗教이던지 我國에 入ᄒ면 我倫教範圍內에 融化홀지니 我民族의 無上ᄒ 價値가 此天然的宗教에 在ᄒ다 謂홀지며 天然的歷史는 何로 謂홈이오 我韓은 四千年文明古國[22]이라 檀箕以來歷史가 血傳骨授ᄒ야 街談巷謠가 皆其歷史오 國風[23]國語[24]가 皆其歷史오 山川草木과 樓觀寺社가 皆其歷史라 雖史學[25]이 刓缺ᄒ고 書籍이 散逸홀지라도 我同胞精神上에 天然的歷史는 實로 莫强ᄒ 勢力이 有ᄒ니 誰得以奪之며 誰得以滅之리오 嗚

呼라 此天然的宗敎와 天然的歷史가 民族의 思想을 統一ᄒ
며 國家의 基礎를 鞏固케홀 原因이될지니 惟我同胞ᄂ 念哉
勉哉어다

『황성신문』 1910.04.21

我民族의 神聖歷史

분야	역사
주제어	劣等民族, 大東, 滿洲族, 朝鮮族, 衛氏朝鮮, 北扶餘, 大韓民族, 優等民族, 日本維新, 白頭山, 高等種族, 自尊自立, 四千年歷史, 契丹
인물	吉田松陰, 福澤諭吉, 檀君, 高朱蒙, 廣開土大王, 文武王, 大祚榮, 乙支文德, 金庾信, 姜邯賛, 李舜臣, 薛仁貴, 王思禮, 李成樑, 烏雅束, 高麗睿宗, 阿骨打, 箕子

嗚呼라 我**大韓民族**[1]이여 我祖先의 神聖흔 歷史를 紀念ᄒ고 崇拜ᄒ야 恒常**自尊自立**[2]의 精神을 奮勵ᄒ야 **高等種族**[3]의 價値를 發表ᄒ고 決코 自卑自屈의 思想을 持有ᄒ야 奴隷劣等의 隊落ᄒ기를 自甘치말지어다 盖天地間에 同一흔 人類로딕 將門有將ᄒ고 相門有相은 其人也ㅣ 自尊自立의 志氣를 養成흔 所以오 奴隷之種에 聖賢이 不生은 其人也ㅣ 自卑自屈의 習慣을 成性흔 結果라 國民全體가 自尊自强의 精神을 奮勵ᄒ면 向上進步ᄒ야 **優等民族**[4]이될것이오 自卑自屈의 思想을 持有ᄒ면 向下隊落ᄒ야 **劣等民族**[5]이될것은 的確흔 理라 是以로 **日本維新**[6]豪傑에 **吉田松陰**[7]이 特別히 **大和魂**[8]을 主唱ᄒ야 國民의 腦髓를 警醒ᄒ야 中興의 基礎를 建立ᄒ고 福澤諭

주	
1	大韓民族
2	自尊自立
3	高等種族
4	優等民族
5	劣等民族
6	日本維新
8	大和魂

인	
7	吉田松陰

吉[9]氏가 國民敎育에 關ㅎ야 獨立自尊四個字의 精神으로써 民志를 皷勵흔바로다 嗚呼라 我大韓民族이여 我祖先의 神聖흔 歷史를 紀念ㅎ고 崇拜ㅎᄂ 思想이 有乎아 否乎아 何故로 自卑自屈ㅎ야 祖國의 歷史를 蹂躪코져ㅎᄂ 悖類凶孽ᄭ지 發生ㅎᄂ 光景이 有흔가 噫嘻痛哉라 寧欲無言이로다 雖然이나 四千年歷史[10]에 倫理上生活흔 民族의 良心彛性이엇지 全然消滅홀 理가 有ㅎ리오 所以로 我祖先의 神聖흔 歷史中 萬一을 擧ㅎ야 一次講話를 陳述ㅎ노니 惟我同胞兄弟ᄂ 聽之念之어다 我始祖檀君[11]이 宅玆大東[12]ㅎ사 山川을 開拓ㅎ야 後世子孫의 生活基址를 遺傳ㅎ심으로부터 其子孫이 白頭山[13]南北에 分處ㅎ야 一은 朝鮮族[14]이되고 一은 滿洲族[15]이된지라 四千年間에 代有偉人ㅎ야 國基를 鞏固케ㅎ며 民族을 發展케ㅎ얏스니 高句麗始祖東明聖王[16]은 衛氏朝鮮[17]의 破滅흔 後를 因ㅎ야 北扶餘[18]一隅에서 發跡ㅎ사 雄威神武로 檀箕[19]의 舊疆을 克復ㅎ시고 廣開土王[20]은 幼年英主로 南征北伐ㅎ야 威武를 四海에 顯揚ㅎ시고 新羅文武王[21]은 賢臣을 委任ㅎ야 內修外攘의 大功業을 建立ㅎ시고 渤海高王[22]은 宗國覆亡의 餘燼을 收拾ㅎ야 奮臂一呼에 五千里新邦國을 建設ㅎ엿스며 高句麗大臣乙支文德[23]과 新羅大角干金庾信[24]과 高麗侍中 姜邯贊[25]과 本朝李忠武舜臣[26]諸公은 皆轟轟烈烈흔 世界偉人이오 至若支那歷史에 薛仁貴[27]王思禮[28]李成樑[29]諸氏가 皆我의 自 出이오 金國의 始祖가 即吾族의 一派라 高麗睿宗[30]三年에 金 國使臣이 奏曰昔我太師盈哥穆宗[31]이 出自大邦이라ㅎ며 今太

師烏雅束[32]이 康宗亦以大邦爲父之國이라ᄒᆞ고 金太祖阿骨打[33]가 契丹[34]을 旣滅ᄒᆞ고 汴宋을 欲圖홀시 睿宗八年에 國書를 送ᄒᆞ야 曰自我祖考로 分在一方ᄒᆞ야 謂高麗爲父母之邦이라 ᄒᆞ엿스니 金人의 出於吾族이 鑿鑿可證이오 今之大淸의 祖先이 卽金國의 后裔인즉 其係吾族이 亦明矣라 然則我民族의 神聖偉武ᄒᆞᆫ 歷史가 若是히 光明ᄒᆞ니 今日吾族이 雖此沉淪ᄒᆞᆫ 境遇에 在ᄒᆞ나 惟是我祖先의 神聖ᄒᆞᆫ 歷史를 紀念ᄒᆞ고 崇拜ᄒᆞ야 自尊自立의 精神을 奮勵ᄒᆞ면 將來生聚敎訓의 結果가 必然코 世界에 雄飛홀 佳子孫이 無數産出로 確認ᄒᆞ노니 惟我同胞ᄂᆞᆫ 現在의 境遇로써 自卑自屈치 勿ᄒᆞ라 神聖ᄒᆞᆫ 種族의 血脉이 固有ᄒᆞ니라

『황성신문』 1910.08.09

我檀君子孫의 氏族과 疆土와 敎化의 歷史

분야	역사
주제어	氏族, 疆土, 朝鮮族, 東扶餘族, 渤海族, 女眞族, 金族, 後金族, 馬韓, 辰韓, 弁韓, 百濟, 新羅, 駕洛, 耽羅, 高麗族, 肅愼, 挹婁勿吉, 靺鞨, 鮮卑, 契丹, 遼◆西馬韓, 定安族, 神敎, 倫敎, 佛敎, 儒敎, 敎化, 神聖民族, 神人, 四千年, 北扶餘族, 高句麗族, 白頭山, 黑龍, 馬島, 伊勤, 渤海, 神道
인물	檀君, 요임금, 李漢
레퍼런스	易經

我檀君[1]子孫의 氏族[2]과 疆土[3]와 敎化[4]의 歷史 ◎盖天地間에 人羣이 生殖ᄒ야 種族이 相承흔 以上에ᄂᆞᆫ 各其部分을 從ᄒ야 氏族의 派別과 疆土의 幅員과 敎化의 源流가 有흔것인 딕 此種의 歷史를 紀念ᄒ고 保守ᄒᄂᆞᆫ 精神이 有흔 者를 神聖民族[5]이라 稱ᄒ고 若此種歷史에 茫昧ᄒ고 放失흔 者이면 野蠻民族이라 謂ᄒᄂᆞ니 個人의 家族으로 論흘지라도 右族華閥은 皆得姓以來에 祖孫과 兄弟의 譜牒이며 墳墓와 基址의 區域이며 先訓과 家法의 規模를 守而勿失ᄒ고 奴隷下賤은 此에 茫昧ᄒ고 此를 放失흔 者니 民族全體의 地位도엇지 此와 異ᄒ리오 嗚呼라 我兄弟姊妹ᄂᆞᆫ 四千年前太白山檀木靈宮에 誕降ᄒ신 神人[6]의 子孫이라 祖先의 系統으로 論ᄒ면 實

로 世界上神聖民族의 價値가 有혼 者이니엇지 始祖以來에
氏族의 派別과 疆土의 幅員과 敎化의 源流를 紀念호고 保守
호는 精神이 無호리오 萬一此個精神이 無호면 祖國을 愛호
는 民族이라 謂치못홀것야오 同族을 愛호는 人類라 謂치
못홀지니 此非奴隷而何며 此非禽獸而何오 故로 我檀君子孫
의 氏族과 疆土와 敎化의 歷史를 論述홈이 大畧如左호노라

一 氏族의 派別 距今四千年[7]前은 我東洋에 第一初文明의
會라 我始祖檀君의옵셔 天符를 握호옵시고 靈宮에 御호사
호 那의 唐堯[8]와 倂立호시니 神聖의 血統이 振振翼翼호야
其麗不億이라 最初에는 三千團部族이 有호니 即朝鮮族[9]이
오 其派가 降호야 北扶餘族,[10] 東扶◆族,[11] 高句麗族,[12] 渤海
族,[13] 女眞族,[14] 金族,[15] 後金族[16](即淸族)[17]이오 又其派가 分
호야 馬韓,[18] 辰韓,[19] 弁韓,[20] 百濟,[21] 新羅,[22] 駕洛,[23] 耽羅,[24] 高
麗族[25]이오 又分호야 肅愼,[26] 挹婁勿吉,[27] 末葛,[28] 鮮卑,[29] 契
丹,[30] 遼◆西馬韓,[31] 定安族[32]이된지라 以上諸族이 白頭山[33]
南北에 分處호야 或文明의 風敎로 以호며 或武强의 勢力으
로 以호야 世界에 轟震혼 聲價가 有호얏스니 此實我檀君聖
祖의 盛德餘澤이라 凡我子孫이 此氏族歷史에 對호야엇지
紀念호고 敬愛호는 思想이 感發치아니호리오

二 疆土의 幅員 林林我祖ㅣ 肇開大東호샤 草萊를 翦除호
시고 山川을 疏鑿호사 萬代子孫의 生活基址를 展拓호시니
其疆土의 幅員을 論호면 東至黑龍[34]호며 南抵馬島[35]호며 北
亘伊勤[36]호며 西界渤海[37]호니 凡九千里版圖라 今我子孫이

此를 能히 保有ᄒᆞᆺᄂᆞᆫ가 疆土歷史에 對ᄒᆞ야 宜乎紀念ᄒᆞ고 奮發ᄒᆞᄂᆞᆫ 思想이 有ᄒᆞᆯ지며

三 敎化의 源流 **易經**[38]에 曰聖人이 以神道設敎而天下服이라ᄒᆞᆺ스니 世界上何國歷史를 勿論ᄒᆞ고 上古時代에ᄂᆞᆫ 皆 **神道**[39]設敎라 矧我始祖檀君은 神聖의 德으로 繼天立極ᄒᆞᄉᆞᆻ스니 神道設敎로 作君作師ᄒᆞ심을 歷史의 明證이오 神人의 后裔로 神敎를 信仰ᄒᆞᆷ은 理想의 固然이라 故로 **星湖李先生**[40]이 曰我國古代에 神敎가 始有라ᄒᆞᆷ이 豈不信哉리오 由此觀之ᄒᆞ면 我國의 宗敎歷史ᄂᆞᆫ 第一世**神敎**[41]오 第二世箕子의 **倫敎**[42]오 第三世**佛敎**[43]오 第四世**儒敎**[44]로 相承ᄒᆞᆷ이 歷歷可證이라 凡我子孫은 此敎化歷史에 對ᄒᆞ야 宜乎紀念ᄒᆞ고 崇拜ᄒᆞᄂᆞᆫ 思想이 有ᄒᆞᆯ지로다 以上所述로 觀ᄒᆞ면 我檀君子孫의 氏族과 疆土와 政化의 歷史를 大槪領略ᄒᆞᆯ지니 嗟我兄弟姊妹여 詩經에 云ᄒᆞ되 無念爾祖아ᄒᆞ니라

『대한매일신보』 1905.09.26

警告大韓全國人民

분야	▌논설
주제어	▌四千年祖國, 波蘭末年史, 俘虜之鬼, 種族, 大韓人民, 文弱委靡

大凡天地間에 有生之類가 皆其生活을 要求ᄒᆞᄂᆞᆫ디 人은 動物之靈이라엇지 生活方針을 思想치못ᄒᆞ리오 現今時代ᄂᆞᆫ 國家權利가 他人掌握에 歸ᄒᆞᄂᆞᆫ 日에ᄂᆞᆫ 人民의 財産과 生命을 不保ᄒᆞᄂᆞ니 彼**波蘭末年史**[1]를 觀ᄒᆞ라 波蘭이 原來歐洲에 有名ᄒᆞᆫ 邦國으로 政黨은 外人의 勢力을 依賴ᄒᆞ고 國民은 政治를 冷淡看過ᄒᆞ다가 俄人의게 呑噬흠바되야 全國人民이 萬里沙막에 **俘虜之鬼**[2]를 作ᄒᆞ야 **種族**[3]이 滅絶ᄒᆞ얏스니 何國人民이던지 其國을 不保ᄒᆞ면 如此ᄒᆞᆫ 慘酷境遇를 不免ᄒᆞᄂᆞᆫ지라 今에 **大韓人民**[4]의 遭值ᄂᆞᆫ 何흔요 祖先의 白骨이 一朝飄散ᄒᆞ얏스니 子孫된 者가엇지 痛恨心이 無ᄒᆞ며 家屋과 田土와 財産이 次第被奪ᄒᆞ야 父母妻子가 棲遑失所ᄒᆞ니 將次何

[주] 1 波蘭末年史
2 俘虜之鬼
3 種族
4 大韓人民

處에 徃ᄒᆞ야 圖存코ᄌᆞᄒᆞᄂᆞ뇨 目下所遭가 如此커는 日後慘狀은 當至何境고 思之念之ᄒᆞ라만일 **四千年祖國**[5]을 不保ᄒᆞ면 二千萬人民이 擧皆他人의 奴隸를 作ᄒᆞ리니 將次何歲月에 國家의 權力을 回復ᄒᆞ고 人民의 奴隸贖良을 能爲ᄒᆞ깃ᄂᆞᆫ가 時哉時哉라 此時를ᄎ 過ᄒᆞ면 畢竟可爲홀 時機가 無ᄒᆞ리로다 大抵邦國이 其**文弱委靡**[6]ᄒᆞᆫ 積弊를 承ᄒᆞ고 隣强의 壓伏侵害를 當ᄒᆞ면 現時人民이 不幸ᄒᆞᆫ 厄運中에 生ᄒᆞᆫ 者라비록 偸安苟活코ᄌᆞᄒᆞᆫ덜 得乎아 窮塗單路에 更無他岐라 不得不萬死一生之計를 勇決ᄒᆞ야 國權을 回復ᄒᆞᆫ 然後에야 子孫이 永久히 榮華를 享有ᄒᆞ리니 彼法國의 革命戰爭과 美國의 獨立戰爭과 日本의 維新事蹟을 觀ᄒᆞ라 其時戰爭ᄒᆞᆫ 光景을 想像ᄒᆞ면 全國天地에 屍山이 疊疊ᄒᆞ고 血海가 汪汪ᄒᆞᆫ지라 今其國家의 威權이 赫赫ᄒᆞ고 人民의 榮華가 堂堂ᄒᆞᆫ 者ᄂᆞᆫ 皆其國民이 前日에ᄂᆞᆫ 肝腦塗地ᄒᆞᆫ 功效라 一時冒險ᄒᆞ야 萬世를 利益케ᄒᆞ고 一身을 抛擲ᄒᆞ야 萬民을 救活홀 事業을 論ᄒᆞ면 其利害輕重이 豈不瞭然가 今에 大韓人民이 前古未有ᄒᆞᆫ 厄會를 當ᄒᆞ야 依然히 因循姑息으로 爲事ᄒᆞ고 勇進敢死之氣가 不爲奮發ᄒᆞ면 四千年祖國에 權力을 回復之期가 無홀것시오 二千萬人民의 奴隸贖良홀 時機가 無ᄒᆞ리니 惟願大韓人民은 各其子孫의 萬代榮華를 保存ᄒᆞ기 爲ᄒᆞ야 現在肉身의 生死를 輕視ᄒᆞ고 一軆團結ᄒᆞ야 合力齊進ᄒᆞ면 誤國奸黨을 除去ᄒᆞ기ᄂᆞᆫ 反手之間이오 外人의 强迫壓制도 不受홀 能力이 自生ᄒᆞ야 世世子孫이 他人의 奴隸를 免ᄒᆞ려니와 만일

諸般社會人民이 畏難趑趄ㅎ야 一死를 不決ㅎ면 將次種族이

滅絕ㅎᄂ 悲境에 陷落ㅎ리니危乎殆哉로다

『대한매일신보』 1905.09.27

警告大韓全國人民 二

분야	▌논설
주제어	▌三千里彊域, 二千萬人種, 神聖後裔, 三綱五倫, 言語, 文字, 大韓人民,
	禮義, 利用厚生, 修身工夫

㋕ 1 三千里彊域
　 2 二千萬人種
　 3 言語
　 4 文字
　 5 大韓人民
　 6 神聖後裔
　 7 禮義
　 8 三綱五倫

　　然則大韓人民은 現時光景을 不覩ᄒᆞᄂᆞ가 土地와 財産의 强奪을 被흠과 人命의 慘殺을 當ᄒᆞᆯ것시 聽聞에 藉藉ᄒᆞ야 令人鼻酸이라 噫라 巨浸이 橫溢에 何處不沒이며 烈火가 燎原에 何物不燃이리오 今日에 佔一地方ᄒᆞ고 明日点一地方ᄒᆞ면 三千里彊域[1]이 將次片土의 餘存이 無ᄒᆞᆯ것시오 今日에 害一人ᄒᆞ고 明日에 害一人ᄒᆞ면 二千萬人種[2]이 畢竟一箇人도 其慘殺을 免ᄒᆞᆯ 者가 無ᄒᆞᆯ것시오 設或幸而得存者라도 不過是最下等奴隷가되야 自國의 言語[3]로 敢히 酬酌지못ᄒᆞ고 自國의 文字[4]를 敢히 學習지못ᄒᆞ고 一身生死를 不能自由ᄒᆞ리니 世上天下에엇지 如許히 可憐흔 人類가 有ᄒᆞ리오 夫大韓人民[5]은 原來神聖後裔[6]로 禮義[7]를 崇尙ᄒᆞ야 三綱五倫[8]의 規模

눈 實로 世界萬國에 第一이라 今日에 至ᄒᆞ야 反히 殊音異俗
ᄒᆞᆫ 人類의게 奴隷가되니 豈不痛哭이리오 余가 大韓의 由來
敎化를 觀ᄒᆞ니 士子의 **修身工夫**[9]ᄂᆞᆫ 具備ᄒᆞ나 **利用厚生**[10]의 實
業은 缺乏ᄒᆞ고 人民의 愛親敬長ᄒᆞᄂᆞᆫ 美俗은 足稱이나 愛國
ᄒᆞᄂᆞᆫ 熱心이 全無ᄒᆞᆫ지라 利用厚生의 實業이 缺乏ᄒᆞᆫ 故로 公
私貧瘁가 達於極項ᄒᆞ고 愛國ᄒᆞᄂᆞᆫ 熱心이 全無ᄒᆞᆫ 故로 團體
가 不成ᄒᆞ야 國力이 虛弱이라 所以權利가 日墜ᄒᆞ고 彊土가
日蹙홈이 人民의 生命이ᄯᅩᄒᆞᆫ 他人의 魚肉을 不免ᄒᆞ니 痛哭
痛哭이라 奈何奈何오 余가 獨居深念ᄒᆞ야 大韓二千萬生靈을
爲ᄒᆞ야 一條生路를 指示코져ᄒᆞ노니 一般人民은 幸勿如風
過耳ᄒᆞ고 留心諦聽ᄒᆞ라

㊅ **9** 修身工夫
10 利用厚生

『대한매일신보』 1905.10.05

論蒙學教科

분야	논설
주제어	唐音絶句, 古文前集, 自國精神, 國漢文, 尋常小學科, 高等小學科, 普通科, 蒙學教科, 言文
레퍼런스	千字文, 童蒙先習, 史略, 通鑑節要
레퍼런스 저자	周興嗣, 朴世茂, 曾先之, 江贄

向日本報에 揭載혼 寄書中에 學校閉鎖로 因ᄒ야 新定혼 蒙學教科[1]의 概意를 提論홀 者有ᄒ니 此는 教育上精神的機關이라 決不可尋常看過이기로 玆又更論ᄒ야 韓國教育家議論의 可否如何를 取ᄒ야 決코져ᄒ노라 大抵教育에 第一緊要혼 者는 蒙學教科니 今에 文明各國의 學規는 男女六歲에 皆入小學ᄒ고 其教科冊子는 皆物名과 繪畵를 合ᄒ야 簡便易知혼 方法으로 兒孩를 授讀ᄒ니 所以로 人無不學ᄒ고 學無不就ᄒ야 文化의 增進홈이 草木이 時雨에 滋長홈과 如혼지라 由來로 韓國蒙學之科는 周興嗣[2]의 千字文[3]과 朴世茂[4]의 童蒙先習[5]과 曾先之[6]의 史略[7]과 江少微[8]의 通鑑節要[9]와 唐音絶句[10]와 古文前集[11]等書로 以ᄒ니 以千字言之ᄒ며 讀宙如屋ᄒ고

讀宿如睡가 是何文義며 以史畧言之ᄒ면 天皇地皇의 木德火德이 是何事實이며 童蒙先習은 倫教를 發明ᄒ얏스나 蒙幼의 難解ᄒᆯ 句語가 有ᄒ고 通鑑節要ᄂᆫ 卷帙이 太多ᄒ야 一二年間에 卒業ᄒᆯ바아니오 唐音絶句와 古文前集은 多是詩酒放浪說話니 此ᄂᆫ 蒙養之功에 無益有損ᄒᆫ 者라 是以로 自七八歲로 至十五六에 費却八九年工夫로되 含糊朦朧ᄒ야 實無所得이라가 積至數十年ᄒ야 童習白紛ᄒᆫ 然後에 方能略通經史ᄒ고 使用文字ᄒ니 此其爲學이 豈不難哉아 夫以韓土靈淑之氣와 人民詳明之品으로 至于今日ᄒ야 文化의 發達이 不勝其遲遲ᄂᆫ 無他라 惟其難解ᄒᆫ 書籍과 不繁ᄒᆫ 工夫로써 全國人民의 幼年歲月을 虛送케ᄒᆫ 緣故니 此規를 不改ᄒ면 教育에 對ᄒ야 諸般方法을 ᄒᆯ지라도 民智가 終無開發之日이오 文化가 必無增進之期라 此를 改良홈이엇지 最緊最要ᄒᆫ 急務가아니리오 實로 一日이라도 玩게치못ᄒᆯ 者나 至若日語와 日文으로 蒙學教科를 編成ᄒᆫ 者ᄂᆫ 韓國에 適宜ᄒᆫ 教科方針이라 謂치못ᄒ리로다 現今六洲相通ᄒ고 萬邦交涉之日에 世界各國의 言語文字를 皆可學之者오 況韓日兩國은 上下人民이 朝夕與處ᄒ고 步武相接之地라 互相間言語文字를 豈可不學이리오 然ᄒᆫ 學語小兒로ᄒ야금 先히 他國言文[12]을 學習케ᄒ면 曉解가 甚難ᄒ야 文化의 發達이 尤極遲遲ᄒᆯᄲᅮᆫ더러 全國蒙幼의 先入之學이 惟是他國言文이면 一般人民의 腦髓ᄂᆫ 專히 他國精神ᄲᅮᆫ이오 **自國精神**[13]은 全然히 消滅ᄒᆯ 境遇에 至ᄒ리니 此其關係가 果何如哉아 大抵他國言文은 決

㊒ 12 言文
13 自國精神

不合於 **尋常小學科**[14]니 **高等小學科**[15]나 **普通科**[16]나 一個科程을 作홀거시오 尋常小學科는 本固性質의 適合혼것을 斟量호며 各國規模의 良好혼것을 參酌호야 **國漢文**[17]을 交用호고 繪畵를 合호야 簡便易知혼 冊子로써 全國蒙幼의게 一致敎科書를 裁定홈이 可호다호노라

『대한매일신보』 1907.01.30

國文硏究會趣旨書

분야	▌한글, 논설
주제어	▌訓民正音, 文字, 言語
인물	▌朝鮮世宗

文字[1]는 言語[2]의 符号라 符号가 無准ᄒ면 言語가 無規ᄒ야 以至凡百行動에 記事論事가 悉皆差誤ᄒ야 使人모捉無所ᄒ리니 由此觀之면 文字之於生民에 關係誠大者로다 我 世宗大王[3]이 深察此理ᄒ시고 始制訓民正音[4]二十八字ᄒ야 頒行中외ᄒ시니 大聖人의 裕後啓蒙ᄒ신 至意가 東土四千年에 創有ᄒ신 弘業이여날 噫라 世遠敎弛ᄒ야 後之學者가 不思對揚ᄒ고 一任抛棄故로 未完

주	1	文字
	2	言語
	4	訓民正音

인	3	朝鮮世宗

『대한매일신보』 1907.01.31

國文硏究會趣旨書 (續)

분야	한글, 논설
주제어	自國文字, 自國精神, 國語, 國文, 字典, 辭典
기관/조직	國文硏究會

御制二十八字中에 此ㆁ△ㆆ 三字初聲은 失傳已久ᄒᆞ야 摸擬不得ᄒᆞ고 現用反切一百五十一字에도 疊音이 爲三十六字ᄒᆞ니 曷勝송歎이리오 今我國民의 言語文字가 每多岐異ᄒᆞ야 天을하날이라도ᄒᆞ며하늘이라도ᄒᆞ며하눌이라도ᄒᆞ야 無一定規例故로 凡屬言語의 動輒如右者가 十之五六이라 由是로 國語[1]가 無准ᄒᆞ고 國文[2]이 無法ᄒᆞ니 雖欲使吾인으로 入於文政之域이나 其可得乎아 有自國之字典[3]辭典[4]然後에야 可以교國民이요 國民을 以自國文字[5]로 교導之然後에야 可望其自國精神[6]을 注于其腦也라 欲做此等事業인된 不得不先究國文之源流故로 迺與同志로 發起意◆ᄒᆞ야 欲糾合高明ᄒᆞ야 組織國文硏究會[7]ᄒᆞ오니 有志君子는 幸勿以인棄言ᄒᆞ시고 惠然賜臨ᄒᆞ야 協同贊成ᄒᆞ심을 盥手頂祝ᄒᆞ나이다 (完)

『대한매일신보』 1907.09.25

大韓精神의 血書

분야	논설
주제어	斷指, 大韓精神力, 大韓精神, 三千里金歐江山, 二千萬血族, 禮義東邦, 獨立帝國, 優勝劣敗, 弱肉强食, 天演之公例
인물	金河琰, 權炳熙, 稗思麥, 檀君, 箕子, 李成桂
기관/조직	吉州修進學校

日者金君河琰[1]이 訪余於報舘之樓ᄒ야 嘖嘖謂余曰吾吉州修進學校[2]敎師權炳熙[3]氏가 向於 太皇帝陛下誕日에 聯合각學校ᄒ고 慶祝演說ᄒ다가 卽自斷指[4]의 血노 特書大韓精神力[5]五字ᄒ얏스니 其意所在가 無乃稗思麥[6]之主義歟아 願先生은 一筆贊揚ᄒ야 慰其權友之膽氣하여 說其五字之奧義ᄒ야 使天下聞者로 激感踴躍하야 志權友之志ᄒ며 行權友之事하야 國家公益과 社會進步에 有可爲之事則今日에 斷一指ᄒ며 明日에 斷二指ᄒ야 以及耳目口鼻와 全部肉體를 不惜盡斷이라도 於大韓精神[7]에 如有培養之實力則盡可爲之哉리오 願先生은 勿惜一毫之勞라ᄒ니 余聽之半행에 愀然正襟曰壯哉라 權友여 熱哉라 權友여 智哉라 權友여 善哉라 權友여 勇哉라 權友여

何其壯也며 何其熱也오 夫我大韓은 何許名詞也오 三千里金歐江山[8]이 卽其國土也며 二千萬血族[9]이 卽其人民也며 檀[10]箕[11]四千載禮義東邦[12]이오 我 太祖[13]五百年來로 繼天立極에 獨立帝國[14]之稱號也라 無奈世運이 變遷ᄒ고 地球도 通ᄒ야 萬鬼環瞰ᄒ며 百虎耽視ᄒᄂ 大舞臺에 以我劣弱으로 孤立保存을 豈可望乎아 優勝劣敗[15]와 弱肉强食[16]은 天演之公例[17]라 (未完)

『대한매일신보』 1907.09.26

大韓精神의 血書 (續)

분야	논설
주제어	太和魂, 大韓精神, 大韓魂, 國魂, 精神敎育
인물	비스마르크(俾斯麥, Otto von Bismarck), 마치니(瑪志尼, Giuseppe Mazzini), 조지 워싱턴(華盛頓, George Washinton), 예수 그리스도(耶蘇, Jesus Christ), 越王句踐
레퍼런스	西諺

所以今日에 我國이 落在至酷至慘之手中ㅎ야 緊緊束縛ㅎ며 重重羈軛ㅎ야 無敢萌芽孵卵而惟有所差强人意에 幾乎望生機者는 **精神敎育**[1]이 是也라 然而目擊現狀에 能束極良之結果耶아 嗚呼라 擧目山河에 徒下新亭之淚ㅎ며 扼腕時局에 便作軰囚之徒ㅎ니 於國에 何益이며 於民에 何益이리오 所以有志人士가 爭唱敎育에 各設學校ㅎ되 未及經年에 以其費用之窘絀노 自難維持ㅎ며 言其課程則以其新舊學躰用之說노 眩惑未定ㅎ며 如非日語籌術이면 物理格致之談으로 作第一主義ㅎ야 注入於靑年之腦髓ㅎ니 旣不能立志於正鵠之地라 豈可望精神之培養乎아 吾不知今日設校敎人之意가 其將智之乎아 抑或愚之乎아 將欲使爲國家而禦侮用之乎아 抑將◆學生而謀他日

주 1 　精神敎育

주 2 大韓精神
7 太和魂
8 國魂
9 大韓魂

인 3 비스마르크(俾斯麥,
Otto von Bismarck)
4 마치니(瑪志尼, Giuseppe
Mazzini)
5 조지 워싱턴(華盛頓,
George Washinton)
6 越王句踐

衣食富貴之路乎아 意彼設該校之人은 非不欲智之며 亦嘗爲國
家而用之나 苟無精神이면 是借文明之術ᄒ야 自行秦政坑儒
之事로 尤其甚焉ᄒ리니 奚但止此리오 其敎育之目的이 如非
大韓精神[2]이면 雖手不釋新書ᄒ며 口不絶西法이라도 使學生
으로 缺獨立自重之志氣ᄒ야 成卑汚劣下之俗夫ᄒ면 其將腐
敗天下에 自速滅亡ᄒ리니 豈不可懼哉아 嗚呼라 溯觀歷史에
莫不過於此ᄒ리니 **稗思麥**[3]之小學敎育도 卽德國之主義也ㅣ오
馬志尼[4]之靑年敎育은 卽意太利之老大國也ㅣ오 **華盛頓**[5]之自由
鍾은 卽美國之獨立也오 **句踐**[6]之臥薪嘗膽은 其心이 日常往來
於治吳也오 豫讓之漆身爲癩는 不忘其君也오 日本之能立國維
新者은 **太和魂**[7]이 是也라 嗚呼**國魂**[8]이여 無國無之而求我所謂
大韓魂[9]者는 皇皇然大索之於三百餘郡而杳不可得矣러니 惟幸
權友가 旣擔敎育之任에 先唱國魂ᄒ야 指血特書로 對衆宣盟
ᄒ니 其將養成精神之實力은 應有極良之結果ᄒ리로다 慧觀
之通透는 離婁之明으로 不可比例오 熱誠之沸騰은 丹藥을 可
煉이오 勇敢之氣槪는 破甑沈船에 有進無退하야 天上天下에
惟我獨存으로 任天下之事하니 善哉라 權友여 眞實愛國之志
士也로다 原◆愛國與憂國之區別而憂國者는 其心에 怔憂之故
로 作憤激之氣ᄒ야 使人으로 墮頹敗之志ᄒ며 愛國者는 其心
이 常愛之故로 作進取之言하야 使人으로 生保守之思想ᄒᄂ
니 然而權友는 非不愛我身軆之貴重하며 亦非不知一指之苦痛
이나 其愛其痛이 惟國이 尤切故로 指血大書에 疾◆◆魂ᄒ니
推想權友之腔子컨대 若犧牲我一身이라도 如有大韓精神培養

之實力則是所心願이라ᄒ리니 然而今에 試向貳千萬人而問之

曰人有不死之人乎아ᄒ면 必應曰無也라ᄒ리니 然則一生一

死는 理也而人人이 有畏死之心情은 何故歟아 此는 但知生死

早晩之間에 肉體上苟活偸閒之樂也오 不知精神的不死之事也

로다 我死於可死之地則肉身은 雖作三尺僵尸나 其精神는 億

年不朽하야 永作不死之人ᄒᄂ니 凡爲血性男兒아 凡天下事

가 有非常之原因然後에 有非常之結果ᄒᄂ니 西諺[10]에 云(天

謂衆生曰汝所欲之物를 吾悉畀汝나 汝當納代價라ᄒ니) 此可

謂格言而價値之中에 血의 眞价 第一이로다 十字架上에 耶蘇[11]

가 如非流血이면 至今廿世紀에 不得爲宗敎翁이오 東西萬國

에 文明太平之治者도 無不從流血而成之ᄒ니 豈有不勞而得者

乎아 嗚呼權友之一指点血이 必有光榮於後日ᄒ리니 一斗之

粟과 一尾之魚도 惟有價値而況千金貴體의 斷送指節이 不如

斗粟尾魚者乎아 大韓精神이여 大韓精神이여 應不渺渺於無

何鄕ᄒ리니 嗚呼權友여 苦心血性으로 培養實力를 小無間斷

ᄒ고 雖遇疾風板蕩이라도 無易初心素志ᄒ야 期成掀天動地

之美名哉어다 曾未識荊이나 秋水蒹葭에 想望이 不盡이라 簡

短自述에 惟所更望者는 該校主務諸君은 益加熱心於維持方針

ᄒ고 無或半廢ᄒ야 竟與大韓精神으로 幷駕齊驅하면 卽國家

之幸甚이라 嗚呼全國同胞여 爾不知大韓精神歟아 又不見大韓

精神而已耶아 嗚呼大韓精神이여 爾永忘大韓同胞耶아 嗚呼同

胞아 爾自養實力而求爾精神哉어다 (完)

인 **11** 예수 그리스도(耶蘇, Jesus Christ)

레 **10** 西諺

『대한매일신보』 1908.01.26

國文學校의 日增

분야	한글
주제어	祖國精神, 國語, 愛國心, 始製, 諺解, 國性, 國粹, 國魂, 閨閤女子通信, 傀儡談冊子, 支那崇拜主義, 國文, 漢文, 國文學校
인물	了義, 朝鮮世宗, 朴赫居世, 高朱蒙, 金庾信, 卜智謙
레퍼런스	三經四書, 三綱錄, 五倫行實

㊟ 1 國文
　　2 國語
　　3 愛國心
　　4 國性
　　5 國粹
　　6 國魂

邇來敎育風潮의 增進홈을 隨ᄒ야 國文[1]의 발達을 愈催ᄒ
ᄂᄃᆡ 或國文專科로 樵兒牧童을 敎授ᄒᄂᆫ 學校도 有ᄒ며 或
晝夜學을 分ᄒ고 夜學에ᄂᆫ 國文壹科만 講習ᄒᄂᆫ 學校도 有
ᄒ며 或各科中에 國文壹科를 特置ᄒ 學校도 有ᄒ야 各處에
셔 來到ᄒᄂᆫ 信函與傳說을 本報가 幾乎應接不暇의 美觀이
有ᄒ니 記者가 此等雜報를 揭載홈에 趣味가 每饒ᄒ도다 盖
國語[2]와 愛國心[3]은 密接의 關係가 有ᄒ야 國性[4]保全도 國語로
以하며 國粹[5]鼓吹도 國語로 以하며 國魂[6]提醒도 國語로 以ᄒ
나니 其國에 國民된 者ㅣ 必也其國語로 尊崇ᄒ며 其國語의
統一을 要ᄒᄂᆫ 바인ᄃᆡ 國文이란 者ᄂᆫ 卽其國語와 壹致되ᄂᆫ
文字인 故로 國語의 발達은 又必其國의 文化와 伴進홈이어

늘 嗟乎라 韓國의 國文은 刱造호지 已久호건만은 尙今신지
沈滯不進홈은 可惜이 實甚호도다 古者에 高僧了義[7]가 國文
을 始製[8]호야 佛敎를 傳布하얏더가 其後本朝世宗[9]朝끠읍셔
此를 增損加減호사 現今通行호는 國文을 完成호셧스니 簡
而要호고 奧而易解호도다 然而數百年來로 其功效의 所及處
는 三經四書[10]의 諺解[11]와 三綱錄[12] 五倫行實[13]等의 解釋과 其俚
俚談冊子[14]와 閨閤內女子通信[15]에 不過호고 其他學士大夫家는
漢文[16]만 是讀習호며 是尊是尙홈으로 唐, 虞, 殷, 周, 秦, 漢,
宋, 明, 等年祚世代는 數之不遺호되 赫居世[17] 高朱蒙[18]은 何如
主인지 不知호며 皐, 夔, 稷, 契周, 召, 管, 葛等功名事跡은 誦
之如流하되 金庾信[19] 卜智謙[20]은 何時人인지 不知호야 支那崇
拜主義[21]에 祖國精神[22]은 埋沒을 全被호니 此豈一大遺憾이 아
닌가 今日에 至호야 祖國精神의 發揮를 有志者가 無不絶叫
호나 其發揮의 方針은 講究者가 少호도다 試思호라 今夫遠
近각道에 言語가 ◆致치 못호야 或◆物의 名稱이 二三에 至
호며 或一義의 言辭에 語套가 六七에 岐호야 南北各地의 人
이 相對하미 自然其感情이 秦越相視호듯 호니 不可不言語
文字를 統一홈이 爲急호며 況又某種科學을 敎授호던지 文
字의 力을 不藉호면 不得홀지나 萬一漢文을 取호야 此에 效
用호랴면 國民의 尊崇自國호는 風氣가 泯滅호기 易홀쑨더
러 抑亦文理만 通曉호랴 호야로 童習白紛의 歎이 有호리니
奚가에 他種科學을 攻討호리오 然則現在昏夢의 同胞를 未
來文明의 土臺에 同登케 홀 者는 惟此國文學校[23]가 是라 國

문學校가 加一個ᄒ민 斯國문化도 進一步ᄒ며 國문學校가
增一處ᄒ민 斯國幸福도 添◆層ᄒ나니 國문學校발起諸公은
勉홀지어다

『대한매일신보』 1908.02.21

英雄會議

분야	시가・소설, 역사
주제어	鐵甲船, 國權恢復, 同胞救濟, 財政整理, 奸臣叱退, 悵鬼逐送, 三韓英雄
인물	檀君, 乙支文德, 金庾信, 庚黔弼, 李存吾, 金德齡, 李舜臣, 郭再祐, 朴堤上, 隋煬帝
기관/조직	一進會

　　▲太白山檀木下에 始祖단君[1]現出ᄒᆞ샤 三韓英雄[2]召集하야 이 時局이 危急ᄒᆞ니 保護方針講究ᄒᆞᆫ다 ▲乙支文德[3]왓ᄂᆞ냐 隋양帝[4]의 百萬雄兵一朝에 掃蕩手段으로 靑邱山河三千里가 危如一髮擾擾ᄒᆞ니 四千餘載傳來基業扶護經綸責任커다 ▲金庾信[5]이왓ᄂᆞ냐 中岳山石窟中에 爲國禱天忠心으로 軍用鐵道荒蕪地에 失巢彷徨呼哭ᄒᆞᄂᆞᆫ 許多蒼生哀憐ᄒᆞ니 同胞救濟[6]責任커다 ▲庚黔弼[7]이왓ᄂᆞ야 朝廷制度草刱時에 整頓내治規模로다 隣邦借來ᄒᆞ녀 巨歎은 報償方針全無하고 一國金融枯渴ᄒᆞ니 財政整理[8]責任커다 ▲李存吾[9]왓ᄂᆞ냐 疾惡如讐一片忠은 鳳鳴朝陽이아닌가 七大臣이 弄權ᄒᆞ야 國家權利讓渡ᄒᆞ고 地位鞏固周旋허야 國家過色迫頭ᄒᆞ니 奸臣叱退[10]責任커다 ▲김德

[주] 2　三韓英雄
6　同胞救濟
8　財政整理
10　奸臣叱退

[인] 1　檀君
3　乙支文德
4　隋煬帝
5　金庾信
7　庚黔弼
9　李存吾

齡[11]이왓느냐 無等山이 鍾靈ᄒᆞ야 徒手搏虎져 壯拳아 魚頭鬼面一進會[12]가 宣言書自衛團에 蠹國病民可痛ᄒᆞ니 창鬼逐送[13] 責任커다 ▲리舜臣[14]이왓느냐 鐵甲船[15]을 발明하니 海外風浪不畏로다 舟車相通列强國에 平和條約잇것만은 任之他手籠絡ᄒᆞ야 不得自由屈伸ᄒᆞ니 國權恢復[16]責任커다 ▲郭再祐[17]왓느냐 逐倭如獐凜凜氣ᄂᆞᆫ 紅衣將軍네아닌가 창鬼魁首渡日ᄒᆞ야 百方奸計要功次로 大禍胎를 釀成ᄒᆞ니 凶物掃除責任커다 ▲박堤上[18]이왓느냐 鷄林狗彘寧爲언뎡 日本臣民不願ᄒᆞ고 炮烙不屈貞節이라 日兵의게 通詞되여 睚眦之怨必報홀제 義兵干連指囑ᄒᆞ야 無辜良民殺害ᄒᆞ니 惡物懲戒責任커다

『대한매일신보』 1908.03.01

國文硏究에 對흔 管見

분야	한글
주제어	京城土話, 史記, 文字, 始製, 國語字典, 國語, 國文, 支那, 種族, 形象字
인물	朝鮮世宗, 成三問, 鄭麟趾
기관/조직	國文硏究會, 學部

國文[1]者는 何오ᄒ면 卽國語[2]룰 應用ᄒᄂ 機關이라 此에
一人이 有ᄒ야 言을 出ᄒ민 一二人或百千萬人이 耳로 其聲
을 聞ᄒ고 其意趣를 能辨ᄒ나 但其聲音이 有ᄒ 時만 其耳
가 有ᄒ 者ㅣ 其言을 聽ᄒ고 其意趣를 能辨ᄒ지오 且其聽者
의 生前에는 其言을 或能記憶ᄒ며 或他人에게 傳播도ᄒ려
니와 若或於此에 人이 有ᄒ야 何等好意趣로 何等好說話룰
作코져ᄒ나 聽者ㅣ 無ᄒ면 百千萬言을 雖作ᄒ여도 必也無
用에 歸하며 聽者ㅣ 雖有ᄒ지라도 一人이 聽之則一人만 知
ᄒ 而已오 十人이 聽之則十人만 知ᄒ 而已라엇지 吾의 今日
에 出ᄒ바 言이 章이 有ᄒ야 幾百年或幾千年後ᄭ지 幾千萬
人이 能知ᄒ고 且引而用之ᄒ며 必曰此句는 某時代에 某先

주 1 國文
2 國語

生의 作흔바 言이라흠이 有ᄒ리오 古者에 繩을 結ᄒ야 政을 爲홀 時代가 有ᄒ니 此는 一事가 有ᄒ면 繩을 一結ᄒ얏ᄂ즉 其事를 經하고 其繩을 結흔 人은 其何事를 能記ᄒ려니와 其事를 經치못ᄒ고 其繩을 結치아니흔 者는 其何事인줄을 不知홀지라 故로 聖人이 書契로 易之홀식 人物과 鳥獸와 艸木과 日月을다 其形을 作ᄒ며 一二三四五六의 數를 分辨ᄒ야 其經歷흔바 事를 記載하니 此卽**史記**[3]라 竹簡에 銘ᄒ며 皮革에 書ᄒ야 石室에 藏之ᄒ며 金櫃에 守之ᄒ야 使之不朽케하며 千秋萬代以後에 生홀 人이 千秋萬代以前에 有흔 事를 目擊耳聞과 如히 能知ᄒᄂ니 此卽所謂**文字**[4]ㅣ라 彼愚而無擧者는 其妙用이 書를 作흔 人에게 在흠을 不知ᄒ고 其造化가 書에 在하다ᄒᄂ도다 開闢이 已久ᄒ야 人物이 漸繁ᄒ며 人文이 時를 隨ᄒ야 開ᄒ면 人智가 代를 隨ᄒ야 長ᄒᄂ지라 於是에 人類의 **種族**[5]을 分別ᄒ고 居住의 區域을 劃定흔 以後로부터 其區域과 風土의 異흠을 隨ᄒ야 言語가 亦異ᄒ도다 於是乎古聖人의 作흔바 **形象字**[6]를 原因ᄒ야 各其自國의 習慣과 言語와 口音에 便利흠을 隨ᄒ야 一種文字를 각述ᄒ니 此卽國文이라 其文字를 作흔 法을 觀홀진대 其字字各殊흠이 人面과 如ᄒ야 分別이 有ᄒ고 句와 節을 分하며 名詞와 動詞와 過去와 現在와 未來를 分辨ᄒ야 使之易知케ᄒ니 此卽문字가 是言語ㅣ오 言語가 是문字ㅣ라 韓國은 本是一우에 國을 建ᄒ니 其邦은 雖舊ㅣ니 書契를 創造ᄒ고 禮樂法度를 制作흔 聖人이다 自國에셔 産出치아니흔 故

로 支那[7]를 一通ᄒᆞ야 人物의 繁盛홈과 制度문物의 華麗홈을
見하ᄆᆡ 此卽吾之大國이오 此卽吾之祖先이오 此卽吾之師表
★라ᄒᆞ야 於是乎法律制度와 衣冠문物을 悉皆模範ᄒᆞ고 至
於문字ᄒᆞ야ᄂᆞᆫ 其尊之崇之를곳 大聖人이 降臨홈과 如히ᄒᆞ
더니 本朝 世宗大王[8]씌셔 數千年舊邦에 國문이 無홈을 慨歎
ᄒᆞ야 成三問[9]鄭麟趾[10]諸氏를 命ᄒᆞ샤 國문을 始製[11]ᄒᆞ시니 其
發音과 合音과 反切의 法式이 支那문字와 泰西各國의 國문
으로더부러 不謀而同ᄒᆞ니 可히 聖人의 智慧와 意思가 古今
과 東西가 異홈이 無홈을 知ᄒᆞ리로다 盖人種이 有ᄒᆞᆫ 然後
에 國이 有ᄒᆞ고 國이 有ᄒᆞᆫ 然後에 國語가 有ᄒᆞ고 國語가 有
ᄒᆞᆫ 然後에 國문이 乃作ᄒᆞ야 國語를 解釋케ᄒᆞᄂᆞ니 吾ㅣ 是
以로 其造化가 書에 在ᄒᆞ다ᄒᆞᄂᆞᆫ 者를 愚且無학이라ᄒᆞ노라
近聞ᄒᆞᆫ즉 學部[12]에셔 國문研究會[13]를 設ᄒᆞ고 國문을 研究ᄒᆞᆫ
다ᄒᆞ니 何等特異思想이 有ᄒᆞᆫ지ᄂᆞᆫ 知치못ᄒᆞ거니와 我의 愚
見으로ᄂᆞᆫ 其淵源과 來歷을 究之已甚ᄒᆞᄂᆞᆫ대 歲月만 虛費ᄒᆞ
ᄂᆞᆫ것이 必要치아니하니 但其風俗에 言語와 時代에 語音을
八道에 博採ᄒᆞ야 純然ᄒᆞᆫ 京城土話[14]로 名詞와 動詞와 形容詞
等類를 區別ᄒᆞ야 國語字典[15]一部를 編成ᄒᆞ야 全國人民으로
ᄒᆞ여곰 專一ᄒᆞᆫ 國문과 國語를 用케ᄒᆞ되 其문字의 高低와
淸濁은 前人의 講定ᄒᆞᆫ 者가 已有ᄒᆞ니 可히 取用홀것이오
新히 怪癖ᄒᆞᆫ 說을 刱起ᄒᆞ야 人의 耳目만 眩亂케홈이 不可
ᄒᆞ다ᄒᆞ노라

『대한매일신보』 1908.03.17

國漢文의 輕重

분야	한글
주제어	國文, 諺文, 폴란드어, 下等社會, 純漢文, 童習支離, 漢文, 國文重, 漢文輕, 眞書
인물	了義, 鄭地, 林慶業, 元均, 金慶徵, 檀君, 箕子, 乙支文德, 徐熙, 崔沖, 崔瑩, 姜邯贊, 庾黔弼, 丁若鏞, 카보우르(加富耳, Camillo Benso Cavour), 글래드스턴(格蘭斯頓, William Ewart Gladstone), 칸트(康德, Immanuel Kant), 몽테스키외(孟德斯鳩, Charles De Montesquieu)
레퍼런스 저자	孟子

주 1 國文
　2 漢文

　　　既曰**國文**[1]이라ᄒ면 是ᄂᆞᆫ 一般韓人이 皆自圖의 文으로 認
ᄒᆞᆯ바며 既曰흔문이라하면 是又壹般韓人이 皆他國의 문으
로 認ᄒᆞᆯ바니 其文字의 孰簡孰煩도 勿論ᄒᆞ며 其学習의 孰易
孰難도 勿問ᄒᆞ고 但國문兩字만 舉하야 途에 號ᄒᆞ여 曰此가
孰重고ᄒᆞ면 雖黃口小兒라도 皆曰國문이 重ᄒᆞ다 國文이 重
ᄒᆞ다ᄒᆞᆯ지어늘 今乃國漢文의 輕重이라 題허고 論을 下허면
或者贅論이아닌가 嗚乎라 其輕重이 如此雷壤懸絶흔 國漢문
을 今乃幾個癡人이 謬見妄執으로 芒毫가 泰山보다 大타ᄒᆞ
며 一涓이 黃河보다 廣타ᄒᆞ야 或會場演說에 聽衆이 雲集흔
대 國문은 漢문附屬品에 不過ᄒᆞ다고 大叫흔 者도 有ᄒᆞ며 或
雜誌文苑에 天下事ᄂᆞᆫ 惟**漢文**[2]을 讀흔 者가 能做ᄒᆞ다고 放言

혼 者도 有호며 甚者는 國文으로 奴를삼으며 漢文으로 主
를솜고 國文으로 臣을숨으며 漢文으로 君을 솜어 駸駸然國
文은 廢止호고 漢文만 崇尚호랴는 意思이니 俄人이 波蘭을
滅호고 波蘭語³를 禁호고 外語를 用호야 漸漸其故國思想을
漸減호얏다더니 今日韓人은 自國문을 自禁호고 外國을 用
코즈호니 記者於是에 不必論홀 國漢文輕重을 不得不一論홀
境遇에 處호얏도다 鄒孟氏⁴有言호되 [予豈好辯哉予不得已也]
라호얏스니 嗚乎라 記者가 亦豈好辯者哉아 夫國文도 亦문
이며 漢文도 亦문이어늘 必曰國文重⁵漢文輕⁶이라홈은 何故
오 曰內國문故로 圓문을 重히녁이라홈이며 外國문故로 한
문을 輕히녁이라홈이니라 此雖內國이나 高僧了義⁷創造흔
以後至今千載에 只是閨閣닌에 存호며 下等社會⁸에 行호야 不
經흔 諺冊과 淫蕩흔 歌詞로 人의 心德을 亂호얏고 彼雖外國
文이나 幾拾百年來로 학士大夫가 尊誦호며 君臣上下가 一
遵호야 此로 治民에 以호며 此로 行政에 以호며 此로 明倫
講道에 以흔 故로 此則諺문⁹이라 名호며 彼則眞書¹⁰라 稱호
얏거늘 今忽輕重을 顚倒홈은 何故오 曰漢문은 弊害가 多호
고 國문은 弊害가 無흔 故니라 同一火藥이로되 鄭地¹¹는 用
호야 倭艦數百艘를 殲하야 善戰의 名을 得하는디 松岳小兒
는 捕雀에 資홀 而已며 同一木布로되 林忠愍¹²은 用호야 敵
兵眼目을 眩호야 一城을 完호얏는딘 義州婦女는 禦冬에 供
흘 而已라 故로 鐵甲船의 神製로도 元均¹³을 與호면 勝敵을
不可必이며 震天雷의 利砲도 金慶徵¹⁴을 與호면 自守를 不可

望이니 夫釋가 正法이 兩諦가 無ᄒ랴만 南宗北宗이 所傳각 殊ᄒ고 基督聖經이 二本이 無ᄒ랴만 舊敎新敎가 所標各異 ᄒ니 然則檀君[15]이 在位ᄒ시고 箕子[16]가 爲相ᄒᄉ 乙支文德[17] 이 軍權을 掌ᄒ며 徐熙[18]가 外交를 司ᄒ며 崔冲[19]이 敎育을 主ᄒ며 錢財를 理ᄒᄂ 者ᄂ 崔瑩[20]의 廉으로 姜邯贊[21]의 明을 兼ᄒ며 刑法을 司ᄒ 者ᄂ 庾黔弼[22]의 謹으로 丁茶山[23]의 識을 具ᄒ고 再又加富耳[24]格蘭斯頓[25]康德[26]孟德斯鳩[27]等을 雇來ᄒ야 顧問을 備ᄒ 然後에 一國政法을 整頓ᄒ더리도 幾百年後木 腐虫生을 難知홀지어늘 今에 漢문의 末流之弊로 由ᄒ야 漢 文을 如此輕視홈은 何故오 記者ㅣ 雙眉를 一蹙하고 仰天大 唱曰韓人의 識見이 如此ᄒ니 宜乎主客을 不分ᄒ여 上下를 倒置ᄒ고 韓人의 手에셔 出ᄒ야 韓人의 眼에만 閱ᄒ랴ᄂ 報紙가 幾乎全部分이나 純漢문[28]으로 著出홈이로다 大抵記 者의 論ᄒ바 漢문의 弊害라홈은 其佶屈贅牙를 非홈도아니 며 其童習支離[29]를 歎홈도아니라 盖其一出入一主一奴의 中 間에 多大ᄒ 害가 有하다ᄒ노니 (未完)

『대한매일신보』 1908.03.18

國漢文의 輕重 (續)

분야	한글
주제어	漢文, 國粹, 國魂, 大朝鮮, 三國時代, 高麗, 蒙古, 滿洲, 奴性, 附庸屬國
인물	乙支文德, 隋煬帝, 淵蓋蘇文, 唐太宗

盖古者 三國時代[1]에 淳박이 未散ᄒ야 人知가 未기ᄒ고 封建이 未破ᄒ야 民力이 未團이로딕 隋唐의 雄師를 斥退ᄒ고 倭갈의 累寇를 勦擊ᄒ야 赫赫國光이 外邦에 震耀ᄒ더니 麗朝[2]以來로는 三韓이 統一하고 文運이 大闢흔 後이나 國力의 强壯이 古代보다 甚遜ᄒ며 人民의 勇敢이 古代보다 甚劣ᄒ야 蒙古[3]가 來ᄒ믹 一低頭ᄒ며 滿洲[4]가 來하믹 再低頭홈은 何故인가 此는 無他라 三國以前에는 흔문[5]이 未盛行ᄒ야 全國人心이 自國만 尊하며 自國만 愛ᄒ고 支那가 雖大나 我의 仇敵으로 常視ᄒ야 乙支公[6]의 麾下一僕夫도 隋天子[7]를 蛇蝎 갓치 視하며 泉蓋씨[8]의 廚下一炊婢도 唐國皇帝[9]를 狗彘갓치 罵하야 男男女女老老少少가 個個愛國血性으로 天地間에 特

주	1	三國時代
	2	高麗
	3	蒙古
	4	滿洲
	5	漢文

인	6	乙支文德
	7	隋煬帝
	8	淵蓋蘇文
	9	唐太宗

立ᄒ야 國을 爲ᄒ야 歌ᄒ며 國을 爲ᄒ야 哭ᄒ며 國을 爲ᄒ야 死ᄒ되 邊境의 烽烟만 一起ᄒ면 樵兒牧竪도 敵ᄀᆡ心을 滿抱ᄒ야 戰陣에 赴ᄒᆫ 故로 巨虜를 克服ᄒ야 名譽紀念碑를 淸川江에 쟝竪ᄒ고 玄花白羽로 萬古佳話를 쟝傳ᄒᆯ빈어니와 三國以後로는 幾乎家家에 ᄒᆫ문을 儲ᄒ며 人人이 ᄒᆫ문을 讀ᄒ야 ᄒᆫ官威儀로 國粹[10]를 埋沒ᄒ며 ᄒᆫ土風敎에 國魂[11]을 輸送하야 言必稱大宋大明大淸이라ᄒ고 堂堂大朝鮮[12]을 他國의 一附庸屬國[13]으로 反認홈으로 奴性[14]이 充滿ᄒ야 奴境에 長陷하얏거늘 今日에 坐ᄒ야 尙且國문을 ᄒᆫ문보다 輕視ᄒ는 者有ᄒ면 此亦韓人이라 云ᄒᆯ가 (未完)

『대한매일신보』 1908.03.19

國漢文의 輕重 (續)

분야	한글
주제어	歷史地誌, 國精, 石多山, 扶餘, 高麗九連城, 漢史, 國史, 閭喉童舌, 高句麗, 釣龍佳話, 百濟, 女眞, 國家思想, 漢土, 華風, 國粹, 國文, 漢文
인물	朴赫居世, 高朱蒙, 廣開土大王, 金春秋, 文武王, 溫祚, 王建, 黃喜, 漢武帝, 唐太宗, 趙匡胤, 朱元璋, 韓信, 彭越, 梁萬春, 崔春命, 蕭何, 曹參, 尹瓘, 탕임금, 周武王, 요임금, 순임금, 檀君, 解夫婁, 薛仁貴, 乙支文德, 蘇定方, 우임금
레퍼런스	皇明一統志

   自國의 言語로 自國의 文字를 編成ᄒ고 自國의 문자로 自國의 歷史地誌¹를 纂輯ᄒ야 全國人民이 捧讀傳誦ᄒ여야 其 固有ᄒ 國精²을 保持ᄒ며 純美ᄒ 愛國心을 鼓붤홀지어늘 今에 韓人을 觀하건ᄃᆡ 唐堯³虞舜⁴을 檀君⁵扶婁⁶보다더 信仰ᄒ며 殷湯⁷周武⁸를 赫居世⁹東明王¹⁰보다 더 謳歌ᄒ며 漢武帝¹¹唐太宗¹²은 天下巨英雄으로 認ᄒ되 廣開土王¹³太宗¹⁴文武王¹⁵은 偏邦細蠻傑로 視ᄒ며 宋太祖¹⁶明太祖¹⁷ᄂᆞᆫ 萬古聖天子로 尊ᄒ되 溫祚王¹⁸王建太祖¹⁹ᄂᆞᆫ 一시小兒輩로 笑하며 韓信²⁰彭越²¹은 樵歌巷謠에도 偏傳ᄒ되 梁万春²²崔春命²³은 何國男兒인지 茫不知ᄒ며 蕭何²⁴曹參²⁵은 閭喉童舌²⁶에도 乱誦ᄒ되 黃喜²⁷ᄂᆞᆫ 何代人物인지 杳不聞ᄒ고 積城一小峴은 叛將軍의 竹馬故蹟을

(주)		
	1	歷史地誌
	2	國精
	26	閭喉童舌

(인)		
	3	요임금
	4	순임금
	5	檀君
	6	解夫婁
	7	탕임금
	8	周武王
	9	朴赫居世
	10	高朱蒙
	11	漢武帝
	12	唐太宗
	13	廣開土大王
	14	金春秋
	15	文武王
	16	趙匡胤
	17	朱元璋
	18	溫祚

爭道ᄒ되 [積城縣에 셜馬馳라 云ᄒᄂᆞᆫ 一小峴이 有ᄒᆫ대 此
ᄂᆞᆫ 高句麗[28]를 背叛ᄒ고 唐朝에 入仕ᄒ던 셜仁貴[29]의 兒時馳
馬處라 云흠] 平壤石多山[30][乙支文德[31]의 産出地]은 古碑가 零
落ᄒ고 扶餘[32]◆古江온 敵壯士의 釣龍佳話[33]를 共傳ᄒ되 [唐
蘇定方[34]이 百濟[35]를 侵하다가 風雨大作ᄒ야 渡江치못흠으
로 曰此ᄂᆞᆫ 江龍이 護國이라ᄒ야 壯士를 募ᄒ야 白馬餌로 龍
을 釣ᄒ얏다 云흠] 高麗九連城[36]은 [尹瓘[37]이 女眞[38]을 征服ᄒ
고 此城을 築흠] 宿草가 荒凉하야 自家先祖ᄂᆞᆫ 忘域에 頓置
ᄒ고 他人보牒만 貿藏千卷흠이니 可恥可笑가 此에 孰甚이
며 楚漢戰場이 公家에 何關이완ᄃᆡ 腦髓未堅ᄒᆫ 六七歲小童
子가 終日滎陽廣武氵殳水彭城等에 齒酸ᄒ고 禹공[39]治水가 爾
生에 何功이완ᄃᆡ 聰明已減ᄒᆫ 七八旬老經生이 幾年冀州荊州
靑州豫州導山導水等에 髮短ᄒ니 惜夫라 皇明一統志[40]를 突誦
흠이 生於쟝於ᄒᆫ 本郡의 邑誌를 一覽흠만 不如며 鳳凰岳陽
이 雖好나 自己亭子가아니어늘 詩人墨客의 夢想이 空勞ᄒ
고 泰山長安洛陽이 雖勝이나 吾家田園이아니어늘 歌童韻妓
의 謳歌讚美가 空深ᄒ니 嗟夫라 子쟝遊◆篇문을 쟝吟흠이
遊斯釣斯ᄒᆫ 故鄕의 산수를 一錄흠만 不如어늘 父祖의 光明
寶藏을 遺失ᄒ고 鄰家門外의 丐兒를 求作ᄒ얏스니 可悔可
恨이 此에 孰多오 嗚乎라 此其原因을 推究ᄒ면 韓國의 國文
[41]이 晩出흠으로 其勢力을 漢文에 被奪ᄒ야 一般학士들이
漢文으로 國文을 代ᄒ며 漢史[42]로 國史[43]를 代ᄒ야 國家思想[44]
을 剝滅ᄒᆫ 所以라 聖哉라 麗太祖ㅣ 云ᄒᆞ스되 我國風氣가 漢

土[45]와 逈異ㅎ니 華風[46]을 苟同홈이 不可라ㅎ심은 國粹[47]保

存의 大主義이시거늘 幾百年庸奴拙婢가 此家事를 誤하야

小國二字로 自卑ㅎ얏도다 然則今日에 坐ㅎ야 尙且國문을

漢文[48]보다 輕視ㅎᄂ 者有ㅎ면 是亦韓人이라 云홀가 (完)

㉾ 45 漢土
46 華風
47 國粹
48 漢文

『대한매일신보』 1908.04.03

讀壬辰誌有感

분야	역사
주제어	壬辰倭亂, 廟堂諸臣, 娼妓, 擊壞蚩氓, 僧徒, 義僧軍, 黨論, 人心, 空山窮儒
인물	豊臣秀吉, 加藤淸正, 小西行長

人心의 如何를 視ᄒ야 其國이 以亡以不亡흠은 古今에 同然ᄒᆫ 理어니와 **壬辰韓日戰史**[1]를 讀ᄒᄆᆡ 其確然을 尤覺ᄒ깃도다 是時를 試想ᄒ라 政治를 論하면 腐敗가 莫甚ᄒ야 曰東曰西曰南曰大北小北緩北急北等의 **黨論**[2]이 蜂起ᄒ야 私鬪만 是事ᄒ고 國事ᄂᆞᆫ 不問ᄒᄆᆡ 六曹ᄂᆞᆫ 虛設에 不過ᄒ며 三公은 尸位에 空據ᄒ던 時오 軍備를 觀하면 兵額이 幾千에 不滿ᄒ고 將官은 員數만 僅具ᄒ며 且統制使節度使等을 任差흠에 人材만 不得홀쑨아니라 閫外之權을 宮中에셔 坐握흠으로 千里兵機를 啓聞乃決ᄒ야 壹事를 莫專하며 一籌를 莫展ᄒ던 時라 是故로 **豊臣秀吉**[3]의 兵이 海를 壹渡ᄒᄆᆡ 車駕ᄂᆞᆫ 倉皇西遷ᄒ며 軍兵은 壹時瓦解ᄒ야 **廟堂諸臣**[4]이 束手相顧이

眼淚만 被面호얏스며 隣國의 兵이 來救혼다 爲名하얏스니
逗遛觀望으로 爲主호고 進戰을 不肯하얏스니 國家의 存亡
이 一絲를 爭하얏건만은 十八年兵火를 經호고도 金甌가 無
缺홈은 果然何를 賴홈인가 曰此는 **人心**[5]이 不去혼 故니라
是時人心을 觀호라 **空山窮儒**[6]도 國事를 爲호야 袂를 奮호며
擊壤蚩氓[7]도 國事를 爲하야 鋤를 投호며 **娼妓**[8]는 一個賣淫者
언만 敵將을 抱호고 江樓에서 墜死혼 娼妓도 有호며 **僧徒**[9]
는 壹個守寂者언만 長삼을 着호고 **義僧軍**[10]을 募集호야 敵
兵과 決死혼 僧徒도 有하야 流血로 槍砲를 代호며 義氣로
甲胄를 代호며 敵愾心으로 城郭을 作호야 其國만 知호고
其身其家를 不知호얏스니 人心이 如此혼 時인즉 設令淸正[11]
의 腋에 兩翼이 生호며 **行長**[12]의 頭에 三角이 出호야 虎又치
吼호며 獅又치 搏홀지라도 彼를 何足慮며 何足懼리오 故로
曰國家의 亡不亡은 人心을 視혼다홈이니 人心者는 何오 卽
國을 愛호고 同胞를 愛호는 壹段秉彝良心이 是니 彊土의 蹙
을 勿懼호고 人心의 泯을 是懼호며 權利의 削을 勿驚호고
人心의 衰를 是驚하라 人心만 有호면 八域內에 百千萬敵營
을 列하며 沿海又地에 百千萬敵艦을 艤홀지라도 我彊土我
權利는 我가 索還乃已호나니라

『대한매일신보』 1908.04.10

歌曲改良의 意見

분야	음악, 시가·소설
주제어	忠孝, 改革, 妓女唱夫, 歌謠, 亂雜, 愛國, 一心團體, 兒童, 淫談悖說, 開明前進
레퍼런스	수심가, 난봉가, 알으랑, 홍타령

凡風俗之移人이 導之以善則善ᄒ고 導之以惡則惡ᄒ야 一或成俗이며 難可猝變이나 然이나 現今我韓國內所習歌謠[1]는 無非病風傷性之亂雜[2]則不可不改革[3]이 亦一急務라 所謂妓女唱夫[4]及衢路各兒童[5]이 開口則所謂歌曲이 都是수심가[6]난봉가[7]알으랑[8]홍타령[9] 等類ᄲᅮᆫ이니 此何窮凶巨惡淫談悖說[10]之成習也오 彼等愚賤之尋常行之를 不足掛齒라ᄒ면 豈可曰導之以善之有也리오 這間尤有痛歎痛憎者ᄒ니 所謂官人名色이 與此倂唱에 猶恨不淫悖之益甚ᄒ니 是爲爲國乎아 是爲爲家乎아 此時가 何時오 實非諸君宴樂之日而況若有壹點人子之本性이면 豈可擧面皮而坐聽此妖言狂說哉아 爲之寒心處로다 盖英雄闊達之詞와 壯士慷慨之歌는 古今이 何異리오만은 至若此等亡

身亡家亡國之荒音은 宜有警吏之痛禁而置諸度外ㅎ니 亦何故也오 以外相觀ㅎ면 此未免蒼古之論이나 然이나 其實은 際此 **開明前進**[11]之時代ㅎ야 妨害志氣가 莫此爲甚也라 所以冒敢一誦而且不可無구弊故로 先以陳談數句로 製呈ㅎ니 幸須宜本此義ㅎ야 更爲硏究出報하야 警彼妖妄譫語之輩와 神脫坐尸之類焉이어다 第一章 人生이 處世ㅎ니 **충효**[12]가웃듬이라 黃金ヌ튼이 光陰을 伐齊爲名虛送ㅎ니 於焉間忠도 孝도다못ㅎ고 後世에무엇을 第二章 노지마오노지마오 늙어지면 恨되나니 花無十日紅이오 달도차면기우나니 人生이 一場春夢이라 늙기전에 第三章 靑山아무러보즈 古今事를네알니라 興亡盛衰는 只在人이오 不在蒼天이라합데 졔일을졔가 잘못ㅎ고 민양怨天 第四章 자부시오자부시오 이슐한잔자부시오 이슐이슐아니라 익국[13]으로비져너혀 일심단톄[14]걸너닉니 文明발達自由酒라 만일한잔자부시면 忠卽盡命ㅎ오리다 孝當竭力ㅎ오리다 권권할졔잡으시오

『대한매일신보』 1908.06.14

舊書蒐集의 必要

분야	역사, 논설
주제어	新書籍, 舊書籍蒐集, 本國史記, 新羅, 百濟, 祖國思想, 國粹, 國性, 奴性, 日本年代, 歐羅巴近史, 媚新棄舊
인물	高朱蒙, 溫祚

㈜ 1 新書籍

世界가 旣新에 書籍도 亦新ᄒ야 政治 法律을 學ᄒ랴 ᄒ야도 新政治 新法律을 學홀지며 倫理 哲학을 학ᄒ랴 ᄒ야도 新倫理 新哲학을 학홀지어늘 此陳腐한 舊書를 蒐集하야 將何에 用ᄒ며 西艦東舶에 日로 輸入홀 者ㅣ 將彼**新書籍**[1]이며 文人学士가 日로 譯出홀 者ㅣ 將彼新書籍이라 後生少年이 彼新書籍만 閱覽ᄒ랴 ᄒ야도 抑且無暇를 歎홀지어늘 此汗漫ᄒ 舊書를 蒐集ᄒ야 將何에 用하며 山林社會에 結髮讀書ᄒ 頑固儒生이 舊書에 汎博하지 아님은 아니언만 其常識에 通홈은 國語讀本을 纔讀ᄒ 小學校의 尺童을 是讓홀지며 南山老屋에 桃燈話古ᄒᄂ 守舊老宰가 舊書에 精篤ᄒ지 아님은 아니로딩 其時宜를 解홈이 國文新聞을 僅閱ᄒᄂ 勞働社會의

役夫를 是遜호지어늘 此千萬無益호 舊書를 蒐集호야 將何에 用호리오 新布로 舊衣를 縫하면 必裂호고 新酒로 舊囊에 盛호면 必漏호나니 此新書籍世界를 遭호야 **舊書籍蒐集**[2]을 提論홈은 何意인가 日嗚乎라 本報의 右揭호 問題(即舊書蒐集)를 관호면 必也此等言論으로 相詰홀 者ㅣ 有호지만은 然이느 此는 其一만 知호고 其二는 不知호는 者로다 今日을 當호야 人人이 皆新書의 廣布치 못홈만 歎하나 吾則舊書의 將亡홈을 惜호노니 大抵 外國文明을 輸入호미 **祖國思想**[3]을 沒却호야 風俗도 惟外國의 風俗을 是趨호며 人物도 惟外國의 人物을 是拜호면 駭駭不知不覺間에 附外奴를 是作홀지라 故로 一般文明國에셔는 莫不其**國粹**[4]를 皷吹하며 **國性**[5]을 發揮호는딕 現今京城內一般社會를 觀호건대 **媚新棄舊**[6]의 心이 太熾호야 先輩의 發호 言論이라 호면 비록 如何히 精切호 言論이라도 必日 腐敗陳談이라 호야 此를 恥道호며 舊籍에 現호 事蹟이라 호면 비록 如何히 宏大호 事實이라도 必日 蒭狗徃跡이라 호야 此를 愧稱호고 惟西哲近賢의 咳唾는 其精粗를 不問호고 是歌是讚호니 此亦**奴性**[7]의 致然호 비 아닌가 余가 일즉 某學校一卒業生과 對話하다가 **日本年代**[8]을 問호즉 足利時代 德川時代 等을 氷上에 轉瓢호듯시 誦下호며 **歐羅巴近史**[9]도 壹斑을 畧記호기에 余乃**本國史記**[10]로 提問호즉 **新羅**[11] **百濟**[12]가 何處邦國인지 不知호며 **東明**[13]**溫祚**[14]가 何代君主인지 不記호는지라 余가 此를 觀호고 大驚歎惜홈을 不覺호얏더니 社會를 周覽호즉 太半 此等人物만 爛慢호도다 (未完)

『대한매일신보』 1908.06.14

小學敎育에 對하는 意見

분야	▌ 한글
주제어	▌ 國文專主, 小學, 普通知識, 國語, 國體, 蝙蝠書籍, 鸚鵡敎育, 漢文全廢, 國漢字, 君主國, 共和思想, 漢字取用

小學[1]은 國民의 根本敎育이라 高尙흔 文學을 主홈이 아니오 世人의 普通知識[2]을 幼年者의 腦中에 浸染하야 習이 性으로 더부러 成ᄒ야 將來善良흔 國民이 되게 홈이니 故로 其敎育ᄒ는 方法이 壹. 國語[3]로 以ᄒ는 事 二. 國體[4]에 協ᄒ는 事 三. 普及을 圖ᄒ는 事 盖其國語로 以하는 所以는 兒童의 講習의 便易케 ᄒ는 同時에 自國의 精神을 養成ᄒ기 爲홈이라 故로 大韓國兒童의 敎科書籍은 大韓國語를 用홈이 可ᄒ거늘 近來行用ᄒ는 小学書籍을 觀하컨대 國漢字[5]를 混用ᄒ야시나 漢字를 主位에 置ᄒ야 音讀ᄒ는 法을 取ᄒ고 國字는 附屬이 되야 小学用으로는 國문도 아니며 漢문도 아인 一種蝙蝠書籍[6]을 成흔지라 是以로 滿堂흔 小兒가 敎師의 口를 隨ᄒ야

高聲蛙鳴ᄒᆞ고 或其문의를 叩ᄒᆞ則茫然히 雲霧中에 坐ᄒᆞ야 其方向에 迷ᄒᆞᆫ 者가 拾의 八九에 是居ᄒᆞ니 此ᄂᆞᆫ 國中子女에게 **鸚鵡敎育**[7]을 施ᄒᆞᆷ이라 善美ᄒᆞᆫ 效果를 豈得ᄒᆞ리오 故로曰 小學敎科書ᄂᆞᆫ 國語를 專用치 아님이 可치 안타 ᄒᆞ노라 且其 國體에 協하기를 求ᄒᆞᆷ은 國家의 基礎를 鞏固케 ᄒᆞᆷ과 社會의 秩序를 維持ᄒᆞᆷ올 爲ᄒᆞᆷ이니 假令**君主國**[8]에ᄂᆞᆫ 忠君ᄒᆞᄂᆞᆫ 主義를 先하고 **共和思想**[9]을 鼓吹ᄒᆞᄂᆞᆫ 類의 敎科書를 許치 아니ᄒᆞᆷ이오 普及을 圖ᄒᆞ기ᄂᆞᆫ 國中子弟로ᄒᆞ야곰 不學ᄒᆞᄂᆞᆫ 者가 업도록 ᄒᆞᆷ이라 故로 强制力을 用하야도 可ᄒᆞ야 幼年者의 保護者로 敎育ᄒᆞᄂᆞᆫ 義務를 納稅及徵兵의 아니치 못ᄒᆞᆷ又치 ᄒᆞᆷ이니 盖此二者ᄂᆞᆫ 多言을 不贅ᄒᆞ야도 世人의 熟知ᄒᆞᄂᆞᆫ 바일듯 今我◆學◆育에 對ᄒᆞ야 最難最大ᄒᆞᆫ 問題ᄂᆞᆫ 壹. **國文專主**[10] 二. **漢文全廢**[11] 先生長者가 表面唐突ᄒᆞᆫ 此言을 壹閱ᄒᆞ면 梟獍의 惡聲을 白晝에 聞ᄒᆞᄂᆞᆫ듯 痛罵ᄒᆞᆯ지며 幾百年世有ᄒᆞ든 家實을 强盜에게 見奪하ᄂᆞᆫ듯 憤怒ᄒᆞᆯ지며 又或大鉄椎가 頭上에 落下ᄒᆞᄂᆞᆫ듯 精神이 眩惶ᄒᆞᆯ지나 愛國하ᄂᆞᆫ 眞性으로 國民의 繼續者되ᄂᆞᆫ 幼穉子女의 未艾ᄒᆞᆫ 知覺을 涵養開發ᄒᆞᄂᆞᆫ 事에 對ᄒᆞ야 深思熟考ᄒᆞᆫ즉 其亦首肯하야 案을 拍ᄒᆞ고 快를 稱ᄒᆞ기도 ᄒᆞᆯ듯 新生未成ᄒᆞᆫ 腸胃에 堅硬難消ᄒᆞᆫ 食料를 與ᄒᆞᆫ즉 身軆에 滋養되지 못하기ᄂᆞᆫ 姑舍ᄒᆞ고 壹生의 痼病을 必成ᄒᆞᆯ지니 此와 如ᄒᆞ야 複雜難解ᄒᆞᆫ 漢文으로 脆軟未熟ᄒᆞᆫ 頭腦를 攪亂ᄒᆞ면 知識을 增長치 못ᄒᆞᆯᄲᅮᆫ 아니라 精神을 耗損ᄒᆞ야 百年의 疾祟를 讓成ᄒᆞᆯ지라 故로 此問題의 解決이 生理上으로도

㉔ 7 鸚鵡敎育
8 君主國
9 共和思想
10 國文專主
11 漢文全廢

本人의 論에 左祖홀지오녀 然則小學敎科書의 編纂은 國文을 專主홈이 可혼가 曰然ᄒ다 然則漢字는 不用홈이 可혼가 曰否라 漢字를 烏可廢리오 한文을 廢호대 漢字는 可廢치 못ᄒ나니라 曰漢字를 用ᄒ며 是乃한문이니 子의 全廢라 ᄒ는 說은 吾人의 未解하는 바이로다 曰한字를 連綴ᄒ야 句讀을 成혼 然後에 始可曰문이니 字字別用홈이 豈可曰한문이리오 且夫吾人이 한字를 借用홈이 已久ᄒ야 其同化혼 習慣이 國語의 壹部를 成ᄒ야시니 苟其訓讀ᄒ는 法을 用혼則其形이 雖曰한字이나 卽吾國문의 附屬品이며 補助物이라 英人이 羅馬字를 取하야 其國語를 記홈과 同ᄒ니 **한字取用**[12]혼 緣由로 誰人이 敢히 大韓國語를 指하야 한문이라 ᄒ리오 英문中에 希臘語의 輸入同化혼 者가 有홈으로 英문을 希臘語라 稱하는 者는 吾人의 未見ᄒ는 바이로라 (未完)

『대한매일신보』 1908.06.16

舊書蒐集의 必要 (續)

분야	논설
주제어	崇拜華夏主義, 本國歷史, 祖國精神, 世界文明, 中原文獻, 鮮卑, 契丹, 日本, 隋, 唐, 奴隷世界, 三經四書, 八大家, 舊書蒐集, 高麗藏文庫, 最先發明, 文弱, 印刷業, 銅版活字, 神聖國土
인물	崔致遠, 金富軾, 李勣
레퍼런스	東國通鑑, 懲毖錄, 紀年兒覽

舊書蒐集[1]의 必要 續

昔者勝朝(高麗)以前에 東方이 固是强國으로 著名ᄒᆞ야 曰隋[2]曰唐[3]曰鮮卑[4]曰契丹[5]曰日本[6]等의 巨寇强賊이 皆其手中에 就擒ᄒᆞ며 皆其膝下에 來伏ᄒᆞ야 域外列邦이 皆此國民族의 特色을 欽歎ᄒᆞ더니 其誰의 作孽로 **崇拜華夏主義**[7]를 大吹ᄒᆞ야 末流**文弱**[8]이 此에 至하얏ᄂᆞᆫ가 不過是幾個文士詩客의 **崔致雲**[9] **김富軾**[10]又흔 諸人이 支那에 留學或旅行하야 眼은 漢官威儀에 眩ᄒᆞ며 心은 **中原文獻**[11]에 醉ᄒᆞ야 **本國歷史**[12]를 一切唾棄ᄒᆞ며 本國精華를 一切掃却하고 禿筆을 執ᄒᆞ야 奔走呼號ᄒᆞ미 適其時此를 摧壓蕩平홀 偉人이 無ᄒᆞ고 許多夢中人이 其風潮에 盡傾하야 畢竟 **神聖國土**[13]로 如此無熱性 無腦筋의

奴隸世界[14]룰 幻成흠이니 此는 千古志士의 扼腕長歎홀 빅어
니와 余는 卽今全國新進學士룰 回顧하미 一大恐怖룰 抱하
노니 彼政治 法律 等각科룰 學ᄒ며 美國 日本 等각處에 留ᄒ
는 內外諸학生이여 或者其中에 第二崔致遠 第二김富軾이나
不有흔가 假使本國에 문獻이 自足ᄒ야도 外來의 新風潮가
四圍룰 震感ᄒ야 驚魂失魄의 慮가 十中八九인디 況韓國은
幾百年來에 自家書籍을 輕視한 結果로 家家에 三經四書[15]八大
家[16]는 高儲ᄒ얏스나 本土의 傳來ᄒ는 書類는 晨星갓치 不
多ᄒ야 東國通鑑[17] 懲비錄[18] 等書冊을 日本셔 購得ᄒ기는 甚易
ᄒ는 皇城內書舖에셔는 見影이 殆難ᄒ고 只是文獻古家의
塵箱中蠹蝕物을 作ᄒ니 噫라 此日此時에 舊書룰 蒐集하야
其煩褥룰 거ᄒ며 其精英을 掇ᄒ야 此룰 刊出ᄒ며 此룰 流布
ᄒ야 後進의 要求에 應ᄒ면 此亦祖國精神[19]을 喚起ᄒ는 一法
門이 될지오 旦自國에 書籍은 是乃幾千載以來에 國民先祖先
輩의 思想心血의 結集흔 者라 國民의 精神도 此에셔 觀흘지
며 國民의 性質도 此에셔 驗흘지며 其他山川 人物 風俗 政治
等의 搜察沿革도 莫非此에셔 藉흘지니 엇지 重視치 아니리
오 昔에 李勣[20]이 高句麗에 入寇ᄒ야 平壤城을 陷落ᄒ고 高麗
藏文庫[21]룰 閱하더니 喟然曰 東表小邦으로 文籍의 具備흠이
엇지 此에 至ᄒ뇨 萬一 此룰 留存ᄒ야 句麗遺民으로 得見케
하면 愚者가 知하며 懦者가 勇ᄒ야 他日 王師룰 更勞흠에 至
흘지라 ᄒ고 卽時火에 投하야 灰燼을 成ᄒ얏다 云云ᄒ더니
(出紀年兒覽[22])今日狀態룰 觀ᄒ건대 리勣을 不待ᄒ야 不過幾

年만에 國內舊書가 絶種에 殆至홀지라 余가 此를 懼ᄒ야 有志有資의 人士에게 舊書의 廣搜精擇홈을 望ᄒᄂᆫ 바이니 苟或幾多星霜을 又過ᄒ면 此志를 抱하ᄂᆫ 者ㅣ 有ᄒ야도 其散逸이 更多ᄒ야 一卷故籍을 求홈이 秦家火後에 詩書를 求홈보다 更難홀지로다 嗚乎라 **世界文明**[23]의 三大原因에 **印刷業**[24]의 發達이 其一에 居ᄒ얏ᄂᆫ대 韓國은 **銅版活字**[25]의 製造가 列邦中**最先發明**[26]된 國으로 文獻의 寥寥가 如此ᄒ니 此亦國民의 責이 아닌가 (完)

㈜ 23 世界文明
24 印刷業
25 銅版活字
26 最先發明

『대한매일신보』 1908.06.16

小學教育에 對ᄒᄂᆞ 意見 (續)

분야	▍ 한글, 논설
주제어	▍ 國語, 日本語, 小學教育, 訓讀, 錯節語, 直節語, 國漢字交用, 英語, 漢語, 音讀

小學教育[1]에 對ᄒᄂᆞ 意見 續

然則小學教科의 書籍은 國한字를 交用ᄒᆞ야 訓讀[2]ᄒᄂᆞ 法을 取ᄒᆞ면 可ᄒᆞ거니와 此에 對하야 國中父兄의 參考에 供ᄒᆞᆯ 者ᄂᆞ 言語의 種類이니 盖世界가 廣하고 人類가 衆호대 其行用하ᄂᆞ 言語을 문典上으로 剖柝ᄒᆞᆫ則 壹. 錯節語[3]이니 即한語[4] 英語[5]ᄀᆞᆺ티 上下交錯ᄒᆞ야 其意를 表示ᄒᄂᆞ 者 二. 直節語[6]이니 即我國語[7]及日本語[8]ᄀᆞᆺ티 直下ᄒᆞ야 其意를 表示ᄒᄂᆞ 者 人이 其思想을 聲音으로 表示ᄒᄂᆞ 者ᄂᆞ 言語이며 形像으로 表示ᄒᄂᆞ 者ᄂᆞ 문字이라 今에 國한字 交用[9]ᄒᄂᆞ 書에 錯節體法을 用ᄒᆞ면 是ᄂᆞ 문을 不成홈이 한문에 直節體法行홈과 同ᄒᆞᆫ지라 是以로 音讀[10]하ᄂᆞ 문이라도 此를 務避

호여야 可호니 訓讀훈 然後에 此弊가 自絶홀지라 小学의 教育은 國民子弟의 思想을 啓發하며 性質을 陶冶호며 氣節을 培勵호야 國家의 其國家되는 體統을 立하며 民族의 其民族되는 血系을 承하야 此國의 可愛홈을 知케 호며 此國의 可敬홈을 知케 호야 此國을 爲호야 生케 홀지며 此國을 爲호야 死케 홈인즉 此國의 語와 此國의 문을 主用치 안코 可홀가 敢히 壹言으로써 國中父兄에게 質호노라 (完)

『대한매일신보』1908.06.17

歷史에 對흔 管見二則

분야	▌역사, 논설
주제어	▌朝鮮, 三韓, 高句麗, 新羅, 百濟, 渤海, 코리안民族, 東國, 建國聖祖, 檀君後第幾十年, 同祖同族, 本國史, 國號, 朝廷, 國家, 國家精神, 民族, 紀年, 建國始祖, 開敎始祖, 國民精神, 高麗, 紀元
인물	▌檀君
레퍼런스	▌資治通鑑, 續資治通鑑, 資治通鑑綱目, 紫陽綱目, 東國通鑑, 東國文獻錄

㈜ 3 本國史

㈖ 1 資治通鑑/續資治通鑑
2 資治通鑑綱目

余ᄂ 元來歷史의 痼癖을 抱ᄒ야 寢을 忘ᄒ고 是를 讀ᄒ며 食을 廢ᄒ고 是를 讀ᄒ야 是를 師ᄒ며 是를 友ᄒ며 是로 生命을 作흔지 玆에 십數年을 經ᄒ얏스니 歷史를 愛ᄒᄂ 者ㅣ 余에 孰過ᄒ리오만은 但已往에ᄂ **속本通鑑**[1] **紫陽綱目**[2]等만 歷史로 知ᄒ고 **本國史**[3]에 至ᄒ야ᄂ 一寓目을 不肯ᄒ고 此로 高閣에 束ᄒ얏스니 歷史를 不知ᄒᄂ 者ㅣ 亦余에 孰過ᄒ리오 然이나 挽近數年來로 此一大頑夢을 猛覺ᄒ고 久旅者가 故鄕에 始返ᄒ야 眼을 自家事에 纏着ᄒ니 一邊ᄋᆞ로ᄂ 前非를 回想ᄒᄆᆡ 愧汗이 背에 沾하며 一邊ᄋᆞ로ᄂ 晩悟를 自幸ᄒ야 手足의 舞蹈홈을 不覺ᄒ깃도다 雖然이나 近今刊行ᄒᄂ 歷史가 壹二舊謬例를 尙蹈ᄒ야 讀者로 하야금 不滿의 感情

을 抱케 홈으로 敢히 壹得의 愚를 陳ㅎ노라 一 國號[4] 土地와
人民이 有ㅎ며 必也 國家가 有ㅎ고 國家가 有ㅎ며 必也 一種
代名詞(即國號)가 有ㅎ나니 然則本國의 代名詞ᄂ 何라 云ㅎ
ᄂ가 朝鮮[5]乎아 三韓[6]乎아 高句麗[7]乎아 抑新羅[8] 百濟[9] 渤海[10] 等
乎아 曰否라 此ᄂ 當時朝廷[11]의 代名詞라 朝廷의 範圍ᄂ 狹
ㅎ며 國家[12]의 範圍ᄂ 廣ㅎ고 朝廷의 運命은 短하며 國家의
運命은 長ㅎᄂ니 朝廷의 代名詞를 將ㅎ야 國家의 代名詞로
認홈이 不可ㅎ며 又彼外國人이 徃徃我를 코리안 民族[13]이라
稱ㅎ나 然이나 此ᄂ 高麗[14]의 譯音에 不過ㅎ니 此를 取ㅎ야
國號로 認홈이 尤不可ㅎ도다 然則我國의 國號ᄂ 將次何라
云홀고 曰 東國[15] 二字가 其可乎인져 東洋에 在ㅎ 國이 我國
ᄲ 아니나 前人의 習用(如東國通鑑[16] 東國文獻錄[17]之類)하던
비며 吾輩의 慣稱ㅎᄂ 비니 此를 捨ㅎ고 其將何에 求ㅎ리
오 近儒가 史를 編ㅎ며 此를 國號로 認明ㅎ 者ㅣ 實無ㅎ니
噫라 此가 細事인듯ㅎ나 實로 國民의 國家精神[18]을 拖晦케
ㅎ야 壹國家의 存滅을 壹朝廷의 存滅로 妄認하며 一民族[19]의
興廢 一姓壹家의 興廢로 誤解하야 曰 故史를 看ㅎ라 新羅가
衰에 高麗가 代ㅎ며 金氏가 頹에 王氏가 繼ㅎ니 古往今來 何
國이 不亡이리오 하야 國家에 對ㅎ 觀念이 薄弱ㅎ리니 此
ᄂ 歷史著述者의 一大注意홀 바오 二 紀年[20] 現今 各國의 紀
年을 觀ㅎ건대 或建國始祖[21]로 紀元[22]하며 或開教始祖[23]로 紀
年ㅎ야 其紀元以前의 事를 記ㅎ며 曰 紀年前第幾年이라 ㅎ
며 其紀元以後의 事를 記ㅎ며 曰 紀元後第幾年이라 ㅎ야 讀

史者의 記臆에 便易홀샏더러 抑亦 **國民精神**[24]을 統壹ᄒᆞᄂᆞᆫ 壹
法門이니 今에 我史도 此를 效則ᄒᆞ야 複雜繁多ᄒᆞᆫ 歷代君主
의 紀年을 去허고 我**建國聖祖**[25]**檀君**[26]으로 記허야 某年은 **檀君
後第幾十年**[27]이라 書허며 某年은 檀君後第幾百幾年이라 書
허면 一般讀者의 腦際에 煩悶도 除ᄒᆞ며 且歷史를 對ᄒᆞ미 **同
祖同族**[28]의 觀念이 油然自生허야 愛國心을 喚起홈에 大神益
이 有ᄒᆞ리라 ᄒᆞ노라

『대한매일신보』 1908.07.12

劇界改良論

분야	논설
주제어	韓國劇界, 悲劇, 歷史, 英雄豪傑, 忠臣烈士, 人心風俗, 淫蕩, 劇場
인물	나폴레옹(拿破崙, Napoléon Ier), 成忠, 階伯, 朴堤上, 崔瑩, 尹瓘, 鄭夢周
기관/조직	協律社, 團成社

記者가 엇지 韓國劇界를 忍言하며 엇지 **韓國劇界**[1]를 忍言
ᄒ리오 韓國의 劇界를 觀ᄒ즉 只是 **協律社**[2]**團成社**[3]等의 劇場
을 設ᄒ야 許多**淫蕩**[4]의 演戲로 許多靑年子弟를 引하야 其心
志를 亂케ᄒ며 其意氣를 墮케ᄒ며 其思想을 迷케홈으로 學
問에 留意ᄒ던 者ㅣ 此에 往하면 其學問을 棄ᄒ며 實業에 留
意ᄒ던 者ㅣ 此에 往ᄒ면 其實業을 棄ᄒ야 無數人才를 皆此
에셔 壞了케ᄒ니 嗚乎라 韓國의 現今所謂**劇場**[5]은 壹切無疑
打破홀 者어니와 雖然이나 此等劇場은 人心을 蠹ᄒ며 風俗
을 壞하야 社會에 惡影響을 貽케ᄒᄂ 故로 打破無疑라 홈이
어니와 萬壹人心風俗에 有益ᄒ야 社會에 好影響을 貽홀 劇
場이 起홀진딕 余가 此를 贊成ᄒ며 此를 祝望ᄒ나니 盖何如

주 1 韓國劇界
　 4 淫蕩
　 5 劇場

기 2 協律社
　 3 團成社

흔 演劇이 人心風俗[6]에 有益흔 者인가 曰昔者에 拿破崙[7]이 恒常劇場에 往ᄒᆞ야 演劇을 觀ᄒᆞ되 必也悲劇[8]이아니면 不觀ᄒᆞ며 且悲극의 功效를 贊道ᄒᆞ야 云하되 人物을 陶鑄ᄒᆞᄂᆞᆫ 能力이 歷史[9]보다 突過흔다ᄒᆞ얏스니 彼悲극이 人心風俗에 有益흠을 可想홀지로다 大抵壹場에 悲극을 演ᄒᆞ야 英雄豪傑[10]의 淋漓壯快흔 往蹟을 觀ᄒᆞ면 비록 庸夫孺兒라도 此에셔 感興홀지며 忠臣烈士[11]의 凄凉貞烈흔 遺標를 觀ᄒᆞ면 비록 蠢奴劣僕이라도 此에셔 奮起홀지니 歷史에 如何흔 偉人을 傳ᄒᆞ던지 但只其言行과 事實을 記錄ᄒᆞ거니와 극에 至ᄒᆞ야ᄂᆞᆫ 不然ᄒᆞ야 千古以上의 人物이라도 其容顏을 接ᄒᆞᄂᆞᆫ듯 咳唾를 聽ᄒᆞᄂᆞᆫ듯ᄒᆞ야 十分精神에 七分을 可得이라 今에 假令成忠[12]階伯[13]朴堤上[14]諸公을 演ᄒᆞ면 其瑩潔흔 狀態가 腦에 印하며 崔瑩[15]尹瓘[16]鄭夢周[17]諸賢을 演ᄒᆞ면 其忠壯흔 實跡이 眼에 照ᄒᆞ야 畢竟心往神移ᄒᆞ야 高尙純潔흔 心思가 自生홀지니 所以로 극을 可貴라홈이어늘 乃者 今日國內에 存在흔 극은 只是有害無益의 극이오 壹個可觀의 극이 無하니 此亦人民의 恥로다 然이나 今後에 苟或극界改良에 留意ᄒᆞᄂᆞᆫ 者ㅣ 有ᄒᆞ거던 惟彼悲극에 從事하야 國民의 心理와 感情을 陶鑄홀지어다

『대한매일신보』1908.07.18

尙未晚矣

분야	▌ 논설
주제어	▌ 學校, 國文, 童蒙的國民, 太國民的運動試驗場, 國家精神養成所, 大男兒, 救世靈佛, 高句麗, 新羅, 國家主義, 民族主義, 生存競爭, 優勝劣敗, 其億伊隱
인물	▌ 檀君, 解夫婁, 廣開土大王, 金春秋, 文武王, 乙支文德, 金庾信, 崔瑩, 李舜臣, 朝鮮世宗
기관/조직	▌ 合成協會

布哇에 留ㅎ는 韓國學生壹人이 本報에 寄函ㅎ야 時事를 憂嘆ㅎ다가 其末段에 云ㅎ얏스되 近者合成協會[1]某地方支會 에셔 學校[2]를 設立ㅎ고 학徒를 募集ㅎ야 夜學에 熱心하니 敎育이 發達되는듯ㅎ나 然이나 其內容을 察흔즉 年齡이 三四十式이느 已過흔 人들이 國文[3]을 初学ㅎ니 其年은 雖老成 이나 其知識은 尙是童蒙이니 噫라 我韓二千萬兄弟가 太半 此等童蒙的國民[4]을 驅ㅎ야엇지 此競爭世界에 立ㅎ리오 云云 ㅎ얏더라 記者ㅣ 此를 讀ㅎ다가 卽蹶然曰斯言이 誤矣로다 斯言이 其大誤矣로다 余는 以爲호대 此를 壹個學校로 觀홀 것이아니라 卽太國民的運動試驗場[5]으로 觀홀지며 此를 壹段 國文初學者로 觀홀것이아니라 卽國家精神養成所[6]로 觀홀지

며 此를 知識幼稚호 童蒙으로 觀홀것아니라 卽心腦完健호 大男兒[7]로 觀홀지며 此를 焦悴流離호 苦學生徒로 觀홀것이 아니라 光明普照하는 救世靈佛[8]로 觀홀비니 何故로 云然고 曰彼等의 身分을 思호라 離親戚棄墳墓호고 壹身의 貧窮을 救호랴고 天涯萬里에 漂往하야 勞働으로 得食호는 者이니 奚暇에 修學홀 暇隙이 有호며 幼時에 失学호야 三四十歲光陰을 過토록 國文의 反功壹行도 不讀하얏스며 自家의 姓名 三字도 不記호다가 筋骨이 已頑호 中年을 奄當하얏스니 何處에셔 修學홀 思想이 出호리오만은 彼等이 乃不然호야 老蒼호 丈夫가 初學의 童蒙樣으로 本朝 世宗大王[9]이 著作호신 國文第壹章其億伊隱[10]부터 次第受業호야 知識을 進步호랴홀 시 終日勞働호 餘의 疲萎困頓호 身을 大勉强大策勵호야 夜夜學校에 參席호니 嗚乎壯哉라 彼等이여 誰가 彼等다려 蠢蠢無識호다 云호는가 自國의 民知가 未開홈을 不恥호면 能히 此等思想이 出호지못홀지며 自國의 實力이 不振홈을 不痛호면 能히 此等思想이 出하지 못홀지니 誰가 彼等다려 蠢蠢無識호다 云호는가 彼가 檀君[11]扶婁[12]高句麗[13]廣開土[14]新羅[15]太宗[16]文武[17]의 王號는 未聞호얏더라도 祖國運命을 驅歌호는 其心은 已誠호 者며 彼가 乙支文德[18]金庾信[19]崔瑩[20]李舜臣[21]의 歷史는 未見호얏더라도 偉人産出을 祈禱홈에는 其情이 已熱호 者요 彼가 國家主義[22]民族主義[23]等說은 未究호얏스느 自家幸福을 犧牲호야 國과 同胞에 獻홀쥴을 已悟호 者며 彼가 生存競爭[24]優勝劣敗[25]等字는 未閱호얏스나 二十世紀

此世界眞面目이 何如ㅎ줄은 已覺ㅎ 者니 彼等은 童蒙으로
嘲ㅎ이 不可ㅎ쑨아니라 卽大國民大男兒로 不認ㅎ이 不可
ㅎ도다 內地同胞에ᄂ 果然年長ㅎ 童蒙이 甚多ㅎ다ㅎ지라
或世界大勢를 ◆◆坐談ㅎ면셔 室中嬉戲만 是甘ㅎ고 爲國冒
險을 不肯ㅎ니 此亦壹童蒙이며 或資財를 厚擁ㅎ야 糖餠魚
肉의 買喫만 是樂ㅎ고 學校를 創立ㅎ야 民知를 啓發ㅎ라ㅎ
면 疾走不顧하니 此亦壹童蒙이며 或政黨社會라 自稱ㅎ면
셔 民國浩憂ᄂ 不念ㅎ고 私權細利만 苟圖코ᄌㅎ야 滔天風
浪에 家宅이야 覆沒ㅎ던지 目前에 大梨小梨만 相爭ㅎ니 此
亦壹童蒙이오 或官吏의 身分되야 幾分月銀이나 得ㅎ면 歡
天喜地에 曲踊三百ㅎ야 彼貧家兒輩가 自家의 泰山갓ㅎ 債
務가 有ㅎ은 不知ㅎ고 當場에 紅唐木襦衣壹件만 得着ㅎ면
他人을 向ㅎ야 癡誇ㅎᄂ 狀態와 恰似ㅎ니 此亦◆童蒙이오
其他許多社會를 遍觀ㅎ믹 便是許多童蒙쑨이니 噫라 此等을
童蒙이라 云ㅎ지언뎡 誰가 彼等을 동蒙이라ㅎ며 此동을
憂ㅎ지언뎡 誰가 彼等을 憂ㅎ나뇨 且三四十에 國文을 始讀
ㅎ야아모조록 自己知識을 鍊코ᄌㅎᄂ 誠力으로 必也其子
弟를 不敎ㅎ 者ㅣ 無ㅎ리니 萬壹全國民이 皆彼等을 模範ㅎ
면 雖或日暮途遠ㅎ 然故로 自己學問은 大成치못ㅎ지라도
第二世二千萬或三四千萬의 國民을 養ㅎ지니 人人이 此意로
써 前進ㅎ면 雖今日이라도 吾則曰尙未晩矣라ㅎ노라

『대한매일신보』1908.07.19

告湖南學會

분야	역사, 논설
주제어	百濟, 淸日戰爭, 羅麗, 馬韓, 三韓, 프로이센(普魯士), 스파르타(斯巴達), 湖南民族, 日本, 泰封, 高麗, 錦江, 壬辰倭亂, 全羅左右道水軍, 湖南東擾
인물	箕準, 李舜臣, 李億祺, 魚泳潭, 甄萱, 奇正鎭, 王建
기관/조직	湖南學會
레퍼런스	萬國通考, 瀛寰志畧, 海國圖志, 湖南學報第壹號
레퍼런스 저자	徐居正

[기] 1 湖南學會

[레] 2 湖南學報第壹號

古來로 湖南人이 全國同胞의 擯斥ᄒᆞᄂᆞᆫ바되야 曰彼ᄂᆞᆫ 熱心도 無ᄒᆞ며 慷慨도 無ᄒᆞ며 義俠心도 無ᄒᆞ며 未來思想도 無ᄒᆞ고 只是詐僞的人物의 産出地라고 惡評을 加ᄒᆞ던바 近日에 至ᄒᆞ야 風潮에 感奮ᄒᆞ야 **湖南학會**¹가 起ᄒᆞᄆᆡ 人皆曰此ᄂᆞᆫ 東施의 效嚬이라ᄒᆞ며 朝華의 暫秀라ᄒᆞ야 傍觀者의 鼻笑가 甚ᄒᆞ더니 該會의 組織된 後 幾朔이 不過ᄒᆞ야 團結의 力이 漸鞏ᄒᆞ며 進步의 態가 漸著ᄒᆞ야 道內各地에 학校組織의 方針을 講得ᄒᆞᄆᆡ 於是乎各社會上壹般談客이 莫不曰湖南이 其庶幾라ᄒᆞ야 前日輕侮ᄒᆞ던 者가 去ᄒᆞ고 驚賀ᄒᆞᄂᆞᆫ 者가 來ᄒᆞ며 非笑ᄒᆞ던 者가 退하고 讚美ᄒᆞᄂᆞᆫ 者가 進ᄒᆞ며 其刊行ᄒᆞᄂᆞᆫ 月**報第壹號**²를 捧讀ᄒᆞᄆᆡ 湖南人士의 磅礴ᄒᆞᆫ 思潮壹斑을 推測홀

지로다 記者曰湖南人士는 妄自菲薄지말지어다 不佞이 近世
學者ㅣ 唱道ㅎ는 地運의 說을 執ㅎ야 湖남을 察ㅎ건딕 萬壹
韓國이 古代의 希臘이되면 湖남은 斯巴達[3]을 作홀지며 韓國
이 近世德意志가되면 湖남은 普魯士[4]를 作하리라ㅎ노니 湖
남人士는 妄自菲薄지말코 愈愈히 奮勇前進홈을 是祝ㅎ는
바로라 嗟乎湖남人士여 已往四千載 湖남의 地位를 思홀지
어다 湖남이 此國에 關係됨이 甚淺ㅎ야 輕重을 足稱홀바도
無ㅎ며 緩急에 足恃홀바도 無ㅎ니 當時湖南民族[5]의 蠻昧迷劣
을 可思홀지라 書籍以前은 不可考어니와 有史以後로 試論
하건대 馬韓[6]이 當初湖남을 根據ㅎ야 三韓[7]의 霸主를 作ㅎ얏
스나 箕準[8]이 敗國殘王으로 區區數千兵을 擁ㅎ고 浮海壹人
ㅎ미 拱手俯伏ㅎ얏스며 後來百濟[9]가 此地를 用ㅎ야 武力은
羅麗[10]와 并峙ㅎ며 文化는 日本[11]에 遠暨ㅎ얏스나 其全邦實
力이 畢竟嶺늠民族에 不及ㅎ는 故로 終局勝利를 新羅에 讓
ㅎ얏고 羅運이 將末에 甄萱[12]이 又此地를 用ㅎ야 四拾餘年
을 泰封[13]及高麗[14]의 相持ㅎ얏스나 此亦暴風의 驟過ㅎ듯시
其亡이 忽焉하얏고 旣而오 麗祖[15]가 創業ㅎ미 甄萱을 憤惡ㅎ
던 餘怒를 江늠(全羅는 麗代에 稱曰江늠道)壹道에 移ㅎ야
曰錦江[16]以外人은 其性이 奸僞ㅎ니 朝廷에 勿立케ㅎ라홈으
로 勝朝四百七拾年間에 湖늠全境이 最不平흔 待遇를 受ㅎ
얏스니 此는 湖늠民族이 政治歷史上에 劣敗를 遭흔바어니
와 其他文學實業美術等이 發達도 諸道民族에 居後ㅎ얏도다
噫라 已往古昔時代壹家內의 小小競爭에 孰勝孰敗를 擧ㅎ야

湖남人의 恥辱이라 云홈이아니라 但只地理文明의 遞禪흔 陳跡을 擧ㅎ야 湖남의 地位를 驗흔즉 當時南方의 迷劣을 可歎홀바어니와 本朝中葉以來로 湖남同胞가 駸駸發達의 消息을 報ㅎ야 壬辰大創[17]에 全國이 瓦解ㅎ는대 全羅左右道水軍[18]의 名譽가 獨히 八域을 震咷하야 李舜臣[19]李億祺[20]魚泳潭[21] 諸公으로 歷史上偉人을 長作케ㅎ얏스며 其他詩家文學家가 輩出ㅎ야 徐居正[22]氏의 云흔바 湖남은 人材의 淵藪라홈이 虛語가아니며 距今百餘年前에 桂巷逸民魏伯陽이 經世學大家로 歷代政治變革을 硏究흔바 其時務에 통달흔 言論이 甚多ㅎ며 又所著萬國通考[23]는 足히 瀛寰志畧[24]海國圖志[25]에 比肩홀만ㅎ며 最近에 蘆沙奇正鎭[26]氏가 儒學에 用力ㅎ야 蔚然히 壹壁壘를 別建ㅎ얏고 甲午의 湖남東擾[27]는 壹時狂乱的에 不過하나 此로 由ㅎ야 內外關係의 密接을 促ㅎ며 淸日戰爭[28]의 導火線을 作홈은 識者의 同認홀바이라 噫라 幾千載寂寞ㅎ던 湖남이 恒常全國의 重大흔 關係를 與ㅎ고 偉人學士도 多出ㅎ니 地理文明에 自北而南ㅎ는 兆朕이아닌가 慧眼을 具흔 者ㅣ 有ㅎ면 此를 壹究홀바로다 記者가 如此흔 異感이 腦際에 浮現홈을 不覺ㅎ야 湖남학會諸君子의게 壹大敬告를 加ㅎ노니 此飛騰의 時運을 乘ㅎ야 西歐學術輸入에 努力ㅎ며 靑年敎育에 熱心ㅎ야 積極的主義로 相勸相勉ㅎ야 大韓文明發達의 先鋒됨을 頂에 手ㅎ고 三祝ㅎ노라

『대한매일신보』 1908.07.25

韓國과 滿洲

분야	역사
주제어	曷思國, 扶餘國, 高句麗國, 箕氏王朝, 扶餘王朝, 渤海國, 滿洲, 朝鮮國, 衛氏, 漢氏, 支那族, 主族, 客族, 平壤, 神聖國史, 新羅, 契丹, 高麗, 蒙古, 大金國, 日本勢力圈, 四千年鐵案, 女眞, 遼東, 四郡貳府, 北方民族勢力圈, 東方民族勢力圈
인물	檀君, 高朱蒙, 廣開土大王, 乙支文德, 淵蓋蘇文, 唐太宗, 姜邯贊, 大祚榮, 解夫婁, 大武神王, 隋煬帝, 寶藏王, 大因譔, 太子光顯, 金俊, 王建, 尹瓘, 崔瑩, 濮眞, 朱元璋

韓國과 壹衣帶水를 隔ᄒᆞ야 韓國榮辱禍福의 機關을 作ᄒᆞᄂᆞᆫ 壹地가 有ᄒᆞ니 此地가 何地오 曰滿洲[1]가 是已라 記者ㅣ 韓國四千載歷史上에 彼此間關係된 實跡을 擧ᄒᆞ야 學問에 有志ᄒᆞ신 諸君子의 硏究에 供ᄒᆞ노라 檀君[2]이 首出ᄒᆞ신 聖人으로 朝鮮國[3]을 創建ᄒᆞ실ᄉᆡ 滿洲를 重視ᄒᆞ샤 其子 扶婁[4]로 此를 開拓ᄒᆞ시고 後世子孫의 用武地를 貽ᄒᆞ시더니 其後裔가 中微ᄒᆞ야 故土를 多失ᄒᆞ고 幾百年歷史上에 光榮이 不現ᄒᆞ얏스나 尙且滿洲壹域은 據有ᄒᆞᆫ 故로 東明王朱蒙[5]이 此를 憑藉ᄒᆞ야 壹鞭으로 東指ᄒᆞᄆᆡ 衛氏[6]漢氏[7](漢代의 四郡貳府[8]類) 等 支那族[9]의 幾百年蓄積ᄒᆞᆫ 勢力을 壹朝에 征服ᄒᆞ얏고 記者曰 檀君王朝가 北遷ᄒᆞᆫ 後로 其子孫이 墻內干戈에 從事ᄒᆞ야 曷

주 1 滿洲
3 朝鮮國
6 衛氏
7 漢氏
8 四郡貳府
9 支那族

인 2 檀君
4 解夫婁
5 高朱蒙

思國[10]扶餘國[11]高句麗國[12]等이 自相屠滅ᄒ고 外競에 不遑ᄒ얏스나 其建國年代가 古記와 總目에 大畧載有ᄒ얏거늘 韓國歷史家가 箕氏王朝[13]는 說ᄒ고 扶餘王朝[14]는 闕ᄒ야 主權上主族[15]客族[16]의 區別이 無ᄒ니 可歎이로다 其後에 大武神王[17]廣開土王[18]이 相繼奮起하야 七千里疆土를 闢ᄒ고 大帝國을 建ᄒ얏스니 此가비록 聖王雄主의 宏才大畧에서 出ᄒ빗나 抑亦其根據ᄒ 地理가 形勝을 占有ᄒ 所이니 滿쥬는 誠韓國에 重要關係가 有ᄒ 地方인뎌 既而오 高句麗가 駸駸東徙ᄒ야 平壤[19]으로 用武地를 作ᄒ고 滿洲를 輕視ᄒ 以來로 國勢가 亦中落ᄒ야 비록 乙支文德[20]의 才畧으로 楊廣[21]의 百萬大兵을 屠ᄒ며 泉蓋蘇文[22]의 手腕으로 李世民[23]의 驕膽을 摧ᄒ얏스나 畢竟寶藏王[24]의 壹片白旗가 神聖國史[25]의 汚點을 遺ᄒ얏스니 嗚呼라 當時男生男建의 庸才가 朝權을 握ᄒ며 又廣開土王의 同種과 和好ᄒ던 遺旨를 全忘ᄒ야 新羅[26]와 連年相攻ᄒ니 高句麗滅亡ᄒ 原因이 甚多ᄒ다홀지나 滿洲를 輕視ᄒ이 其亦重要ᄒ 原因이될지라 故로 大祚榮[27]父子가 高句麗의 遺燼을 再噓ᄒ야 渤海國[28]을 創立홀시 其第壹着이 滿洲에 入據ᄒ야 用武의 中心點을 作ᄒ얏스니 千載以上千載以下英雄의 所見이 畧同ᄒ져 大氏가 此를 據ᄒ야 三百年을 龍行虎步ᄒ더니 後世에 大因譔[29]이 契丹[30]에게 亡ᄒ고 太子光顯[31]이 衆數萬戶를 率하야 母國(卽高麗)[32]에 復歸ᄒ 後로 契丹蒙古[33]等의 相爭地를 作ᄒ더니 後百餘年에 姜邯贊[34]이 龜州에 契丹을 大破ᄒ매 渤海遺民이 此를 聞ᄒ고 壹齊踴躍하야 大

祚榮의 後裔를 擁ᄒ고 契丹東京을 奪據ᄒ며 幸혀 祖國의 威
령으로 渤海國을 恢復ᄒ랴ᄒ야 請援使者가 道路에 絡繹ᄒ
대 麗朝의 庸臣等이 劃疆自守의 主義를 唱ᄒ고 進取思想이
毫無ᄒ 故로 彼渤海遺黎가 孤城을 枕ᄒ고 二載血戰ᄒ더니
畢竟刀缺援絶ᄒ야 大將이 自刎ᄒ고 邦國이 遂墟ᄒ얏스니
此가엇지 千古讀史者의 拍案壹歎홀 處가아닌가 自後로 韓
國民族의 旗幟가 此間에 不見홈이 今已累百年이오 已往에
滿淸先祖되ᄂᆫ 金俊[35]이 本是韓人으로 此에 入하야 新殖民地
를 開拓ᄒ고 當時에 支那를 幷呑ᄒ야 大金國[36]을 建設ᄒ고
今日에 至ᄒ야 滿淸朝廷이되얏스나 其言語가 韓國과 異ᄒ
며 風俗이 韓國과 異ᄒ야 居然兩民族의 觀念이 有ᄒ도다 然
이나 挽近數拾年來로 滿淸의 權力도 全墮ᄒ야 俄國人이 染
指ᄒ다가 不成ᄒ고 而今에ᄂᆫ 日本勢力圈[37]內에 入ᄒ얏도다
以上畧列ᄒ 滿洲歷史를 觀ᄒ라 韓國과 滿洲의 關係密切이
果然如何ᄒᆫ가 韓民族이 滿洲를 得ᄒ면 韓民族이 强盛ᄒ며
他民族이 滿洲를 得ᄒ면 韓民族이 劣退ᄒ고 又ᄂᆫ 他民族中
에도 北方民族이 滿洲를 得ᄒ면 韓國이 北方民族勢力圈[38]內
에 入ᄒ며 東方民族이 滿洲를 得ᄒ면 韓國이 東方民族勢力圈
[39]닉에 入하니 嗚呼라 此ᄂᆫ 四千年鐵案[40]不易의 定例로다 滿
洲가 韓國과 如此重要ᄒ 關係가 有홈을 知ᄒᆫ 者ㅣ 幾百年間
人物에 幾人이 能有ᄒᆫ가 高麗太祖[41]가 契丹과 絶和ᄒ야 舊疆
을 恢復ᄒ랴ᄒ다가 皇天이 壽를 不假ᄒ야 翌年에 卽崩ᄒ고
尹瓘[42]이 女眞[43]을 斥逐ᄒ야 九城을 築ᄒ고 國境을 擴ᄒ랴다

가 庸臣輩에 見沮ᄒ야 不果ᄒ고 崔瑩[44]이 明將복眞[45]을 討斥
ᄒ 後에 爲先滿洲門戶되는 遼東[46]을 收復코차ᄒ야 廷議를
壓ᄒ고 雄斷으로 獨行홀ᄉᆡ 快劍을 拔ᄒ야 明太祖[47]의 使者
拾餘人을 斬ᄒ고 大兵을 出ᄒ더니 朝家鼎革의 運을 當ᄒ야
大志를 未就ᄒ고 其身이 先死ᄒ얏스니 哀哉라 本朝五百年
間에ᄂᆞᆫ 帳內에서 酣寢하고 門外事를 不知ᄒ믹 滿주壹幅은
夢寐도 不及ᄒ니 人物이 齷齪홈이엇지 此에 至하뇨 東西開
通ᄒ 以來로 此地가 尤是東亞競爭◆燒點이되야 俄日兩國이
滿주問題로 十數年을 相爭하ᄂᆞᆫ딩 韓國은 其傍에 袖手樂視
하더니 今滿주ᄂᆞᆫ 何如며 韓國은 何如오 東隅의 失策을 驚
ᄒ며 昆明의 劫灰를 恨하야 此篇을 艸ᄒ노니 未知케라 將
來韓國에 眼孔偉大ᄒ 風雲兒가 幾個ᄂ 出來홀ᄂᆞᆫ지

『대한매일신보』 1908.07.28

韓人可教不可教에 對한 一論

분야	논설
주제어	國粹, 新學, 三千里天府金湯, 黃種人中上等人, 禮義之邦, 苗裔, 三韓民族, 日本, 四千載神聖歷史, 大韓人, 大韓國, 新教育
인물	檀君
레퍼런스	朝鮮, 丁若鏞詩, 通鑑節要, 史略, 論語, 孟子
레퍼런스 저자	丁若鏞

近間日人이 發行ㅎ는 「朝鮮」[1]이라 名稱ㅎ 雜誌에 「韓人可教乎不可教乎」라ㅎ 壹問題를 懸하고 數拾篇式討論的으로 逐號著포ㅎ얏는딕 或長或短ㅎ며 乍反乍覆ㅎ고 甲의 冷嘲를 乙이 繼ㅎ며 丙의 熱罵를 丁이 伸ㅎ얏더라 記者曰嗚乎라 韓國同胞가 此를 見ㅎ믹 何如ㅎ 感念이 發홀는지 비록 旁觀하는 外國人이라도 此를 見하믹 壹口氣장欺홈을 不覺홀비로다 嗚乎라 韓國同胞여 公等이 四千載神聖歷史[2]를 擁有ㅎ 者가아닌가 公等이 三千里天府金湯[3]을 據有ㅎ 者가아닌가 公等이 聰明慧悟ㅎ 黃種人中上等人[4]이아닌가 公等이 文明偉大ㅎ 檀君[5]苗裔[6]가아닌가 公等이 禮義之邦[7]으로 自稱ㅎ는 朝鮮國人이아닌가 公等이 數千年前에 文化가 已開ㅎ야 日

주 2 四千載神聖歷史
3 三千里天府金湯
4 黃種人中上等人
6 苗裔
7 禮義之邦

인 5 檀君

레 1 朝鮮

本[8]을 敎導ᄒ던 三韓民族[9]이아닌가 嗚乎公등이여 昔日에 如彼ᄒ던 民族으로 今日에 至ᄒ야 韓人可敎乎不可敎乎 九字가 他人의 口에 乱唱하며 他人의 筆로 亂題케ᄒ니 堪憐如許婢娟質로 何故如今作본夫오 (此二句ᄂ 丁茶山[10]詩[11])君子ㅣ此에 語及ᄒ매 撫古傷今의 歎이 作홀지로다 嗚乎公等이여此問題를 揭혼 者ㅣ 日人인가 嗚乎라 此問題를 揭혼 者ᄂ日人이나 揭케혼 者ᄂ 韓人이며 此問題를 唱혼 者ᄂ 日人이나 唱케혼 者ᄂ 韓人이니 嗚乎公等이여 此言을 不然타ᄒᄂ가 頭腦를 冷靜히ᄒ고 余言을 且聽홀지어다 公等이 數十年前부터 世界大勢를 早早自覺ᄒ야 一邊으로 國粹[12]를 保全하며 壹邊으로 新學[13]을 輸入ᄒ야 國民知識이 大發達하고國家地位가 大活躍ᄒ얏더면 今日日人이 此題를 懸코즈ᄒ야도 可懸홀 地가 無홀지며 數十年前온 姑舍하고 今日부터라도 貧者ᄂ 心을 獻ᄒ며 富者ᄂ 財를 獻하며 善歌者ᄂ 歌를 獻ᄒ며 善哭者ᄂ 淚를 獻ᄒ야 東에셔 敎育을 唱ᄒ거던西에셔 和ᄒ며 右에셔 敎育을 呼ᄒ거던 左에셔 答하야 「四千載大韓人[14]之大韓國[15]」拾個字를 腦에 深刻하고 國民的敎育을 勵行ᄒ면 今日日人이 此題를 懸코즈ᄒ야도 可懸홀 地가無홀지어늘 嗚乎라 公等이여 前車가 旣覆에 後轍이 又蹈ᄒ야 已往甲午以來十數年千載難得의 好光陰을 壹切惡用ᄒ고目下百尺竿頭의 苦海難關을 又如是汎忽看他ᄒᄂ도다 或者ᄂ 敎育을 蔑視ᄒ야 父兄이 子弟를 不敎ᄒ며 先進이 後進을不勖ᄒ고 只是博奕酒色優遊閑談으로 生涯를 作케ᄒ고 或者

ᄂ 敎育에 注意ᄒᆞᆫ다ᄒᆞ나 其敎育ᄒᆞᄂᆞᆫ바가 專혀 通鑑[16]史畧[17] 論[18]孟[19]等ᄋᆞ로 爲主ᄒᆞ고 新敎育[20]은 反對ᄒᆞ야 歐風米雨에 其 耳가 聾케하며 古跡今務에 其目이 盲케ᄒᆞ고 或者新敎育을 主張ᄒᆞᆫ다ᄒᆞᄂᆞ 趨時로 目的ᄒᆞᆯᄋᆡ며 國에 冷淡ᄒᆞ야 敎育者被 敎育者의 將來希望이 書記訓導의 幾十圜月俸而已니 如此ᄒᆞ 고야 彼의 此「韓人可敎乎不可敎乎」壹題의 懸ᄒᆞᆷ을 又何足怪 며 又何足怪리오 故로 曰此問題를 揭ᄒᆞᆫ 者ᄂᆞᆫ 日人이나 揭케 ᄒᆞᆫ 者ᄂᆞᆫ 韓人이며 此問題를 唱ᄒᆞᆫ 者ᄂᆞᆫ 日人이나 唱케ᄒᆞᆫ 者 ᄂᆞᆫ 韓人이라ᄒᆞ노니 嗚乎公等이여 三思. 三思. ᄒᆞᆯ지어다

『대한매일신보』 1908.08.08

許多古人之罪惡審判

분야	역사, 논설
주제어	歷史, 愛國心, 朝鮮始祖, 大東帝國, 高句麗, 女眞, 蒙古, 事大主義, 黨派私鬪, 聖君賢臣, 新羅, 滅種, 史筆, 民族, 三國事蹟, 本國統壹, 隋唐巨寇, 中朝動兵, 拜外, 獨立精神, 崇拜支那主義, 紅巾賊, 文弱, 自主精神, 祖國, 奸夫民賊, 以小敵大, 亡國, 民氣
인물	朴堤上, 文武王, 乙支文德, 淵蓋蘇文, 崔瑩, 廣開土大王, 檀君, 尹鱗瞻, 崔春命, 濮眞, 李舜臣, 高麗明宗, 高麗元宗, 薛仁貴, 雙冀
레퍼런스 저자	金富軾

주 1 朝鮮始祖

인 2 檀君
3 廣開土大王
4 淵蓋蘇文
5 乙支文德
6 崔瑩

夢耶아 眞耶아 梧月이 纖纖ᄒᆞᆫ대 朦朧◆枕더니 兩翼이 忽生ᄒᆞ야 壹處에 飛至ᄒᆞ니 天門은 九重開ᄒᆞ고 寶座ᄂᆞᆫ 七層高러라 中央第壹位에 天容이 正大ᄒᆞ시고 風采가 森嚴ᄒᆞ신 壹位王子가 坐하셧ᄂᆞᆫ대 門者ㅣ 指曰是ᄂᆞᆫ 朝鮮始祖[1]檀君[2]이시니라 左第壹位에 龍顔이 沈毅ᄒᆞ고 鳳目이 睜圓ᄒᆞᆫ 壹大王이 侍立ᄒᆞ얏ᄂᆞᆫ대 是ᄂᆞᆫ 廣ㄱㅣ土王[3]이라 ᄒᆞ며 右第壹位에 虯髥이 上指ᄒᆞ고 猿臂가 特長ᄒᆞᆫ 壹大臣이 侍立ᄒᆞ얏ᄂᆞᆫ대 是ᄂᆞᆫ 泉蓋蘇文[4]이라 하며 左第二位에 狀貌가 嚴鷙ᄒᆞ고 意氣가 軒昂ᄒᆞᆫ 壹將軍이 侍立ᄒᆞ얏ᄂᆞᆫᄃᆡ 是ᄂᆞᆫ 乙支文德[5]이라 ᄒᆞ며 右第二位에 身體가 健大하고 音聲이 洪亮ᄒᆞᆫ 壹武夫가 侍立ᄒᆞ얏ᄂᆞᆫᄃᆡ 是ᄂᆞᆫ 崔瑩[6]이라 ᄒᆞ며 手中에 電光이 閃閃ᄒᆞᆫ 壹口大劒을 帶ᄒᆞ고

左右로 査察ᄒᆞᄂᆞᆫ 者ᄂᆞᆫ 是忠武公李舜臣[7]이라 ᄒᆞ며 其餘次第侍立ᄒᆞᆫ 者ᄂᆞᆫ 皆是歷代聖君賢臣[8]이라 ᄒᆞ더라 無何에 壹少年이 白簡을 抱ᄒᆞ고 出班前奏曰 新羅[9]忠臣朴堤上[10]은 謹再拜痛哭壹言ᄒᆞ노이다 方今大東半島에 劫運이 慘澹하야 三千里彊土가 堅舟에 泛ᄒᆞ얏스며 二千萬生命이 塗炭에 陷하야 志士ᄂᆞᆫ 熱死ᄒᆞ고 英雄은 枯死이온바 亡國[11]은 姑舍ᄒᆞ고 滅種[12]이 在卽ᄒᆞ온지라 臣이 丹心의 拳拳홈을 不勝ᄒᆞ와 晝思夜度으로 陛下子孫의 生存을 圖謀코ᄌᆞ ᄒᆞ온즉 病源의 由來홈이 壹朝가 아니오며 魔毒을 吹噓ᄒᆞᆫ 者壹人이 아니오라 大抵四千餘年間에 無數奸夫民賊[13]이 卑劣思想을 鼓吹ᄒᆞ며 壓制虐燄을 加煽하야 國家의 精神을 殺ᄒᆞ며 民族의 幸福을 剝ᄒᆞ야 神聖至尊ᄒᆞᆫ 大東帝國[14]이 今日 此慘境에 達ᄒᆞ얏스오니 臣愚ᄂᆞᆫ 窃念컨딕 元惡을 不誅하면 後人이 何를 視ᄒᆞ야 警戒ᄒᆞ며 本源을 不清ᄒᆞ면 末流가 何를 由ᄒᆞ야 澄清ᄒᆞ오릿가 故로 臣意ᄂᆞᆫ 以爲호대 此等罪人을 不可不照律嚴懲ᄒᆞ온 後에야 將來子孫이 勸懲홀빅 有홀지라 玆에 奸夫民賊等의 罪惡을 臚列ᄒᆞ야 上奏ᄒᆞᆸᄂᆞ이다 歷史[15]ᄂᆞᆫ 愛國心[16]의 源泉이라 故로 史筆[17]이 强하여야 民族[18]이 强ᄒᆞ며 史筆이 武ᄒᆞ여야 民族이 武하는 비어날 彼金氏[19]諸人이 三國事蹟[20]을 撰出ᄒᆞᆷᄋᆡ 卑劣ᄒᆞᆫ 政策을 讚美ᄒᆞ며 强勁ᄒᆞᆫ 武氣를 摧折홀ᄉᆡ 新羅文武王[21]이 唐兵을 擊破ᄒᆞ고 本國統壹[22]ᄒᆞᆫ 功을 以小敵大[23]로 貶하며 隋唐巨寇[24]가 野心을 抱하고 高句麗[25]侵犯ᄒᆞᆫ 事를 中朝動兵[26]으로 尊ᄒᆞ얏스니 嗟 彼拜外[27]의 僻見者여 彼가 獨立精神[28]을 抹殺ᄒᆞᆫ 者이오니

此는 歷史家의 罪人이오며 新羅末葉에 崔朴諸氏가 雕虫小技
를 抱하고 唐朝에 登第ᄒ야 唐衣를 衣ᄒ며 唐土에 食ᄒ더니
居然自己生長혼 祖國[29]을 全忘ᄒ고 惟唐을 是謳ᄒ며 惟唐을
是歌ᄒ야 其歸國혼 後로 崇拜支那主義[30]를 滿抱ᄒ야 彼國을
我國이라 ᄒ며 我國은 小國이라 ᄒ야 幾百年魔醉題로 大東
人士를 昏倒케 ᄒ얏스니 此는 文學家의 罪人이오며 幾千載
以來로 東國君主의 蠻昧者 卑劣者가 雖有ᄒ나 其中에 最蠻昧
ᄒ며 最卑劣혼 者는 高麗王晧(明宗)[31]王젼(元宗)[32]이 是라 不過
女眞[33]蒙古[34] 壹恐喝에 雙膝이 自跪ᄒ야 請和乞命ᄒ며 媚敵苟
活홀식 尹鱗瞻[35]이 國號上에 大字를 加ᄒ즈 ᄒ민 是가 敵國
의 意을 忤혼 議論이라 하야 遠域에 竄하며 崔春命[36]이 壹孤
城의 殘兵으로 大敵을 擊破ᄒ민 是가 敵國의 怒를 觸혼 擧措
라 ᄒ야 牢獄에 下ᄒ니 盖東國山河의 憔悴無顔이 從玆로 始
혼지라此는 帝王家의 罪人이오며 麗末◆ 腐敗혼 民氣를 振
作ᄒ야 數萬紅寇[37]를 平하며 明將僕眞[38]을 斬ᄒ며 累度倭寇
를 鏖退ᄒ고 西征大計를 定ᄒ던 者ㅣ 都統制使崔瑩이 아닌
가 當時 南裴諸臣等이 此를 事大主義[39]에 大悖혼 罪逆이라 ᄒ
야 死刑에 處ᄒ얏스니 此人等은 人臣中의 罪人이오며 其他
薛仁貴[40]는 狗彘의 富貴을 貪하야 賊兵의 先鋒으로 祖國에 入
寇ᄒ얏스며 雙冀[41]는 外來異族으로 詩賦取士의 制를 定ᄒ야
千餘年東國士子의 腦◆腐壞ᄒ얏스며 其他某某獨夫民賊等
은 或小智를 巧弄ᄒ야 民氣[42]를 劃除ᄒ며 或文弱[43]을 煽吠ᄒ
야 武功을 壓抑ᄒ얏스니 此皆萬死無釋의 罪人이라 陛下子孫

이 此罪魁等의 凶毒을 深被ㅎ야 奄奄無生氣의 民族을 作ㅎ얏스니 此等罪를 明白嚴懲ㅎ 後에야 現今人物의 覺悟를 可望이오며 再者現王朝에 至ㅎ야 至今五百十餘年間에 無數奸臣鄙夫가 産出ㅎ야 文字의 獄案으로 言論自由를 剝奪ㅎ며 樂天의 主義로 **自主精神**[44]을 抹殺ㅎ고 **黨派私鬪**[45]에 勇ㅎ야 國家公益을 不計ㅎ며 煩惱宦海에 汨ㅎ야 民族興亡을 不恤하야 年年進化ㅎ 者는 惟是壓制의 政策이오 日日增積ㅎ 者는 惟是依賴의 思想이니 此輩를 壹日不誅ㅎ면 其遺傳ㅎ 惡業이 社會와 國家를 滅盡ㅎ리니 此를 不可不調査懲辦이니이다 奏畢에 列位諸公이 拍掌贊成ㅎ며 大韓帝國萬歲를 三呼ㅎ는 聲이 天壤◆徹ㅎ는지라 倏然驚覺ㅎ니 晨鷄가 壹聲을 正報ㅎ더라

㉐ **44** 自主精神
45 黨派私鬪

『대한매일신보』 1908.08.12

國粹保全說

분야	역사
주제어	國粹, 精神, 歷史的習慣, 神話, 神代史, 佛敎, 儒敎, 國性, 蟆蛤敎育, 高句麗, 羅濟, 上帝, 外國文明, 病源, 愛國心, 戰功史, 國家發達, 國家學, 先聖昔賢, 巨儒哲士
인물	檀君, 河伯, 元曉, 義湘, 趙光祖, 李滉
레퍼런스 저자	블룬칠리(伯倫智理, Johann Caspar Bluntschli)

㊀ 1 國粹
2 精神

破壞ᄒ라 云하며 破壞ᄒ라 云홈은 善惡을 勿論ᄒ고 壹切 破壞ᄒ라 홈이 아니라 惡者를 破壞ᄒ야 善者를 保全ᄒ라 홈 이며 美醜를 不辨ᄒ고 壹切破壞ᄒ라 홈이 아니라 醜者를 破 壞ᄒ야 美者를 保全ᄒ라 홈이어늘 或者는 國家에 傳來ᄒ던 習慣은 壹切黑白蕘良을 不問ᄒ고 壹切破壞를 叫ᄒ니 嗚乎라 其誤矣로다 彼頑固家守舊鬼가 夕陽에 烟管을 含ᄒ고 四色陳 蹟을 峻論ᄒ며 午窓에 塵冠을 戴ᄒ고 當年驕嘴를 弄ᄒᄂ 鄙 態를 觀ᄒ면 志士의 血이 沸하야 壹大巨斧로 壹切破壞를 試 코ᄌ 홈이 無怪이나 然이나 余는 其破壞斧下에 **國粹**[1]ᄭ지 被 傷홀가 是恐ᄒ노라 國粹者는 何오 卽其國에 歷史的으로 傳 來ᄒᄂ 風俗 習慣 法律 制度 等의 **精神**[2]이 是라 夫此風俗 習慣

法律 制度는 **先聖昔賢**[3]의 心血의 凝聚훈 빅며 **巨儒哲士**[4]의 誠力
의 結習훈 빅며 其他壹切 祖宗先民의 起居 動作 視聽 言語 施
政行事 等 諸般業力의 薰染훈 빅니 其中에 惡者醜者가 有훈
야 不得已破壞手段을 下홀지라도 手로는 快刀를 施후되 眼
에는 凄淚를 揮후야 躊躇不忍之心을 抱후여야 方是仁人君子
의 用心일쑨더러 抑亦國家前途에 危怖가 無홀지니 苟或破
壞二字를 誤解후야 **歷史的 習慣**[5]의 善惡을 不分후고 一倂掃却
후면 將來何에 基礎후야 國民의 精神을 維持후며 何에 根據
후야 國民의 **愛國心**[6]을 喚起후리오 **外國文明**[7]을 不可不輸入홀
지나 但只此만 依恃하다가는 **蜈蚣教育**[8]을 成홀지며 時局風
潮를 不可不酬應홀지느 但只此만 趨向후다가는 魔鬼試驗에
陷홀지니 重哉라 國粹의 保全이며 急哉라 國粹의 保全이여
昔에 **國家學**[9]開山始祖되는 **伯倫智理**[10]氏가 有言후되 凡祖宗의
傳來후는 風俗 習慣 法律 制度가 其**國家發達**[11]에 妨害가 無훈
者어던 此를 保全홈이 可후다 후얏스니 嗚乎라 破壞를 主張
후는 者의 三復홀 빅로다 且韓人의 德性을 觀후건대 進取性
質이 少홈이 아니라 持久性質이 少후며 韓國의 前途를 察후
건대 開革事業이 難홈이 아니라 保守事業이 難후다 홀지로
다 何故로 云然고 曰 歷史上의 已例를 可見이니 卽**檀君**[12]以後
로 三國初起홀 時싯지는 **神話**[13]가 正盛후야 帝王이 起홈에 **上
帝**[14]의 子라 必稱후며 后妃를 聘하미 **河伯**[15]의 女라 必稱후야
迷信風潮가 東半島에 遍滿하얏스나 卽今에 完備훈 壹篇**神代
史**[16]가 不傳이며 **高句麗**[17]는 西北에 在후고 **羅濟**[18]는 東南에 起

ᄒᆞ야 輝赫ᄒᆞᆫ 武功이 隣國史에 照耀하얏스나 卽今에 壹卷昭
詳ᄒᆞᆫ 戰功史[19]가 不現이며 勝朝以前에 佛敎[20]가 盛行하야 甚至
於地名人名ᄭᆞ지 佛氏文字를 必用ᄒᆞ더니 儒敎[21]徒가 其主席
을 奪ᄒᆞᆫ 以後로 僧家의 舊蹟이 盡滅ᄒᆞ야 비록 東方聖僧으로
尊ᄒᆞ던 元曉,[22] 義相[23]도 遺風이 無聞이니 嗚乎라 此를 推觀컨
ᄃᆡ 古代人에 對ᄒᆞ야 紀念이 無ᄒᆞ며 古代事에 對ᄒᆞ야 愛戀이
無ᄒᆞᆷ은 韓人通有의 短處로다 大抵韓國의 古代人物은 光風霽
月의 道德家도 累産하얏스며 鞭風駕電의 戰術家도 頻現ᄒᆞ
얏스며 其他許多奇人. 許多美俗. 許多善政이 有하얏스니 此
가 壹壹히 二拾世紀 新世界 維新主義에 適當ᄒᆞᆫ 人物이 되고
適當ᄒᆞᆫ 政俗이 된다 ᄒᆞᆷ을 不可ᄒᆞᆯ지나 其短을 棄ᄒᆞ고 其長을
取ᄒᆞ야 靑年으로 ᄒᆞ여곰 先◆을 崇拜케 ᄒᆞ며 人民으로 ᄒᆞ여
곰 國性[24]을 發輝케 ᄒᆞᆯ지어늘 乃者ㅣ 學校에 觀ᄒᆞᆫ즉 修身倫理
를 讀ᄒᆞᄂᆞᆫ 童子가 靜菴[25] 退溪[26]를 何代人인지 不知ᄒᆞ며 各學
校卒業生을 ◆ᄒᆞᆫ즉 政治法律을 習ᄒᆞᆫ 學士가 ◆國制度沿革에
茫然ᄒᆞ니 嗚乎라 時勢所◆를 驗ᄒᆞ건대 病源[27]을 破壞ᄒᆞᆷ이 ◆
ᄒᆞᆯᄲᅮᆫ 아니라 國粹를 保全ᄒᆞᆷ이 ◆難ᄒᆞ도다

『대한매일신보』 1908.08.13

進化와 降衰

분야	논설
주제어	文明, 進化說, 東國歷史, 退步, 新羅弩砲, 高麗磁器, 降衰說, 希望, 進步, 古人, 株守
인물	坦然, 金生, 乙支文德, 淵蓋蘇文, 崔承老, 姜邯贊

人心을 振作ㅎ야 希望[1]을 抱ㅎ고 日로 文明[2]에 進ㅎ야 黃金國土를 作케 ㅎᄂ 者ᄂ 進化說[3]이 是也오 人心을 沮退케 ㅎ야 悲觀을 興ㅎ고 日로 黑暗에 向ㅎ야 劣魔地獄에 陷케 ㅎᄂ 者ᄂ 降衰說[4]이 是也로다 嗚乎라 余가 東國歷史[5]를 觀ㅎ건대 惡業이 日積ㅎ고 淨土가 日縮ㅎ야 進化의 公例와 反比例를 成ㅎ야 軍械를 論홈에 新羅弩砲[6]를 艷說ㅎ며 陶物을 論홈에 高麗磁器[7]를 盛稱ㅎ며 畫手를 論홈에 坦然[8]以後에 坦然이 無ㅎ며 筆家를 論홈에 金生[9]以後에 金生이 無ㅎ며 武功을 論홈에 乙支文德[10] 淵蓋蘇文[11]以後에 乙支文德 淵蓋蘇文이 無ㅎ며 治材를 論홈에 崔承老[12] 姜邯贊[13]以後에 崔承老 姜邯贊이 無ㅎ고 卽本朝五百年歷史로 論ㅎ얏도 近世가 中葉만 不

주 1 希望
2 文明
3 進化說
4 降衰說
5 東國歷史
6 新羅弩砲
7 高麗磁器

인 8 坦然
9 金生
10 乙支文德
11 淵蓋蘇文
12 崔承老
13 姜邯贊

주 **14** 退步
15 進步
16 古人
17 株守

如ᄒᆞ며 中葉이 國初만 不如ᄒᆞ야 壹切 政治 武功 文學 美術 等 萬般事物이 日로 **退步**[14]ᄒᆞ며 日로 墮落ᄒᆞ야 人으로 ᄒᆞ야 금 撫古傷今의 歎을 不堪케 ᄒᆞ니 此가 果然何故인가 嗚乎 라 此가 엇지 幾百年學者의 舌端筆端으로 創造ᄒᆞᆫ 惡果가 아 닌가 西國을 觀ᄒᆞ라 人類의 希望이 無窮ᄒᆞ며 人類의 **進步**[15] 도 亦無窮ᄒᆞ다 ᄒᆞ고 或降衰을 主唱ᄒᆞᄂᆞᆫ 者가 有하ᄂᆞ 其立 脚地를 失ᄒᆞᆫ지 已久ᄒᆞᆷ으로 後人이 前人보다 突過ᄒᆞᆷ을 爭ᄒᆞ 며 後人이 前人보다 逈出ᄒᆞᆷ을 謀ᄒᆞ야 前人의 唱道ᄒᆞᆫ 학說 을 後人이 反駁或改正ᄒᆞ며 前人의 建設ᄒᆞᆫ 事業을 後人이 校 正或增補ᄒᆞ야 人人이 惟進化를 是講ᄒᆞ며 人人이 惟進化를 是務ᄒᆞᆷ으로 其思潮所蕩에 社會도 如是進化ᄒᆞ며 國家도 如 是進化ᄒᆞᆷ이어늘 今에 韓國을 反觀ᄒᆞᆫ즉 自來로 學士의 議論 도 降衰을 主ᄒᆞ며 閭巷의 談論도 降衰를 唱ᄒᆞ야 曰人材衰乏 은 日甚壹日이라 ᄒᆞ며 曰風俗頹敗ᄂᆞᆫ 歲甚壹歲라하야 **古人**[16] 의 言論이면 是非를 不問ᄒᆞ고 是를 盲從ᄒᆞ며 古人의 行事 면 善否를 不較ᄒᆞ고 是를 步趨ᄒᆞ며 衣冠文物도 古人이 創ᄒᆞᆫ 바면 是을 **株守**[17]ᄒᆞ며 禮樂政法도 古人이 定ᄒᆞᆫ 바면 是를 膠 鼓ᄒᆞ야 古人이라 云ᄒᆞ면 人類以外에 超出ᄒᆞᆫ 上帝ᄀᆞᆺ치 信ᄒᆞ 고 壹毫도 其間에 致疑를 不敢ᄒᆞ니 嗚乎라 民族이 文明ᄒᆞᆯᄉᆞ 록 古人을 益益히 崇拜ᄒᆞ야 後人의 模範을 作ᄒᆞ거니와 如 此ᄒᆞᆫ 癡妄의 崇拜ᄂᆞᆫ 進步의 路만 障礙ᄒᆞᆷ이니라 從今 韓國에 도 將次新思潮가 勃興ᄒᆞ야 壹大進步의 機가 漸著ᄒᆞ거니와 但已往에 全國人心을 支配하던 降衰說이 國民腦際를 久蠹

ᄒᆞ얏스니 或者此等頑論이 今日에도 其餘燄을 肆홀가 是恐

ᄒᆞ야 本論을 草ᄒᆞ노라

『대한매일신보』 1908.08.30

國語國文獨立論

분야	한글
주제어	漢文, 國語, 國文, 獨立, 薩水英雄, 上等人物, 漢文頑腦, 國漢文交用, 松岳英主, 華風, 獨立恢復, 程隷王楷, 蚓紫蛙白, 過渡時代
레퍼런스	史記, 漢書, 韓柳文

目下 我國이 疆土人民의 **獨立恢復**[1]이 非難이라 言語文字의 獨立維持가 尤難이니 何故로 云然고 曰我國古代에ᄂ 行用ᄒᄂ 外國文이 **漢文**[2]壹種에 不過ᄒ얏스며 對待ᄒᄂ 敵國도 亦漢人에 不過ᄒ얏스니 萬壹後代에 **薩水英雄**[3]이 再現ᄒ얏거나 **松岳英主**[4]가 復作ᄒ얏스면 **華風**[5]을 排斥ᄒ고 外國崇拜ᄒᄂ 劣性을 摧折ᄒ야 漢文을 廢止ᄒ고 國문만 存用ᄒᆷ이 壹轉眄間에 已辦ᄒᆯ 事어니와 今則韓國數千年習用ᄒᆫ 漢文以外에 通行最多ᄒᆫ 英文이며 關係最密ᄒᆫ 日文이며 其他德文法文俄文 等을 壹壹輸入ᄒ얏ᄂ대 世界大勢가 壹隅에 孤立을 不許ᄒ야 國家란 名稱이 有ᄒᆫ 以上에ᄂ 外國의 交涉이 不得不頻煩이오 外國과 交涉이 有ᄒᆯ진대 外國의 情形을 不

可不研究요 外國情形을 硏究홀진디 外國의 文字를 不可不
學習이니 嗚乎라 現今如此萎靡흔 韓國의 言文도 韓國에 注
目하는 外國人이 猶此學習ᄒ거든 況彼文明强大흔 各國의
言文을 世界의 交涉ᄒ랴는 韓國人이 豈可不학이리오 故로
日本이 無ᄒ면 已어니와 日本이 有흔 以上에는 日本학者가
不可無요 淸國이 無ᄒ면 已어니와 淸國이 有흔 以上에는
漢文學者도 不可無요 英法德俄 等國이 有흔 以上에는 各種
四文학者도 不可無니 卽今外文을 何存何廢리오만은 此를
學ᄒ야 國文을 輕侮ᄒ라 홈이 아니라 國文을 補助ᄒ라 홈
이며 此를 習ᄒ야 國문을 棄却ᄒ라 홈이 아니라 國문을 發
達ᄒ라 홈인대 萬壹 此와 相反ᄒ야 自家所학흔 外國문으로
本國문을 嘲侮홀진디 其末流의 弊가 駿駿然 外國人을 頭戴
ᄒ야 本國을 反噬코즈 홀지라 故로 我國의 彊土人民의 獨
立을 恢復ᄒ랴 홀진대 言語문字의 獨立을 尊重홈으로 爲始
홀지어날 今日에 坐ᄒ야 自己所嗜가 한문이라고 其輕重을
顚倒홈이 可乎아 或曰 此言이 辯則辯矣나 但今各新聞雜誌
로 觀ᄒ야도 太牛蚓紫蛙白⁶의 字形과 程隷王楷⁷의 遺模로 紙
面에 充塞ᄒ고 國문의 字數는 蕭條零星ᄒ니 彼漢문頑腦者
가 見ᄒ면 壹笑를 更發치 아니홀싸 曰此는 過渡時代⁸不得已
의 法門이니 觀하라 現今 大韓全國에 上等人物⁹로 自處ᄒ는
者는 太牛漢문頑腦¹⁰가 아닌가 萬壹 漢문을 捨ᄒ고 國문만
純用ᄒ면 彼且壹掛目을 不肯ᄒ야 時局大勢는 曚然不悟ᄒ고
馬史¹¹漢書¹²韓柳문¹³等을 抱ᄒ야 空山에 歸藏홀 而已니 엇지

可惜홀 빈 아닌가 故로 今日 新聞의 **國漢문交用**[14]은 過渡時

代 不得已의 法門이라 ㅎ노라

『대한매일신보』 1908.11.07

文法을 宜統一

분야	▌한글
주제어	▌文法統壹, 國漢字交用文, 國文吐, 國文文勢, 國文文法, 漢文文法, 上 等社會, 漢文文勢, 自國國文

漢文은 **漢文文法**[1]이 有ᄒ며 英文은 英文文法이 有ᄒ고 其他俄法德伊等文이 莫不其文法이 自有하니 自今世界現行ᄒᆫ 文에엇지 無法의 文이 豈有ᄒ리오마ᄂᆞᆫ 然이나 今韓國의 **國漢字交用文**[2]은 尙且其法이 無ᄒ도다 韓國이 自來로 **自國國文**[3]이 非 無언마ᄂᆞᆫ 此ᄂᆞᆫ 壹閣置ᄒ야 女子及勞働界에만 行用되고 **上等社會**[4]에ᄂᆞᆫ 漢文만 尊尙ᄒ야 讀習ᄒᄂᆞ바도 此에 在ᄒ며 著作하ᄂᆞᆫ바를 此로 以하더니 居然時代의 思潮가 壹變ᄒ야 彼佶屈贅牙ᄒᆫ 漢文으로ᄂᆞᆫ 國民知識均啓흠이 難흠을 大覺ᄒ며 又自國國文을 無視ᄒ고 他國文만 尊尙흠이 不可흠을 不悟하고 於是乎國文을 純用코ᄌᆞᄒ나 但累百年慣習ᄒ던 漢文을 壹朝에 全棄흠이 時義와 時勢에 均是不合ᄒ지라

㵀	1	漢文文法
	2	國漢字交用文
	3	自國國文
	4	上等社會

所以로 國漢字交用의 議가 起ᄒᆞ야 十餘年來新聞雜志에 此道를 遵用홈이 已久ᄒᆞᄂ 然이나 其文法을 觀ᄒᆞ건대 或漢文文法에 國文吐[5]만 加ᄒᆞᄂ 者도 有ᄒᆞ며 (壹)或國문문勢[6]로 下ᄒᆞ다가 突然히 漢문문法을 用ᄒᆞ고 或漢文文勢[7]로 下ᄒᆞ다가 突然히 國文文法[8]을 用하ᄂ 者도 有ᄒᆞ야 (二) 譬컨대 「學而時習之不亦悅乎」壹句를 譯홈에 或曰「學而時習之면 不亦悅乎아」ᄒᆞ니 此ᄂ 壹에 屬ᄒᆞᆫ 者오 或曰「學ᄒᆞ야 此를 時習ᄒᆞ면 不亦悅乎아」ᄒᆞ니 此ᄂ 二에 屬ᄒᆞᆫ 者라 同壹ᄒᆞᆫ 事實. 同壹ᄒᆞᆫ 句語를 五人이 敍述홈에 五人이 不同하며 拾人이 敍述홈에 拾人이 不同ᄒᆞ야 文法의 離奇홈이 名狀키 難ᄒᆞ니 噫라 此가비록 細事인듯ᄒᆞᄂ 其實은 著者가 此를 由ᄒᆞ야 其心이 荒ᄒᆞ며 讀者가 此를 由ᄒᆞ야 其腦가 眩ᄒᆞ고 抑彼靑年學文者ᄂ 筆을 操ᄒᆞ미 所從의 途를 莫知ᄒᆞ리니 其害가 豈小ᄒᆞ리오 故로 今日에 문法統壹[9]이 卽亦壹大急務라 此를 統壹하여야 학生의 精神을 統壹ᄒᆞ며 國民의 知識을 普啓홀지어날 乃者如此不規則無條理의 문으로 敎科를 編하야 國人子弟를 敎授ᄒᆞ며 書籍을 著ᄒᆞ야 有志同胞에 供覽ᄒᆞ니 是가 奚可며 是가 奚可리오 故로 記者ᄂ 此「문法統壹」四字를 擧ᄒᆞ야 各學校의 문學科를 設ᄒᆞᄂ 諸君子에게 深祝ᄒᆞᄂ바로라 然이나 此가 奚獨學校에 祝홀비리오 卽吾輩報舘記者도 共勉홀비라ᄒᆞ노라

『대한매일신보』 1908.11.14

國文硏究會委員諸氏에게 勸告흠

분야	한글
주제어	閨閤問安札, 國文音義, 音韻, 國文, 漢文, 辭書, 字典, 民知發達, 字樣, 勞動界, 婦孺界, 新羅, 高句麗, 高麗, 扶餘, 勝朝
인물	朝鮮世宗, 了義, 檀君
기관/조직	國文硏究會
레퍼런스	龍飛御天歌, 奎韻玉篇, 五倫行實, 七經諺解

國文硏究會[1]委員諸氏에게 勸告흠

神聖흔 國文[2]을 파籬邊에 棄置ᄒ야 高僧了義[3]가 此를 著作
흔 以後千餘年에 只是勞働界[4]婦孺界[5]에만 供用ᄒ고 壹個博
學士가 此에 過問흠을 不肯흠으로 幾乎廢止埋沒의 境에 達
ᄒ얏다가 幸者本朝中葉에 天縱ᄒ신 世宗聖祖[6]가 作ᄒ샤 此
를 改良ᄒ셧스나 其後에도 壹般國民이 尙且「重野鶩輕家鷄」
의 習이 有ᄒ야 冊子도 惟漢文으로 以ᄒ며 書牘도 惟漢文[7]
으로 以ᄒ고 國文功德을 賴흔 者ᄂ 僅五倫行實[8]七經諺解[9]及
閨閤問安札[10]에 不過ᄒ더니 今日에 至ᄒ야 國文硏究會가 始
有ᄒ며 國文硏究委員이 始有ᄒ니 吾輩가 該會를 讚美ᄒ며
희委員을 依望흠이 果然何如ᄒ리오마ᄂ 然이나 희會를 設

始흔지 長長壹周年의 日月을 經토록 其研究所得이 果然何件인가 吾輩는 諸公이 國文을 硏究ᄒ야 壹部辭書[11]或字典[12]을 著成ᄒᄂ가ᄒ엿더니 今也에 不然하야 其研究하ᄂᆫ바를 聞ᄒᆫ즉 往往實用에 無益ᄒ고 時宜에 無關ᄒᆫ 事라 壹人은 曰國文은 新羅[13]時創造ᄒᆫ빈라ᄒ며 壹人은 曰國文은 高句麗[14]時創造ᄒᆫ빈라ᄒ며 壹人은 勝朝[15]時創造ᄒᆫ빈라ᄒ고 壹人은 國文音義[16]를 龍飛御天歌[17]로 爲主하며 壹人은 國문音義를 奎韻玉篇[18]으로 爲主ᄒ야 支離張皇에 光陰을 虛度ᄒᄂᆫ도다 大抵言語ᄂᆫ 文字의 根本이로되 古言今言이 不同ᄒ야 卽彼羅代麗代의 流傳ᄒᄂᆫ 片詞短語도 今日韓人의 耳로 聞ᄒᄆᆡ 解得ᄒ지 못ᄒᆯ 者ㅣ 甚多ᄒ거늘 萬壹時宜ᄂᆫ 不知하고 壹切古言만 是遵ᄒᆫ다ᄒᆯ진딕 邑內를 改ᄒ야 啄評이라 稱ᄒ며 京城을 變하야 徐羅伐이라 云ᄒ며 拾三道를 更하야 六部大人五拾餘酋長을 設ᄒ고 其他人名地名草名木名과 器皿釜鼎等屬名을 壹壹檀君[19]技餘[20]三國勝朝의 用語도 遵行코ᄌᆞᄒ면 其正不正은 姑舍ᄒ고 實是行不得의 事니 卽文字도 此와 奚異ᄒ리오 乃者諸公은 或은「ㅈㅊㅋㅌㅍㅎ」等字를 擧ᄒ야 終聲에 添入ᄒ며「잇으니바ᄎ을」等語를 述하야 文字를 反正케ᄒᆫ다ᄒ니 此ᄂᆫ 終聲을 復用初聲이라ᄂᆫ 句語만 是遵ᄒᆯᄲᆞᆫ아니라 英文에「바왈과콘손옌트」音義를 取用홈이나 初聲을 終聲에 復用홈은 猶可說이어니와 假使잇으니바ᄎ을노 論之면 으字ᄂᆫ 卽初中聲合音이어늘 以바왈用之가 可乎ㅣ며 或은,를 廢ᄒ고 二를 添用ᄒᄌᆞᄂᆫ 오論이 有ᄒ다ᄒ니 此ᄂᆫ 當初에 制字

의 本意를 不知ᄒᆞᄂᆞᆫ 者ㅣ니 不足論也로다 設令此音此語가 十分的當ᄒᆞᆯ지도 徒히 讀者의 腦際만 昏亂케ᄒᆞᆯ 而已오 壹毫도 **民智發達**[21]에 利益이 無ᄒᆞᆯ지어날 況音韻에도 不適ᄒᆞ고 時宜에도 不適ᄒᆞᆫ 者ㅣ리오 諸公의 不憚煩이엇지 如此히 甚ᄒᆞ뇨 諸公은 此等汗漫, 오怪, 煩鬧, 胡亂, 無益의 事ᄂᆞᆫ 姑閣ᄒᆞ고 民智發達에 有益ᄒᆞᆫ 辭書或字典의 編撰에 從事ᄒᆞ되 **字樣**[22]을 簡易케ᄒᆞ고 **音韻**[23]을 均壹케ᄒᆞ야 讀者로 掌을 示ᄒᆞᆷ과 如히 ᄒᆞᆷ을 望ᄒᆞ노라

㉠ 21 民智發達
　 22 字樣
　 23 音韻

『대한매일신보』 1908.12.04

花寨秘訣

분야	▎시가·소설, 역사
주제어	▎殺身報國, 忠節, 模範, 花寨秘訣
인물	▎論介, 桂月香

花寨祕訣[1]

論介[2]는 우리 祖上. 桂月香[3]은 우리 先生 殺身報國[4] 더 忠節[5]은, 千萬年에 빗나도다 우리도, 뎌를 模範[6]ᄒ야, 視死如歸

『대한매일신보』 1908.12.13

遍告僧侶同胞

분야	논설
주제어	救世, 新羅, 高句麗, 高麗, 國家主義, 大小乘, 日本僧徒, 壬辰倭亂, 韓國僧, 儒敎界, 新世界知識
인물	元曉, 義湘, 圓光, 乙支文德, 崔瑩, 玄麟, 釋迦, 達摩, 貴山, 箒項, 隋煬帝, 崔瑀, 休靜, 惟政, 伊藤博文
기관/조직	佛敎硏究會
레퍼런스 저자	維摩

余는 佛者가 아니라 故로 佛시의 道에 奧義는 詳聞치 못하얏스나 然이나 朋友를 從하야 其緖餘의 壹二를 拾하니 蓋八萬大四千偈開卷第壹義가 救世[1]二字에 不過한지라 釋迦[2]가 菩提樹下에 起하야 大小乘[3]을 弘布홈도 此二字를 爲홈이오 達摩[4]가 壹錫杖으로 東來하야 佛諦를 支那에 來傳홈도 此二字를 爲홈이오 卽三國以來에 大聖으로 相奉하는 元曉[5] 義相[6]이 身을 捨하고 道를 求하야 海內에 雲遊홈도 此二字를 爲홈이니 此二字卽「救世」主義를 捨하면 佛敎가 無홀지니 凡壹切釋迦像前에 臂節을 셜하고 無上覺路를 求하는 者여 此二字가 尤其着力홀 빅 아닌가 又況韓國은 自來로 佛시의 徒가 壹種特色를 保有혼 者ㅣ 有하니 曰國家主義[7]를 講홈이

주 1 救世
3 大小乘
7 國家主義

인 2 釋迦
4 達摩
5 元曉
6 義湘

是라 惟此主義를 講혼 故로 三國戰爭時代에 在ㅎ야 國憂에 心을 繫ㅎ며 國難에 身을 捐혼 僧徒가 史冊에 累現ㅎ얏스니 新羅[8]에 圓光禪師[9]가 恒常用兵勝敗의 利鈍을 硏究ㅎ며 貴山[10] 箒項[11]의 忠節을 勉勵ㅎ고 高句麗[12]에ᄂ 隋煬帝[13]入寇時에 乙支文德[14]과 同事ㅎ야 有功혼 七僧이 有ㅎ며 其外獻身救國혼 僧侶를 壹壹히 指數키 難ㅎ고 又其僧侶以外의 忠義慷慨者流도 太半佛學의 感化를 受혼 者며 高麗[15]에 至ㅎ야 崔瑀[16]父子 專權時代에 八百僧人이 團結ㅎ야 賊臣을 誅ㅎ야 國民을 救 코즈 ㅎ다가 事가 不成ㅎ야 씨首就死하얏스나 其凜凜혼 義 烈은 至今讀者의 髮을 立케 ㅎ며 都統崔瑩[17]이 北伐을 謀혼 時에 僧玄麟[18]이 此를 贊成ㅎ야 八道僧軍을 團練ㅎ다가 朝家 革命의 運을 當ㅎ야 崔公과 同死ㅎ믹 其英名이 靑史를 光ㅎ 얏고 本朝에 入ㅎ야ᄂ 休靜[西山大師][19]松雲[四溟堂][20]諸公이 有ㅎ야 壬辰變[21]初에 義聲이 霄漢을 震ㅎ며 亂後使倭에 辯才 가 河海를 傾ㅎ야 壹般僧俗界의 壹致尊慕혼 빅 되얏스니 以 上所列이 大畧만 語홈이나 大抵佛氏의 徒로 國家主義에 熱 騰혼 者ᄂ 惟獨韓國僧[22]의 特色이니 此特色은 尤是韓衆승의 壹心護持홀 빅 아닌가 嗚乎라 佛祖救世의 本旨를 講演ㅎ며 肆國佛敎의 特色을 發揮홈이 是韓國僧侶의 責任이라 雖閉門 獨守의 時라도 此責任을 忘홈이 不可하거날 況此時가 乃何 如혼 時인가 黃人白種이 牙派를 磨銳ㅎ며 歐風亞雨에 鐵血 이 紛飛ㅎ야 世界創造以後의 第壹大劫運인대 其中韓國은 苦 痛最甚혼 地獄에 墮在ㅎ야 三千里疆土에 魔鬼가 橫行ㅎ며

二千萬兄弟의 哀呼가 動地하나니 凡此時 僧侶同胞는 宜乎維摩身上에 積病이 不제(維摩[23]曰我本無病이러니 衆生이 有病故로 我有病)ᄒ며 獅子舌端에 潮音이 不撤ᄒ여야 釋氏의 宗旨며 亦韓國佛敎界에 傳來ᄒ 本色이어날 惜乎라 近世沙門의 聲息이 何其寂寞ᄒ지 或面壁九年에 禪理를 未解ᄒ며 或磨甎作鏡에 道力이 未充ᄒ으로 救世二字에는 尙且思想이 不到ᄒ는가 雖然이ᄂ 自己가 苦痛을 解脫ᄒ지 못ᄒ얏슬지라도 爲先他人의 解脫을 圖ᄒ이 菩薩에 발心이니 如此時代를 當ᄒ야 奚暇에 佛理를 盡究ᄒ고셔 世事에 着手ᄒ리오 近日에 幾個和尙이 風潮를 感覺ᄒ고 學校를 設立ᄒ야 靑年僧徒를 敎育ᄒ는 者ㅣ 或有ᄒ나 其內容을 探知ᄒ면 西山大師와 四溟堂의 救國宗旨를 懷抱하야 後進을 開導ᄒ는 者는 少ᄒ고 只是時勢를 趨하야 日語幾句로 通辯의 生活을 謀코즈ᄒ니 此가 승侶諸君의 壹恥오 又或幾個和尙이 **佛敎硏究會**[24]를 設하야 宗門의 面目을 保全코즈 ᄒ나 彼**日本僧徒**[25]와 갓치 東西古今哲學家의 學說을 參互ᄒ야 佛敎의 新面目을 露出ᄒ는 者ㅣ 無ᄒ니 此亦僧侶諸君의 壹恥오 彼日本僧徒가 該士相傳의 宗鉢을 持하야 此國에 渡來ᄒ야 布敎ᄒ는 者ㅣ 多ᄒ되 韓國僧徒의는 此에 抗立ᄒ는 者ㅣ 無ᄒ 쑨 아니라 居然今日 **儒敎界**[26]에 추生루士가 **統監伊藤**[27]氏의 大學講說을 拜授ᄒ과 如히 彼來승輩의게 戰戰히 其說法을 聽ᄒ는 者ㅣ 多하다 ᄒ니 此亦僧侶諸君의 壹恥니 凡僧侶諸君은 汲汲히 奮興ᄒ야(壹)佛氏相傳의 救世主義를 勿忘ᄒ며 [二]韓國佛敎

特色의 國家主義를 勿失하며 [三]**新世界知識**[28]을 輸入ᄒᆞᆫ야 一
切事業을 外國승려에 勿讓ᄒᆞ고 大雄大無畏大進步홀지어다
深山각寺에셔 禪味를 獨貪ᄒᆞᆫ야 自家一身만 天堂에 徃ᄒᆞ랴
ᄒᆞᄂ 者ᄂ 佛祖의 所不許라 頑空外道에 墮ᄒᆞᆫ야 地獄에 入홀
지니라

『대한매일신보』 1908.12.18

舊書刊行論

분야	논설
주제어	羅麗, 支那崇拜主義, 生殖器, 寫眞帖, 異端邪說, 夷狄禽獸, 斯文亂賊, 家族主義, 詩集, 小說, 新書籍, 舊書籍
인물	李舜臣, 崔瑩, 孔子
레퍼런스	三經四書, 三國誌, 水滸誌, 西遊記, 西廂記, 金瓶梅, 鴛鴦影, 民約論, 權利競爭論, 史記, 漢書, 隋書, 唐書, 南史, 北史, 宋史, 明史, 杜詩, 李白長篇, 全唐詩, 宋元律, 王漁洋集, 索士比亞의 詩集
레퍼런스 저자	루소(盧梭, Jean Jacques Rousseau), 예링(余陵久, Rudolf von Jhering), 셰익스피어(索士比亞, William Shakespeare)

(書籍出版家諸氏에게 告홈) 書籍者는 壹國人心 風俗 政治 實業 文化 武力을 産出ㅎ는 **生殖器**[1]며 歷代聖賢 英雄 高人 志士 忠臣 義俠을 모傳흔 **寫眞帖**[2]이니 大哉라 書籍이여 書籍이 無ㅎ면 其國도 無홀지로다 英國의 富를 誰가 造ㅎ얏나뇨 金錢乎아 礦産乎아 曰否라 非也라 書籍이 造ㅎ얏나니라 德國의 强을 誰가 造ㅎ얏느뇨 長槍乎아 大砲乎아 曰否라 非也라 書籍이 造ㅎ얏나니라 嗚乎라 金錢 礦産 槍砲 等이 富强의 具가 아님은 아니느 此富强의 具를 造ㅎ는 者는 又書籍이 아닌가 故로 書籍을 刊行廣布ㅎ는 者ㅣ 國民의 第壹大功臣이니라 曰新書籍은 固可廣布어니와 舊書籍은 廣布흔달

주	
1	生殖器
2	寫眞帖

何用고 曰否否라 不然ᄒ다 今日 韓國에 新書籍[3]이 出現ᄒ랴
면 不可不舊書籍[4]을 收拾홀지니라 新書籍이라 云홈은 何오
索士比亞[5]의 詩集[6]이 新書籍이 될싸 盧梭[7]의 民約論[8]이 新書籍
이 될싀 余陵久[9]의 權利競爭論[10]이 新書籍이 될가 是가 新書
籍이 될지라도 泰西의 新書籍이오 韓國의 新書籍은 아니니
라 何如라야 韓國의 新書籍이 될싀 曰韓國의 新書籍은 必也
韓國風俗上 學術上의 固有ᄒ 特質을 發揮ᄒ며 西歐外來의
新理想新學說을 調入하야 國民의 心理를 活現ᄒ여야 是가
韓國의 新書籍이니 然則今日 外國의 書籍을 輸入홈도 固急
ᄒ거니와 本國舊來의 書籍을 收拾이 尤急ᄒ다 홀지니 同也
오 外國新書籍은 今日에 不輸入ᄒ야도 他日에 輸入홀 人이
有ᄒ려니와 本國舊書籍은 今日에 不收拾ᄒ면 他日에 收拾
홀 處가 無ᄒ 故니라 余가 昔者에ᄂ 韓國에 可傳홀 書籍이
無ᄒ다 하얏더니 今에 觀ᄒ즉 實로 不然ᄒ도다 但出版者
가 可傳홀 書籍은 不傳ᄒ고 不可傳홀 書籍만 傳ᄒ 故로 韓
國書籍界가 如此憔悴ᄒ도다 可傳홀 書籍이 不傳홈은 又何
故오 曰幾百年來로 學界의 專制魔賊이 輩出하야 或其言論
文字가 壹毫라도 彼陋儒의 範圍에 越出ᄒᄂ 者ㅣ 有ᄒ면 此
를 異端邪說[11]이라 ᄒ며 此를 夷狄禽獸[12]라 ᄒ고 儒林에 相傳
하ᄂ 斯文亂賊[13]律에 照ᄒ야 其身을 誅하며 其子孫을 禁錮ᄒ
ᄂ 故로 彼哲人學士가 비록 獨得ᄒ 眞理가 有ᄒ더라도 人
間에 公布홈을 不敢ᄒ고 箱篋에 深藏ᄒ야 河淸을 俟ᄒ다가
長夜ᄂ 不曉ᄒ고 寒暑ᄂ 累易ᄒ야 畢竟茫茫心血을 蠹虫의

壹飽에 供ᄒ니 此가 (壹)이오 家族主義[14]가 壹國人의 心理를
支配ᄒ야 萬壹吾家의 直祖만 아니면 비록 國民의 苦痛을
拯救ᄒᆫ 崔都統[15]의 熱性도 不問ᄒ며 外賊의 氣燄를 摧折ᄒᆫ
리忠武[16]의 雄畧도 不顧ᄒ고 惟自己七代祖八代祖 繩鳴蚓叫
의 詩文만 蒐集ᄒ니 苟或子孫이 無ᄒ거나 雖有ᄒ야도 貧寒
或無識ᄒ면 비록 生前에ᄂ 萬古英名이 輝赫홀지라도 死後
에ᄂ 九原秋草만 荒涼ᄒ나니 其嘉言과 遺集이 有ᄒᆫ달 誰가
此를 刊行ᄒ리오 此가 (二)오 羅麗[17]의 際에 壹二賤儒가 支那
崇拜主義[18]를 鼓吹ᄒ더니 本朝以來로 八域이 風靡ᄒ야 山도
支那의 山이 山이며 水도 惟支那의 水가 水며 天地도 惟支
那의 天地가 天地며 日月도 惟支那의 日月이 日月이니 我國
에야 何가 有ᄒ뇨 ᄒ야 本國에ᄂ 비록 第二의 孔夫子[19]가 出
現ᄒ더라도 將曰其鬚가 不長이라 하며 其眉가 不揚이라 ᄒ
야 此를 輕視홀지라 故로 書籍을 購置ᄒᆫ 者ㅣ 彼三經四書[20]
ᄂ 姑舍ᄒ고도 歷史를 購하면 馬史[21] 漢書[22] 隋書[23] 唐書[24] 南史
[25] 北史[26] 宋史[27] 明史[28]가 是며 詩集[29]을 購하면 杜詩[30] 李白長篇
[31] 全唐詩[32] 宋元律[33] 王漁洋集[34]이 是며 小說[35]을 購ᄒ면 三國誌
[36] 水滸誌[37] 西遊記[38] 西廂記[39] 金瓶梅[40] 원鴦影[41]이 是오 滿架牙
籤에 充斥ᄒᆫ 者ㅣ 此等뿐이니 本國에 비록 良書籍이 有ᄒ
더라도 奚暇에 此를 問ᄒ리오 此가 (三)이오 (未完)

『대한매일신보』 1908.12.19

舊書刊行論 (續)

분야	논설
주제어	版權專賣法, 文廟, 古人影子, 鐵板印刷術, 公侯故家, 東國地理學, 新羅, 高麗, 扶餘族, 奴隷, 思想界, 經世學, 本國編年史, 排外名將
인물	南章熙
레퍼런스	朴燕巖先生集, 東史綱目, 擇里志, 二拾四傑傳, 山水名畫, 與猶堂集, 燃黎述, 朝野輯要
레퍼런스 저자	崔岡, 程顥·程頤, 朱熹, 李滉, 李珥, 丁若鏞, 朴趾源

[주] 1 文廟
6 古人影子
7 奴隷

[저] 2 程顥·程頤
3 朱熹
4 李滉
5 李珥

(書籍出版家諸氏에게 告홈) 數百年來로 彼文廟[1]의 壹塊冷猪肉이 海內學者의 流涎爭奪ᄒᄂᆫ 빈 된지라 聰明男子가 生髮이 纔燥ᄒ면 自然家庭及社會의 風習에 染ᄒ야 眼前에 第壹所大慾이 此뿐인디 又此를 得ᄒᄂᆫ 道ᄂᆫ 無他라 考據에 善ᄒ며 模倣에 善ᄒ야 程子[2] ㅣ 云云커던 我도 云云ᄒ며 朱子[3] ㅣ 云云커던 我도 云云ᄒ며 退溪[4] ㅣ 云云커던 我도 云云ᄒ며 栗谷[5]이 云云커던 我도 云云하야 口가 我口언만 惟古人의 言만 是言ᄒ며 腦가 我腦언만 惟古人의 思만 是思ᄒ야 末乃我의 言語行動毛髮膚肉이 古人影子[6]와 彷彿ᄒ면 士林이 稱曰先生이라 ᄒ며 後世에 尊曰儒賢이라 ᄒ야 第壹等奴隷[7] 資格을 養成ᄒ면 第壹等待遇를 得ᄒ나니 嗚乎라 古人의 可

㈜ 8 鐵板印刷術
9 版權專賣法
10 公侯故家

尊者를 尊홈이 後人의 道理이나 엇지 我를 全棄ㅎ고 此를 盲從ㅎ리오 擧國이 如此ㅎ거니 비록 古代或當時에 新說의 書籍이 有ㅎ더라도 誰가 此를 過問ㅎ리오 此가(四)오 文明 三大利器의 壹되는 **鐵板印刷術**[8]의 發明은 韓國이 世界의 先 鞭을 着흔 者이나 然이나 **版權專賣法**[9]이 無ㅎ야 書商이 出版 의 利를 不知ㅎ는 故로 或可行홀 奇書가 有ㅎ야도 其傳布되 는 道가 只是寒士手中에 繫흔지라 彼寒士는 家貧ㅎ야 書籍 의 購覽은 生意치 못ㅎ고 某樣書籍이던지 自己眼에 合ㅎ면 此를 抄寫ㅎ야 家中에 藏ㅎ나 不幾日에 其子其孫이 飢寒의 太迫을 不勝ㅎ야 渠의 祖先이 腹을 撑ㅎ며 凍硯을 呵ㅎ고 僅僅寫出흔 冊子를 錢幾兩米幾斗에 多錢公侯家로 賣渡ㅎ니 是以로 一代良書籍이 **公侯故家**[10]에 獨多흔지라 然이나 公侯 는 貴人이라 粱肉에 腹裂ㅎ고 權利에 眼赤하야 富貴二字를 研究홈에 無暇ㅎ거던 奚暇에 萬卷書籍을 閱覽ㅎ리오 其書 籍을 購置ㅎ는 意는 不過是世族家의 外觀을 壯嚴코자홀 쑨 이라 是以로 幾年을 不過ㅎ야 蠹蝕이 半이며 腐壞가 半이 며 落脫이 半이니 엇지 區區壹年의 壹曝曬로 百年書籍의 壽 命을 無恙케 ㅎ리오 此가[五]라 此五弊를 因하야 本國의 可 傳홀 書籍이 幾乎絶種이 되는도다 嗚乎라 嶺湖오 儒가 三年 만 跪膝ㅎ면 身後 文集이 壹道에 亂布ㅎ며 京城老宰가 數日 만 련毖ㅎ면 生前詩名이 八域에 喧傳ㅎ나니 彼腐敗社會의 人心을 媚迎하거나 勢利의 座를 高據ㅎ면 其魯莾可笑의 文 字도 滔滔히 流布되야 人心을 腐敗케 하고 可傳홀 書籍은

泯沒에 付학니 엇지 志士의 慨歎홀 비 아니리오 思想界[11]偉人으로 國民의 心膓을 開拓혼 朴燕巖[12]先生集[13]이 梨棗에 未登학며[現刊行燕巖集三卷은 其全集이 아니며 又其擇選혼 비가 其文字의 巧혼 者만 是取학야 全冊의 壹臠됨도 不能혼 者] 經世學[14]大家로 近世學者의 山斗된 與猶堂(卽丁茶山先生[15])集[16]은 醬瓿에 尙付학고 本國編年史[17]에 蒐株最富혼 東史綱目[18]과 其他本朝文獻에 可考홀 燃黎述[19]朝野輯要[20]等이 尙且抄本을 未免학얏도다 然이나 此ᄂᆞᆫ 猶世人의 稔知학ᄂᆞᆫ 冊子어니와 余가 往年에 何許書店에 過학다가 擇里志[21]라 云혼 冊子가 有학듸 各道의 人心風俗을 詳論학야 東國地理學[22]上에 壹公案을 可添홀 者오 又崔岡[23]氏가 嘗自言학되 自家의 書籤에 二拾四傑傳[24]이 有혼대 三國以來排外名將[25]의 事跡을 詳細列錄혼 者라 하며 又남章熙[26]氏의 家에 山水名畵[27]二卷이 有학듸 第壹章에ᄂᆞᆫ 東國古代의 地圖오 第二章에ᄂᆞᆫ 三國時代의 地圖오 第三章 第四章에ᄂᆞᆫ 新羅[28]及高麗[29]의 地오 ᄯᅩ 其下에ᄂᆞᆫ 本朝拾一道 각郡의 面邑山水를 詳列하야 卽扶餘族[30]의 最初占據혼 地方과 歷代道郡의 沿革이 目下에 宛然학더라 余眼에 暎及혼 者ㅣ 大畧如此학니 又其外에 可奇可寶홀 書籍의 泯沒학ᄂᆞᆫ 者ㅣ 將幾何인지 不知홀지며 (未完)

『대한매일신보』 1908.12.20

舊書刊行論 (續)

분야	논설
주제어	風俗史, 學術史, 文學史, 韓國京城書肆, 日本東京書肆, 大阪兒, 薩摩客, 犬養氏, 飯塚郎, 獨立自尊心, 歷史傳記, 本國政治史, 書肆主人, 倫理修身
인물	乙支文德, 淵蓋蘇文, 趙光祖, 李滉
기관/조직	學部
레퍼런스	東國通鑑, 磻溪隨錄, 懲毖錄, 李相國集, 朝鮮雜誌

(書籍出版家諸氏에게 告홈] 又此未刊行호 書籍뿐 아니와 卽其已刊行호 者에 東國通鑑[1] 반溪隨錄[2] 等도 其數가 曉星又치 稀疎ᄒ야 未久에 絶種될지라 故로 日人의 發行ᄒᄂᆫ 朝鮮雜誌[3]에 嘗云ᄒ되 懲毖錄[4] 李相國集[5] 等이 日本東京書肆[6]에셔 求코ᄌ ᄒ면 不難이로되 韓國京城書ᄉ[7]에ᄂᆫ 壹二種도 難見이라 ᄒ얏스니 此亦國民의 壹恥가 아닌가 而今에ᄂᆫ 彼宰相世家의 執袴輩들이 新書籍이 何物인지 不知ᄒ면셔 舊書籍만 輕視賤棄ᄒ야 家傳舊籍을 放賣如雲ᄒ니 彼輩箱篋中에 空腐ᄒᄂᆫ 冊子가 世人의 眼에 遍暎홈은 可喜이나 但又可驚可惜홀 者ᄂᆫ 此等冊子가 書舖에 出來호 後에 韓人의 購覽者ᄂᆫ 絶無ᄒ고 但彼紛紛賣出ᄒᄂᆫ 者ᄂᆫ 大阪兒[8]가 아니면 薩摩客[9]이

[주] 6 日本東京書肆
7 韓國京城書肆
8 大阪兒
9 薩摩客

[레] 1 東國通鑑
2 磻溪隨錄
3 朝鮮雜誌
4 懲毖錄
5 李相國集

며 犬養氏[10]가 아니면 飯塚郎[11]이라 凡韓國歷史及先哲遺集이라 하면 壹卷盡篇◆黃金을 亂擲ᄒ니 然則幾年을 不過ᄒ야 韓國文獻은 皆日人의 掌中에 歸ᄒᆯ지니 嗚乎라 韓國의 書業이 支那와 泰西갓치 發達되야 此等書冊이 全國에 處處刊布ᄒᆫ 後에 外國人의 買去가 如此ᄒ면 此가 國人의 樂觀이라 ᄒ려니와 今也에 不然ᄒ야 抄寫가 纔完ᄒ고 傳布가 未廣ᄒᆫ 書籍이 外國에 盡渡ᄒ야 彼人의 抹殺을 遭ᄒ야 英雄烈俠의 聲光이 盡泯ᄒ며 哲儒學士의 咳唾가 永閟ᄒ니 後世韓人은 將次何를 從ᄒ야 先民을 景慕ᄒ며 何를 從ᄒ야 祖國을 尊仰ᄒ며 何를 從ᄒ야 獨立自尊心[12]을 生ᄒ리오 故로 今日에 舊書를 保全ᄒ야 後人에 留贈ᄒᄂ 者ᄂ 卽是壹代의 明星이며 萬世의 木鐸이니 秋水蒹葭에 伊人이 安在오 余가 學部[13]에 望ᄒᆫ즉 彼의 當負ᄒᆯ 責任이로다만은 醉夢官史가 奚暇에 此를 念及하며 余가 貴族巨室에 望ᄒᆫ즉 彼가 資本은 非無하도다만은 肉食鄙夫가 奚暇에 此를 講及ᄒ리오 故로 余의 望ᄒᄂ 바ᄂ 各處書肆主人이 是로라 書肆主人[14]된 者가 舊書의 來集者만 善收拾ᄒ야도 其中에 可用者가 多ᄒ리니 此를 精擇ᄒ야 次第로 刊行ᄒ면 亦壹國民前途에 幸福인져 萬壹國內學士가 輩出ᄒ야 歷史傳記[15]에 乙支[16] 泉蓋[17]의 人物을 寫出ᄒ며 倫理修身[18]에 靜庵[19] 退溪[20]의 言行을 撰載하며 其他先儒先哲의 舊書에 壹切精華를 吮ᄒ야 本國政治史[21] 風俗史[22] 學術史[23] 文學史[24] 等壹切新書籍을 著ᄒᆫ 後에 舊書를 散失ᄒᆷ에 付ᄒᆷ은 或可ᄒ거니와 今日에 舊書가 盡亡ᄒ면 四千載文明이 掃地ᄒ

리니 汲汲ᄒ다 舊書保全의 道여 保全의 道ᄂ 維何오 刊行이

是오 刊行의 人은 是誰오 각書ᄉ主人이 是니라 念哉어다

(完)

『대한매일신보』 1909.01.09

譯書家의게 一告홈

분야	역사, 논설
주제어	濊貊, 駕洛國, 扶餘族, 山陽道, 日本族, 檀君派族, 夷狄, 譯書, 國魂, 國光, 外國書籍, 文明書籍, 日本出雲族, 大韓地理, 譯述, 冑孫, 奴隸, 妄筆
인물	廣開土大王, 大祚榮, 檀君

譯書[1]를 曰文明의 輸入이라 ᄒ며 譯書를 曰富强의 資料라 ᄒ나 然이나 此는 善美ᄒᆫ 譯書를 指홈인뎌 譯書家가 其道를 不得ᄒ야 其國魂[2]을 戕ᄒ며 其國光[3]을 墜ᄒ면 抑猶國家의 大罪人이로다 近日 我國의 譯書가 漸出ᄒ믹 所謂譯述者가 或趨外에 精神이 醉ᄒ며 或取捨에 條理가 無ᄒ야 但只外國書籍[4]이라 ᄒ면 盡是文明書籍[5]으로 信ᄒ며 但只外人所唱이라 ᄒ면 盡是文明句語로 認ᄒ야 自國은 夷狄[6]이 되던지 同族은 牛馬가가 되던지 彼만 崇拜ᄒ며 彼만 信從ᄒ니 此亦敎育前途에 壹不幸인뎌 彼某書館에셔 大韓地理[7]譯述[8]ᄒᆫ 壹部를 觀ᄒ야도 乃曰韓國最古人民은 穢믹[9]쑌이라 ᄒ며 乃曰駕洛國[10]은 日本出雲族[11]의 殖民國이라 하며 乃曰韓國은 日本族[12]과

扶餘族[13]이 山陽道[14](日本地名)에셔 放逐된 者가 移住ᄒ얏이다 ᄒ얏스니 嗚乎라 此가 何等荒說인가 盖今日은 各國人이 各各自國을 尊ᄒ고 外國을 凌ᄒ며 各各同族을 賛ᄒ고 異族을 毁ᄒ나니 彼外國人이 韓國의 歷史를 說ᄒᄂᆫ 者ㅣ 엇지 眞正ᄒᆫ 文字가 有하리오 而況自國의 地理歷史를 自國人이 能히 著述치 못ᄒ고 外國人의 手로 出ᄒᆫ 者를 直譯ᄒᆷ도 亦 國民의 大恥辱이거날 엇지 自國의 堂堂ᄒᆫ 史說을 棄하고 他人의 妄談을 從ᄒᄂᆫ가 然則彼ᄂᆫ 昭昭히 知了ᄒᄂᆫᄃᆡ 我ᄂᆫ 無知ᄒ야도 亦我만 盲守ᄒ고 彼ᄂᆫ 不從ᄒᆯ가 曰否라 彼의 所述로 參考ᄂᆫ 可作ᄒᆯ지언뎡 直譯은 不可ᄒ며 彼의 所言으로 對照ᄂᆫ 可作ᄒᆯ지언뎡 迷信은 不可하나니 엇지 彼가 歌하면 我도 歌ᄒ며 彼가 舞ᄒ면 我도 舞ᄒ며 彼가 我를 辱ᄒ면 我도 我를 辱하며 彼가 我를 侮ᄒ면 我도 我를 侮ᄒ야 奴隷[15]的妄筆[16]을 輕弄ᄒ리오 乃此大韓地理譯述者ᄂᆫ 何等人物인지 不知커니와 韓人의 聖祖檀君[17]은 夢想치도 아니ᄒ고 穢貃으로 其祖를 作ᄒ며 廣開士王[18]과 大祚榮[19]의 拓地殖民ᄒᆯ 偉功은 謳歌치 아니ᄒ고 其國을 把ᄒ야 自古外人의 殖民地라 稱하며 四千載文明胄孫[20]의 檀君派族[21]은 說道치 아니ᄒ고 其族을 駈ᄒ야 自古外國의 放逐種이라 記ᄒ니 此가 엇지 有精神者의 言이리오 又彼외 可笑ᄒᆫ 壹語ᄂᆫ 卽現今 韓國의 鐵道ᄂᆫ 韓國의 文明을 啓發ᄒ며 韓國의 殖産을 振興ᄒᆫ다 云하얏스니 彼가 果然鉄道의 利害를 知得ᄒᄂᆫ가 盖鐵道가 文明殖産의 利器가 아님은 아니나 自國人의 手에 在ᄒ면 文

明도 可히 啓發하며 殖産도 可히 振興ᄒ려니와 至若外國人의게 在ᄒ 者야 外國의 文明은 益益啓發ᄒᆯ지언뎡 自國에야 何가 有益ᄒ며 外國의 殖産은 益益振興ᄒᆯ지언뎡 自國에야 何가 有益ᄒ리오 然이나 此輩無精神者ᄂᆫ 猶且姑捨ᄒ고 此等書籍을 敎科書로 使用ᄒᄂᆫ 者ᄂᆫ 亦何等學校인가 徒然히 魔說을 演ᄒ야 靑年의 腦髓ᄅᆯ 迷ᄒ며 國家의 威光을 誣ᄒ니 此等書籍은 烈火에 盡投ᄒ야 壹切世人의 眼에 不照케 홈이 可ᄒ도다 願컨대 譯書家諸公은 恒常注意ᄒ야 彼의 長은 効ᄒ고 短은 勿効ᄒ며 我에게 利ᄒ 者ᄂᆫ 取ᄒ고 不利ᄒ 者ᄂᆫ 捨ᄒ야 善美ᄒ 譯書가 多出케 ᄒ시어나

『대한매일신보』 1909.01.15

俯仰古今

분야	역사, 논설
주제어	扶餘, 朝天石, 新羅, 鮮卑, 倭, 漢江, 遼東, 黃土嶺, 麗朝, 壬辰倭亂, 內子胡亂, 李适亂, 異族征伐, 倭寇, 東國古代帝王, 巡狩, 高句麗, 拓殖, 征伐, 國史, 南薰殿太平歌, 競爭思想, 卒本, 六部
인물	朴赫居世, 高朱蒙, 廣開土大王, 實聖王, 大武神王, 王建, 高麗元宗, 李成桂, 漢光武帝, 金春秋, 檀君, 高麗顯宗
레퍼런스	三國史記

大皇帝陛下聖駕가 南巡ᄒ샤 沿路地方의 情況을 閱覽ᄒ시고 再昨日下午三點에 還御ᄒ셧도다 斯에 對ᄒ야 記者ᄂᆞᆫ 歷史的感情이 腦에 衝刺ᄒ기를 不已ᄒᄂᆞᆫ도다 大抵**東國古代帝王**[1]의 **巡狩**[2]ᄂᆞᆫ 歷史上에 累現ᄒᆞᆫ 비라 **檀君**[3]**扶餘**[4]時代ᄂᆞᆫ 邈矣라 不可考어니와 三國以來事ᄂᆞᆫ 歷歷히 可數ᄒᆯ지니 **高句麗**[5]**東明聖王**[6]이 **卒本**[7](卽今滿洲烏喇城)壹隅에 起ᄒᆞᆺ 本族의 光榮을 發揮ᄒ시며 異種의 跋扈ᄅᆞᆯ 削平ᄒ실ᄉᆡ 躬에 甲冑를 환ᄒ시고 荊棘을 剪除ᄒ며 山川을 跋涉ᄒ사 四國을 征服ᄒ시며 間隙으로 農商을 勸ᄒ시던 聖跡이 卽今平壤**朝天石**[8](天帝에게 祭ᄒᄂᆞᆫ 石에 留ᄒ얏ᄉᆞ며 **新羅**[9]始祖**赫居世**[10]가 衆民의 稼穡艱難과 疾苦ᄅᆞᆯ 察ᄒ실ᄉᆡ **六部**[11]에 巡問ᄒ시던 實事가 古史에

[주] 1 東國古代帝王
2 巡狩
4 扶餘
5 高句麗
7 卒本
8 朝天石
9 新羅
11 六部

[인] 3 檀君
6 高朱蒙
10 朴赫居世

傳ᄒᆞ얏스며 廣ᄀᆡ土王[12][高句麗]이 東征西伐ᄒᆞ야 鮮卑[13]를
斥ᄒᆞ며 倭[14]를 逐ᄒᆞ실ᄉᆡ 其戎車가 南으로 漢江[15]에 至ᄒᆞ며 北
으로 遼東[16]을 歷ᄒᆞ얏스며 實聖王[17][新羅]이 北方에 巡ᄒᆞᆯᄉᆡ 其
玉輦이 黃土嶺[18]의 險을 踰ᄒᆞ얏이고 大武神王[19](高句麗이 漢光
武劉秀[20]와 地를 爭ᄒᆞᆯᄉᆡ 翠華가 薩水에 累至ᄒᆞ얏스며 太宗武
烈王[21][新羅]이 倭寇[22]를 征ᄒᆞᆯᄉᆡ 龍舟가 大海에 再浮ᄒᆞ얏스니
此가 其最著ᄒᆞᆫ 者오 其他英君哲辟이 征伐[23] 或拓殖[24]의 目的
으로 遠方에 巡狩ᄒᆞᆫ 事가 三國史[25]에 累現ᄒᆞ얏스니 此ᄂᆞ 東
國國光이 宇宙에 撑亙ᄒᆞ던 時代로다 降ᄒᆞ야 麗朝[26]에 至ᄒᆞ
야ᄂᆞ 猶且太祖王建[27]이 國ᄂᆡ를 平定ᄒᆞ실ᄉᆡ 車駕가 南北에 巡
幸ᄒᆞ셧더니 後世子孫은 皆深宮에 安坐ᄒᆞ야 身은 毹毬를 御
ᄒᆞ며 口에 粱肉을 醋ᄒᆞ야 九重門外에ᄂᆞ 民淚가 浪藉ᄒᆞ되 九
重門ᄂᆡ에ᄂᆞ 醉夢이 常深ᄒᆞ니 嗚乎라 古代聖王은 天下를 爲
ᄒᆞ야 壹身을 忘ᄒᆞᆫ 故로 天下가 常安ᄒᆞ고 後世昏君은 壹身을
爲ᄒᆞ야 天下를 忘ᄒᆞᆫ 故로 天下가 常亂ᄒᆞ얏도다 居然麗朝中
葉以後에 至ᄒᆞᄆᆡ 人君이 高枕을 樂ᄒᆞ나 時勢가 不許ᄒᆞᄂᆞᆫ지
라 顯宗[28]以後로 外亂을 因ᄒᆞ야 遠方에 播遷이 頻煩ᄒᆞ얏스
며 元宗[29]以後로 敵威에 慴하야 拘虜를 累被하얏스니 史를
讀ᄒᆞᄂᆞᆫ 者ㅣ 此時에 至ᄒᆞ야ᄂᆞ 卷을 掩ᄒᆞ고 眼淚의 滂滂ᄒᆞᆷ을
不覺ᄒᆞᆯ지로다 本朝에 入하ᄆᆡ 太祖高皇帝[30]龍潛의 時에ᄂᆞ 固
東西遠征의 歷史가 有ᄒᆞ거니와 九五位를 御ᄒᆞ신 後에ᄂᆞ 朝
家의 多艱을 因ᄒᆞ야 光光ᄒᆞᆫ 遠征과 遠狩가 無ᄒᆞ셧고 其後에
列聖이 繼作하셧스나 朝臣이 古代聖王의 事를 陳ᄒᆞ야 國史[31]

룰 重光케 흔 者ㅣ 無ㅎ고 但 **南薰殿太平歌**[32]만 唱奏홀 而已오

專制의 政策으로 人民을 愚弄홀 而已러니 畢竟 **壬辰倭**,[33] **丙子**

胡,[34] **甲子괄**[35] 三亂을 致ㅎ야 聖駕가 蒙塵ㅎ시고 國恥가 滔天

ㅎ얏도다 今日에 至ㅎ야 擧天地가 新闢ㅎ미 列强國國民이

各其國家事業을 爲ㅎ야 奮鬪ㅎ는 同時에 其君主大統領도 亦

皆萬乘의 尊을 忘ㅎ고 人民의 進步를 勸獎홀시 各地로 巡行

ㅎ며 風俗을 察ㅎ며 興業을 勸ㅎ며 **競爭思想**[36]을 皷吹ㅎ는대

獨此韓國은 國勢의 興替가 何如며 國權의 榮悴가 何如흔가

今番 御駕의 南巡에 耿光을 莫近하던 地方人民이 龍顔을 快

仰ㅎ니 誰가 感泣지 아니ㅎ리오 今此巡狩가 本國古代帝王

의 **異族征伐**[37]ㅎ기 爲ㅎ야 巡狩ㅎ시던 千年以後오 近世各國

君主가 隆隆흔 國光을 乘ㅎ야 巡狩ㅎ는 時라 日兵이 左右에

陪列ㅎ며 大臣이 前後에 侍衞ㅎ야 洋洋于于히 太平의 氣象

을 現ㅎ며 國內發行各新紙에 數日을 連ㅎ야 隆大의 國慶을

頌흠이 不絶ㅎ야 大字特書가 燦燦滿紙ㅎ니 古를 仰ㅎ고 今

을 俯하미 時勢가 異ㅎ고 蒼天이 邈ㅎ도다 恭遜히 筆을 擧

ㅎ야 壹感을 誌ㅎ노라

㈜ **32** 南薰殿太平歌
33 壬辰倭亂
34 丙子胡亂
35 李适亂
36 競爭思想
37 異族征伐

『대한매일신보』 1909.01.28

東洋伊太利

분야	논설
주제어	地理學, 東洋伊太利, 地形, 地勢, 契丹, 蒙古, 禮樂法度, 衣冠文物, 小中華, 中華, 四郡, 扶餘, 韓國地理, 長白山, 伊太利國地理, 國光, 獨立, 支那, 日本, 華人, 誣誕, 北方, 華制
인물	漢武帝, 隋煬帝, 神功皇后, 豊臣秀吉, 箕子, 唐太宗, 衛滿
레퍼런스	童蒙先習, 讀史新論, 朝鮮의 位置
레퍼런스 저자	日人某

日人某[1]의 論著호바 地理學[2]中에 「朝鮮의 位置」[3]라 云혼 壹篇이 有하야 韓國地理[4]를 伊太利國地理[5]와 比較ㅎ얏는대 其畧이 左와 如ㅎ니 韓半島의 面積은 希臘半島에 較ㅎ면 大하고 伊太利半島에 較ㅎ면 差小흔대 其地形이 甚히 伊太利相類흔 故로 世人이 東洋伊太利[6]라 呼ㅎ는 빈라 伊太利半島는 北에 「阿羅夫」라는 大山이 有ㅎ야 歐洲大陸을 遮ㅎ얏는딕 韓半島도 北에 長白山[7]이 亞洲大陸을 遮ㅎ얏이고 伊太利半島의 地形은 亥坐巳向으로 西面이 開ㅎ야 歐洲中原을 拱揖ㅎ얏는딕 韓半島의 地形도 亥坐巳向으로 西面이 開하야 亞洲中原을 拱揖ㅎ얏이고 伊太利半島는 其西側이 地中海海岸의 屈曲이 多ㅎ고 島嶼가 亦多하야 船舶의 出入이 便利하

고 人口가 繁盛ᄒ야 世人이 共知ᄒᄂᆫ 道利崖, 主埃坡, 候利然瑞, 利布禮怒, 羅馬, 拿布里等都會와 開港場이 有ᄒ나 其東側 亞道里亞海側에ᄂᆫ 僅히 遠宇志亞, 夫仁志細 等數處에 不過ᄒ야 東側의 發達이 恒常西側에 讓ᄒᄂᆫ디 韓半島ᄂᆫ 西側이 黃海라 海岸의 屈曲이 多ᄒ고 人口가 繁盛ᄒ야 世人이 共知ᄒᄂᆫ 義州, 平壤, 鎭남浦, 開城, 仁川, 京城, 群山, 木浦 等都會와 開港場이 有ᄒ나 其東側에ᄂᆫ 僅히 慶興. 元山 等數處에 不過ᄒ야 東側의 發達이 恒常西側에 讓ᄒ니 噫라 韓國을 伊太利國에 較ᄒ면 **地形**[8]도 同壹ᄒ며 **地勢**[9]도 同壹ᄒᆯ 것마ᄂᆫ 伊太利ᄂᆫ 如彼히 **獨立**[10]의 **國光**[11]을 발揮ᄒ야 世界의 馳騁ᄒᄂᆫ디 韓國은 政治上 學術上 技藝上 宗敎上 軍事上 實業上에 些毫의 光輝가 無흠은 何故이뇨 試ᄒ야 極東의 地圖를 翻ᄒ야 韓國의 位置를 觀ᄒ라 韓半島ᄂᆫ 恒常 (壹)**北方**[12]의 勢力 (二)西로 **支那**[13]의 勢力 (三)南으로 **日本**[14]의 勢力이 交衝ᄒᄂᆫ 地點이라 此點에 立흔 韓人이 始終左右防禦에 疲ᄒ야 北强하면 北에 服하며 西强ᄒ면 西에 服ᄒ얏스니 **漢武**[15] **隋양**[16] 唐太 **契丹**[17] **蒙古**[18] **神功皇后**[19] **豐臣秀吉**[20] 等事에 可證이라 韓國에 墮落됨이 此에 在흔 비며 又韓國數百年來 唯壹無二의 敎科書가 卽**童蒙先習**[21]인디 其篇末에 云ᄒ얏스되 於戲(羅)我國(伊)雖僻在海隅(爲也)壤地褊小(爲那)**禮樂法度**[22](臥)**衣冠文物**[23](乙)悉遵**華制**[24](爲也)**華人**[25](伊)稱之曰小中華**[26]**(羅爲尼)玆豈非**箕子**[27]之遺化耶(里五)嗟爾小子(隱)宜其觀感而興起哉(印底)ᄒ얏슨즉 風俗衣冠을 **中華**[28]에 擬하야 小中

華의 名稱을 得홈으로 自喜ᄒᆞᄂᆞᆫ 國民이 何等의 光輝를 致
ᄒᆞ리오 하얏더라 記者曰 彼의 兩國地理를 比較홈은 果然
精細ᄒᆞ도다마ᄂᆞᆫ 其列擧ᄒᆞᆫ 歷史ᄂᆞᆫ 何其誣誕ᄒᆞᆫ가 漢武의 四
郡[29]은 只是箕시 衛시[30]의 餘孼을 驅逐함이라 韓人의 祖先되
ᄂᆞᆫ 扶餘[31]國人에 無關(此義ᄂᆞᆫ 已往本報에 揭布ᄒᆞᆫ 讀史新論[32]
에 明言홈)이거날 彼가 此를 引ᄒᆞ야 韓國이 已往强者에게
服ᄒᆞᆫ 事實을 作ᄒᆞ얏스니 此가 (壹)誣誕[33]이며 隋양 唐太宗[34]
契丹等은 韓國에 來하얏다가 斥逐만 遭ᄒᆞ얏거날 此를 引ᄒᆞ
야 한國이 已往强者에게 服ᄒᆞᆫ 事實을 作하얏스니 此가 [二]
誣誕이오 (未完)

『대한매일신보』1909.01.29

東洋伊太利 (續)

분야	논설
주제어	支那史, 韓國本史, 誣誕, 高句麗, 韓國古史, 羅馬古史, 考古學, 野談稗說, 數百年惡教科書, 獨立自主, 國粹, 白頭山, 平壤, 城邑遺墟, 古塚, 三國遺跡, 日本善導, 日本近史, 羅馬, 淸國, 國亡, 國恥, 國家思想, 武强, 西歐列强, 奴隷
인물	神功皇后, 廣開土大王, 콘스탄티누스 대제(君士但丁, Constantinus I), 단테(但丁, Alighieri Dante), 淵蓋蘇文, 카이사르(氏蛇, Gaius Julius Caesar), 李勣, 加西士府, 마치니(瑪志尼, Giuseppe Mazzini)
레퍼런스	羅馬文明史, 童蒙先習, 三國史記

神功皇后[1]의 侵◆事ᄂᆞᆫ 日本近史[2]의 自唱自和ᄒᆞᆯ 而已오 韓國本史[3]에 不見ᄒᆞᆫ 빈며 隣邦支那史[4]에도 不見ᄒᆞᆫ 빈어날 此를 引ᄒᆞ야 한국이 已徃强者에게 服ᄒᆞᆫ 事實을 作ᄒᆞ얏스니 此가 (三)誣誕[5]이로다 噫라 한국이 地理만 伊太利와 同ᄒᆞᆯ ᄲᅮᆫ 아니라 往史도 伊太利와 多同ᄒᆞ니 廣開土王[6]의 雄畧이 君士但丁[7]과 彷彿ᄒᆞ며 泉蓋蘇文[8]의 武功이 氏蛇[9]와 近似ᄒᆞ고 中世以來 累百年을 他國의 羈絆을 受흠도 兩國이 酷類ᄒᆞ며 又韓國西南北 三勢力의 交衝흠이 伊太利가 澳地利西班牙法蘭西 三勢力間에 累困흠과 酷類ᄒᆞᆫ대 但近世數十年以來事를 比較ᄒᆞ면 伊太利ᄂᆞᆫ 天上에 登ᄒᆞ고 한국은 地下에 陷ᄒᆞ얏도다 或曰 한

주 2 日本近史
3 韓國本史
4 支那史
5 誣誕

인 1 神功皇后
6 廣開土大王
7 콘스탄티누스 대제(君士但丁, Constantinus I)
8 淵蓋蘇文
9 카이사르(氏蛇, Gaius Julius Caesar)

國의 古代武强[10]이 엇지 羅馬[11](伊太利의 舊名)에 得比ᄒ리
오 ᄒ나 此는 不然ᄒ니 한國古史[12]의 蕩殘흠은 當年高句麗[13]
都城 卽平壤[14]이 李勣[15]의 兵火를 遭흔 所以니 此는 羅馬古史[16]
가 加西士府[17] 兵火에 燒盡흠과 同ᄒ되 但羅馬는 後來考古學[18]
者가 或城邑遺墟[19] 及古塚[20]을 掘ᄒ야 往蹟을 驗出ᄒ며 或野談
稗說[21]도 據ᄒ야 古事를 補證흠으로 羅馬文明史[22]가 世界에
傳布하얏스니 한國도 他日에 考古家가 出하야 三國遺跡[23]을
搜得ᄒ야 當年政治攻戰의 實狀을 究得ᄒ면 韓國古代의 文
化武力이 現今 流行ᄒᄂ 三國史[24]에 載흔 것뿐만 아니리라
ᄒ노라 韓國이 今日地下에 陷흔 原因은 果然彼의 論斷흔 것
과 如히 數百年惡教科書[25]卽童蒙先習[26]中의 卑劣흔 句語가 人
의 志氣를 墮落케 흠에 由흠이라 是故로 現今 如此悲境을
當ᄒ고도 壹向依賴의 意味만 長ᄒ야 或은 曰我國의 興亡은
日本善導[27]與否에 在ᄒ다 ᄒᄂᆫ 者도 有ᄒ며 或은 曰我國은 西
歐列强[28]의 救助를 賴흔 後에 可ᄒ다 ᄒᄂᆫ 者도 有ᄒ며 或은
曰我國은 何時에던지 淸國[29]이 驟興ᄒ야 壹臂力을 借흔 後
에 可爲라 ᄒᄂᆫ 者도 有ᄒ니 嗚乎라 今日八域同胞가 獨立自
主[30]的精神을 抱흔 者도 固多ᄒ거니와 此等依賴人이 幾乎半
數에 過ᄒ나니 쁘는 童蒙先習又흔 卑劣的教科書가 人心을
戕賊흔 所以가 아닌가 國事에 發憤ᄒᄂᆫ 者여 長槍大砲는 猶
可無며 電線 鐵道도 猶可無어니와 良教科書는 不可無니 良
教科書의 無ᄒᄂᆫ 其日이 國亡ᄒᄂᆫ 日이니라 何故오 良教科
書가 無ᄒ면 國亡[31]ᄒᄂᆫ 日이라 ᄒ나뇨 國民的教育이 退ᄒ

고 奴隸[32]的教育이 興ᄒᆞᄂᆞᆫ 故ㅣ니라 雖然이나 彼日人某의 意
를 觀하건대 韓國이 彼等惡敎科의 餘禍를 受ᄒᆞ야 永永自振
치 못ᄒᆞ고 泡沫ᄀᆞ치 飄盡ᄒᆞᆯ 줄노 認ᄒᆞ얏스니 此ᄂᆞᆫ 悖理됨
을 不顧ᄒᆞ고 辱罵만 發코ᄌᆞ 홈이로다 大抵數拾年前 伊太利
國民들도 思想이 何等卑劣ᄒᆞ얏던가만은 只是「但丁」[33]과 如
ᄒᆞᆫ 大詩人이 出ᄒᆞ야 國恥[34]를 哀哭ᄒᆞ며 「瑪志尼」[35]와 如ᄒᆞᆫ 大
理想家가 作ᄒᆞ야 國粹[36]를 絶叫ᄒᆞᆫ 以後에 國民의 精神이 回
醒ᄒᆞ야 風雲을 파弄ᄒᆞ며 山河를 整頓ᄒᆞ얏스니 卽今 韓人도
但丁瑪志尼와 如히 國을 憂ᄒᆞ며 但丁瑪志尼와 如히 同胞를
愛ᄒᆞ야 或敎育에 獻身ᄒᆞ며 或實業에 獻身ᄒᆞ며 或政治에 獻
身ᄒᆞ야 彼等惡敎科書의 支配를 受ᄒᆞᆫ 人心을 喚醒ᄒᆞ야 國家思
想[37]을 振作케 ᄒᆞ면 韓國이 地理上에만 東洋伊太利를 作ᄒᆞᆯ
ᄲᅮᆫ 아니라 人事上에도 東洋伊太利를 作ᄒᆞ리니 勉ᄒᆞᆯ지어다
韓人이여 東洋半島好地理를 據ᄒᆞᆫ 韓人이여 勉ᄒᆞ고 又勉ᄒᆞ
야 日人의 冷嘲者를 叱退ᄒᆞ야 彼巍巍宏大ᄒᆞᆫ 白頭山[38]으로 ᄒᆞ
야금 愧色을 勿帶케 ᄒᆞᆯ지어다 (完)

㈜ 32 奴隸
   34 國恥
   36 國粹
   37 國家思想
   38 白頭山

⑨ 33 단테(但丁, Alighieri Dante)
   35 마치니(瑪志尼, Giuseppe Mazzini)

『대한매일신보』 1909.02.09

口碑上偉人

분야	역사
주제어	史筆, 士論, 羅州, 救民主義, 民權黨, 東萊, 鏡城, 義州, 靑史, 腐敗時代, 外交界, 武功界, 商業界, 朝史野乘, 口碑, 野老巷婦, 良史, 民族
인물	羅德三, 安龍福, 加藤淸正, 鄭文孚, 林尙玉, 崔瑩, 玄麟, 許先生, 徐神童
레퍼런스	禮失求諸野
레퍼런스 저자	古人

주 1 靑史
　 2 腐敗時代
　 3 史筆
　 4 士論
　 5 朝史野乘

偉人云 偉人云ᄒᆞ니 如何ᄒᆞ여야 是偉人인가 其人死後에
姓名이 靑史[1]에 照耀ᄒᆞ며 碑閣이 墓道에 屹立ᄒᆞ고 百數行의
年譜가 輝煌ᄒᆞ며 十餘卷의 行錄이 爛熳ᄒᆞ야 擧國人士가 壹
辭並尊ᄒᆞ야 曰偉人이라 ᄒᆞ면 是가 果然偉人인가 曰嗚乎라
腐敗時代[2]에ᄂᆞᆫ 其史筆[3]도 腐敗ᄒᆞ며 其士論[4]도 腐敗ᄒᆞ야 彼의
尊崇讚美ᄒᆞᆫ 者ㅣ 皆是腐敗ᄒᆞᆫ 人物뿐이니 史筆과 士論을 何
足信이며 何足憑이리오 韓國數百年朝史野乘[5]裡에 巍巍奉拜
ᄒᆞᆫ 偉人이 今日吾人의 眼孔에 入ᄒᆞ면 往往 蠅과 如히 小ᄒᆞ
며 蚓과 如히 細ᄒᆞᆫ 者라 此等을 偉人으로 認ᄒᆞ야 國家의 史
乘에 列ᄒᆞ며 後生의 模範을 垂ᄒᆞ얏스니 眞正ᄒᆞᆫ 偉人의 絶
種됨을 又奚足怪리오 吾儕가 此를 恨하야 十三道山河에 徘

徊ᄒᆞ며 蒹葭의 長洲를 向ᄒᆞ야 伊人을 求ᄒᆞ더니 千秋의 大
氣가 不死ᄒᆞ고 萬姓의 公舌이 尙存이라 許多英雄의 眞影이
彼野老巷婦[6]의 口碑[7]에 寄ᄒᆞ얏도다 羅州[8]人의 口碑에 徵ᄒᆞ미
窮谷壹農夫로 貪吏의 暴虐을 痛ᄒᆞ야 民命을 爲ᄒᆞ야 壹身을
犧牲ᄒᆞᆯ시 父가 此에 死ᄒᆞ며 子가 此에 死ᄒᆞ며 孫이 此에 死
ᄒᆞ야 救民主義[9]로 三世相傳ᄒᆞ던 羅德三[10]시ᄂᆞᆫ 民權黨[11]의 偉人
이오 東萊[12]人의 口碑에 徵ᄒᆞ미 邊郡壹水卒로 朝廷의 劣弱
을 恨ᄒᆞ며 國土의 削奪을 慟ᄒᆞ야 毅然히 王命을 矯ᄒᆞ고 隣
邦不測의 虎口에 入ᄒᆞ야 奇計로 悍酋를 折服ᄒᆞ던 安龍福[13]
시ᄂᆞᆫ 外交界[14]의 偉人이오 鏡城[15]人의 口碑에 徵ᄒᆞ미 僻鄕壹
儒生으로 國步의 艱危를 吊ᄒᆞ며 賊鋒의 猖獗을 憤ᄒᆞ야 把鋤
驅犢의 山氓을 驅ᄒᆞ야 倭將淸正[16]의 百戰老鋒을 大挫ᄒᆞ고 大
關嶺下에서 此를 圍쳑ᄒᆞ던 鄭文孚[17]시ᄂᆞᆫ 武功界[18]의 偉人이
오 義州[19]人의 口碑에 徵ᄒᆞ미 市井壹小民으로 商務의 天才
를 抱ᄒᆞ고 恢恢遊刃의 手를 弄ᄒᆞ야 韓淸 兩國의 商利를 掌
握ᄒᆞ미 至今ᄭᅡ지 北京走卒로 ᄒᆞ야금 林大人의 遺蹟을 說케
ᄒᆞᄂᆞᆫ 林尙玉[20]시ᄂᆞᆫ 商業界[21]의 偉人이오 其他京鄕口비에 流
傳ᄒᆞᄂᆞᆫ 許先生[22]의 外國遊覽과 徐神童[23]의 格物窮理 등說이
雖虛實이 相半이나 尙且可記者ㅣ 有ᄒᆞ며 又崔瑩[24] 玄麟[25]은
國史에 被貶ᄒᆞ얏스나 閭巷人民은 思慕詠歎의 情이 至今未
替ᄒᆞ니 公論의 寓ᄒᆞᆫ 處ᄂᆞᆫ 其口비인져 古人[26]이 云ᄒᆞ되「禮失
求諸野」[27]라 ᄒᆞ더니 史도 亦然하도다 偉人을 非偉人이라 ᄒᆞ
며 非偉人을 偉人이라 ᄒᆞ면 亦是民族[28]의 性質을 墮落케 ᄒᆞ

주 29 良史

눈 壹原因이라 玆에 口비上偉人을 畧錄ᄒ야 **良史**[29]氏의 作

을 催ᄒ노라

『대한매일신보』 1909.02.25

韓國의 第一豪傑大王

분야	역사
주제어	鴨綠江, 懷仁縣垈溝, 廣開土大王陵碑文, 帝國, 裸麗, 百濟, 倭寇, 新羅, 扶餘, 帶方, 九夷, 大東建國, 第壹豪傑大王, 高句麗, 通倭, 燕
인물	高朱蒙, 慕容歸, 칭기즈칸(成吉思汗), 나폴레옹(拿破侖, Napoléon Ier), 표트르 대제(聖彼得, pyotr I), 廣開土大王

千載下에 坐ᄒᆞ야 한國第壹豪傑大王 **高句麗永樂大王**의 **墓碑文**[1]을 讀ᄒᆞ니 字字히 **帝國**[2]의 威武가 照耀ᄒᆞ고 句句히 英雄의 歷史가 活動ᄒᆞᄂᆞᆫ도다 此墓碑文은 **鴨綠江**[3]左岸**懷仁縣垈溝**[4]에셔 發見ᄒᆞᆫ 者니 凡壹千七百九十九字라 其碑文을 奉讀ᄒᆞ고 其功業을 追想ᄒᆞ니 後人으로 ᄒᆞ야금 懷古悲今의 嘆을 不禁ᄒᆞᆯ 바ㅣ로다 盖永樂大王(卽廣開土王)[5]은 高句麗**東明聖王**[6]의 拾七世孫이라 十八에 登祚ᄒᆞ야 三拾九에 棄國ᄒᆞ얏스미 區區ᄒᆞᆫ 二拾年의 短光陰으로 其英武ᄅᆞᆯ 耀ᄒᆞ며 其雄圖ᄅᆞᆯ 展하야 韓國億萬世의 大基礎를 鞏固ᄒᆞ며 한國億萬世의 大英主가 되며 한國億萬世의 大輝혁 大紀念의 歷史를 鑄ᄒᆞ얏스니 嗚乎라 其壯ᄒᆞᆷ이 엇지 如此ᄒᆞ고 今에 其碑文을 畧抄ᄒᆞ야 其

歷史를 畧論ᄒ노라 大王이 天錫ᄒᆫ 勇智로 亞細亞東方壹隅 高句麗王位에 坐ᄒ야 累世擾攘의 餘를 襲ᄒ며 群雄角逐의 秋를 際ᄒ니 國疆은 狹ᄒ야 英雄濶步의 地가 不足ᄒ며 國勢 는 弱ᄒ야 天子垂裳의 威가 不滿ᄒᆫ지라 於是乎士將를 鍊ᄒ 야 勇武를 修ᄒ며 農工을 勸ᄒ야 實力을 養ᄒ다가 赫怒를 斯震ᄒ야 大活劇을 試ᄒᆯᄉᆞ 裸麗[7]를 攻ᄒ야 幾萬口를 虜ᄒ며 百濟[8]를 破ᄒ야 百八城을 取ᄒ며 南으로 倭寇[9]를 掃蕩ᄒ야 新 羅[10]를 救ᄒ며 東으로 扶餘[11]를 剿擊ᄒ야 舊疆을 復ᄒ며 倭寇 를 再殲ᄒ야 帶方[12]의 界를 安ᄒ니 草木이 其威風을 懾ᄒ고 百濟를 連破ᄒ야 通倭[13]의 罪를 問ᄒ니 山海가 其號令을 驚 ᄒᄂᆞᆫ지라 自此로 四隣이 風에 趨ᄒ고 九夷[14]가 門을 欵ᄒ나 惟燕[15]兒가 奮驕를 憑ᄒ고 納공을 拒ᄒᄂᆞᆫ지라 大王의 大規 模ᄂᆞᆫ 天下萬國이 高句麗[16]를 向ᄒ야 稱臣稽顙키 前에ᄂᆞᆫ 於心 에 不快커던 況世讎의 燕이리오 於是에 長鞭을 揮ᄒ야 遼燕 大野로 向ᄒ니 將卒이 鷹ᄀᆞ치 揚ᄒ고 鼓角이 雷ᄀᆞ치 動ᄒᄂᆞᆫ 지라 壹戰二戰에 平州를 拔ᄒ고 慕容歸[17]를 逐ᄒ야 轉瞬間에 數千里版도를 開拓ᄒ니라 於是乎七千里疆土가 有ᄒ며 幾百 萬精兵이 有ᄒ며 百姓은 皇德을 謳歌ᄒ며 四方은 國威를 震 懾ᄒ야 大東建國[18]數千年에 曠前絶後ᄒᆫ 大光彩를 閃動ᄒ얏 스니 彼碑文所謂「恩澤洽于皇天威武拂被四海」가 實로 虛言 이 아니로다 嗚乎라 天이 高句麗를 爲ᄒ야 如此ᄒᆫ 大英雄을 産出ᄒ얏다가 其奪흠이 엇지 如斯히 速ᄒ고 大王이 其壯도 를 盡試치 못ᄒ며 其神籌를 盡運치 못ᄒ며 其英氣를 盡展치

못한야 三十九歲에 英靈이 天으로 歸한얏스니 惜乎라 天이 大王의 壽를 十年或數十年을 假하얏더면 其功烈이 歐亞大陸을 蹂躪한던 元祖[19]에 過홀지며 其威武가 全歐列強을 慴服한던 **拿破崙**[20]에 過홀지며 其基業이 東歐大帝國을 建設한던 **聖彼得**[21]에 過하얏슬지어늘 惜乎라 大王이여 大志를 未展한고 中途에 崩殂한얏스니 此는 大王의 不幸이며 大王의 不幸일 쑨 아니라 高句麗의 不幸이며 壹時高句麗의 不幸일 쑨 아니라 萬世東國의 不幸이로다 其雷霆万動의 天威를 收한며 旭日初昇의 皇業을 棄한야 쟝劍을 拔投한고 泉下로 歸홈은 實로 大王의 萬古遺憾이라 吾輩도 此에 到한야 居然히 筆을 投한고 壹聲鳴咽을 不已홀 바ㅣ로다 然이나 古今을 俯仰한야 帝王을 歷數컨대 壤小兵弱혼 國家도 其國力을 擴張홈이 大王과 如혼 者ㅣ 幾人이며 壹二十年의 日月로 其帝業을 鞏固홈이 大王과 如혼 者ㅣ 幾人이며 雄材武畧이 具全한야 戰必勝功必取홈이 大王과 如혼 者ㅣ 幾人이며 遠邦을 懷綏한며 強敵을 掃蕩홈이 大王과 如혼 者ㅣ 幾人이나 有혼가 嗚乎라 한國에 坐하야 **第壹豪傑大王**[22]을 數코즈 홀진대 大王을 舍한고 誰를 數한리오 (未完)

[주] 22 第壹豪傑大王

[인] 19 칭기즈칸(成吉思汗)
20 나폴레옹(拿破崙, Napoléon Ier)
21 표트르 대제(聖彼得, pyotr I)

『대한매일신보』 1909.02.26

韓國의 第一豪傑大王 (續)

분야	역사
주제어	半島古帝國, 世界絶代英主, 墓碑, 高句麗, 外競思想, 祖國威光, 民氣, 國力, 滿洲, 英雄
인물	알렉산드로스 대왕(亞歷山大王, Alexandros III), 廣開土大王, 豊臣秀吉, 酒匂景信, 榮禧
레퍼런스	崔進士平壤懷古詩

인 1 알렉산드로스 대왕(亞歷山大王, Alexandros III)
2 廣開土大王

壯ᄒ도다 大王이여 大王의 歷史가 亞歷山大王[1]과 何其甚似ᄒ고 其英武가 亞歷山大王과 同ᄒ며 其智畧이 亞歷山大王과 同ᄒ며 其思想이 亞歷山大王과 同ᄒ며 其規模가 亞歷山大王과 同ᄒ며 其早世登祚가 亞歷山大王과 同ᄒ며 其早世晏駕가 亞歷山大王과 同ᄒ며 其擾攘의 餘를 襲홈이 亞歷山大王과 同ᄒ며 其角逐의 秋를 際홈이 아歷山大王과 同하며 其百戰百勝이 아歷山大王과 同ᄒ며 其讎國을 摧滅홈이 아歷山大王과 同ᄒ며 其國光을 굉震ᄒ고 國土를 廣拓홈이 아歷山大王과 同ᄒ도다 嗚乎라 東方의 永樂大王[2]은 西方의 아歷山大王인뎌 悲夫라 如此偉大ᄒ 英主가 有ᄒ되 後人이 謳歌ᄒᄂ 者ㅣ 無ᄒ며 如此輝煌ᄒ 歷史가 有ᄒ되 後世에 備傳ᄒ

는 者ㅣ 大王의 혁혁훈 大功德이 浮雲ス치 沒하며 凜凜훈 大威靈이 塵土ス치 埋하미 是로 以ᄒ야 民氣[3]가 薄弱하며 是로 以ᄒ야 國力[4]이 銷鑠ᄒ야 畢竟 滿洲[5]數千里가 洪水에 泛去ᄒ고 半島古帝國[6]이 壹髮◆垂危ᄒ얏스니 鳴乎라 大王의 子孫된 韓國同胞가 其不肖忝祖홈이 엇지 此極에 至하ᄂᆞᆫ고 彼 日本人을 不見ᄒᄂ가 豊臣秀吉[7]이 韓國에 來寇ᄒ다가 百戰百敗ᄒ야 馬關秋風에 奔走遁逃훈 것이 何等奇事인가 然이나 彼가 此를 崇拜ᄒ며 此를 贊美ᄒ며 此를 傳記ᄒ야 其人物을 天神ス치 尊ᄒ며 其遺史를 金玉ス치 愛홈은 惟其外競思想[8]을 皷吹ᄒ며 祖國威光[9]을 發揮키 爲홈이어날 惟此韓國同胞ᄂᆞᆫ 世界絶代英主[10] 永樂大王의 遺蹟을 能述치 못ᄒ야 祖王의 貽謨를 忘ᄒ며 祖國의 名譽를 掩ᄒ얏스니 如此ᄒ고야 엇지 外競思想을 能奮ᄒ며 祖國威光을 不墜ᄒ리오 幸者此 墓碑[11]가 千餘年을 荒原秋艸中에셔 高句麗[12]當時의 面目을 不改ᄒ고 巍然獨立하얏스나 所謂大王의 子孫은 壹人도 過問을 不肯ᄒ고 只是野火塞風의 消磨를 任ᄒ며 樵童牧竪의 摩사를 被ᄒ다가 畢竟日人佐川[13]시가 發見ᄒ고 淸儒榮禧[14]시가 判讀하야 大王의 歷史가 其光을 世界에 始放ᄒ얏스니 余ㅣ 高句麗遺民 永樂大王의 子孫 韓國同胞를 爲하야 甚히 悲ᄒ노라 然이나 此碑文이 壹出홈으로 大王의 歷史가 子孫의 眼에 復照ᄒ며 大王의 功德이 子孫의 腦에 復浸ᄒ니 從今으로 大王의 遺族二千萬이 大王의 天顏을 睹훈 듯시 大王의 命令을 奉훈 듯시 大王의 訓戒를 承훈 듯시 大王의 英武를 紹

하며 大王의 宿志을 述ㅎ면 未來韓國에 幾拾百大英雄이 産
出될지니 余ㅣ 又한國同胞를 爲ㅎ야 賀ㅎ노라 **崔進士平壤懷**
古詩[15]「山河形勢猶如此 王覇雄豪安在哉」오 흠과 如히 山河
는 如古ㅎ되 **英雄**[16]은 何在오 余ㅣ 慷慨ㅎ 壹筆로 過去英雄
의 歷史를 讚ㅎ야 未來英雄의 産出을 催ㅎ노라 (完)

『대한매일신보』 1909.03.12

所謂敎育家

분야	논설
주제어	無精神敎育, 敎科書, 崑崙山, 富士山, 支那海, 日本海, 朝鮮海, 白頭山, 日本敎科書, 外國敎科書, 自國語, 自國文, 新學術, 敎育家, 國家思想, 韓語, 古代, 外競性, 祖國, 譯述, 屬邦, 國語敎科書
레퍼런스	外國地誌敎科書

人物鑄造의 機關手된 **敎育家**[1]여 韓國未來의 運命符를 握혼 敎育家여 吾儕가 恒常自慰ᄒ되 時勢가 비록 悲慘ᄒ나 敎育家가 有ᄒ니 安樂을 覓來홀 壹日이 必有하리라 ᄒ며 恒常自負ᄒ되 國力이 비록 衰弱ᄒ나 敎育家가 有ᄒ니 威光을 奮揮홀 壹日이 必有ᄒ리라 ᄒ야 希望ᄒ던 바ㅣ는 但只敎育家뿐이러니 乃者所謂敎育家가 如彼ᄒ니 敎育家도 已矣로다 大抵 韓國敎育界에 流行ᄒᄂ 敎科書[2]가 不規則不正當혼 者ㅣ 多ᄒ야 壹種**無精神敎育**[3]을 作흠은 吾儕의 痛惜ᄒᄂ 바ㅣ라 敎科書가 外國만 崇拜혼 文字인 故로 學生이 外國만 崇拜ᄒ며 敎科書가 祖國을 毀侮혼 文字인 故로 學生이 **祖國**[4]을 毀侮ᄒ야 **支那海**[5] **日本海**[6]의 名과 **崑崙山**[7] **富士山**[8]의 高ᄂ 小兒도 皆

1	敎育家
2	敎科書
3	無精神敎育
4	祖國
5	支那海
6	日本海
7	崑崙山
8	富士山

주 9   朝鮮海

言ᄒᆞ되 朝鮮海[9]의 名과 白頭山[10]의 高ᄂᆞᆫ 紳士도 不知케 되ᄂᆞᆫ
도다 故로 吾儕가 敎科書의 改良을 日日唱道하ᄂᆞᆫ 바ㅣ러니
改良은 姑舍ᄒᆞ고 又壹大喫驚ᄒᆞᆯ 事가 出來하얏도다 近日 某
某私立학校(漢城內에 在ᄒᆞᆫ 學校)에셔 日本敎科書[11](日文으로
著述ᄒᆞᆫ 理科等)를 使用ᄒᆞᆫ다 ᄒᆞ니 果然인가 如何ᄒᆞᆫ 妨害가 有
ᄒᆞ며 如何ᄒᆞᆫ 壓制가 有ᄒᆞᆯ지라도 敎育家ᄂᆞᆫ 其生命으로 爭ᄒᆞ
야 國民的精神을 鼓ᄒᆞ며 國民的實力을 養ᄒᆞᆯ지어늘 彼ᄂᆞᆫ 「不
妨害而自妨害 不壓制而自壓制」가 엇지 如此其甚ᄒᆞᆫ가 嗚乎
痛哉라 吾儕ᄂᆞᆫ 此輩敎育家에 對ᄒᆞ야 壹頂針을 下ᄒᆞ노라 外
國敎科書[12]의 使用이 萬不可 千不可ᄒᆞᆷ은 贅論ᄒᆞᆯ 바ㅣ 無ᄒᆞ나
今에 其大槪만 擧ᄒᆞᆯ지라도 靑年子弟의 國家思想[13]을 消滅ᄒᆞ
야 外國語를 自國語[14]로 認ᄒᆞ며 外國文을 自國文[15]으로 信ᄒᆞ
야 浸浸然 外國을 自國으로 知ᄒᆞᄂᆞᆫ 觀念을 養成ᄒᆞᆯ지니 此其
不可者一이오 學生의 學業進步를 妨害ᄒᆞ야 [例如物理라ᄂᆞᆫ
語를 한語로 敎授ᄒᆞ야 물리라 ᄒᆞ면 物理인 줄 卽知ᄒᆞᆯ지어
늘 萬壹日語로 敎授ᄒᆞ야 붓즈리라 ᄒᆞ면 此를 韓語[16]로 更譯
ᄒᆞ야 此가 卽한語로 물리라ᄂᆞᆫ 語라 ᄒᆞᆫ 後에야 於是乎 物理
인 줄 始知ᄒᆞᆯ지니 此乃腦力을 倍消ᄒᆞᆷ이라]壹日에 了解ᄒᆞᆯ 者
면 二日에야 了解ᄒᆞ며 二日에 了解ᄒᆞᆯ 者면 四日에야 了解ᄒᆞᆯ
지니 此其不可者二오 自國의 國民經濟를 消鑠ᄒᆞ야 壹圓金
壹分銅이라도 外國冊肆로 走去케 ᄒᆞᆯ지니 此其不可者三이오
又此風이 傳染ᄒᆞ야 壹般敎育界가 日文敎科書를 用ᄒᆞ면 畢竟
大韓帝國國文은 其種이 滅하야 日人某의 所謂한國은 固有

혼 國語도 無ᄒ다ᄂᆞᆫ 語가 實言을 成홈에 至홀지니 此其不可 者四라 嗚乎라 彼官立公立學校의 教科書如何ᄂᆞᆫ 吾儕가 忍言 홀까 無ᄒ거니와 所謂私立學校에셔 엇지 此를 忍爲ᄒᄂᆞᆫ가 彼가 必曰只今韓國이 日本의 文明을 輸入ᄒ나니 日語를 知 홈이 必要혼지라 日本敎科書를 用ᄒ면 壹邊으로 學術도 了 解ᄒ고 壹邊으로 日語도 了解홀지니 此가 엇지 不可혼가 홀 지나 此ᄂᆞᆫ 不然ᄒ니 日語了解혼 外國語課程이 自在ᄒ거던 엇지 此를 取ᄒ며 彼가 又必曰只今**한**國은 各種**新學術**[17]의 艸 創時代라 精美혼 敎科書가 本無혼則 不可不日本敎科書를 用 홀 必要가 有ᄒ다 홀지나 此 又不然ᄒ니 **한**國에 日語能通者 도 許多ᄒ며 日文能通者도 許多ᄒ며 翻譯家도 有ᄒ며 著述 家도 有ᄒ며 活版所도 有ᄒ거던 精美혼 敎科書를 **譯述**[18]ᄒ 면 엇지 精美혼 敎科書가 無홈을 患ᄒ리오 彼日本敎育方法 을 試看ᄒ라 其高等小학校 **外國地誌敎科書**[19] 第壹章에 大書特 書ᄒ되 **한**國은 **古代**[20]부터 日本의 **屬邦**[21]이라 云ᄒ얏스니 彼 의 搆虛捏無ᄂᆞᆫ 實로 可憎ᄒ나 其**학**生腦髓에 祖國을 自尊ᄒ 고 外國을 凌侮ᄒᄂᆞᆫ **外競性**[22]을 養成홈은 엇지 可觀홀 者ㅣ 아닌가 此韓國敎育家ᄂᆞᆫ 其國을 自毁ᄒ며 其族을 自卑하다 가 乃此外國敎科書를 使用홈에 至ᄒ니 此亦敎育家인가 然 이나 彼敎育家가 엇지 故意로 此를 致ᄒ얏스리오 不過是壹 時錯誤에 出혼 者니 惟望컨대 韓國**國語敎科書**[23]로 學生의 精 神을 皷ᄒ며 **학**生의 實力을 養홀지어다

『대한매일신보』 1909.04.23

西間島의 來信

분야	논설
주제어	西間島, 淸領, 樂園, 韓國舊風, 耶蘇敎, 天道敎, 砲手, 祖國精神, 同族主義, 團體精神, 畿甸, 國史, 愛國思想, 長白山脈, 婆底江, 鴨綠江, 淸國官吏, 布哇, 桑港, 高句麗, 民族, 自由天地
인물	高朱蒙, 廣開土大王

㈜ 1 西間島
2 淸領
3 長白山脈
4 婆底江
5 鴨綠江
6 樂園

偶然히 西間島의 消息을 得聞ᄒ고 悽愴ᄒᆫ 筆을 擧ᄒ야 其 槪況을 記ᄒ고 又數言을 付ᄒ노라 西間島의 地勢 西間島[1]ᄂᆞᆫ 韓國西北邊接境 鴨綠江北岸 淸領[2]地方이니 卽平北列邑 江界 渭原 楚山 等地와 對峙ᄒᆫ 間島라 其全幅이 千有餘里니 長白山脈[3]이 島內에 走下ᄒ야 星羅棋布ᄒ얏고 北邊에ᄂᆞᆫ 婆底江[4]이 滔滔奔流ᄒ고 南邊에ᄂᆞᆫ 鴨綠江[5]이 洋洋來繞하야 山河形勢가 天然的壯麗의 光景이 有ᄒ고 山의 中間과 江의 左右에ᄂᆞᆫ 大野가 茫茫ᄒ고 鬱蒼ᄒ 森林은 山野ᄅᆞᆯ 蔽ᄒ며 肥沃ᄒᆫ 土壤은 天府ᄅᆞᆯ 作ᄒ얏스미 材木 藥料 畜類 穀物 山參 養蔘 蜂蜜 果物이 到處盛産ᄒ니 實로 結廬畊食ᄒᆯ 만ᄒ 樂園[6]이로다 西間島의 韓人移住 山明水麗ᄒ고 土肥泉甘ᄒ 西間島 壹幅이 空然

히 宇宙間에 壹閑地를 作ᄒ야 艸木만 蓁蓁ᄒ고 鳥獸만 蹌蹌
ᄒ더니 幾拾年前에 淸人이 開拓을 始ᄒ야 天荒을 破ᄒ얏고
三拾年前부터 韓人이 逐逐移住ᄒ얏ᄂᆫ대 挽近에ᄂᆫ 韓人의
移住者가 愈愈增加하야 戶數ᄂᆫ 二萬餘오 人口ᄂᆫ 數拾萬인
딕 其居俗은 **韓國舊풍**[7]이 尙在ᄒ며 其營業을 農牧諸種이 稍
繁ᄒ고 淸國人民은 韓人과 墻戶를 鱗比하야 頗히 親密ᄒᆫ 狀
態를 呈ᄒ며 **淸國官吏**[8]ᄂᆫ 韓人의 働作을 放任ᄒ야 特히 愛護
의 仁風이 有ᄒ고 近日에ᄂᆫ **耶蘇敎**[9]와 **天道敎**[10]가 勃勃對興ᄒ
며 又第壹可觀ᄒᆯ 者ᄂᆫ 卽狩獵에 從事ᄒᄂᆫ **砲手**[11]니 其技가 甚
巧ᄒ며 其數가 甚衆ᄒ야 依然히 武士의 風이 發現ᄒᆫ다더라
西間島의 韓人狀態 官吏의 暴焰을 避ᄒ야 桃源山水로 逃入
하얏더니 魔鬼가 又隨入ᄒ야 數年來로 所謂管理派員爲名者
가 官吏의 名號를 藉ᄒ고 人民의 膏血을 浚ᄒ더니 近來에ᄂᆫ
此弊가 漸杜ᄒ야 壹島人民이 如斗ᄒᆫ 小天地에 自屈自伸ᄒ
나 噫彼人民이 生活에 困ᄒ고 學識이 粗ᄒ야 所知ᄂᆫ 壹日三
時食이오 所學은 天皇氏木德이라 **祖國精神**[12]이 何로 從ᄒ야
其光을 奮ᄒ며 **同族主義**[13]가 何로 從ᄒ야 其聲을 震ᄒ리오 是
以로 其耳目이 鹵莽ᄒ야 新進의 風이 遲遲ᄒ얏도다 西間島
의 新曙光 天이 間島同胞의 寥寥를 不許ᄒ샤 去年秋로부터
幾個有志敎育家가 遷入ᄒ야 數個新學校를 創立ᄒ고 島中子
弟를 敎育ᄒ니 於是乎 前日茫茫無色ᄒ던 間島에 忽然明星의
光彩가 爛照ᄒ얏도다 嗚乎라 間島同胞여 首를 壹回ᄒ야 南
으로 祖國을 望ᄒ라 凄風冽雨가 金甌를 蔽ᄒ고 魑魅魍魎이

惡焰을 弄ᄒ나니 諸公이 아모리 數千里外에 在ᄒ나 엇지 壹
分이나 心을 可弛ᄒ리오 彼布哇[14] 桑港[15] 等地에 居留ᄒᄂ 同
胞ᄂ 其滿腔熱血이 鼎의 水又치 沸騰ᄒ며 其團體精神[16]이 膠
의 漆又치 鞏固ᄒ야 實力準備에 汲汲又汲汲하거늘 乃者諸
公은 獨히 他人背後에 立ᄒ니 此가 엇지 羞愧치 아니ᄒᆫ가
而況此間嶋ᄂ 古代高句麗[17]의 畿甸[18]附近이라 匹馬南下ᄒ야
國史[19]의 靈光을 揮ᄒᆫ 東明王[20]도 此地에서 肇ᄒ얏스며 東征
西伐하야 民族[21]의 名譽를 遺ᄒᆫ 永樂王[22]도 此地에서 起ᄒ얏
나니 幾千年後 今日에 在ᄒ야 此地에 居留ᄒᄂ 韓人同胞가
其高山流水를 俯仰ᄒ고 엇지 長嘆鬱憤치 아니ᄒ리오 吾儕
ᄂ 實로 同胞諸公을 爲ᄒ야 慨惜을 頻興ᄒᄂ 바ㅣ라 然이나
近日 ◆敎育家가 春風雨露의 好手腕으로 此地에 入ᄒ야 敎
育二字를 唱道ᄒ니 從今으로 間島人民의 愛國思想[23]을 奮起
홀지며 萬世韓國의 文明基礎를 助成홀지로다 嗚乎라 同胞
여 此間島ᄂ 其天然形勢가 壹大團의 自由天地[24]를 可作홀 地
方이니 同胞ᄂ 勉ᄒ고 勗홀지여다

『대한매일신보』 1909.07.03

韓國自治制畧史

분야	역사
주제어	튜턴(Teuton)민족, 라틴(Latin)민족, 白人勢力, 黃人勢力, 韓國史, 古代, 自治制度, 檀君史, 代議政體, 中世, 上世, 近世, 政治學, 儒敎, 佛敎, 尊君主義, 面長, 有司, 洞任, 地方自治, 庠序學校, 支那鄕約, 族長自治, 市民自治, 東洋史, 希臘羅馬共和, 自治力, 井田, 鄕約
인물	朴赫居世, 趙光祖, 李珥, 丁若鏞, 柳馨遠, 檀君
레퍼런스	高句麗史, 新羅史

國家의 盛衰興亡은 其國民 自治力[1]의 優劣에 係ᄒᆞᆫ 바라 是以로 卽世界歷史를 按ᄒᆞ건ᄃᆡ 套頓民族[2]의 羅甸民族[3]을 代흠도 此力이 優흔 故며 政治地理를 閱ᄒᆞ믹 白人勢力[4]이 黃人勢力[5]보다 大흠도 此力이 優흔 故니 國을 爲ᄒᆞᄂᆞᆫ 者ㅣ 此를 務치 아니ᄒᆞ면 奚可ᄒᆞ리오 然이나 余가 韓國史[6]를 讀ᄒᆞ믹 壹點異感이 腦를 激ᄒᆞᄂᆞᆫ도다 大抵韓國이 古代[7]에ᄂᆞᆫ 自治制度[8]가 盛行하던 國이라 殘缺흔 文獻에 其事를 詳細히 考究키 難ᄒᆞ거니와 然이나 東雲의 壹鱗과 西雲의 壹爪가 徃徃蜿蜿의 狀態를 露出흔 者ㅣ 多ᄒᆞ나니 卽檀君[9]史[10]에 「神人降于太白山下 國人立以爲君」과 高句麗史[11]의 「六部大人相聚議事」와 新羅史[12]의 「赫居世[13]有聖德 六部人立以爲君」과 又朴昔金

三姓의 濟濟相讓과 城主동主軍主의 設置흔 等遺事를 披覽
흐믹 其制度의 精密이 비록 歐洲近今代議政體[14]의 完美흠과
如흐다 흐면 或武斷에 近흐다 홀지나 萬壹希臘羅馬共和[15]의
制에 比較흐면 毫髮도 稱讓홀 者ㅣ 無흐다 홀지니 偉哉라
韓國의 政治史여 世界에 自豪홀 만흐도다 然則如此히 太古
時代에 開化最早흔 民族으로 其文化를 발輝흐야 六洲에 傳
布하며 其能力을 養成흐야 萬國에 雄鳴흠은 尙矣勿論이오
反히 層壹層墮落흐며 年壹年降衰흐야 中世[16]가 上世[17]에 不
及흐며 近世[18]가 中世에 不及흐야 數千年以後 今日에 坐흐야
數年以前當時를 仰흐믹 地獄과 天堂又치 懸殊흐니 嗚呼라
此가 果然曷故이뇨 盖歷代以來로 民賊魔輩의 牢籠과 壓迫
을 累被흐야 駁駁然 其本來의 眞面이 埋沒되는 中에 何等政
治학[19]大家가 出來흐야 此에 關흔 학說을 傳흔 者ㅣ 無하며
何等歷史學大家가 出來흐야 此에 關흔 法制를 記흔 者ㅣ 無
흔대 又外國으로 從흐야 輸入된 (壹)儒教[20](貳)佛教[21]가 彼則
尊君主義[22]를 鼓吹흐며 此則超然히 世外에 出흐야 廣막흔 慈
悲를 主張흔 故로 國民自치의 思想을 逐不知不覺中에 遺失
흠이니 엇지 可歎홀 빅 아니리오 然이나 豐城寶劍이 비록
千年塵土中에 埋在흐나 其壹點光燄은 遙遙히 霄漢을 直燭
흐야 魔力의 壓滅치 못홀 빅인 故로 如此許多波浪을 累經흐
얏스되 至今各道州郡에 尙且若存若亡히 此制가 繼續流傳흐
야 面의 面長[23]과 鄉의 有司[24]와 又洞任[25]等이 壹面의 事는 壹
面이 自議흐며 壹鄉의 事는 壹鄉이 自議흐고 又或守令不善

의 行政을 彈駁ᄒ야 儼然히 **地方自治**[26]의 權利가 有ᄒ던 비라 비록 世級을 隨ᄒ야 其制가 浸衰ᄒ야 面長有司의 黜陟이 官吏手中에 歸ᄒ 處도 或有하고 人民이 此를 有若無로 視ᄒ얏스나 萬壹聖哲者其人이 出ᄒ야 其弊를 改ᄒ고 其美를 復ᄒ면 國家의 利益됨이 至大ᄒᆯ지어날 惜乎라 **靜菴**[27] **栗谷**[28]의 賢哲로도 **庠序學校**[29]의 制ᄂ 恢復코ᄌ ᄒ얏스되 此를 提唱ᄒᆷ은 未暇ᄒ며 **茶山**[30] **반溪**[31]의 碩學으로도 **井田**[32]**鄉約**[33]의 道ᄂ 論述ᄒ얏스나 此를 硏究ᄒᆷ은 未暇ᄒ야 此等歷史的美制를 荊蕪中에 久埋ᄒ얏도다 **支那鄉約**[34]도 亦自治에 近ᄒ나 齒를 尙ᄒ고 賢을 不尙ᄒ며 官을 尊ᄒ고 民을 卑ᄒ얏스니 是ᄂ **族長自治**[35]오 **市民自治**[36]가 아니니 故로 韓國의 自治가 獨히 **東洋史**[37]中의 特色됨 嗚乎라 目下 許多列强이 各其自强力에 依ᄒ야 舞臺에 進ᄒᆯ시 此力이 本無者ᄂ 他를 效嚬ᄒ며 此力이 固有ᄒ 者ᄂ 此를 淬勵하ᄂ디 韓人은 自家光明寶藏을 失ᄒ고 恢復ᄒᆷ을 不思ᄒ니 吾輩의 慨歎이 何如오 此論을 草ᄒ야 其覺悟奮發ᄒᆷ을 催ᄒ노라

『대한매일신보』 1909.08.08

東洋主義에 對훈 批評

분야	논설
주제어	東洋主義, 誤國者, 四千載祖國, 鳩居, 二千萬兄弟, 媚外者, 國魂, 國家主義, 黃人, 日人, 奴籍, 日本, 同種, 守舊, 開化
기관/조직	一進會, 遊說團, 政府黨

東洋主義[1]者는 何오 東洋諸國이 壹致團結ㅎ야 西力의 東漸홈을 禦훈다 홈이니라 此主義를 唱훈 者는 誰오 壹曰誤國者[2]니 彼等이 四千載祖國[3]을 擧ㅎ야 鳩居[4]에 讓ㅎ며 二千萬兄弟[5]를 驅하야 奴籍[6]에 注ㅎ민 此世上에 忍立홀 面目이 無훈 故로 此等語로 强히 쟝撰ㅎ야 上으로 天을 欺ㅎ며 下으로 人을 欺ㅎ야 曰現今은 東西 黃白 兩種의 競爭時대라 東洋이 興則셔洋이 亡ㅎ고 셔洋이 興則東洋이 亡ㅎ야 其勢가 兩立ㅎ지 못홀지니 今日東양에 生훈 者는 國과 國이 相合ㅎ며 人과 人이 相結ㅎ야 셔양을 抗홀 日이니 然則吾輩가 國을 賣ㅎ야 셔人에 與ㅎ얏스면 是罪어니와 수에 不然ㅎ야 賣훈 者도 東양人이오 買훈 者도 東양人이니 譬컨딕 楚弓을 楚得

흠이라 吾輩가 何罪리오 ᄒ야 此義로 自解說ᄒ며 此義로 自辨護홈이니 所謂東양主義가 第壹此輩외口에 出흔 者오 二曰媚外者[7]이니 國勢가 旣此境에 到ᄒ야 全國各權利가 皆外人의 手中에 墮入ᄒ민 前日 旁蹊曲逕 蠅營狗苟의 輩가 壹窠官爵을 渴想ᄒ며 幾圓月俸을 苦夢ᄒᄂ덕 此를 求得ᄒᄂ 方法은 惟外人에게 納媚홀 ᄲᅮᆫ이라 於是乎千方百計를 出ᄒ야 彼의 壹顰壹笑을 求홀식 金錢을 納ᄒ면 彼가 喜ᄒ나 其喜가 猶小ᄒ며 珍寶을 與ᄒ면 彼가 悅ᄒ나 其悅이 猶淺ᄒ고 彼의 大喜大悅홀 바ᄂ 惟大韓全國의 國魂[8]을 剝喪ᄒᄂ 壹事가 是라 此를 能히 剝喪ᄒᄂ 者가 有ᄒ면 彼가 其手를 握ᄒ며 其吻을 接하고 歌ᄒ야 此를 迎ᄒ며 舞ᄒ야 此를 拜홀지라 故로 壹般奴輩가 此意를 知得ᄒ고 各其奇計를 出하야 自家의 國魂을 剝喪코ᄌ ᄒ나 但直接으로 人을 向ᄒ야 爾의 國을 忘ᄒ고 外國을 事ᄒ라 ᄒ며 爾의 祖를 背하고 外國을 尊ᄒ라 ᄒ면 無知尺童도 必也劒을 拔ᄒ야 奮起ᄒ리니 如此ᄒ면 又徒勞無功홀 ᄲᅵ라 於是乎彼奴輩가 其魔心을 竭ᄒ야 東양主義라 云ᄒᄂ 魔說을 做出ᄒ야 我가 日本[9]의 批頰홈을 怒하거던 彼가 我를 誘ᄒ야 曰東양은 壹家니 爾가 無怒하라 하며 我가 日本의 吮血홈을 痛ᄒ거던 彼가 我를 欺ᄒ야 曰黃人[10]은 同種[11]이니 爾가 無痛ᄒ라 ᄒ야 明明히 國民을 驅ᄒ야 國家主義[12]를 忘ᄒ고 東양主義에 醉케 ᄒ나니 東양主義가 此輩에서 固ᄒ며 三曰渾沌無識者이니 此等人은 元來獨立主見이 無ᄒ고 只是隨波逐浪의 生涯를 嗜ᄒᄂ 者라 擧世가 靑

주　7　媚外者
　　8　國魂
　　9　日本
　　10　黃人
　　11　同種
　　12　國家主義

眼鏡을 帶ㅎ면 我도 靑眼鏡을 帶ㅎ며 擧世가 黃眼鏡을 帶ㅎ면 我도 黃眼鏡을 帶ㅎ야 起坐에 人腕을 依ㅎ고 是非에 人舌을 效하야 人이 守舊ㅎ면 我도 守舊[13]ㅎ며 人이 開化[14]ㅎ면 我도 開化ㅎ야 時世와 推移ㅎ던 者로 偶然今日을 遇ㅎ야 政府黨[15]과 壹進會[16]及遊說團[17]의 誘弄과 日人[18]의 籠絡中에셔 東양主義說을 習聞ㅎ민 信口로 傳唱ㅎᄂ 者라 (未完)

『대한매일신보』1909.08.10

東洋主義에 對흔 批評 (續)

분야	논설
주제어	黃種, 同洲同族, 金星, 水星, 全地球人類, 四海一家, 國家競爭, 폴란드, 西洋主義, 祖宗父母, 壹家眷屬, 毒賊, 韓國人, 國家主義, 韓族, 國魂, 東洋主義, 日人, 讐族, 我族, 壹洞

彼輩가 如此히 **東洋主義**¹를 唱ᄒ믹 日人이 其聲을 和ᄒ며 彼輩가 如此히 東양主義를 講ᄒ믹 **日人**²이 共義를 註ᄒ야 雄鳴雌答이 式日不休ᄒ믹 壹國二千萬無敎育의 人民이 駁駁然 此魔說에 被惑ᄒ야 東양에 在흔 國이면 敵國도 我國으로 視ᄒ며 東양에 在흔 族이면 **讐族**³도 **我族**⁴으로 認ᄒᄂ 者ㅣ 漸有ᄒ도다 或曰我의 身子가 此國土에 生흔 故로 愛國의 義가 有ᄒ며 我의 血統을 此國民에게 受흔 故로 愛族의 義가 始有ᄒᄂ니 此義로 推ᄒ라 我가 東양의 **黃種**⁵이 되얏슨즉 **同洲同族**⁶을 愛ᄒᄂ 義가 無흠이 不可ᄒ며 且斯國은 東양의 壹國이라 東양이 盡亡ᄒ면 斯國도 隨亡홀지니 東양을 不愛흠이 又奚可리오 曰嗟乎라 客이여 余言을 聽ᄒ라 此에 人이 有흔

㈜	1	東洋主義
	2	日人
	3	讐族
	4	我族
	5	黃種
	6	同洲同族

딕 他日 **金星**[7] **水星**[8] 等世界와 通商홀 日이 必有ᄒ즉 **全地球人類**[9]

가 **四海一家**[10] 의 主義를 唱ᄒ야 兵을 鍊ᄒ야 彼世界의 來侵

을 防하며 民을 養ᄒ야 彼世界의 勢力을 競爭혼다 ᄒ야 黃

白을 均愛ᄒ며 東西를 壹視ᄒ면 何如오 曰不可ᄒ다 現在 **國**

家競爭[11] 이 愈往愈盛하야 暫退步ᄒ면 虎口에 ◆噬이며 稍微

弱ᄒ면 鷲瓜◆ 被攫ᄒ나니 엇지◆ 未來千萬年後의 ◆를 癡

夢ᄒ야 目下 大勢를 反抗ᄒ리오 然則今日 **波蘭**[12] 에 壹種人이

出ᄒ야 口로 **西洋主義**[13] 를 講ᄒ며 筆로 셔양主義를 畫ᄒ야

亡國의 痛을 忘ᄒ고 셔양의 團結만 謀하면 何如오 曰不可ᄒ

다 自家의 兄弟妻子가 繫縛을 被ᄒ며 自家의 **祖宗父母**[14] 가 毆

辱을 受ᄒ야 數千年傳來ᄒ던 **壹家眷屬**[15] 을 殺害ᄒᄂ **毒賊**[16] 이

該洞中에 在ᄒ거늘 家眷의 苦痛은 不恤ᄒ고 壹동의 和樂만

望ᄒ며 毒賊의 屛逐은 不謀ᄒ고 **壹洞**[17] 의 團結만 圖ᄒ랴 噫

라 壹洞이 團結ᄒ야 我家의 禍를 救홀진딕 此를 求홈이 可

ᄒ거니와 今에 不然ᄒ야 壹洞의 團結與否가 我家興亡에 無

關ᄒ거늘 徒然히 毒賊의 後를 隨ᄒ야 此를 共議ᄒ면 엇지

癡奴가 아니리오 此로 推ᄒ면 **韓國人**[18] 이 此列國競爭時代에

國家主義[19] 를 提唱치 안코 東洋主義를 迷夢ᄒ면 是ᄂ 今日時

代의 人物로 未來他星世界의 競爭을 憂ᄒᄂ 者와 無異며 又

此悲境中에셔 羈絆脫却의 道ᄂ 不思ᄒ고 東洋主義를 仗ᄒ

면 是ᄂ 波蘭人이 西洋主義를 說홈과 無異니라 況國家ᄂ 主

오 東洋은 客이어늘 今日東洋主義提唱者를 觀ᄒ건딕 東洋

이 主되고 國家가 客되야 國의 흥亡은 天外에 付ᄒ고 惟東

洋을 是保ᄒ려 ᄒ니 嗚乎라 何其愚迷홈이 此에 至하뇨 然則
韓國이 永亡ᄒ며 韓族[20]이 永滅ᄒ야도 但此國土가 黃種에게
만 歸ᄒ면 此를 樂觀이라 홈이 可홀가 嗚乎라 不可ᄒ니라
或者ᄂ 又云호ᄃ 彼東洋主義를 唱ᄒᄂ 者도 眞個東양을 爲
홈이 아니라 但只此主義를 利用하야 國家를 救코ᄌ 홈이라
하나 吾儕ᄂ 觀컨ᄃ 韓人이 東양主義를 利用ᄒ야 國家를 救
ᄒᄂ 者ᄂ 無ᄒ고 外人이 東양主義를 利用ᄒ야 國魂[21]을 奪
하ᄂ 者ㅣ 有ᄒ나니 戒하며 愼홀지어다 (完)

㈜ 20 韓族
21 國魂

『대한매일신보』 1909.09.11

古人遺蹟을 吊홈

분야	▌고적, 논설
주제어	▌敬祖愛家, 自尊性, 愛國心, 破壞, 掃殘, 宮闕殿閣, 毀撤, 平壞, 大邱, 城壁, 紀念物, 英雄聖哲, 國民, 文明, 保守, 古人遺蹟
기관/조직	▌東別營, 侍衛第壹隊營

大抵先代英雄聖哲[1]의 遺蹟은 後來國民의 紀念物[2]을 作ᄒᆞ야 此를 敬慕ᄒᆞ며 此를 欽仰ᄒᆞ야 其步趨를 學ᄒᆞ며 其풍채를 想ᄒᆞ민 壹則英哲을 崇拜ᄒᆞᄂᆞᆫ 心이 發生ᄒᆞ며 二則國家를 愛ᄒᆞᄂᆞᆫ 根性이 鞏固하나니 譬컨딕 壹家의 子孫이 祖先의 手澤을 摩娑ᄒᆞ면 敬祖愛家[3]의 情이 油然히 自起홈과 如ᄒᆞ 故로 英雄聖哲의 件蹟과 遺物을 莊嚴愛護치 아니ᄒᆞ면 冥冥中國民[4]의 自尊性[5]이 衰ᄒᆞ며 愛國心[6]이 墮ᄒᆞ야 國됨을 不得홀지어날 嗚乎라 近日 韓國을 觀하건딕 古人의 遺蹟을 壹壹破壞[7]ᄒᆞ며 壹壹掃殘[8]ᄒᆞ야 其影子도 不留케 ᄒᆞ고져 ᄒᆞᄂᆞᆫ도다 嗚乎悲哉며 嗚乎惜哉라 京城內로 言ᄒᆞ면 宮闕殿閣[9]이 改觀되며 東別營[10]과 侍衛第壹隊營[11]이 次第毀撤[12]되며 其他舊殿故閣의 改觀된

者ㅣ 比比ᄒᆞ야 處處에 泥峴的風光을 呈ᄒᆞ며 地方으로 言ᄒᆞ면 平壤¹³ 大邱¹⁴ 等邑에 城壁¹⁵을 盡毁ᄒᆞ야 殘磚亂瓦가 四處로 紛散되야 數千年來 英雄聖哲의 經營ᄒᆞᆫ 遺蹟이 灰塵ᄀᆞᆺ치 消滅되얏스니 此에 過ᄒᆞᄂᆞᆫ 行人이여 西山夕照를 帶ᄒᆞ야 馬를 立ᄒᆞ고 彷徨ᄒᆞᄂᆞᆫ 者ㅣ 幾人이뇨 如此히 幾十年을 過ᄒᆞ면 山이 某色을 變ᄒᆞ며 水가 其態를 失ᄒᆞ며 壹切物을 換ᄒᆞ야 今日의 풍경이 아니리니 此中에셔 生長ᄒᆞᄂᆞᆫ 國民이 能히 其 本性을 不變ᄒᆞᆯᄂᆞᆫ지 此가 吾儕의 彷徨不已ᄒᆞᄂᆞᆫ바로다 或曰 然則國民이 保守에 長ᄒᆞ야 三間茅屋도 此ᄂᆞᆫ 吾祖의 刱ᄒᆞᆫ 비라 ᄒᆞ며 壹片石磶도 此ᄂᆞᆫ 吾父의 履ᄒᆞ던 비라 ᄒᆞ야 崔嵬의 洋屋及開敞의 市街와 不換홈이 可ᄒᆞᆫ가 曰否라 國民의 愚頑ᄒᆞᆫ 保守ᄂᆞᆫ 有홈이 不可ᄒᆞ나 文明¹⁶ᄒᆞᆫ 保守¹⁷ᄂᆞᆫ 不有홈이 不可ᄒᆞ니 矮廬와 短墻을 愛ᄒᆞ야 層製巨廈를 惡홈은 愚頑의 事어니와 先代遺蹟의 紀念ᄒᆞᆯ 것을 紀念ᄒᆞ며 守護ᄒᆞᆯ 것을 守護홈은 國民의 宜有ᄒᆞᆯ 비라 此가 無ᄒᆞ면 自尊性도 無ᄒᆞ며 愛國性도 無ᄒᆞ리니 鳴乎라 今日 韓國의 古人遺蹟¹⁸이 엇지 可吊ᄒᆞᆯ 비 아닌가

주 13 平壤
14 大邱
15 城壁
16 文明
17 保守
18 古人遺蹟

『대한매일신보』 1909.09.17

分院沙器에 就흔 一論(其歷史及現狀과 將來發展策)

분야	역사
주제어	美術, 三國, 磁器, 分院沙器, 政府豺虎輩, 竈場, 觀音坊, 古代, 白沙器, 雕刻形沙器, 高麗磁器, 金砂洞, 原料土, 楊口郡, 果川郡, 驪州郡 梧琴洞, 石灰, 廣州郡松坂, 鐵分, 平壤沙器, 韓國工藝, 誅求, 惡政, 國權, 民業, 實業家, 衰退
기관/조직	司甕院

주 1 美術
2 三國
3 磁器
4 分院沙器

韓國은 萬有의 事業이 皆進化學上의 反比例를 成ᄒ야 古를 撫ᄒ고 今을 觀ᄒ미 後人의 산然홈을 不免케 ᄒ나니 卽製造美術[1]等이 亦其壹例라 卽今에 茫茫흔 太古層巖石下에 向ᄒ야 幾處의 발掘을 試ᄒ야 三國[2]及勝朝時代의 磁器[3]를 발見흔즉 其品의 美麗홈과 其制의 精緻홈이 비록 目下 二十世紀文明大발達된 後 東셔洋各國의 美術品으로도 徃徃幾步를 可讓홀 者ㅣ 多有ᄒ니 嗚乎라 數千年前韓人의 祖先은 其才思가 何其如彼히 壯ᄒ며 數千年後 子孫되는 韓人은 其墮落이 何其如此히 深ᄒ뇨 君子ㅣ 分院沙器[4]의 歷史를 執ᄒ야 其盛衰消長의 因果를 究하다가 民賊의 禍孽의 至毒홈을 猛驚홀 빈로다 盖分院沙器는 距今數百年前을 至토록 古來의 名

譽를 保有ᄒ던 者러니 世級이 日降ᄒ샤록 夜叉政府의 害毒
이 益益히 此沙器業界에 侵入ᄒ야 沙器가 其店에셔 纔出ᄒ
면 金大臣家에셔 幾十둑을 奪去ᄒ며 李重臣家에셔 幾百둑
을 奪去ᄒ야 沙器가 愈良ᄒ사록 剝奪이 愈酷ᄒ니 噫라 匹
夫가 何罪오 懷壁에 其罪로다 於是乎一般陶工者의 晝夜硏
究ᄒᄂ 빈 何以ᄒ면 此沙器를 粗惡케 ᄒ고 ᄒ며 何以ᄒ면
此沙器을 苦窳케 ᄒ가 ᄒ야 官吏의 **誅求**⁵를 圖免ᄒ니 盖自
此로 **政府豺虎輩**⁶의 貪心은 少제ᄒ얏스나 희沙器의 名譽ᄂ
墜落的悲境에 陷入ᄒ얏더라 雖然이나 今日 至ᄒ야ᄂ **惡政**⁷
의 結果로 **國權**⁸과 **民業**⁹이 同時墮落되민 彼政府豺虎輩도 其
神聖ᄒ 威嚴을 亦失ᄒ고 眼明手快ᄒ 外國實業家 政治家들
이 域內에 環立ᄒ야 目을 閃ᄒ며 口를 張ᄒ고 全國各地의
天藏의 利源을 壹壹히 發出ᄒᆯᄉᆡ 此分院沙器의 來歷과 原料
土取用의 地點도 畢竟其調査에 登ᄒ얏도다 吾儕ᄂ 秘密을
守ᄒ야 此利源을 韓人이 晏然히 保守ᄒ며 徐徐히 발展홈을
望홈이 可ᄒᆯ 듯ᄒ나 然이나 今者累次調査가 日人의 耳目에
遍照ᄒ 빈니 萬般秘密ᄒᆫᄃᆞᆯ 何益이 有ᄒ리오 玆에 其歷史와
現狀를 畧揭ᄒ노니 感ᄇᆞᆯᄒᆞᆯ지어다 讀者여 (壹)**竈場**¹⁰의 變
遷. **古代**¹¹에ᄂ **觀音坊**¹²[分院距拾里許]細川 兩側에 竈場을 設
ᄒ야 左岸에ᄂ **白沙器**¹³를 製ᄒ며 右岸에ᄂ **雕刻形沙器**¹⁴(**高麗
磁器**)¹⁵를 製ᄒ얏ᄂᆫᄃᆡ 現今 其地에셔 往往其破器片을 拾得
ᄒᄂᆫᄃᆡ 大畧累百年前物로 可想ᄒᆯ지고 其後에 **金砂洞**¹⁶(分院
距五里許)으로 移ᄒ얏다가 距今二百年前에 燃料欠乏을 因

㈜ 5 誅求
6 政府豺虎輩
7 惡政
8 國權
9 民業
10 竈場
11 古代
12 觀音坊
13 白沙器
14 雕刻形沙器
15 高麗磁器
16 金砂洞

ᄒᆞ야 分院으로 又移ᄒᆞ니 分院은 **司甕院**[17]에 屬ᄒᆞᆫ 故로 得名 홈이오 (二)原料土取用地. 已往에ᄂᆞᆫ **原料土**[18]를 江原道양口 郡[19]에셔 取用ᄒᆞ더니 後에ᄂᆞᆫ 京畿道**果川郡**[20]에셔 取用ᄒᆞ얏 고 近來에ᄂᆞᆫ **驪州군梧琴洞**[21]에셔 取用ᄒᆞ며 **石灰**[22]ᄂᆞᆫ **廣州군松 坂**[23]의셔 **鐵分**[24]을 含有ᄒᆞᆫ 者를 使用ᄒᆞᆫ 故로 普通日用食器類 의 製造의 甚히 良好ᄒᆞᆫ 비오 (三)其興廢. 其漸次**衰退**[25]ᄒᆞᆫ 原 因은 敍論의 畧陳ᄒᆞ엿거니와 今年의 至ᄒᆞ야ᄂᆞᆫ 全히 閉業의 至ᄒᆞ엿더라 嗚乎라 卽今 東셔列强은 其國先民의 遺傳ᄒᆞᆫ 舊 業의 就ᄒᆞ야 日로 擴장하며 日로 불達ᄒᆞᄂᆞᆫ뒤 嗟乎한國人 이여 舊業의 擴張불達은 姑舍ᄒᆞ고 反히 日退케 하며 日縮 케 ᄒᆞ고 末乃閉倒의 恒至ᄒᆞ니 엇지 悲歎홀 비 아니리오 然 이나 古者閉關時代의ᄂᆞᆫ 비록 閉倒의 境의 至ᄒᆞ엿스나 後來 中興케 하ᄂᆞᆫ 者도 한人이오 又或中興치 못하야도 粗惡ᄒᆞᆫ 事業으로도 足히 自保ᄒᆞ랴니와 今의 至ᄒᆞ야ᄂᆞᆫ 壹次閉倒ᄒᆞ ᄂᆞᆫ 境이면 外人이 此를 來占ᄒᆞ며 彼가 壹次來占ᄒᆞᆫ 後의ᄂᆞᆫ 다시 我의 所有되기 無望이오 我의 所有를 盡失ᄒᆞ면 此競 爭猛潮下의 胥淪同死홀 ᄲᅮᆫ이니 嗟乎한國人이여 汲汲히 불 憤ᄒᆞ야 已閉ᄒᆞᆫ 業을 亟興홀지어다 此ᄂᆞᆫ 獨히 分院居人의게 만 望홀 비 아니라 國ᄂᆡ**實業家**[26]가 壹般으로 此等의 用力홀 비니 其人이 有ᄒᆞ면 獨力으로 經營홈도 可ᄒᆞ며 否則衆力을 合ᄒᆞ야 此를 成就호대 아모됴록 外人이 先鞭을 着지 말계 홀지어다 挽近의 **平壤ㅅ器**[27]가 出現ᄒᆞ민 遠近이 其製造를 歡 迎ᄒᆞ며 其輸出을 佇待ᄒᆞ나니 嗟嗟志士ᄂᆞᆫ 亟亟히 此分院ㅅ

器도 불展케 ᄒᆞ야 南北 兩大 수器店이 對峙ᄒᆞ야 한國工藝[28]

주 28 韓國工藝

의 價値를 世界의 불輝홀지어다

『대한매일신보』1909.09.22

秋江月

분야	▌시가 · 소설, 역사
주제어	▌薩水, 隋兵
인물	▌乙支文德

秋江에 月白커늘, 壹葉片舟 홀니 져어. 薩水[1]로 도라드니, 百萬隋兵[2]陷沒處라. 보는 듯, 乙支文德[3] 남은 자취, 至今까지.

『대한매일신보』 1909.09.25

頑人頑夢

분야	역사
주제어	三代禮樂, 安東儒林, 頑夢, 大韓民族, 三千里山河, 二千萬生靈, 祖國歷史, 檀君子孫, 韓鮮國民, 國權, 民困, 先聖禮樂, 中原文獻, 傀儡, 崇儒重道
인물	金誠一, 金翊模, 權好文, 權秦億, 金係行, 康熙帝, 孔子, 成岐運,
기관/조직	臨川書院, 掌禮院, 靑城書院, 默溪書院, 藝文館, 大東學會, 安東書院, 協東學校, 虎溪書院

傳者曰 **金鶴峯先生誠壹**[1]氏後孫 **金翊模**[2]시가 官吏에 賂ᄒᆞ며 日人에 賂ᄒᆞ야 千方百計로 **臨川書院**[3](卽鶴峰享)復設을 運動ᄒᆞ더니 畢竟其志가 成就되야 **掌禮院**[4]認許를 得ᄒᆞ고 各面에 役夫를 募ᄒᆞ민 累千名이 集ᄒᆞ며 各邑에 儒生을 招ᄒᆞ민 近萬名이 來ᄒᆞ니 壹時에 距踊曲躍ᄒᆞ며 儒門의 幸福을 祝홀ᄉᆡ 其盛大ᄒᆞᆫ 景況을 論ᄒᆞ면 美國獨立宴도 此에 猶讓홀지라 壹邑蚩氓이 門外의 風塵은 不聞하고 三年醉客이 棺內의 酣夢을 尙作ᄒᆞ야 「寓言에 曰古者에 千日酒에 醉ᄒᆞᆫ 人이 埋葬後 三年에 其棺을 開視ᄒᆞᆫ즉 始醒ᄒᆞ얏다 云云昇平時 **崇儒重道**[5]의 舊風聲이 復作ᄒᆞ민 安東郡內許多大癡物들이 蜂起雲湧ᄒᆞ야 **權松巖好文**[6]시의 後孫 **權秦億**[7]시ᄂᆞᆫ **靑城書院**[8](卽松巖享)復設

을 運動호며 金寶白堂可行[9]시의 後孫은 默溪書院[10](卽寶白堂享)復設을 運動호더니 彼禮卿者가 壹壹히 其請願에 認許호지라 於是乎雙肩에 襤褸호 道袍를 掛호고 三代禮樂[11]을 夢호는 者ㅣ日로 多호다더라 此說이 壹播호미 壹般熱血者가 腕을 扼호며 袂를 攘호야 掌禮卿을 唾罵하며 日人官吏를 憤恨호며 安東儒林[12]을 譏嘲호거날 記者曰嗟乎라 彼鷹犬又혼 掌禮卿이야 何足責이며 外人인 日人官吏야 何足說이리오 吾儕는 但彼安東儒林의 頑迷홈을 恨홀 쌴이로다 然이나 彼儒林輩가 如此乾坤에 坐호야 如此頑夢[13]을 作홈은 是가 其天性의 惡홈이 아니오 但其知識의 昧홈이라 玆에 筆鉞을 揮호야 其罪를 討치 안코 몬져 龍門의 巨斧를 擧호야 其頑腦을 斫破코즈 호노니 嗟乎金權諸시여 嗟乎安東儒林諸시여 今日이 何日이며 此時가 何時이뇨 大韓民族[14]의 四千二百四拾餘年을 享有호 國家가 壹時에 墮落호야 三千里山河[15]의 夕照가 凄凉호며 二千萬生靈[16]의 劫운이 慘담혼딕 君等이 何地에 向호야 幾代祖의 魂靈을 安享코즈 호는가 嗟乎金權諸시여 今日이 何日이며 此時가 何時이뇨 祖國歷史[17]가 他人의 蹂躪을 受호야 將且檀君子孫[18]은 數間의 頹廈를 莫保홀지며 韓鮮國民[19]은 壹畝의 荒田도 難守홀 터인대 君輩가 何地에 向호야 書院舊規를 獨講코즈 호는가 嗟乎安東儒林諸시여 今日이 何日이며 此時가 何時이뇨 國權[20]이 已去호고 民困[21]이 已甚호니 萬壹鶴峯諸賢의 遺靈이 有호면 비록 百尺의 巨宇를 建호며 八珍의 奇味를 羅하야 大祭를 行홀지라도 此

에 忍享치 아니리니 嗟乎金權諸시여 嗟乎安東儒林諸시여 昔者에 淸朝康熙皇帝[22]가 支那를 統壹ᄒ고 支那人의 復國思想을 摧滅ᄒᆯ 意로 四方豪傑을 招集ᄒ야 先聖禮樂[23]을 講ᄒ며 中原文獻[24]을 說ᄒ야 藝文館[25]內에 其頭를 自盡케 ᄒ더니 今에 君輩ᄂᆫ 何故로 此孼을 自作ᄒ나뇨 嗚乎라 大東學會[26]가 孔子[27]를 尊흠이 아니며 安東書院[28]이 先賢을 慕흠이 아니라 只是他人의 傀儡[29]됨이니 君輩ᄂᆫ 早悔ᄒᆯ지어다 記者曰 又聞컨대 安東에 幾個志士가 心血을 費ᄒ야 協東學校[30]를 設立ᄒ얏더니 此書院復設의 風潮에 壹貳頑物들이 艶羨心을 大作ᄒ야 虎溪書院[31]을 復設ᄒ고 該校付屬된 儒物을 奪得ᄒᆯ 운動이 有ᄒ다니 果然歟아 吾儕ᄂᆫ 此를 詳探再揭ᄒ랴니와 但書院은 往者戊辰年에 勅令으로 毁撤흔 者인대 掌禮院卿成歧운[32]은 何人이완대 任意로 復設을 認許ᄒᄂᆫ지 此가 又可惜로다.

『대한매일신보』 1909.09.25

萬波息

분야	❙ 시가 · 소설, 역사
주제어	❙ 玉笛, 新羅, 東海風波

萬萬波波 뎌 **玉笛**[1]는, **新羅**[2]쪅에 奇物이라. 혼 曲調를 부는 곳에, 풍靜浪息 됴흘시고. 至今에, **東海 풍波**[3]가 ㅎ도 危險ㅎ니, 흔번 부러.

『대한매일신보』 1909.09.25

問諸靑山

분야	시가 · 소설, 역사
주제어	三角山, 金軍扇, 壬辰倭亂, 虎列剌, 飼犬規則, 百濟, 野蠻, 國光, 英雄兒, 衛生防疫, 地方稅, 日人, 韓人
인물	豊臣秀吉, 惟政
기관/조직	度支部內秘庫, 避病院

▲酒後 斜陽 빗겨 안져 世間事를 굽어보니 모를 일이 許多치만 뉘를 向히 무러 볼까 이리져리 彷徨터니 多情홀ᄉ 三角山이 碧螺환을 놉히 들고 半空中에 니러셔셔 나를 對히 반긔는 듯 답답ᄒ던 이ᄂᆡ 心懷 너흔테나 무러보즈 ▲三角山¹아 무러보쟈 五百年來前後歷史 너는 응당 다 알니라 日本關白平秀吉²의 當時 쓰던 金軍扇³이 度支部內祕庫⁴中에 深深藏之 두엇스니 그 것 무슴 曲折인가 壬辰倭亂⁵平靜後에 四溟堂⁶이 드러가셔 공물 밧은 까닭인지 ▲三角山아 무러보쟈 호列剌⁷가 發生ᄒᄆᆡ 죽는 數를 比較컨대 韓人들이 더 만호니 그건 무슴 曲折인가 衛生防疫⁸ᄒᄂᆞᆫ 것도 多少關係잇깃지만 엇던 病을 勿論ᄒ고 地獄ᄀᆞᆺ흔 避病院⁹에 ᄒ번 잡혀 가

주	1	三角山
	3	金軍扇
	5	壬辰倭亂
	7	虎列剌
	8	衛生防疫
인	2	豊臣秀吉
	6	惟政
기	4	度支部內秘庫
	9	避病院

고 보면 죽고마는 싸둙이지 ▲三角山아 무러보쟈 地方人心 살펴본즉 經濟困難不拘ᄒ고 豚犬ᄭᅡ지 不畜ᄒ니 그 것 무슴 曲折인가 地方稅[10]를 밧ᄂᆞᆫ다고 豚稅ᄭᅡ지 밧아가며 飼犬規則[11]實施라고 逢犬ᄒ면 撲殺ᄒ니 비록 치고 십드릭도 칠 슈 업ᄂᆞᆫ 신둙이지 ▲三角山아 무러보쟈 日人[12]들의 ᄒᄂᆞᆫ 말 저희들은 敎師ᄯᅩ고 韓人[13]들은 生徒라니 그것 무슴 曲折인가 彼輩歷史 말ᄒᆞᆯ진딕 千餘年前 그 時節에 百濟[14]國의 敎育밧아 壹切文化 빅와다가 野蠻[15]이를 免ᄒᆞᆨ거늘 그 生覺은 못ᄒᆞᆷ이지 ▲可憐ᄒ다 三角山아 無心ᄒ다 三角山아 巍巍衝天 네 氣像을 民俱爾瞻ᄒᄂᆞᆫ 터에 네가 엇지 沈沈ᄒ게 英雄壹個 못 닉여셔 이런 悲境當ᄒᆨ너냐 龍飛虎躍英雄兒[16]를 네가 밧비 抱送ᄒ야 네 國光[17]을 빗닉이면 네의 生色되리로다

『대한매일신보』 1909.10.02

兩先哲遺論 (又記者附論)

분야	논설
주제어	禮義之邦, 守成, 征討, 契丹, 女眞, 蒙古, 高句麗, 鮮卑, 靺鞨, 隋唐, 百濟, 唐羅, 新羅, 日本, 麗濟, 法制, 新羅混壹, 科擧之法, 章句詞賦, 奉表乞哀, 國民教育, 戴冠, 古禮, 政學法論, 詩賦詞章, 軍國民主義, 天性, 附加性, 武力, 弱國, 華風, 文化, 衰弱, 强勇, 卑弱
인물	箕子, 元世祖, 李謹行, 薛仁貴, 劉綖, 高麗光宗
레퍼런스 저자	李瀷, 安鼎福, 姜沆, 崔溥, 法儒學般

星湖[1] ㅣ 云오대 我國 不但地偏民貧 自箕子[2]以來 文教不絶 共稱禮義之邦[3] 文教行則武備歇 亦其勢也 是以 樂守成[4]而厭征討[5] 勤事大而畏天命 上下千載 惟此規模 豈不哀哉 元世祖忽必烈[6] 統壹中國衣冠文物 概從變更 而獨於我國則 亟許不易衣冠 以從舊俗 抑有由然 若復壹從此俗 薙髮加帽 ◈弓馬習戰爭則 我亦壹契丹[7]耳 女眞[8]耳 蒙古[9]耳 與蒙古角鬪 未必不能折箠而笞之 寧不若以鴨綠爲限 任其大冠長紳 操毫弄墨智弊於詞章 力竭於科目 而修其職貢 備王會之爲得 此元主之遺意也라 ᄒᆞ고 順庵[10]이 云호ᄃᆡ 我國昔在三國之際 專尙武力[11] 是故高句麗[12]則 降伏鮮卑[13] 役屬靺갈[14] 常爲中國之患 而隋唐[15] 以全國之兵終不得志 百濟[16]則以蕞爾小國雖在垂亡之時 而唐羅[17]用兵 累世僅定

주	3	禮義之邦
	4	守成
	5	征討
	7	契丹
	8	女眞
	9	蒙古
	11	武力
	12	高句麗
	13	鮮卑
	14	靺鞨
	15	隋唐
	16	百濟
	17	唐羅
인	2	箕子
	6	元世祖
저	1	李瀷
	10	安鼎福

新羅[18]則今之嶺南壹區　而亦能遠征日本[19]並呑麗濟[20]李謹行[21]薛仁貴[22]唐之百戰名將而累見敗인 則是地未嘗弱也 姜沆[23]云 日本人與我人爲角戲終不能與敵 崔溥[24]云 我國人壹 可當中國人拾百 明將劉綎[25]之◆也 募我軍得千人 到處成功 曰中國人十不能當日本人壹 日本人拾 不能當朝鮮人壹 執此數說而觀之則是人未嘗弱也 地氣人品 未嘗弱也 而終不免爲天下之弱國[26]何也 是無他 法制[27]使之然也 自新羅混壹[28]以後 尊事中國 樂慕華風[29] 專尙文化[30]武力漸弛 而高麗光宗[31]以後 又爲科擧之法[32] 擧壹國之人 皆入其中 才氣智慮 銷磨于章句詞賦[33]之間 而無餘力焉 及夫敵人臨境 惟有奉表乞哀[34]爲第壹良圖 悲夫라 ᄒᆞ얏더라 記者曰此ᄂᆞᆫ 往昔哲人이 東國衰弱[35]의 原因을 觀察ᄒᆞᆫ 壹斑이니 其眼光의 大홈이 可히 炬와 如ᄒᆞ다 謂홈지로다 雖然이나 法儒學般[36]시 云호대 國民의 附加性은 人力으로 可變이라 ᄒᆞ얏스니 東國의 强勇[37]은 天性[38]이오 後來의 卑弱[39]은 附加性[40]이니 願컨딕 全國志士ᄂᆞᆫ 現狀으로 因ᄒᆞ야 絶望치 말고 國民敎育[41]에 從事홀지어다 然이나 至今에도 尙此羲冠[42]을 戴하고 古禮[43]를 講ᄒᆞ야 國을 弱케 하며 民을 愚케 ᄒᆞᄂᆞᆫ 器具를 堅守ᄒᆞ고 變홀 줄을 不知하니 余가 兩先生을 地下에 作ᄒᆞ야 此를 吊코쟈 ᄒᆞ노라 然則학校를 廣設ᄒᆞ야 子弟를 敎育ᄒᆞ면 强勇ᄒᆞᆫ 天性을 恢復ᄒᆞ야 國運을 挽回홀가 曰嗚乎라 今人이 往往皮相的 文明에 心醉ᄒᆞ야 敎育云敎育云호대 敎育에 眞正ᄒᆞᆫ 宗旨가 無ᄒᆞ니 余ᄂᆞᆫ 窄袖高帽가 廣衣大冠이 되며 政學法論[44]이 詩賦詞章[45]이 되야 舊時代의 卑劣ᄒᆞᆫ 歷史

를 長演홈싸 恐ᄒ노라 是以로 列强의 敎育은 **軍國民主義**[46]로 以ᄒ나니 軍國民主義는 何오 壹切人民을 擧하야 勇敢ᄒ 軍人의 氣魄을 抱ᄒ고 國家를 爲ᄒ야 生死홈이 是니라

『대한매일신보』 1909.10.06

論麗史誣筆

분야	역사
주제어	東國史, 麗史, 高麗, 燕京, 元主, 事大主義, 三千里半島人國, 七十壯土, 義烈, 逆賊, 蒙古, 國家, 國家精神, 忠義先民, 厚誣, 國恥, 卑劣根性, 耽羅
인물	裴仲孫, 金通精, 隋煬帝, 乙支文德, 唐太宗, 淵蓋蘇文, 忻都, 高麗元宗, 朴犀, 金慶孫, 檀君
기관/조직	別抄

論麗史[1]誣筆

壹部東國史[2]를 披覓한즉 主客을 倒置하며 忠逆을 變亂하야 眞珠魚目의 混雜이 極甚하미 讀史者의 興歎할 處가 壹二에 不止할쑨더러 其中에가 쟝人으로 하여금 髮이 堅하고 血이 沸하야 冊을 却하고 長吁할 者가 有하니 卽高麗[3]時의 裴仲孫[4] 金通精[5]諸公의 被誣한 事가 是로다 大抵元宗[6]以後 高麗의 國恥[7]는 엇지 可히 忍言하리오 國王과 太子가 王京에 不在하고 燕京[8](元都)에 在하며 發號와 施令이 政府에 不在하고 元主[9]에게 在하고 彊土는 割奪을 累被하며 人民은 徵求를 不堪하니 所謂國家는 其名은 雖存하나 其實은 已亡할이니 盖檀君[10]三千餘年以來로 第壹次劫運이라 然이나 如此

劫運을 遭ᄒ고도 江山이 寂寞ᄒ고 人物이 憔悴ᄒ야 隋煬帝¹¹를 擊退ᄒ던 乙支文德¹²이 不現ᄒ며 唐太宗¹³을 討斥ᄒ던 泉蓋蘇文¹⁴이 不來ᄒ고 但只累累然 幾千百萬의 奴隷頭顱者가 卑劣根性¹⁵을 抱ᄒ고 事大主義¹⁶를 講ᄒ야 三千里半島大國¹⁷에 壹個血男兒가 無ᄒ더니 彼蒼이 有意ᄒ사 裵金 兩公이 劍을 杖ᄒ고 國民의 歌哭聲中에셔 奮起ᄒ니 其應募ᄒ 者ᄂ 解散된 別抄¹⁸壹軍ᄲᅵ며 其據有ᄒ 者ᄂ 耽羅¹⁹壹島ᄲᅵ라 盖其憑擾ᄒ 빅 薄ᄒ 故로 大功을 成치 못ᄒ얏스나 然이나 義士의 劍에 賊膽이 自摧ᄒ며 忠臣의 淚에 軍心이 愈奮ᄒᄂ 故로 孤軍弱卒로 蒙古大將忻都²⁰와 相遇ᄒᆯ시 孤懸壹島에 蟻援이 不來ᄒ고 血戰三年에 糧餉이 已竭ᄒ얏스되 其殘刀缺刃으로도 能히 幾萬敵兵을 斬ᄒ고 及其地窮勢竭ᄒᆷ에ᄂ 七十壯士²¹에 壹人도 投降者가 無ᄒ야 個個히 劍에 伏ᄒ야 死ᄒ얏스니 其義烈²²이 果然何如ᄒ뇨 此ᄂ 千古史家가 其敗을 吊ᄒ며 其義를 慕ᄒ야 國內人人으로 ᄒ야금 家에 尸ᄒ며 戶에 祝케 ᄒᆯ 빅어날 乃者麗史를 觀ᄒ 則壹則曰逆賊²³이라 ᄒ며 二則曰逆賊이라 ᄒ야 此兩大偉人을 幾乎覆載不容의 罪人으로 視ᄒ얏스니 嗚乎라 是가 何等의 偏見이뇨 余가 其由ᄅᆯ 追究컨대 盖兩公이 蒙古²⁴를 反抗ᄒᄂ 同時에 朝廷까지 反抗ᄒ 故로 彼奴輩가 此로 由ᄒ야 逆賊의 罪名을 遽加ᄒᆷ이로다 然이나 兩公은 其眼에 國家²⁵만 有ᄒ며 其心에 國家만 有ᄒ 者니 엇지 其他ᄅᆯ 知ᄒ리오 況今君主及政府의 命令은 卽蒙古의 指揮를 受ᄒᄂ 者오 君主及政府의 自意가 아닌즉 我가 此에 服

從ᄒ면 卽蒙古에 服從홈이니 兩公의 朝廷反抗홈이 엇지 得

已홀 비리오 兩公의 忠義가 朴犀[26] 金慶孫[27]과 彷彿ᄒ나 박犀

金慶孫은 蒙古ᄂ 敢抗ᄒ얏스되 朝廷은 敢抗치 못흔 故로 其

忠義의 名을 保ᄒ얏거니와 裴金 兩公은 蒙古도 抗ᄒ며 朝廷

도 抗흔 故로 逆賊의 名을 得홈이로다 國家를 可救치 못홀

진딘 忠臣됨도 我不願이며 國家를 可救홀진딘 逆賊됨도 我

不辭홈이 兩公의 心事니 兩公이 有知ᄒ야 今日 此言을 聞ᄒ

면 壹莞爾에 不過홀지나 往古史家가 **忠義先民**[28]을 **厚誣**[29]하고

國家精神[30]을 暗殺홈을 痛ᄒ야 壹言으로 畧辨ᄒ노라

『대한매일신보』 1909.11.28

今日宗敎家에게 要ᄒᆞᄂᆞᆫ바

분야	철학, 논설
주제어	淸敎徒, 喇馬敎徒, 興國敎, 亡國敎, 耶蘇敎, 佛敎, 回敎國, 宗敎家, 國家主義, 東國史, 儒敎宗主國, 韓國儒家, 日本儒家, 天主敎, 儒敎, 學案, 漢學, 宋學, 孔道, 佛道, 北伐
인물	檀君, 요임금, 순임금, 趙光祖, 李滉, 成渾, 李珥, 程顥·程頤, 朱熹, 陸九淵, 王守仁, 孔子, 顔子, 李恒老, 山崎闇齊
레퍼런스 저자	西哲

西哲[1]이 有言ᄒᆞ되 (宗敎ᄂᆞᆫ 國民의 母)라 ᄒᆞ니 盖國民의 品性을 陶鑄ᄒᆞ며 風俗을 轉移ᄒᆞᄂᆞᆫ 能力이 宗敎에 莫過ᄒᆞᆫ 故로 曰母라 홈이니라 然則母의 責任을 負ᄒᆞ며 母의 義務를 行ᄒᆞᆯ 者ᄂᆞᆫ 宗敎家가 是니 偉哉라 宗敎家여 엇지 此를 輕타 ᄒᆞ리오 所以로 淸敎徒[2]가 英美를 興ᄒᆞ며 喇馬敎徒[3]가 蒙古를 亡홈이니 宗敎家된 者ㅣ 此에 瞿然히 三思ᄒᆞᆯ 빈 아닌가 或者ᄂᆞᆫ 妄論ᄒᆞ되 (某敎ᄂᆞᆫ 興國敎[4]오 某敎ᄂᆞᆫ 亡國敎[5]니 爲國者ㅣ 某敎를 捨ᄒᆞ고 某敎를 從홈이 可ᄒᆞ다 ᄒᆞ나)는ᄂᆞᆫ 吾儕의 不取ᄒᆞᄂᆞᆫ 빈라 現時文明國의 信仰ᄒᆞᄂᆞᆫ 耶蘇敎[6]를 從ᄒᆞ고도 亡ᄒᆞᆫ 國이 有ᄒᆞ니 波芬 埃及이 是오 印度에셔 産出ᄒᆞᆫ 佛敎[7]를 從ᄒᆞ고ᄂᆞᆫ 興ᄒᆞᆫ 者가 有ᄒᆞ니 日本이 是오 今日에ᄂᆞᆫ 回敎國[8]이

주	
1	西哲
2	淸敎徒
3	喇馬敎徒
4	興國敎
5	亡國敎
6	耶蘇敎
7	佛敎
8	回敎國

雖衰나 往昔에는 固龎然호 大帝國을 建호던 者이라 此로써 觀호건딕 何敎를 用호던지 宗敎家[9]가 優호면 其敎가 興國敎가 되며 宗敎家가 劣호면 其敎가 亡國敎가 되는 바나라 何如호 宗敎家라야 其敎로 國을 能興호나뇨 曰國家主義[10]를 有호 宗敎家가 是라 此主義를 有호면 其敎로써 其國을 興호며 此主義를 不有호면 其敎로써 其國을 亡호나니 宗敎家의 擔負호 빅 如是히 大호며 如是히 重호거늘 嗚乎라 東國ㅅ[11]를 顆호건딕 國家主義를 有호 宗敎家가 能히 幾人이뇨 東國이 已往에는 佛敎가 國敎되엿다가 本朝以來로는 儒가 盛호고 佛이 衰호니 儒는 入世의 敎오 佛은 出世의 敎인즉 儒敎[12]時代의 國家主義가 宜乎佛敎時代에 過홀 듯호나 惜乎라 儒敎徒의 論爭點이 孔道[13]佛道[14]의 是非샏이며 漢學[15]宋學[16]의 邪正샏이며 程[17]朱[18]陸[19]王[20]의 可否샏이며 靜[21]退[22]牛[23]栗[24]의 優劣샏이오 國家二字에는 眼을 着홀 者ㅣ 無호니 惜哉라 數百年來諸先正의 治道를 講홈이 雖勤호나 是를 講호야 檀君[25]의 遺産을 擴張코즈 홈이 아니라 唐[26]虞[27]의 後繼됨을 誇코즈 홈이며 學術을 究홈이 雖篤호나 是를 究호야 韓國의 學案[28]을 光輝코즈 홈이 아니라 程朱의 忠臣됨을 樂홈이라 其精神이 如是호 故로 丙子以後 北伐[29]의 論이 國恥를 雪호랴 호 者ㅣ 아니오 儒敎宗主國[30]의 産業을 恢復호랴 호엿도다 李華西[31]는 韓國儒家[32]의 巨匠이오 山崎闇齊[33]는 日本儒家[34]의 巨匠이니 二人의 學術文章을 較홀진딕 山崎氏가 華西門下의 一侍童에 不過홀지나 然이나 華西는 曰(今日吾輩之責在

儒教盛衰 至於國家存亡猶屬第二件事)라 호고 山崎는 曰(有
來侵吾國者 雖**孔子**[35]爲將 **顔子**[36]爲先鋒 吾當以讐敵視之)라 호
니 嗚乎라 韓日의 强弱은 即兩國儒敎徒의 精神에 觀호야도
可判홀 비로다 今日에 至호야 韓國宗敎가 儒불敎쑨 아니라
耶蘇敎도 有호며 **天主敎**[37]도 有호니 其中에 國家主義를 抱혼
宗敎家가 何處에 在혼가 然이나 吾儕의 耳目所及으로 記혼
즉 一次宗敎家의 名을 帶호면 불國民이 되며 天國民이 될
쑨이오 韓國民되는 者는 罕호니 噫라

㊗ **37** 天主敎

⊙ **35** 孔子
36 顔子

『대한매일신보』 1909.12.10

談叢

분야	역사, 논설
주제어	新羅, 三韓統一, 高麗, 新羅史, 네덜란드, 프랑스, 國民, 品格, 三千里金湯, 二千萬民族
인물	甄萱, 弓裔, 金傅, 朴赫居世, 文武王, 루이14세(路易十四, Louis XIV), 콜베르(Jean-Baptiste Colbert)

▲路易十四[1]는 法國[2]의 梟君이라 一日은 其宰相가루베루[3]를 顧ᄒ며 嘆息曰噫라 我大法國의 猛將精兵으로 彼葳爾小國和蘭[4]을 能破치 못ᄒ니 其故가 何오 가루베루對曰 國의 强弱을 大小로 論홀 바 아니라 其國民[5]의 品格[6]如何로 論홀 바니 國民의 强壯흔 品格은 卽金城鐵壁이라 可破치 못ᄒ나이다 ᄒ엿다더라 善타 가루베루의 言이여 果然其國民이 獨립自由의 品格을 抱ᄒ엿스면 猛將이 何며 精兵이 何오 世에 三千里金湯[7]과 二千萬民族[8]으로도 오히려 人을 畏ᄒᄂ 者ㅣ 有흔가 余ㅣ 恥를 不堪ᄒ노라 ▲新羅[9]末年에 甄萱[10]이 左에 衝ᄒ고 弓裔[11]가 右에 突ᄒ야 三韓統一[12]의 古威光이 水泡를 作흔지라 彼庸愚흔 金傅[13]가 白旗를 竪ᄒ고 高麗[14]陣에 投

ㅎ민 王子大聲痛哭曰君臣父子가 當背城一戰ㅎ야 死를 決홀
지니 엇지 一千年社稷으로 輕輕히 人에 與ㅎ리오 ㅎ되 庸
君奴臣이 步를 齊ㅎ야 松岳山下의 殘俘를 作ㅎ엿더라 余가
新羅ㅅ[15]를 讀ㅎ다가 此에 到ㅎ야 始에 怒氣가 瀰胃ㅎ고 終
에 大喝을 不已ㅎ엿노니 大抵新羅가 **赫居世**[16]以來로 其堂堂
國ㅅ의 光이 如何ㅎ며 **文武王**[17]以來로 其烈烈國家의 威가 如
何ㅎ엿나뇨 乃者敵兵이 境에 未臨ㅎ야셔 一矢를 不曾發ㅎ
며 一刃을 不曾交ㅎ고 君臣父子가 敵陣에 屈膝ㅎ되 恥를 오
히려 不知ㅎ엿스니 悲夫라

주 15 新羅史

인 16 朴赫居世
17 文武王

『대한매일신보』 1909.12.11

談叢

분야	역사, 논설
주제어	三國時代, 武士, 武力, 武官, 軍人, 崇文抑武, 階級名分, 高麗中葉, 武强, 薾弱, 有勢者, 無勢者, 懶惰, 懦弱, 民族, 富强
인물	唐太宗, 隋煬帝
레퍼런스 저자	權近

주 1 懶惰
2 懦弱
3 三國時代
4 武强
5 高麗中葉
6 薾弱
7 有勢者
8 無勢者

▲엇던 外國사름들이 韓國사름을 嘲弄ᄒ며 우셔 갈아ᄃᆡ 彼ᄂᆞᆫ 懶惰¹者라 故로 긴 담ᄇᆡᆺᄃᆡ에 낫잠 자기로 歲月을 보닌다 ᄒ며 ᄯᅩ 갈아ᄃᆡ 彼ᄂᆞᆫ 懦弱²者라 故로 남의 鞭撻을 맛나되 憤ᄒᆞᆫ 줄을 모른다 ᄒ더라 슬프다 뎌 外國 사름들이 韓人을 客觀的으로만 보고 이런 不當ᄒᆞᆫ 月評을 ᄂᆡ리나니 韓人이 엇지 果然 그러ᄒᆞᆫ 民族이리오 뎌 三國時代³를 ᄉᆡᆼ각ᄒᆞ야 보라 그 國人의 勤勉이 엇더ᄒᆞ엿스며 그 國人의 武强⁴이 엇더ᄒᆞ엿ᄂᆞᆫ가 不幸히 高麗中葉⁵以後로 國運이 沈衰ᄒ고 民賊만 踊起ᄒᆞ야 國家의 薾弱⁶을 榮光으로 밋으며 人民의 挫退를 長策으로 알아 所謂有勢者⁷ᄂᆞᆫ 其遊食의 勢力을 밋고 勤勉치 아니ᄒ며 無勢者⁸ᄂᆞᆫ 其禍身의 資本을 두려워 勤

勉치 아니ᄒ야 드디여 오날늘의 懶惰를 일우엇나니 이 懶惰는 決코 民族의 性質은 아니오 ᄯ 高麗以後로 所謂崇文抑武[9]의 主義가 全國의 큰中毒이 되고 所謂階級名分[10]의 制度가 全国의 큰禍種이 되야 於是乎區區識字의 者流가 武士[11]를 侮蔑ᄒ며 蚩蚩無知의 政策이 武力[12]을 撲滅ᄒ야 武官[13]은 第二流의 冤痛을 밧고 軍人[14]은 最下賤의 屈辱을 當ᄒ야 全國人民이 武途에 나가기를 市撻갓치 붓그러워 ᄒ엿스니 이 民族이 엇지 懦弱으로 變치 아니ᄒ리오 이 懦弱이 決코 民族[15]의 性質은 아니니라 그쑌 아니라 이 慘雲이 漠漠ᄒ고 苦獄이 沈沈ᄒ 中에셔도 往往국민의 大光彩를 발揮ᄒᄂ 者ㅣ 東西에 閃閃ᄒ나니 이 民族이 엇지 懶惰者 懦弱者인가 이곳치 先天的이 아닌 弊習은 決코 一朝에 조變홀 수 잇나니라 先儒權近[16]이 曰楊廣[17]李世民[18]의 雄强으로도 一敗塗地ᄒ야 我鋒을 不敢當ᄒ엿나니 此民의 强壯을 可知라 此民을 鼓ᄒ야 國力을 養ᄒ면 可히 富强[19]을 大耀ᄒ리라 ᄒ엿스니 此論이 庶近이로다

『대한매일신보』1909.12.14

談叢

분야	역사, 논설
주제어	伊太利, 오스트리아(墺地利, Austria), 高麗, 契丹, 三國時代, 盟山誓海, 英雄
인물	姜邯贊, 카보우르(加富爾, Camillo Benso Cavour), 高麗顯宗, 乙支文德, 金庾信, 崔瑩, 金時敏, 鄭起龍, 李舜臣
레퍼런스 저자	日記及狀啓

▲姜邯贊[1]과 加富爾[2] 加富爾가 劣弱혼 伊太利[3]에셔 生ᄒ야 餉을 籌ᄒ며 兵을 養ᄒ야 墺地利[4]를 격퇴ᄒ고 姜邯贊이 殘敗혼 高麗[5]에셔 生ᄒ야 餉을 쥬ᄒ며 兵을 養ᄒ야 契丹[6]을 擊退ᄒ엿스니 其雌伏兔脫의 手段이 略同ᄒ엿도다 然이나 加富爾以後의 伊太利ᄂᆞᆫ 其强이 如彼ᄒ며 姜邯贊以後의 高麗ᄂᆞᆫ 其弱이 依舊ᄒ니 同一혼 英雄의 建設혼 國家로 强弱의 差가 若此홈은 何故오 是ᄂᆞᆫ 無他라 一則顯宗[7]은 庸劣ᄒ야 伊太利國王ᄀᆞ치 圖治ᄒ지 안코 亂이 旣平ᄒ민 嬉戲홀 而已며 一則高麗朝臣民이 蒙昧ᄒ야 伊太利國民ᄀᆞ치 奮발치 안코 兵이 旣退ᄒ민 昏睡홀 而已니 엇지 伊太利ᄀᆞ치 强홈을 得ᄒ리오 是故로 伊太利國民은 當日에 加富爾가 一日만 無ᄒ면 瞽者

가 相을 失ᄒ며 乳兒가 母를 失ᄒᆫ 듯시 황황히 求ᄒ엿거늘 姜邯贊은 一次靖亂以後에 閒地에 擲ᄒ야 政事를 與聞치 못ᄒ엿스니 噫라 ▲悲哉 韓國英雄[8]의 歷ᄉ 三國時代[9] 乙支文德[10] 金庾信[11] 諸公歷ᄉ의 殘缺홈은 一般同慨ᄒᄂ 빈라 然이나 是ᄂ 或時代가 疎遠ᄒᆫ 所致라 ᄒ랴니와 卽姜邯贊 崔瑩[12] 諸公은 六百年內外의 人物이로ᄃᆡ 其事蹟이 荒落ᄒ며 金時敏[13] 鄭起龍[14] 諸公은 二三百年內外의 人物이로ᄃᆡ 其行狀이 疏略ᄒ고 卽李忠武[15] 盟山誓海[16]의 義跡도 其自筆ᄒᆫ 日記及狀啓[17]가 아니더면 吾輩가 其行事의 如何를 可考홀 處가 無홀지니 嗚乎라 當時敵愾捍外의 腔血을 抱ᄒ고 補天擎日의 手腕을 揮ᄒᆫ 大人物로 百餘年이 纔過ᄒ면 後世國民이 幾乎相忘의 域에 置ᄒ니 惜哉라

『대한매일신보』 1909.12.19

談叢

분야	역사, 논설
주제어	佛教, 拜天教, 儒風, 廣開土大王陵碑文, 古人, 高麗
인물	高登, 解夫婁, 墨胡子, 圓光, 元曉, 義湘, 安珦, 薛聰
레퍼런스	孝經, 大學, 楞嚴經, 蓮華經

▲古人 古人¹의 精神은 時代의 趨勢를 因ㅎ야 死活ㅎ는 者라 高麗²時代에 佛教³가 盛ㅎ민 拜天教⁴의 高登⁵扶婁⁶가 死ㅎ고 一切墨胡⁷ 圓光⁸ 等佛學者가 活ㅎ며 本朝以來로 儒風⁹이 振ㅎ민 崇佛輩의 元曉¹⁰ 義相¹¹이 死ㅎ고 一切晦헌¹²弘儒¹³等 儒學者가 活ㅎ니 嗚乎라 時勢가 塚中의 枯骨을 驅ㅎ야 躍ㅎ다가 忽仆ㅎ며 仆ㅎ다가 更躍케 ㅎ는도다 萬世以後는 難言이어니와 今日에는 古人中의 誰某가 再活홀 者인가 將 高登扶婁인가 晦軒弘儒인가 曰噫라 百鬼가 跳梁ㅎ고 羣虎가 咆哮ㅎ는 此時에 孝經¹⁴大學¹⁵을 讀ㅎ야도 此를 退治 못 홀지며 릉嚴¹⁶蓮華¹⁷를 讀ㅎ야도 此를 驅治 못홀지라 是以로 深深土中에셔 廣開土王의 碑¹⁸가 出現ㅎ니라

『대한매일신보』 1910.01.08

談叢

분야	논설, 역사
주제어	社會的生活, 國家的生活, 世界共通的時代, 酋長時代, 貴族時代, 專制時代, 立憲時代, 檀君時代, 扶餘時代, 箕子時代, 高句麗, 百濟, 新羅, 高麗時代, 國家的退化, 暗黑時代, 今世紀, 進化, 退化, 進化說, 文明, 萌芽時代, 方長時代, 高麗中業, 本朝初業, 文明復長, 本朝中葉, 新文明, 方盛時代

▲進化[1]와 退化[2] 某學者가 進化說[3]을 主唱ㅎ야 東西에 喧傳
ㅎ시 於是乎世界가 風靡ㅎ야 此學說의 旗를 傾向ㅎ엿도다
盖吾人이 進化된 故로 第一期動物中에셔 此特異혼 人類를
成ㅎ고 第二期禽獸와 競爭ㅎ야 勝利를 得ㅎ고 第三期社會的
生活[4]을 營ㅎ고 第四期國家的生活[5]을 營ㅎ고 뎨五期世界共通
的時代[6]를 成ㅎ엿도다 然而國家的生活의 發達로 論ㅎ야도
亦進化의 例가 漸成ㅎ야 뎨一期酋長時代[7]가 되고 뎨二期貴族
時代[8]가 되고 뎨三期專制時代[9]가 되고 뎨四期立憲時代[10]가 되
엿도다 然이나 世界에는 進化만 有치 아니ㅎ고 退化도 有
ㅎ나니 他는 姑舍ㅎ고 我國으로 論ㅎ야도 檀君時代[11]와 扶餘
時代[12]와 箕子時代[13]는 뎨一期 第二期時代에 宜屬홀지오 高句

㴀	1	進化
	2	退化
	3	進化說
	4	社會的生活
	5	國家的生活
	6	世界共通的時代
	7	酋長時代
	8	貴族時代
	9	專制時代
	10	立憲時代
	11	檀君
	12	扶餘時代
	13	箕子

麗[14]百濟[15]新羅[16]가 起ᄒᆞ미 뎨二期時代가 漸過ᄒᆞ고 뎨三期卽 專制時代가 漸固ᄒᆞ야 高麗時代[17]를 經ᄒᆞ고 本朝初葉을 沿ᄒᆞ 미 居然히 뎨三期되ᄂᆞᆫ 專制時代가 暗中에 漸逝ᄒᆞ고 도리혀 一步를 退ᄒᆞ야 뎨二期되ᄂᆞᆫ 貴族時代가 復來ᄒᆞ엿스니 此ᄂᆞᆫ 卽国家的退化[18]의 一이라 繼ᄒᆞ야 我國의 文明觀을 試論ᄒᆞ건 디 檀君扶餘箕子時代ᄂᆞᆫ 文明[19]의 萌芽時代[20]오 高句麗百濟新 羅ᄂᆞᆫ 文明의 方長時代[21]오 高麗中業[22]以後로ᄂᆞᆫ 文明이 日로 退 ᄒᆞ다가 本朝初業[23]以來로 文明復長[24]의 期가 有ᄒᆞ엿스나 不久 ᄒᆞ고 日日下降ᄒᆞ야 本朝中業[25]以後로 暗黑時代[26]에 漸墜ᄒᆞ엿 고 今世紀[27]에 入ᄒᆞ야ᄂᆞᆫ 드디여 慘담悲憤의 天地를 作ᄒᆞ엿 도다 然이나 數年來로 新文明[28]의 萌芽時代를 復作ᄒᆞ야 其氣 가 始湧의 泉과 如ᄒᆞ니 果然舊文明의 遺珍을 拾ᄒᆞ고 新文明 의 大光을 揮ᄒᆞ면 文明의 方盛時代[29]가 亦不遠ᄒᆞ도다 然而世 界ᄂᆞᆫ 進化者의 世界가 되나니 萬一退化者가 退化만 ᄒᆞ면 畢 竟其終極은 滅亡에 陷홀 쑨이라 吾人은 더욱 九顧를 作ᄒᆞ 리라

『대한매일신보』 1910.01.13

談叢

분야	논설
주제어	國粹, 國性, 國魂, 國粹主義, 宗敎, 風俗, 言語, 歷史, 習慣, 法國奴, 德國奴, 奴性, 遺範, 惡質, 外國文明, 輸入
인물	王建

▲國粹[1] 國粹란 者는 自國의 傳來宗敎[2] 風俗[3] 言語[4] 歷史[5] 習慣[6] 上一切粹美흔 遺範[7]을 指稱흔 것라 國性[8]이 國粹를 待ᄒ야 保ᄒ며 國魂[9]이 國粹를 得ᄒ야 立ᄒ나니 質言ᄒ면 盖我가 我를 尊ᄒ며 我가 我를 愛ᄒᄂ 心이 國粹를 因ᄒ야 生ᄒᄂ 비라 故로 破壞라 흠은 國粹를 破壞흠이 아니오 惡質[10]을 破壞ᄒ야 國粹를 扶植흠이라 萬一國粹를 破壞ᄒ고 法國의 文明을 輸入ᄒ면 是ᄂ 自國人을 驅ᄒ야 法國奴[11]를 되게 흠이오 國粹를 破壞ᄒ고 德國의 文明을 輸入ᄒ면 是ᄂ 自國人을 驅ᄒ야 德國奴[12]를 되게 흠이라 故로 外國文明[13]을 輸入[14]ᄒ랴ᄂ 者ㅣ 爲先國粹 二字를 三復흘지어다 我國에ᄂ 國粹主義[15]의 人이 王建[16]氏以後累千年을 不見ᄒ야 奴性[17]이 滋長ᄒ엿도다

주		
	1	國粹
	2	宗敎
	3	風俗
	4	言語
	5	歷史
	6	習慣
	7	遺範
	8	國性
	9	國魂
	10	惡質
	11	法國奴
	12	德國奴
	13	外國文明
	14	輸入
	15	國粹主義
	17	奴性
인	16	王建

『대한매일신보』 1910.01.19

滿洲問題에 就ᄒ야 再論홈

분야	역사
주제어	世界大勢, 客觀的滿洲, 主觀的韓國, 扶餘族, 肅愼族, 鮮卑族, 渤海, 支那, 石晉, 女眞, 遼, 宋, 金國, 元, 明, 北京政府, 四隣活劇, 滿洲, 日本, 高麗初葉, 切膚, 上古史, 中古史, 近世史, 支那五季, 東方經略, 東洋歷史, 中心地, 樞要地
인물	檀君, 太武王, 廣開土大王, 乙支文德, 淵蓋蘇文, 檀石槐, 慕容皝, 耶律阿保機, 金俊, 阿骨打, 누르하치(努爾哈赤), 康熙帝

嗚乎라 被保護의 地獄에 墮ᄒ야 身은 荊棘에 坐하며 眼은 淚雨로 掩ᄒᆫ 韓國同胞에게 向하야 四隣活劇[1]의 情況을 語하면 徒히 心만 傷홀 而已나 然이나 此地球上人類된 者 ㅣ 世界大勢[2]에 硏究가 無하면 益益히 悲境으로 自趨홈이니 況韓國四千載歷史上切膚[3]의 關係를 有ᄒᆫ 滿洲이며 今日列强競爭의 中心點된 滿洲인가 滿洲[4]와 日本[5]이라 題ᄒ고 本報에 已論ᄒᆫ 비 有ᄒ거니와 玆에 更히 滿洲의 過去現在及未來에 就ᄒ야 略論코즈 ᄒ노니 嗚乎라 斯論의 主旨가 客觀的滿洲[6]에 在홈이 아니라 主觀的韓國[7]에 在ᄒ니라 今에 滿洲를 一 上古史[8]上의 滿洲 二 中古史[9]上의 滿洲 三 近世史[10]上의 滿洲에 分ᄒ야 觀ᄒ건디 往古三四千載前後에ᄂ 夫餘族[11] 肅愼族[12] 鮮卑族[13]等

이 此地에 雜處ᄒᆞ야 互相爭雄ᄒᆞ다가 檀聖[14]이 作ᄒᆞ며 太武王[15] 廣開土王[16] 乙支文德[17] 淵蓋蘇文[18]이 繼ᄒᆞ야 夫餘族의 光燄을 發ᄒᆞ야 滿洲의 霸權을 握ᄒᆞ고 各族이 其足下에셔 屛息케 ᄒᆞ엿스니 其間에 檀石槐[19] 慕容홍[20]等의 爭霸가 不無ᄒᆞ되 皆短促의 時期에 不過ᄒᆞ고 此에 二千年間 長日月의 壽命을 保ᄒᆞ야 史上에 光彩를 放ᄒᆞᆫ 者ᄂᆞᆫ 夫餘族이라 然이나 此時에ᄂᆞᆫ 滿洲를 據有ᄒᆞᆫ 者ㅣ 滿洲內에셔 自雄홀 而已오 其聲勢가 遠外에 及홈을 不能ᄒᆞ엿스니 此ᄂᆞᆫ 上古史上의 滿洲오 降ᄒᆞ야 高麗初葉[21] 支那五季[22]末에 及ᄒᆞᄆᆡ 契丹太祖天皇王阿保機[23]가 此地에셔 起ᄒᆞ야 渤海[24]를 滅ᄒᆞ고 西으로 支那[25]를 侵ᄒᆞ야 石晉[26]을 亡ᄒᆞ고 其後子孫이 支那의 黃河以北을 奪有ᄒᆞ야 雄國의 名을 振ᄒᆞ더니 其後에 平州奇僧金俊[27]이 女眞[28]을 訓育ᄒᆞ야 此地의 東北隅에셔 滋殖ᄒᆞ다가 及阿骨打[29]에 至ᄒᆞ야ᄂᆞᆫ 마ᄎᆞᆷ 遼[30](卽契丹)를 滅ᄒᆞ며 宋[31]을 屈ᄒᆞ고 金國[32]을 建ᄒᆞ며 金이 亡ᄒᆞᄆᆡ 此地가 元[33]에 歸ᄒᆞ며 元이 亡ᄒᆞᄆᆡ 又明[34]에 屬ᄒᆞ야 恒常東方經略[35]上의 樞要地[36]를 作ᄒᆞ다가 明政이 一弛ᄒᆞᄆᆡ 淸太祖努爾哈齊(舊譯奴兒哈赤)[37]가 圖布倫城에셔 奮起ᄒᆞ야 明과 爭衡ᄒᆞ더니 及康熙帝[38]에 至ᄒᆞ야ᄂᆞᆫ 드듸여 支那를 統一ᄒᆞ야 卽今北京政府[39]를 建立ᄒᆞ니 盖此時代부터 滿洲가 東洋歷史[40]上의 中心地[41]가 되야 此를 一據ᄒᆞ면 東으로 韓國과 西으로 支那의 運命을 左右홈에 至ᄒᆞ니 此ᄂᆞᆫ 中古史上의 滿洲오 (未完)

『대한매일신보』 1910.01.20

滿洲問題에 就ᄒ야 再論흠 (續)

분야	역사
주제어	淸朝, 러시아, 尼布楚條約, 外興安嶺, 羅禪同攻, 韓國史, 英法聯軍役, 淸日戰爭, 遼東, 三國同盟, 韓滿交換, 支那, 世界競爭, 東洋問題, 滿洲, 通商利益, 倂呑, 維新, 小島國, 保護權, 美國, 近世史
인물	표트르 대제(大彼得, pyotr I), 康熙帝, 咸豊帝

淸朝[1]가 支那[2]를 統壹ᄒ던 時ᄂ 卽大彼得[3]이 俄羅斯[4]를 中興ᄒ던 時라 時에 俄國壹士官이 西比利亞를 由ᄒ야 黑龍江沿岸에 至ᄒ야 此를 佔據開拓홀 志가 有ᄒ야 三百五十名의 兵을 來駐하더니 邊吏가 奏聞하미 康熙帝[5]가 大怒하야 卽時五萬의 大兵을 發하며 又韓國의 兵을 借하야 此를 擊退하고 尼布楚條約[6]을 結하야 淸俄兩國의 國境을 外興安嶺[7]으로 定하엿스니 韓國史[8]上에 記흠바 羅禪同攻[9]의 役이 是라 是時ᄂ 淸國國力이 雄强하야 今日衰頹의 比가 아니나 然이나 俄國의 遽然斂手홈도 亦兵力의 絀홈이 아니라 只是西方의 大問題에 心惱ᄒᄂ 俄國君臣이 東洋의 利에 餘力을 用홀 隙이 無흔 故라 雖然이나 畢竟淸國咸豊[10]年間 英法聯軍役[11]後에 俄國

이 彼三国媾和의 際에 奔走効勞의 功이 有호다 호고 因호
여 滿洲[12]北部 數千里地를 割去호니 蓋是時에 西洋諸國이 皆
東亞의 通商利益[13]만 主張호되 其中에 獨히 併吞[14]의 野心을
抱혼 者는 俄國이라 旣而오 西力의 東漸이 日로 劇혼 中에
韓의 睡도 依舊호며 淸의 頑도 尤甚호딕 獨히 彈丸黑子의
小島國[15]에서 奮起호야 維新[16]의 業을 建호고 甲午淸日戰役[17]
의 後에 日本이 戰勝의 利로 遼東[18]을 收호니 此는 彼小島國
人民의 天地剖判以後 初得의 好夢이라 洋洋혼 喜氣가 天에
接호야 左右로 跳躍호더니 俄國이 彼日本의 滿洲內一部土
地를 染指홈을 不喜호며 歐西諸國도 日本의 驟强을 不欲호
야 突地에 俄法德 三國同盟[19]의 鋒으로 日本을 迫호야 遼東
을 還付호믹 日人이 寃憤落膽의 餘에 志氣를 再鼓호야 十年
의 劒을 磨호야 俄를 禁호고 韓國의 保護權[20]을 其掌中에 握
호고 滿洲의 諸般利益을 攫取호다가 今又滿洲鐵道中立의
提議를 遭호엿도다 此는 美國[21]이 提議호며 列强이 贊同호
나니 日本이 비록 强호며 비록 慘悍호나 一個孤立的島國으
로 엇지 攘攘羣來의 列强을 得抗호리오 不過是俄日戰爭以
前의 韓滿交換[22]의 舊問題나 再講호야 韓國內에셔 橫躍코즈
홀 而已로다 嗚乎라 將來滿洲의 大鹿이 誰手에 死홀는지 不
知어니와 現今世界競爭[23]이 東洋에 集中호고 東洋問題[24]는 滿
洲가 前提되나니 然則此時代滿洲는 列强視線의 注集호는
所이니 此는 近世史[25]上의 滿洲라 (未完)

『대한매일신보』 1910.01.21

滿洲問題에 就ㅎ야 再論홈 (續)

분야	역사, 논설
주제어	女眞民族, 渤海滅亡, 契丹, 蒙古, 支那, 龜州大捷, 九城收復, 祖國史, 八站, 紅巾賊, 支那族, 國朝鼎革, 千古讀史, 六鎭開拓, 滿洲, 祖先發祥, 日本勢力, 列國均勢, 러시아, 日本, 高麗中葉, 世界列强, 競爭點, 발칸반도
인물	姜邯贊, 尹太師, 金俊, 崔瑩, 濮眞, 朱元璋, 金宗瑞, 비스마르크(俾斯麥, Otto von Bismarck), 카보우르(加富爾, Camillo Benso Cavour)

滿洲歷史의 趨勢가 彼와 如ᄒ즉 滿洲[1]가 將來世界史上에 大勢力을 占有홀 것은 吾人의 斷言홀 바이나 然이나 近世滿洲의 主人翁된 女眞民族[2]은 既如彼히 無能ᄒ고 滿滿ᄒ 野心을 抱ᄒ 俄國[3]은 日本[4]의 打擊下에 退ᄒ고 日本이 又一時氣燄이 騰上ᄒ다가 列强의 合力的運動에 屛伏의 狀態를 呈홀쑌더러 設令此問題가 突然히 中變ᄒ야 滿洲一幅이 全혀 日本勢力中에 歸홀지라도 露國은 捲土重來의 翼을 養ᄒ며 列國은 猜忌不平의 眼으로 視ᄒ나니 此間에 暫時 日本의 跳躍을 聽홀지언뎡 長時佔據홈은 不許홀지니 嗚乎라 將來滿洲의 風雲이여 吾儕의 憑式願觀코주 ᄒ는 바로다 然이나 此話는 姑置ᄒ고 飜ᄒ야 韓國의 滿洲에 對ᄒ 關係를 觀ᄒ건ᄃ 嗟乎라 朔

方健兒好身手가 昔何勇銳 今何愚ㅎ뇨 千載以前滿洲는 前段의
已言홈과 如히 勿論韓國의 所有어니와 渤海滅亡[5]혼 以來의
韓國은 何故로 如此히 劣退ㅎ얏나뇨 祖先發祥[6]의 滿洲를 契丹[7]
이 來據ㅎ야도 聽ㅎ며 蒙古[8]가 來據ㅎ야도 聽ㅎ며 支那[9]가 來
據ㅎ야도 聽ㅎ고 一隅에 雌伏홈을 是甘ㅎ야 姜元師[10] 龜州大
捷[11]의 功이 雖壯ㅎ나 自衛에 不過ㅎ며 尹太師[12] 九城收復[13]의
策이 雖美ㅎ나 暫有에 不過하고 (又只是長白山以東)金俊[14]建
國의 業이 雖大ㅎ나 祖国史[15]上에 反響이 無ㅎ고 又 高麗中葉[16]
以後로는 國境問題를 恒常筆端舌端으로만 解決코즈 ㅎ얏스
니 엇지 可恥홀 비 아니라오 其末葉에 至ㅎ야 纔히 崔都統[17]
一人이 出ㅎ야 其燭天耀地의 雄眼을 放ㅎ며 呼風喚雲의 神
腕을 揮ㅎ고 鴨綠의 長江을 越ㅎ야 (一)八站[18]을 破ㅎ야 蒙古
國의 勢力을 摧ㅎ고 (二)紅巾[19]을 斥ㅎ야 支那族[20]의 慢侮를
禦ㅎ며 (三)明征東都督복眞[21]을 擊斬ㅎ야 彼大明太祖朱元璋[22]
의 魂을 飛케 ㅎ고 古代韓族의 武力을 再振ㅎ야 自家의 舊物
을 光復ㅎ랴다가 居然 國朝鼎革[23]의 際를 當ㅎ야 大志를 齎ㅎ
고 黃泉에 赴ㅎ얏스니 此는 千古讀史[24]者의 遺恨이오 其後本
朝에 入하야는 金節齋[25]의 六鎭開拓[26]이 第一美擧이나 其末梢
에 小結局으로 終了홈이 可惜이오 從此以後는 滿洲에 對하
야 一夢을 作혼 者도 無ㅎ고 至於近世에 俄日兩國이 滿洲를
爭ㅎ야 自家死活의 問題가 足上에 落ㅎ되 此를 冥然히 不覺
ㅎ다가 마참ㄴ 今日에 悲境을 致ㅎ얏도다 夫今日에 坐혼 韓
人이 已往滿洲에 得失을 語홈은 恰히 亡兒의 齡을 數홈과 如

ㅎ야 思홈에 可痛이오 語홈에 可恥로다 然이나 有志君子는
徒히 亡國의 淚를 灑치 말고 眼을 擧ㅎ야 世界列强[27]의 競爭點[28]
된 滿洲의 問題를 罔晝夜竭力硏究홀 비라 卽今滿洲는 東洋
의 巴爾幹半島[29]라 往昔歐洲의 某國의 强홈과 某國의 弱홈과
某國의 存홈과 亡홈이 恒常 巴爾幹半島問題부터 始훈지라
故로 俾斯麥[30]老雄의 半生心事를 此에 費ㅎ엿스며 加富爾[31]侯
의 伊太利獨立策도 此問題糾갈의 間에셔 成ㅎ엿스니 嗚乎
라 韓國今日에 俾斯麥 加富爾 其人이 有ㅎ면 正히 滿洲問題
를 取ㅎ야 腦를 費홀 日이 아닌가 且無常히 變動ㅎ는 者는
天下의 大勢라 滿洲自身이 旣히 自立홀 能力이 無흔 故로 當
年俄國勢力內의 滿洲가 昨日 日本勢力[32]內에 歸ㅎ며 今日 列强
均勢[33]內에 歸ㅎ니 明日又明日에는 又何如흔 滿洲될는지 難
知며 又此問題로 由ㅎ야 將來何許大戰爭이 出홀는지도 難知
니 奇壯ㅎ다 滿洲風雲의 舞臺여 有志男兒의 出現을 促ㅎ는
도다 (未完)

『대한매일신보』 1910.01.22

滿洲問題에 就ㅎ야 再論홈 (續)

분야	논설
주제어	滿洲, 女眞, 契丹, 政治能力, 紅黑種人, 政治家, 實業家, 連陸咫尺, 愛國愛同胞, 淸國, 韓族, 注集地, 思想, 國粹, 韓國民族, 學校, 新聞
기관/조직	統監府

且韓國內悲痛의 迫切홈을 隨ㅎ야 外國으로 移住ㅎ는 者ㅣ 日增ㅎ나 然이나 歐美는 韓人의 航路가 杜ㅎ야 飛渡ㅎ기 甚難ㅎ되 滿洲[1]는 連陸咫尺[2]의 地라 비록 統監府[3]의 旅行法이 苛ㅎ며 淸國[4]이 韓人의 移植홈을 制限ㅎ나 此男負女戴ㅎ고 日逃出ㅎ는 韓人을 엇지 如意히 遏絶ㅎ리오 然則滿洲가 將來 韓族[5]의 注集地[6] 됨은 可히 豫測홀 비라 雖然이나 吾儕는 此移住者에게 對ㅎ야 特別히 三大勸戒를 與ㅎ노니 一曰 思想[7]을 高尙케 홈이라 此에 移住ㅎ는 者ㅣ 往往全軀保家의 計를 抱홀 쑨이오 愛國愛同胞[8]의 義氣를 有흔 者는 少數에 居ㅎ니 嗚乎라 國이 亡ㅎ면 何處에 往ㅎ던지 身家도 隨亡ㅎ리니 文明의 機關되는 學校[9]新聞[10]等을 設ㅎ야 愛國事業으로 相提撕홈

이 可ᄒ며 二曰**國粹**[11]의 保全이라 蓋前朝以來로 恒常凶荒喪
亂을 際ᄒᄆᆡ 江을 越ᄒ며 山을 踰ᄒ야 滿洲에 移居ᄒᆫ 者ㅣ 許
多ᄒ지만은 此地에 徒히 **女眞**[12]의 跳梁홈을 見ᄒ며 **契丹**[13]의
充斥홈을 見홀 ᄲᅮᆫ이오 一二個**韓國民族**[14]을 得見키 難홈은 何
故오 是ᄂᆞᆫ 無他라 移住ᄒᄂᆞᆫ 韓人이 國粹를 保치 못ᄒ야 宗敎
上 風俗上 言語上 各方面을 從ᄒ야 女眞契丹等 異族으로 化去
ᄒᆫ 故니 엇지 可惜홀 ᄲᅵ 아니리오 今日移住의 韓人은 特別히
國粹保存에 用力홀지며 三曰**政治能力**[15]의 養成이라 凡美非澳
各洲白人의 殖民地가 皆其國政府에셔 彼를 擁護ᄒ야 如此繁
盛홈이 아니라 只是彼等의 政治能力이 强ᄒ야 團結에 善ᄒ
며 自由에 勇ᄒ야 他人의 壓迫을 不受ᄒ고 其足跡의 到ᄒᄂᆞᆫ
바이면 居然一新國의 形을 造成홈이오 **紅黑種人**[16]은 政治能力
이 弱홈으로 曠土衆民도 他에 讓ᄒ고 到處에 苦痛을 泣ᄒ나
니 此에 移住ᄒᄂᆞᆫ 韓人은 散渙ᄒᆫ 志意를 合ᄒ야 政治的天性
을 發揮ᄒ야 他日母國에 貢獻ᄒ고 徒히 林居藪處ᄒ야 禽獸의
生活을 做치 말지어다 嗚乎라 風雨가 晦冥ᄒ고 龍虎가 爭鬪
ᄒᄂᆞᆫ 間에 徒悲치 말며 徒恨치 말고 **政治家**[17]ᄂᆞᆫ 政治家의 天能
을 現ᄒ며 **實業家**[18]ᄂᆞᆫ 實業家의 本分을 盡ᄒ야 何如히 ᄒ면 此
滿洲問題에 對ᄒ야 活動을 善히 홀가 ᄒ며 何如히 ᄒ면 將來
我國民도 此等問題에 容喙홈을 得홀가 홈이 皆公等의 分늬硏
究홀 ᄲᅵ니라 (完)

『대한매일신보』 1910.02.16

新暖書感

분야	논설
주제어	新羅, 唐, 羅唐兵, 渤海兵, 高句麗, 精神, 思想, 모스크바
인물	百里奚, 邵康節, 鄭忠信, 林慶業, 金庾信, 曹孟德, 越王句踐, 넬슨 (Horatio Nelson), 大祚榮, 李楷固, 金欽純, 나폴레옹(拿破侖, Napoléon Ier)

　數朔以來로 天氣가 溫暖하야 冬日의 天이 春의 意思를 有ᄒᆞ다가 忽然陰風이 激ᄒᆞ고 漢江이 凍하민 寒女의 指가 墮ᄒᆞ며 行人의 面이 裂ᄒᆞ더니 果然天事는 難測이라 數日이 못 되야 寒氣가 乍減하고 暖意가 頓增ᄒᆞ민 貴人이 重裘를 解ᄒᆞ며 富娥가 暖炭을 減하고 路上人人도 一般融和安舒의 氣를 帶하엿도다 吾儕는 此에 一異感의 呈흠을 不禁ᄒᆞ노니 大抵人類를 古人은 三才에 並列ᄒᆞᆫ 者라 ᄒᆞ며 今人은 動物中最靈ᄒᆞᆫ 者라 하나 乃彼幾寸되는 寒暖計에 攝氏針이 幾度를 降下ᄒᆞ면 一般人類가 雙肩을 縮하며 鼻淚를 揮ᄒᆞ야 戰戰히 寒을 驚하며 幾度를 上昇ᄒᆞ면 衣帶를 解ᄒᆞ며 白汗을 灑ᄒᆞ야 安得赤脚踏層氷의 詩를 吟ᄒᆞ나니 人類가 果如

是히 劣弱혼 物인가 噫라 人類를 體質構造上으로 觀ᄒ면 固
是劣弱혼 者라 然이나 精神[1]과 思想[2]은 無限히 偉大ᄒ야 能
히 六合의 外에 出入ᄒ며 萬古의 遠에 上下ᄒᄂ지라 此精
神思想의 能力으로 居然其劣弱혼 體質을 變ᄒ야 强혼 者ㅣ
되며 武혼 者ㅣ되야 天然의 氣候를 戰勝흠을 得ᄒᄂ 故로
或寒帶에도 移殖ᄒ며 熱帶에도 移殖ᄒ야 天涯地角에 遍踏
ᄒ거니와 彼植物과 飛走類ᄂ 此를 不能하ᄂ 故로 熱帶의
草木이 熱帶에셔 滋殖홀 ᄯ름이며 溫帶의 魚獸가 溫帶에셔
繁育홀 ᄯ름이로다 然이나 實地에 進ᄒ야 寒과 戰ᄒ며 熱과
戰ᄒ며 其他各種氣候와 戰치 못ᄒ면 其理想이 如何히 大ᄒ
며 其思料가 如何히 深홀지라도 一事業을 成ᄒ기 難혼지라
是以로 新羅[3]와 唐[4]이 兵을 合하야 高句麗[5]敗將 大祚榮[6]을 追
ᄒ다가 天門嶺에 及하야ᄂ 土卒이 寒凍ᄒ야 能戰치 못ᄒ
미 大祚榮의 返擊을 受ᄒ야 唐大將 李楷固[7]ᄂ 敗死ᄒ고 羅大
將 金欽純[8]이 走還흠은 無他라 盖大祚榮의 率혼 渤海兵[9]은 北
方에 生長ᄒ야 寒에 鍊習이 有ᄒ고 羅唐兵[10]은 暖地에 生長
ᄒ야 寒에 鍊習이 無혼 故니 是ᄂ 大祚榮이 羅唐兵을 破흠
이 아니라 寒이 羅唐兵을 破흠이며 法帝 拿破崙[11]이 六十萬
大兵을 率하고 乘勝長驅ᄒ야 俄京모스코[12]에 至ᄒ야ᄂ 大雪
을 遇ᄒ야 土率飢凍死者ㅣ 半에 過ᄒ야 大敗를 蒙ᄒ야 身竄
國辱흠은 無他라 盖俄人은 此에 生長하야 雪에 鍊習이 有ᄒ
고 拿帝의 兵은 溫地來人이라 雪에 不慣혼 故니 是ᄂ 俄人
이 拿破崙을 勝흠이 아니라 雪이 拿破崙을 勝흠이로다 是

以로 從古大事業을 成호는 者는 彼氣候變遷의 際에 常人의
不堪호는 寒熱에 對하야 非常히 身體를 鞭策호엿나니 百里
奚[13]는 暑에 盖를 却호엿스며 邵康節[14]은 冬에 爐를 廢호엿
스며 鄭忠信[15]은 平生에 衾을 不近호엿스며 林慶業[16]은 冬月
山坂에 馳聘홈을 喜하엿스며 金庾信[17]은 石窟에셔 露宿호
엿스며 曹孟德[18]은 寒節에 枕刀眠호엿스며 越句踐[19]은 冬握
氷夏抱火의 苦를 經하엿스니 嗚乎라 重帳複壁에셔 羊裘를
擁호고 三冬을 過호며 凉樓高宇에셔 平頭를 立호야 大扇을
搖케 하고 夏月을 送호는 生尸들이야 何事를 能做호리오
닐손이 其從兄을 俱호야 學校에 往호다가 日이 劇寒호야
不得已同還호엿더니 父曰學校에 往호는 與否는 汝等의 自
由에 聽홀지나 如此히 小苦難을 耐치 못호니 참 可惜호도
다 닐손은 此言에 奮發호야 寒을 忘호고 學校에 馳往호고
其從兄은 蹯蹐不肯하더니 닐손은 至今歷史上 닐손[20]이 되
고 其不肯者는 草木과 同朽하니라

『대한매일신보』 1910.02.19

文化와 武力

분야	논설
주제어	匈奴族, 蒙古族, 튜턴족(Teutons), 釋迦文殊, 文勝武弛, 壬辰倭亂, 丙子胡亂, 武魂, 武氣, 帝國主義, 新國民, 漢族, 同化, 中原文獻, 三代禮樂, 이집트(埃及, Egypt), 바빌로니아(巴比論, Babylonia), 그리스(希獵, Greece), 로마(羅馬, Roma), 武力, 文化, 學術, 道德, 西歐列强, 自由, 冒險, 外來文明
인물	林慶業, 滄海力士

匈奴族[1]蒙古族[2]이 沙漠不毛의 地에셔 崛起ᄒ야 鐵騎를 鞭ᄒ고 北風에 長嘶ᄒ야 支那全幅을 並呑ᄒ고 龐然흔 大帝國을 建設흠이 累度이나 未來에ᄂ 反히 被征服者된 漢族[3]의 同化[4]를 受하야 其固有흔 言語와 風俗等을 失ᄒ고 中原文獻[5]을 謳歌ᄒ며 三代禮樂[6]에 迷醉ᄒ야 菱角이 鷄頭를 作흠은 何故오 曰其文化가 不足흔 故니라 埃及[7]의 建築이 壯麗치 아님이 아니며 巴比論[8]의 商業이 富盛치 아님이 아니며 希獵[9]의 哲學과 羅馬[10]의 文物이 亦其極盛에 達ᄒ지 아님이 아니언만 今에ᄂ 或滅亡하야 蓬蒿에 埋ᄒ며 或衰頹ᄒ야 夕陽에 臨ᄒ고 世界覇權을 彼日耳曼森林中에셔 奮起흔 主頓族[11]의게 讓渡흠은 何故오 曰其武力[12]이 衰頹흔 故니라 然故로 國

을 謀ᄒᄂᆫ 者ㅣ 文武에 其一을 偏廢홈이 不可하나니 文이 無ᄒ면 國家의 精神을 維持홀 器具가 無ᄒ야 비록 孟賁烏獲 ᄯᅩᄒᆫ 勇士가 全國에 充滿홀지라도 흔ᄯᅩ 敵人의 鷹犬이 되야 祖國을 反噬ᄒ기 易홀지며 武가 無ᄒ면 비록 釋迦文殊[13] ᄯᅩᄒᆫ 活佛이 各地에 普現홀지라도 다만 其慈悲의 淚를 灑ᄒ고 一身을 將ᄒ야 餓虎의 口에 供홀 ᄲᅮ이니 國家滅亡에 何益이 有ᄒ리오 韓國은 文勝武弛[14]혼지가 今已累百年이라 民은 昇平에 嬉ᄒ며 士ᄂᆫ 詞章에 醉ᄒ야 一般武備에 關혼 事를 冷視혼 故로 壬辰의 創[15]에 八域이 糜爛ᄒ며 丙子의 亂[16]에 國辱이 滋甚ᄒ고도 不悟ᄒ고 近世에 至ᄒ야 二十世紀 帝國主義[17]의 巨魔가 六洲를 橫行ᄒ야도 不覺하고 士子ᄂᆫ 陳編敗冊을 抱ᄒ며 朝廷은 虛文縟禮를 說ᄒ다가 今日의 悲境을 致ᄒ엿나니 然則今日有志君子가 不可不國民의 武魂[18]을 喚起ᄒ며 武氣[19]를 養成ᄒ야 人人이 林慶業[20]의 三超臺에 躍ᄒ며 人人이 滄海力士[21]의 百斤推를 將하야 冒險의 途로 前進케 홈이 可홀지나 然이나 武事을 全尙ᄒ고 文化를 無視홈은 亦不可ᄒ니라 韓國이 旣是文化를 沈醉ᄒ야 如此委靡혼 狀態를 致ᄒ엿거늘 今에 乃曰文化를 無視홈이 不可라 홈은 何故오 曰國民을 委靡케 ᄒᄂᆫ 文化도 有ᄒ며 國民을 强勇케 하ᄂᆫ 文化[22]도 有ᄒ나니 彼西歐列强[23]을 觀ᄒ라 學術[24]의 發達이 如彼ᄒ며 道德[25]의 進步가 如彼ᄒ되 其國이 烝烝日强ᄒ나니 是ᄂᆫ 其文化가 東洋古代의 人民을 驅ᄒ야 專制下에 雌伏케 ᄒ던 文化가 아니라 自由[26]를 歌ᄒ며 冒險[27]을 尙ᄒᄂᆫ

文化인 故니 韓國有志君子여 自國固有의 長을 保ㅎ며 **外來
文明**[28]의 精을 採ㅎ야 一種**新國民**[29]을 養成홀 만흔 文化를 振
興홀지어다

『대한매일신보』 1910.02.20

韓國民族地理上發展

분야	역사
주제어	韓國歷史, 三國時代, 檀君王朝, 太白山, 妙香山, 平壤, 九月山, 高句麗, 東扶餘, 卒本扶餘, 百濟, 新羅, 樂浪, 中古以後史, 浿西十三鎭, 高麗, 本朝, 六鎭, 高句麗舊域, 檀君遺史, 韓國民族, 北方, 南方, 九城舊基, 八域全圖, 武力, 國恥, 精神, 慶尙道, 端州, 平壤
인물	檀君, 溫祚, 弓裔, 尹瓘

韓國歷史[1]를 披覽컨딕 盖中古以來로는 武力[2]이 消磨하며 國恥[3]가 滋深ㅎ야 形質上으로 觀하면 日復日 年復年失敗에 失敗를 加ㅎ엿지만 精神[4]上으로 觀ㅎ면 地理上發展의 跡을 可誣치 못홀 빈 有ㅎ도다 檀君[5]以後로 三國時代[6]에 至ㅎ기까지는 韓國民族[7]이 北方에셔 始ㅎ야 南方으로 發展된 故로 檀君王朝[8]는 太白山[9]에셔 起ㅎ야 第一次 妙香山[10]으로 移ㅎ며 第二次 平壤[11]으로 移ㅎ며 第三次 九月山[12]으로 移ㅎ고 高句麗[13]는 東夫餘[14]에셔 發迹ㅎ야 第一次 卒本夫餘[15]에 移ㅎ며 第二次 平壤[16]에 移ㅎ고 百濟[17]는 溫祚[18]가 卒本夫餘에셔 來하아 漢江南北을 來據ㅎ며 新羅[19]는 樂浪[20]에셔 來ㅎ야 慶尙道[21]를 占有ㅎ엿스니 是는 韓國民族이 北方[22]에셔 始ㅎ야 南方[23]으로 發展

주	
1	韓國歷史
2	武力
3	國恥
4	精神
6	三國時代
7	韓國民族
8	檀君王朝
9	太白山
10	妙香山
11	平壤
12	九月山
13	高句麗
14	東夫餘
15	卒本夫餘
16	平壤
17	百濟
19	新羅
20	樂浪
21	慶尙道
22	北方

되던 時代오 **中古以後史**[24]를 觀ᄒᆞ면 新羅時ᄂᆞᆫ 猪灘以西를 有ᄒᆞ다가 **弓裔**[25]가 一步를 進ᄒᆞ야 **浿西十三鎭**[26]을 置ᄒᆞ며 **高麗**[27] 時에 **端州**[28]以內를 有ᄒᆞ다가 **本朝**[29]에 至ᄒᆞ야ᄂᆞᆫ **六鎭**[30]을 開拓ᄒᆞ야 **尹太師**[31]의 **九城舊基**[32]를 盡還하엿스니 此ᄂᆞᆫ 韓國民族이 南方에셔 始하야 北方으로 發展하ᄂᆞᆫ 時代니 嗚呼라 此地理上發展의 跡올 由하야 韓國民族의 將來를 測ᄒᆞ건ᄃᆡ 將且步步히 前進ᄒᆞ야 **高句麗舊域**[33]을 索還ᄒᆞ며 **檀君遺史**[34]를 重光홀 時代가 又有홀 듯하나 然이나 目下現象을 觀ᄒᆞ면 護國의 大龍이 不起ᄒᆞ고 鎭國의 靈狗가 不動ᄒᆞ야 **八域全圖**[35]도 顔色이 已改ᄒᆞ엿스니 人으로 하야금 徒히 感慨만 發케 하ᄂᆞᆫ도다 未知케라 韓國民族이 現象의 壓力을 被하야 一向沈吟홀 샌인가 抑或地理歷史上發展의 趨勢를 隨ᄒᆞ야 益益前進홀가 一幅의 瑤圖를 握하고 未來의 夢을 說ᄒᆞ노라

『대한매일신보』 1910.03.03

冥府女裁判所

분야	시가 · 소설, 논설
주제어	女罪人, 良風美俗, 演劇場, 褒證狀, 禮義邦, 愛國心, 화냥년, 新學文
인물	桂月香, 論介, 春香, 錦仙

▲一朶彩雲니는곳에 女官들이 會同ᄒ야 裁判廷을 權設ᄒ고 裁判所長**桂月香**[1]이 儼然ᄒ게 昇席흔 後 晉妓**論介**[2]檢事 되여 公訴狀을 提出ᄒ고 **春香**[3]이가 書記되야 訴狀사연 陳述흔 後 全國內에 **女罪人**[4]을 次第捕縛待令ᄒ다 ▲夫婦間에잘 못ᄒ면잘ᄒ도록 勸勉ᄒ고 제셔방이 誤入ᄒ면 正道로써 引 導흠이 爲女者의 道理어늘 시앗강ᄭ 甚히ᄒ야 毒흔 몸을속 에품고 말도참아못홀곳에 손을듸여죽여스니뎌런 惡ᄒ게 집년을 卽刻內로 捉待ᄒ라 ▲울긋불긋비단옷을 말쑥하게 닙은後에 **演劇塲**[5]에들어가셔 분뎃박을니두르며 낙시눈을 써가지고 셔방질에 滋味나셔 집안일은아니보고 淫心蕩情 撑中ᄒ야 **良風美俗**[6]壞亂ᄒ니 뎌런못된**화냥년**[7]들 卽刻內로

[주] 4　女罪人
5　演劇塲
6　良風美俗
7　화냥년

[인] 1　桂月香
2　論介
3　春香

捉待ᄒ라 ▲御料理란 등불겻헤 여호ᄀᆺ치나와셔셔 와다시 노오망구가 맛이사탕흔가지오니 짓센만쥬소하며 行路人의손목잡고 賣淫ᄒ기 强請ᄒ야 남의돈을싸먹으니 禮義邦[8]에 居留ᄒ야 醜業ᄒᄂᆫ 日女들을 卽刻內로 捉待ᄒ라 ▲裁判長이 說明ᄒ되 執務時間已盡ᄒ니뎌 待令흔 各罪人은 監獄署에 嚴囚하야 後日判決홀터이오 義州妓生錦仙[9]이는 愛國心[10]이 懇切ᄒ야 新學文[11]을 工夫하고 新聞愛讀흔다ᄒ니 褒證狀[12]을 授與ᄒ야그 善行을 褒揚ᄒ라

『대한매일신보』 1910.03.11

東國古代仙敎考

분야	역사, 철학
주제어	仙敎, 天仙, 國仙, 大仙, 佛敎, 仙人, 三國時代, 不死藥, 麗濟, 齋醮, 大兄, 鮮卑, 新羅, 仙徒, 玄妙之道, 仙史, 普通歷史, 宗敎哲學等專門史, 宗敎史, 三神, 三聖, 信仰條件, 妙香山, 檀君窟, 錦繡山, 石多山, 乙支文德窟, 中岳山, 金庾信窟, 穴居時代民族, 蠻敎, 肅愼族, 穢貊族, 扶餘族, 拜神, 拜物, 羅末麗初, 中古史, 支那道敎, 三國以前, 天師眞人, 避世, 畏死, 支那仙敎, 民族進化, 仙敎創立, 麒麟窟, 拜虎, 拜蛇, 東國古代, 道敎, 口碑, 殘書, 耶蘇敎, 三位一體, 三佛如來, 心術, 優勝劣敗, 古書籍, 仙敎
인물	榮留王, 老子, 檀君, 高朱蒙, 大武神王, 漢武帝, 漢宣帝, 明臨答夫, 金庾信, 張良, 李泌, 皂衣大仙, 次大王, 公孫度, 溫達, 金欽純, 金仁問, 官昌, 金令胤, 金歆運, 桓因, 桓雄, 釋迦, 異次頓, 무함마드(모하메더, Muhammad)
레퍼런스	東史, 紀年覽, 三國史記, 鸞郞碑序, 古記, 東史綱目
레퍼런스 저자	崔致遠, 金富軾, 安鼎福, 鄭麟趾

　東史[1]를 閱ᄒᆞ건ᄃᆡ 仙敎[2]ᄂᆞᆫ 東國古代[3]에 盛行ᄒᆞᆫ 者라 當時書籍이 散缺ᄒᆞ야 其源流를 考키 難ᄒᆞᆫ 故로 或者ᄂᆞᆫ 是를 支那道敎[4]의 東入ᄒᆞᆫ 者로 認ᄒᆞᆯ 而已나 右右로 參互ᄒᆞ건ᄃᆡ 此가 東國에 固有ᄒᆞᆫ 者오 支那에셔 來치아니ᄒᆞᆫ 證左가 實多ᄒᆞ도다 天仙[5]國仙[6]大仙[7]의 名稱이 三國以前[8]及 三國初에 累現ᄒᆞ엿ᄂᆞᆫᄃᆡ

주	2	仙敎
	3	東國古代
	4	支那道敎
	5	天仙
	6	國仙
	7	大仙
	8	三國以前
인	9	榮留王

道敎의 經傳은 高句麗榮留王[9]時에 始來홈이 (一)이오 道敎[10]의 東入홈이 佛敎[11]後에 在ㅎ거늘 仙敎[12]는 佛敎輸入以前부터 有홈이 (二)오 道敎는 老子[13]에 始ㅎ엿는딕 紀年覽[14]에 檀君[15]을 天仙이라 稱하엿스며 三國史[16]에 檀君을 仙人[17]이라 稱ㅎ 얏슨즉 檀君과 老子의 先後를 計ㅎ라 檀君은 千數百年以前 人이오 老子는 千數百年以後人이니 千數百年以前人이엿지 千數百年以後人의 創設흔 敎를 輸入하리오 此가 語不成說됨 이 (三)이오 仙敎가 萬一三國時代[18]의 人君이 支那로부터 輸 入흔것일진딕 東明聖王[19]과 大武神王[20]도 彼漢武帝[21]宣帝[22] ㅉ치 方士를 海中에 遣하야 不死藥[23]을 求ㅎ엿슬지며 明臨答夫 [24]와 金庾信[25]도 彼張良[26]李泌[27]ㅉ치 穀을 辟ㅎ고 導引을 學하 엿슬지어날 此가 無홈이 (四)오 道敎는비록 天師眞人[28]의 封 爵이 有ㅎ나 是가 唐宋以後에 始ㅎ엿슬샌더러 又只齋醮[29]等 을 司홀샌이오 政治上에 何等實權이 無흔 者어니와 麗濟[30] 의 皂衣大仙[31]等은 其權力이 當時王者와 相埒ㅎ야 西洋古代 의 耶蘇敎僧正과 如홈이 (五)오 支那道敎는 避世[32]의 敎오 畏 死[33]의 道라 故로 帝王된 者가 是敎를 信하면 萬乘의 位를 脫 스ㅉ치 視하고 白日昇天을 求ㅎ며 士民으로 是敎를 信ㅎ면 山에 入ㅎ야 金丹을 鍊ㅎ되 東國의 仙敎는 不然ㅎ야 明臨答 夫는 大仙이로딕 暴君(次大王)[34]을 廢ㅎ고 外寇(公孫度)[35]를 却ㅎ엿스며 愚溫達[36]은 大兄[37](卽仙人)이로딕 鮮卑[38]를 斥ㅎ 야 疆土를 拓ㅎ며 又新羅[39]와 激戰하다가 死ㅎ엿스며 金庾信 은 國仙이로딕 中岳에 入ㅎ야 國을 爲히 祈禱ㅎ고 麗濟를 滅

ᄒ엿스며 金欽純[40]金仁問[41]은 仙徒로ᄃᆡ 皆戰場에 從事ᄒ던 名
將이오 官昌[42]金令胤[43]金歆運[44]도 亦仙徒[45]로ᄃᆡ 國事를 爲ᄒ야
視死如歸ᄒᆷ이 (六)이라 然則其仙敎라 稱ᄒᆷ은 但只當時漢文
學者가 如此히 譯ᄒᆷ이오 其實은 長生不死의 迷信을 抱ᄒᆫ 支
那仙敎[46]卽道敎와ᄂᆞᆫ 聲邑趣味와 其歷史가 專혀 不同ᄒ도다
崔孤雲[47]鸞郎碑序[48]에 曰「國有玄妙之道[49]仙敎是已라하고」又曰
設敎之源備詳션史라ᄒ니 噫라 션史[50]가 今에 傳ᄒᆫ 者ㅣ 有ᄒ
면 民族進化[51]의 原理를 考據ᄒᆷ에 大材料가될ᄲᅮᆫ더러 且東洋
古代諸國에ᄂᆞᆫ 普通歷史[52]만 有ᄒ고 宗敎哲學等專門史[53]ᄂᆞᆫ 無ᄒ
ᄃᆡ 獨션史ᄂᆞᆫ 是東國에 特産된 宗敎史[54]인즉 又史學上에 一大
光彩를 添ᄒᆯ지어날 惜乎라 其書가 今에 不傳ᄒ엿도라 然이
나 其東鱗西爪로 口碑[55]及殘書[56]에 搜集ᄒ건ᄃᆡ 션敎의 一斑
을 可窺ᄒᆯ지라 古記[57]에 記ᄒᆞᄃᆡ 桓因[58]이 子桓雄[59]을 遣ᄒ야
徒三千을 率ᄒ고 太白山에 降ᄒ니 是가 桓雄天王이라 桓雄
天王이 人間吉凶禍福을 主宰ᄒ며 子檀君을 生ᄒ엿다ᄒ엿
스나 紀年覽에ᄂᆞᆫ 曰桓因은 天이오 桓雄은 神이라ᄒ엿스니
桓因桓雄檀君은 卽所謂三神[60](又曰三聖)[61]이오 三神은 卽션敎
創立[62]의 祖라 然則桓因桓雄은 實在의 人이아니오 卽抽象의
神이니 其義가 大略耶蘇敎[63]의 三位一體[64]와 佛敎의 三佛如來[65]
와 如ᄒᆫ 者어늘 後世編史者가 往往檀君의 祖가 桓因이오 父
가 桓雄이라ᄒ니엇지 可笑치아니뇨 至今ᄭ지 兒가 生ᄒ면
三神에 禱ᄒᆷ이 卽션敎의 遺規됨이 無疑오 斯敎의 信仰條件[66]
은 世에 無傳ᄒ엿스나 新羅史에 載ᄒᆫ「事君以忠事父以孝交

友以信臨戰無退殺傷有擇이 抑其條件의 一이로다 妙香山[67]에
는 檀君窟[68]이 有호며 錦繡山[69]에는 東明王의 麒麟窟[70]이 有호
며 石多山[71]에는 乙支文德窟[72]이 有하며 中岳山[73]에는 金庾信窟[74]
이 有호니 檀君時代는 書闕有間이라 難考어니와 若三國時
代는 決코 穴居時代民族[75]이아닐지며 且文德庾信兩公은 經天
緯地의 大人物이거늘 何故로 窟處가 有호뇨 意者컨딕 是가
釋迦[76]의 靈山과모하메더[77]의 洞窟과 如히 션敎徒가 心術[78]을
修鍊홈에 必也窟處를 以홈인뎌 近世史家가 皆韓國古代에 一
種蠻敎[79]가 流行호엿다호니 肅愼族[80]의 拜虎[81]와 穢貊族[82]의 拜
蛇[83]等은 是拜物의 蠻敎어니와 以上所論에 據하건딕 夫餘族[84]
은 是拜神[85]者오 拜物[86]者가아니로다 大抵斯敎가 三國時代에
는 佛敎와 激烈흔 競爭을 行흔지라 故로 불敎가 初輸入호민
新羅羣臣이 皆異道로 斥하엿스며(麗濟는 史缺不可考) 異次
頓[87]이 불敎를 擴張코ᄌ흘식 甚至其身을 自殺하엿도다 旣而
오 羅末麗初[88]에 불敎大盛을 際호야 竟滅絶호엿스니 是가 其
敎理의 組織이 精奧치못호야 優勝劣敗[89]의 公例를 免치못홈
인가 抑或其設敎規模가 當時의 時勢와 人心에 不適호야 自
然衰絶홈인가 此가 中古史[90]上에 一大硏究의 價値가 有흔 者
어늘 金文烈[91]鄭河東[92]이 此를 皆模糊看過호고 惟順庵安氏[93]東
史綱目[94] 션敎始末의 難知를 歎호엿도다 古書籍[95]의 散亡을 恨
호며 舊史氏의 魯莽를 憐호야 此를 各書中에셔 撮錄호야 讀
史者의 參考에 供호노라

『대한매일신보』 1910.03.25

古物陳列所觀高麗磁器有感

분야	역사
주제어	博浪沙力士, 美術上東洋伊太利, 馬尾裙, 百濟銀光鎧, 貪汚官吏, 伊太利, 附加性, 天性, 古代文明, 今日劣退, 國光, 美術, 地理上東洋伊太利, 術藝, 高句麗, 新羅, 弓弩, 高麗刀, 文物工藝, 儒敎, 高麗, 磁器, 韓國
인물	李舜臣, 唐太宗
레퍼런스	魏書, 隋書, 說郛
레퍼런스 저자	西儒李般

先民의 手澤은 後人의 興感處라 春風에 興을 乘ᄒ야 昌德宮內消暢의 行을 作ᄒ엿더니 **博浪沙力士**[1]의 鐵椎를 撫ᄒ민 雄膽이 斗起ᄒ며 閑山島英雄[2]의 長劍을 扣ᄒ민 熱淚가 頻注하는도다 其他多少의 故物을 閱覽ᄒ고 撫古傷今의 情을 不禁하엿거니와 當時에 最히 吾儕로ᄒ여금 無恨ᄒ 異感을 呈現케ᄒ던 者는 **高麗**[3]의 **磁器**[4]라 其槪狀을 略陳ᄒ야 讀者에게 紹介ᄒ노라 近世韓人이 古物保守性이 減退ᄒ지 久ᄒ 故로 今日此處의 陳列ᄒ 磁器가 비록 精搜廣購ᄒ 者라ᄒ나 其種類가 大略瓶甖椀罐의 幾種에 不過ᄒ더라 然이나 此不多ᄒ 陳列物로도 足히 當時美術이 遺憾업시 發達됨을 可驗ᄒ지라 其形이 或石榴核을 狀ᄒ며 或怪石을 狀하며 或佛子或童子를 狀ᄒ엿는ᄃ 其表

[주] 1 博浪沙力士
3 高麗
4 磁器

[인] 2 李舜臣

面에는 或花를 鏤ᄒ며 或卉를 鏤ᄒ며 或鳥獸를 鏤ᄒ야 各其
人工의 奇巧를 極ᄒ엿도다 泰西의 雕刻美術은 **伊太利**[5]를 推ᄒ
나니 此古代兩國의 **美術**[6]을 比較ᄒ면 誰가 優ᄒ며 誰가 劣홀
는지 **韓國**[7]이 **地理上東洋伊太利**[8]쑨아니라 抑亦**美術上東洋伊太利**[9]
로다 然이나 西洋伊太利는 至今에 其製造物의 美巧가 益益進
步되야 其祖先의 名譽를 保有ᄒ는ᄃᆡ 東洋伊太利는 今日에 至
하야 其衰退홈이엇지 此極에 至하엿나뇨 古代에는 韓國이
此磁器一件쑨아니라 各種**術藝**[10]의 發達이 皆其極頂에 達ᄒ지
라 彼日本은 其文化와 美術이 皆韓國에셔 輪渡혼빈라 當日에
萬一韓國이 無ᄒ면 日本이 無하엿슬지니 勿論이오 卽支那로
論ᄒ야도 **魏書**[11]에 曰「**馬尾裙**[12]自**高句麗**[13]流入服者日盛」이라
ᄒ엿고 **隋書**[14]에 **百濟銀光鎧**[15]를 艶稱ᄒ엿고 **唐太宗**[16]이 千金으
로 **新羅**[17]의 工人을 購ᄒ야 **弓弩**[18]를 製ᄒ엿고 **說郛**[19]에 曰「**高
麗刀**[20]擊石紛紛如雪片散」이라ᄒ엿스니 其時에 **文物工藝**[21]가
東亞에 擅長하야 隣國으로ᄒ여금 崇拜케하며 模倣케홈이라
其衰退혼 原因을 推究ᄒ건ᄃᆡ 遠因則**儒教**[22]의 流弊가 奢美를
太抑ᄒ고 汚樽부飮을 讚美혼 故며 近因則**貪汚官吏**[23]가 凡民間
에 美品製造가 有ᄒ면 討索을 肆行혼 故로다 嗚乎라 赫赫宗國
을 此境에 至케홈은엇지 個徘傷歎홀빈아니리오 然이나 **西儒
李般**[24]氏有言ᄒ되 國民의 **天性**[25]은 不可改어니와 **附加性**[26]은 必
可改라하니 **古代文明**[27]은 韓國民의 天性이오 **今日劣退**[28]는 後
來의 附加性이니 嗚乎同胞여 亟亟히 奮發하야 可改者를 改ᄒ
야 **國光**[29]을 輝홀지어다

『대한매일신보』 1910.04.07

談叢

분야	논설
주제어	家家程朱, 詩幾首, 文幾篇, 山高水麗風淸月白, 正心誠意修身齊家, 書籍, 某先生集, 某公集
인물	李瀷, 秦始皇
레퍼런스	東醫寶鑑, 聖學輯要, 磻溪隨錄, 星湖僿說

韓國의 書籍[1] 或이 星湖李익[2]氏에게 問ᄒ야 日本朝數百年來著出된 書籍에 可히 世에 傳ᄒᆯ 者ㅣ 幾種이뇨 星湖曰東醫寶鑑[3]이 一이오 聖學輯要[4]가 二오 磻溪隨錄[5]이 三이오 余의 著ᄒᆫ싀說[6]이 四라ᄒ엿스니 其論이 太苛ᄒᆫ듯하나 然이나 試思컨딕 本朝以來로 儒者로 稱ᄒᄂᆞᆫ 者ㅣ 山ᄀᆞ치 積ᄒ야「家家程朱」[7]란 俗語가 有ᄒᆷ에 至ᄒ엿스되 能히 卓然ᄒ게 一家를 成立ᄒᆫ 者를 求ᄒ면 幾乎鳳毛麟角ᄀᆞ치 稀ᄒᆫ지라 其所謂某先生集[8]이니 某公集[9]이니ᄒᄂᆞᆫ것을 見ᄒ건딕 往往卷帙이 數十數百에 過ᄒ나 此를 一披ᄒ야 其中의 所有를 窺ᄒ면 山高水麗風淸月白[10]等語로 詠出ᄒᆫ 詩幾首[11]가 有ᄒᆯᄲᅵᆫ이며 正心誠意修身齊家[12]等意로 演出ᄒᆫ 文幾篇[13]이 有ᄒᆯᄲᅵᆫ이라 十先生의 文集

을 閱하야도 如是ᄒ며 百先生의 文集을 閱ᄒ야도 如是ᄒ니

此等文集은 秦始皇[14]의 出을 不待ᄒ고 自然灰燼에 歸홀 者니

噫라

『대한매일신보』 1910.04.23

民族競爭의 最後勝利

분야	역사, 논설
주제어	大韓民族, 東亞大陸, 高句麗, 高麗中世, 本朝時代, 太白山, 國家, 創立, 箕子朝, 支那族, 三千里無窮花, 肅愼, 沃沮, 東胡, 支那, 鮮卑, 穢貊, 樂浪, 慕容族, 隋唐人, 百濟, 渤海, 新羅, 契丹, 蒙古, 倭寇, 倭亂, 異族, 國粹, 民族競爭, 日本人, 漢族, 民族競爭史, 文明, 勇武
인물	檀君, 廣開土大王, 文武王, 乙支文德, 淵蓋蘇文

嗚乎라 大韓民族[1]이 四千餘載長日月을 三千里無窮花[2]裏에 太平히 送ᄒ야 父가 基를 奠ᄒ미 子가 쏘 固ᄒ며 兄이 業을 繁ᄒ미 弟가 쏘 榮ᄒ야 今日에 至흔것이 一思ᄒ면 自然의 德인듯ᄒ나 其實은 不然ᄒ야 幾多의 民族競爭을 試ᄒ며 幾多의 民族競爭을 應하야 勝利를 得흔 結果라 試看ᄒ라 大韓民族이 東亞大陸[3]에 發興ᄒ야 東南各地로 散布하ᄂᆞᆫ 以來로 民族競爭[4]이 頗히 頻數ᄒ고 頗히 劇烈ᄒ엿ᄂᆞᆫ듸 其勝利ᄂᆞᆫ 畢竟大韓民族의 手에 歸치아니하엿ᄂᆞᆫ가 有史以前은 不可知어니와 有史以後로 論ᄒ야도 檀君聖祖[5]가 太白山[6]下에 起ᄒ야 同族을 團結ᄒ고 國家[7]를 創立[8]홀 時에 羣蠻을 掃ᄒ고 國土를 整ᄒ엿스며 其後에 東으로 肅愼[9]沃沮[10]를 斥ᄒ고 西으

주	1	大韓民族
	2	三千里無窮花
	3	東亞大陸
	4	民族競爭
	6	太白山
	7	國家
	8	創立
	9	肅愼
	10	沃沮
인	5	檀君

로 東胡[11]支那[12]를 防ᄒᆞ엿스며 西鄙一隅에 來寇ᄒᆞ던 鮮卑[13]는 大邦의 强鋒을 避하야 西比利亞에 遠遁ᄒᆞ고 東海一方에 憎伏ᄒᆞ던 穢貊[14]은 聖族의 威靈을 懼ᄒᆞ야 江陵山川을 永離ᄒᆞ엿스며 箕子朝[15]以後에 支那族[16]이 樂浪[17]等地를 暫占ᄒᆞ엿스나 羣雄一喝에 彼가 雙手를 斂ᄒᆞ고 退ᄒᆞ엿스며 高句麗[18]中間에 慕容族[19]이 遼水以東을 突侵ᄒᆞ엿스나 皇威一揚에 彼가 白旗를 竪ᄒᆞ고 降ᄒᆞ엿스며 廣開土王,[20] 文武王[21]이 劍을 摩하매 日本人[22]이 股를 慄ᄒᆞ고 遁伏ᄒᆞ엿스며 乙支文德,[23] 蓋蘇文[24]이 鼓를 鳴ᄒᆞ매 隋唐人[25]이 頭를 抱ᄒᆞ고 乞命ᄒᆞ엿스며 高句麗 百濟[26]가 支那族의 蹂躪을 一被ᄒᆞ엿스나 畢竟渤海,[27] 新羅[28]人이 左右로 道를 分ᄒᆞ야 彼를 遠逐ᄒᆞ엿스며 高麗中世[29]에 契丹[30]의 侵이 有ᄒᆞ엿스ᄂ 彼가 畢竟敗歸ᄒᆞ엿고 蒙古[31]의 禍가 有ᄒᆞ엿스나 彼가 畢竟自滅ᄒᆞ엿스며 高麗末葉에 漢族[32]이 流侵ᄒᆞ엿스나 彼가 畢竟殄滅을 遭ᄒᆞ엿고 倭寇[33]가 橫行ᄒᆞ엿스나 彼가 畢竟掃蕩을 被하엿스며 本朝時代[34]에 至ᄒᆞ야는 野人을 遠征ᄒᆞ야 土地를 廣斥하엿스며 倭亂[35]을 淸掃ᄒᆞ야 國威를 遠揚ᄒᆞ엿나니 如斯히 古來 大韓民族은 民族競爭에 勝利를 必得ᄒᆞ야 大ᄒᆞ면 異族을 伐ᄒᆞ야 國家를 擴張하엿스며 小ᄒᆞ면 異族[36]을 禦ᄒᆞ야 國家를 維持ᄒᆞ야 四千餘載에 大韓山河를 長保ᄒᆞ엿스며 大韓威權을 長揚ᄒᆞ엿스니 嗚乎라 大韓의 民族競爭史[37]는 恥辱的보다 光榮的이 多ᄒᆞ며 悲觀的보다 樂觀的이 多ᄒᆞ도다 此盖大韓民族은 文明[38]의 發達이 早ᄒᆞ며 勇武[39]가 不乏ᄒᆞ며 國粹[40]가 鞏固ᄒᆞᆫ 所以라 今日

에 至하야 비록 墮落이 甚ᄒ고 衰退가 極ᄒ엿슬지라도 오
히려 大韓民族의 精神氣魄은 煌煌히 不滅ᄒ엿나니 此民族
을 威壓으로 逼코져ᄒ며 此民族을 同化로 惑코져ᄒᄂ 者
ㅣ 果然 何等迷見이뇨 嗚乎라 大韓國民同胞여 同胞ᄂ 天이
眷ᄒ 民族이며 同胞ᄂ 光明ᄒ 歷史를 有ᄒ 民族이며 同胞ᄂ
神聖ᄒ 基業을 抱ᄒ 民族이니 今日 彼異族의 橫流를 賭ᄒ고
徒然히 自驚치말며 彼異族의 肆威를 賭ᄒ고 徒然히 自怯지
말고 日로 奮進ᄒ면 最後의 勝利가 畢竟同胞의 手에 歸ᄒ
나니라

『대한매일신보』 1910.05.11

我族의 族名

분야	논설
주제어	我族, 퉁구스족, 扶餘族, 韓族, 朝鮮國, 朝鮮, 支那族, 印度族, 日本族, 同系同祖, 扶餘, 韓, 太白山, 朝鮮人, 我國我人創設의名稱, 紀元的符號, 發達基礎, 雄飛功蹟, 光榮的票幟, 漢族, 凶奴族, 人種, 白種, 黃種, 朝鮮族
인물	檀君

世界에 五大人種[1]이 有ᄒ니 黃, 白, 黑, 銅色, 棕色等種이 是오 其種中에ᄯᅩ 各히 族이 分ᄒ엿ᄉ니 白種[2]中에 伊太利族, 튜톤族, 스라부族等과 黃種[3]中에 漢族,[4] 凶奴族,[5] 通古斯族[6]등이 是라 然ᄒᆫᄃᆡ 我族[7]이ᄯᅩ 黃種中의 一族으로 有民이 二千萬에 達ᄒ고 立國이 四千載에 過하엿ᄉᆞ며ᄯᅩ 我族은 宗派上으로 觀하던지 言語上으로 觀ᄒ던지 習俗上으로 觀ᄒ던지 歷史上으로 觀ᄒ던지 其他何方面上으로 觀ᄒ던지 決코 彼異族의 民이 會ᄒ야 墺地利國民을 團成ᄒ며 彼異種의 民이 合하야 土耳其國民을 團成ᄒᆷ과 如히 支那族[8]의 一部가 來ᄒ며 印度族[9]의 一部가 來하며 日本族[10]의 一部가 來하야 我國民을 團成ᄒᆫ것이아니오 明明白白ᄒ게 固有ᄒᆫ 同系同祖[11]

의 族이 亞細亞東北에 崛起하야 浸浸히 東南으로 發達혼 者라 然則我族도坯혼 一定確立혼 族名이 有홀지어늘 乃者內外國人을 勿論ㅎ고 我族의 名을 稱홈이 甲乙相殊ㅎ야 或曰 日本族이라ㅎ며 或曰通古斯族이라ㅎ며 或曰扶餘族[12]이라ㅎ며 或曰韓族[13]이라ㅎ야 十人이 言에 十人이 不同ㅎ니 噫라 此도坯혼 我國民의 一羞恥로다 然則我族의 名을 果然何라 稱홈이 可홀싯 彼日本族通古斯族等의 誤稱은 辨論을 不待하고 可明혼 者오坯 夫餘[14]는 上世我族北部의 舊稱인즉 少可홀쏫ㅎ나 然이나 此는 我族의 全部를 代表홀 者아니며坯 韓[15]은 已往我族南部(三韓)의 舊稱인즉坯혼 少可홀쏫ㅎ나 此도 我族의 全部를 代表홀 者아니라 我大皇祖檀君[16]이 太白山[17]에 駕를 下ㅎ샤 我族의 國을 曰朝鮮國[18]이라ㅎ시며 我族의 人을 曰朝鮮人[19]이라ㅎ셧스니 此朝鮮[20]二字는 足히 我族의 全部를 代表홀지오坯 此뿐아니라 (一)我國我人創設的名稱[21]의 紀元的符號[22]도되고 (二)我族의 發達基礎[23]를 首開ㅎ며 我族의 雄飛功蹟[24]을 方揚혼 光榮的票幟[25]도될지니 故로 余는 我族의 族名을 稱ㅎ야 曰朝鮮族[26]이아ㅎ노라

『대한매일신보』 1910.05.15

韓國宗敎界의 將來

분야	▌논설
주제어	▌宗敎, 人類社會, 禮, 國家政治, 世道敎化, 德化風氣, 國運隆替, 國粹, 眞理, 國敎, 實力, 韓國固有

挽近韓國內名曰宗敎界의 形形色色派派種種홈은 一般共知 ᄒᆞᄂᆞᆫ바ㅣ오 且本報에도 或警告或贊揚을 與ᄒᆞ엿거니와 大抵 宗敎[1]라홈은 吾人類社會[2]에 關ᄒᆞᆫ 原則의 大問題라 其一方面의 觀察로 優劣高下를 敢히 論斷ᄒᆞ기ᄂᆞᆫ 難ᄒᆞ나 古人이 有言호 ᄃᆡ 禮[3]의 損益을 見ᄒᆞ야 十世를 可知라ᄒᆞ엿스니 此ᄂᆞᆫ 禮가 國 家政治[4]와 世道敎化[5]에 何如ᄒᆞᆫ 關係를 有홈을 謂ᄒᆞᆫ지라 然則宗 敎라홈은 社會의 內部를 組成ᄒᆞ야 互相表裏의 關係를 有ᄒᆞᆫ 지라 內으로 德化風氣[6]를 裨益扶植ᄒᆞ며 外으로 國運隆替[7]를 致 生케ᄒᆞᄂᆞ니 眞所謂人에 在ᄒᆞ야ᄂᆞᆫ 腦髓오 國에 在ᄒᆞ야ᄂᆞᆫ 國粹[8] 라하야도 過言이아니라 歷史에 照ᄒᆞ야 見홀지라도 何如ᄒᆞᆫ 國은 宗敎로 由ᄒᆞ야 亡ᄒᆞ고 何如ᄒᆞᆫ 國은 宗敎로 因ᄒᆞ야 興홈

이 昭然호나니 實노 爲政家와 愛國者의 汎然看過호야 他行怪
好事者流의 無憚逞詐호며 無知沒覺者輩의 速信盲從에 放任
홈이 不可호도다 肆以로 我一般同胞의 取捨從否에 便을 供호
기 爲호야 玆에 一論을 更加호노니 大凡宗敎도 吾人類社會에
셔 組織호 一物이라 其眞理[9]의 內容은 與世俱存홀지라도 其
形式의 存在은 時代를 隨호야 變更되며 且變更홀 必要가 有
호나니 然則韓國今日에 在호야도 寧히 斯民國을 罔棄홀진딕
已어니와 苟히 不然코져홀진딕 政治社會와 萬般制度의 更張
되는 同時에 宗敎도 改革될것이오 且改革홀 必要도 有호며
又事實에도 已現호지라 今에 其別別의 細名稱을 枚數호기는
不遑호나 余의 觀察호바 卽政治方面으로 言홀진딕 大略四種
에 區分홀수가 有호니 (一)韓國近世에 國敎[10]로써 指定하엿
던것 (二)韓國現狀에 特立不依호야 能히 時勢에 對抗홀 實力[11]
과 或은 對抗호리라 謂호는 影響이 有호것 (三)韓國에 對호
야 優勝勢力을 占有호 者卽某國에셔 布及又는 奬勵호는것
(四)韓国固有[12]의 敎로 久히 政治上打擊을 受호야 明滅호다가
近히 愛國者의 闡明을 因호야 復興호것이 卽是이라 下에 次
第로 論評하깃노라 (未完)

주 9 眞理
10 國敎
11 實力
12 韓國固有

『대한매일신보』 1910.05.17

韓國宗敎界의 將來 (續)

분야	논설
주제어	韓國近世, 儒佛仙, 國敎, 耶蘇敎, 博愛, 平等, 宗敎, 儒敎, 韓國佛敎, 高麗, 賤佛政策, 崇儒國典, 鎖國時代, 專制政治, 階級社會, 尙古主義, 孔子敎, 大成敎, 大同敎, 太極敎, 國權回復, 新知識, 新文明, 慕華心, 國粹

一, 何如흔 宗敎[1]를 勿論ᄒ고 一國에셔 國敎[2]로 定ᄒ야 百年以上을 行흔 者ㅣ면 其國에셔 所謂上流人이라 稱ᄒᄂ 部類가 悉히 敎徒를 化作ᄒᄂ니 其勢力의 强大홈은 定흔 事라 韓國近世[3]에 在ᄒ야도 卽儒敎[4]ㅣ니 自來韓國敎界를 言ᄒᄂ 者ㅣ 必稱儒佛仙[5]三者라 云ᄒ나 韓國佛敎[6]의 全盛時代卽高麗[7]末運에 至하야 其久行積弊로 僧侶의 橫恣를 致홈으로 隨하야 李朝에 入ᄒ야 賤佛政策[8]을 斷行ᄒᄂ 同時에 崇儒國典[9]이 是擧흔지라 自來五百餘年에 德化의 波及흔 恩澤이 不少ᄒ엿스나 其方法이 多種의 制度를 包有ᄒ야 鎖國時代[10]의 專制政治[11]와 階級社會[12]와 尙古主義[13]로더부러 兩兩相符흔 者ㅣ오 ᄯ 其時代의 遺物이라 決코 現今時代現今社會에 適合치

아닐뿐아니라 反히 害가될 慮가 有ᄒᆞ거날 近히 此敎에 系
ᄒᆞᆫ 者ㅣ 多出ᄒᆞ니 曰孔子敎[14]曰大成敎[15]曰大同敎[16]曰太極敎[17]等
이라 其趣旨가 聖人을 尊奉ᄒᆞᆷ은 甚히 嘉尙ᄒᆞ나 其目的이 果
然國粹[18]保全ᄒᆞᆷ에 在ᄒᆞᆫ가 國權回復[19]ᄒᆞᆷ에 在ᄒᆞᆫ가 抑或新知識
輸入ᄒᆞᆷ에 在ᄒᆞᆫ가 其結果가 畢竟階級社會를 維持尙古主義를
繼續ᄒᆞᆷ에 不過ᄒᆞᆯ지니 此ᄂᆞᆫ 吾儕의 不取ᄒᆞᆯ바오 二, 何如ᄒᆞᆫ
國을 勿論ᄒᆞ고 一國이 他一國의게 政治上壓迫을 受ᄒᆞᄂᆞᆫ 時
에ᄂᆞᆫ 百般의 困縮을 幷受ᄒᆞ야 人民으로ᄒᆞ야금 歸依ᄒᆞᆯ 處를
不知ᄒᆞᄂᆞᆫ지라 玆에 際ᄒᆞ야 苟히 此에 對抗ᄒᆞᆯ 力이 少有ᄒᆞᆫ
處이면 眞所謂爲業驅雀의 勢로 民衆의 歸處를 作ᄒᆞ깃거늘
而況耶蘇敎[20]와 如ᄒᆞᆫ 等은 其感化의 力이 他敎보담 優越ᄒᆞᆯ
뿐아니라 其主義ᄂᆞᆫ 博愛[21]ㅣ며 其制度ᄂᆞᆫ 平等[22]이오 其方法
은 每年數百萬圓의 多額을 費ᄒᆞ야 新知識[23]新文明[24]을 兼爲輸
入ᄒᆞ나니 그 韓國國家民族의 利益될 者ㅣ 무엇이 此에 過ᄒᆞᆯ
것이 有ᄒᆞ이오 且今日에 處ᄒᆞ야 韓國民의 程度方面으로 觀
ᄒᆞᆯ지라도 世界的知識을 輸入ᄒᆞ며 文明的思想을 涵養ᄒᆞᆯ 路
를다시 何에 求ᄒᆞ리오 論者ㅣ 或以爲호ᄃᆡ 宗敎ᄂᆞᆫ 人의 頭
腦와 精神을 無形間에 感化變幻케ᄒᆞ나니 今以耶蘇敎로 言
之라도 歐米人의 手를 經ᄒᆞ야 來ᄒᆞᆫ 者이며 且彼等이 熱心盡
力ᄒᆞ야 出資宣布ᄒᆞᆷ을 見ᄒᆞᆯ지라도엇지 今世에 人의 國을 爲
ᄒᆞ야 若是ᄒᆞᆯ 者ㅣ 有ᄒᆞ리오하야 疑端을 還懷ᄒᆞ나니 此ᄂᆞᆫ
自來韓國人의 慕華心[25]이 儒敎傳來에 基因ᄒᆞ엿다ᄂᆞᆫ 餘劫이
오 又該敎의 本領卽博愛의 義를 未解ᄒᆞᆫ 所致라ᄒᆞ노라 從前

韓國人의 慕華心은 他政治, 文學, 歷史及地理等諸關係로 由홈이오 單히 儒敎의 所使가아니며 且設或論者의 言과굿치 歐米人이 各其自利의 心으로 熱心力布ᄒ다홀지라도 韓人은 其自利心을 迎合共同ᄒ야 利를 韓國方面에 取홀진ᄃᆡ 彼의 自利心이 何妨이 有하리오 (未完)

『대한매일신보』1910.05.18

韓國宗敎界의 將來 (續)

분야	논설
주제어	淨土宗, 蒙古大帝國, 檀君敎, 天道敎, 宗敎權, 蒙古人, 國權, 喇嘛敎, 天照敎, 神宮奉敬會, 神道神理敎, 侍天敎, 敬天敎, 國性, 正學, 白學, 南學, 民氣, 新知識, 自國性
인물	누르하치(努爾哈赤)

三, 何如ᄒᆞᆫ 時代를 勿論ᄒᆞ고 甲國이 乙國에 對ᄒᆞ야 優勝地位를 占得ᄒᆞ고 因하야 永遠히 其勢力範圍內에 置코져홀진딘 軍權, 財權, 法權等과 如ᄒᆞᆫ 者即凡稱國權[1]을 先히 其掌握中에 收攬ᄒᆞ고 次에ᄂᆞᆫ 必히 其國宗敎權[2]을 操縱ᄒᆞ야 一方面으로 其民心으로하야금 自國을 崇拜케ᄒᆞᄂᆞᆫ 同時에 他方面으로 國性[3]民氣[4]를 沒却懦弱케ᄒᆞ나니 一例를 擧ᄒᆞ야 言ᄒᆞᆯ지라도 蒙古人[5]은 世界에 無敵의 强悍族이러니 愛新覺羅氏[6]가 支那에 入帝ᄒᆞᆫ 後累百萬兩에 銀을 出ᄒᆞ야 喇嘛敎[7]를 同地域內에 布及홈을 因ᄒᆞ야 遂히 蒙古大帝國[8]으로ᄒᆞ야금 永遠히 淸國羈絆을 不脫ᄒᆞ고 蒙古人族의 懦弱不振홈이 今日에 至ᄒᆞᆫ지라 然而最近韓國內에 淨土宗[9]을 派出ᄒᆞ며 社院寺刹을 大建築ᄒᆞ

주	1	國權
	2	宗敎權
	3	國性
	4	民氣
	5	蒙古人
	7	喇嘛敎
	8	蒙古大帝國
	9	淨土宗
인	6	누르하치(努爾哈赤)

며 某學會를 設立케ᄒ며 某教會를 助勢케ᄒ며 其他天照教[10]
이니 神宮奉敬會[11]이니 神道神理教[12]이니 侍天教[13]이니 敬天教[14]
이니ᄒᄂ 等名稱으로 小詐모를 敢售ᄒ야 蟆蛤化孵의 術로
韓民을 誘引홈이 其方이 千萬이어늘 噫라 韓民同胞여 無知盲
從者ᄂ 不足加責이어니와 稍히 知者로 自處ᄒᄂ 者도 小利
의 或望으로 隨嗅蠅을 忍作ᄒ니 其或望도 不得ᄒ려니와쟝ᄎ
國家將來에엇지ᄒ고 窃히 同胞를 爲ᄒ야 痛惜ᄒ며 極히 同
胞를 爲ᄒ야 哀歎ᄒ노라 四, 現今은 古昔과 異ᄒ야 各科學의
發達되ᄂ 同時에 其利用方法을 發見ᄒ엿고 宗教도 原理以外
에 國家社會에 何如ᄒ 關係가 有홈을 發見ᄒ지라 今에 慧眼
을 一縱컨딘 某教ᄂ 支那로 來ᄒ엿고 某教ᄂ 印度로 自하엿
고 某教ᄂ 歐米를 經ᄒ엿스니 苟히 國이 國된 以上에ᄂ 固有
의 國性으로 由ᄒ 國教가 無치못ᄒ리라ᄒ야 或舊蹟을 硏究
ᄒ며 或新理를찬 得ᄒ야 教稱을 命名ᄒ며 教門을 創設ᄒ나
니 此系에 屬ᄒ 者ᄂ 曰檀君教[15]曰天道教[16]等이 是라 其他曰正
學[17]이니 曰白學[18]이니 曰南學[19]이니ᄒᄂ 別部名稱을 聞ᄒ엿
스나 各種邪說에 不過ᄒ기로 詳論ᄒᆯ 價値가 無ᄒ지라 結論
以上略擧홈과 如히 韓國宗教界의 現象이 若是複雜ᄒ야 不過
一千萬人口內에 宗教가 凡數十種이니 比컨딘 一身體에 對ᄒ
야 數十의 腦髓를 有홈과 無異ᄒ지라 將次何에 從ᄒ여야 此
身體를 健全히 保有ᄒᆯ고 蔽一言ᄒ고 今日現狀에 際ᄒ 韓民에
在ᄒ야 吾儕의 希望ᄒ고坐 懇勸하ᄂ바ᄂ 新知識[20]輸入과 自國
性[21]保存에 其重點을 置홀진져 (完)

『대한매일신보』 1910.06.25

無聲의 軍器

분야	논설
주제어	實力, 百濟, 安市城, 軍器, 知彼知己, 優勝劣敗, 唐兵, 隋兵, 薩水, 唐帝, 契丹, 龜城, 紅巾賊, 閑山島, 倭兵, 戰爭, 團合力
인물	金庾信, 乙支文德, 梁萬春, 姜邯贊, 安祐, 李舜臣, 權慄

有聲혼 軍器[1]는 知彼知己[2]호는 道가 有호거니와 無聲혼 軍器는 難測難辨호는 理가 有호니 有聲혼 軍器는 足히 畏홀바 ㅣ 無호나 無聲혼 軍器는 可히 畏홀바 ㅣ 有호다호노니 無聲혼 軍器는 海外에 無聲銃과 無聲砲가아니라 聽호야도 聞치못호고 視호야도 見치못호는 一種軍器가 有호니 人人마다 意馬가 成陣호고 舌劍을 自磨호면 萬軍의 威로도 難奪홀것이오 萬牛의 力으로도 難回홀지니 放호면 六合에 彌호고 捲호면 一身에 藏호야 其大도 無窮호고 其强도 難屈호리로다 優勝劣敗[3]호는 時代를 當호야 競爭호는 力이 各生홀지니 政治界에도 競爭이 生호고 敎育界에도 競爭이 生호고 農業界에도 競爭이 生호고 商業界에도 競爭이 生호고 工業界에도

㈜ 1 軍器
2 知彼知己
3 優勝劣敗

競爭이 生ᄒ야 堂堂ᄒ 赤幟를 樹立ᄒ고 一步로 齊進ᄒ야 此强彼弱이 陣疊가 相對ᄒ야 金庾信[4]의 唐兵[5]을 聯合ᄒ야 百濟[6]를 討滅ᄒ던 籌策과 乙支文德[7]의 隋兵[8]三十餘萬을 薩水[9]上에 大破ᄒ던 勇力과 梁萬春[10]의 安市城[11]을 八旬을 固守ᄒ고 唐帝[12]◆ 擊退ᄒ던 手段과 姜邯贊[13]의 契丹[14]兵二十萬을 龜城[15]에셔 大破ᄒ야 匹馬도 返ᄒ 者ㅣ 無케ᄒ던 智略과 安祐[16] 等의 紅巾賊[17]數十萬을 討平ᄒ야 京都를 回復ᄒ던 雄韜와 李忠武[18]의 閒山島[19]에셔 百萬倭兵을 一時에 剿滅ᄒ던 氣慨와 權慄[20]의 素沙와 楊花渡에셔 數萬倭兵[21]을 鏖盡無餘ᄒ던 壯略으로 所向無敵ᄒ야 百戰百勝ᄒ 妙策을 揣摩ᄒ야 一大戰爭을 設ᄒ고 無聲의 軍器를 使用ᄒᄂ딕 此戰爭[22]은 兵力의 戰爭이아니라 實力의 戰爭인즉 實力이 無ᄒ 國은비록 數千軍艦과 十萬甲士와 千門大砲가 有ᄒ지라도 深源이 無ᄒ 水와 如ᄒ야 孫吳가 爲將ᄒ고 管樂이 爲謀라도 畢竟은 勝捷ᄒ 計策이 無ᄒ지니 엇지 畏겁ᄒ바이 有ᄒ리오 可畏ᄒ 者實力이 有ᄒ 國이니 實力[23]은 何處에셔 生ᄒᄂ고 今我同胞가 國家思想을 腦髓에 注入ᄒ고 各其義務를 固守ᄒ야 政治家에셔도 國家義務를 負擔ᄒ고 敎育家에셔도 國家義務를 負擔ᄒ고 農業家에셔도 國家義務를 負擔ᄒ고 商業家에셔도 國家義務를 負擔ᄒ고 工業家에셔도 國家義務를 負擔ᄒ야 人人이 實力을 養成ᄒ면 團合力[24]이 自然히 鞏固ᄒ야 人人是 金庾信이오 人人是 乙支文德이오 人人是 梁萬春이오 人人是 姜邯贊이오 人人是 安祐오 人人是 李忠武오 人人是 權慄의 智略을 抱有ᄒ면

我韓의 地土가 雖少ᄒ고 人衆이 雖寡ᄒ나 井井ᄒ 陣과 飄飄
ᄒ 旗로 一敵萬人ᄒᄂᆫ 氣勢가 有ᄒ야 天下에 號令ᄒ며 英美
의 富도 足히 抵敵홀것이오 法德의 강도 足히 抵敵홀것이니
同胞의 精神으로 獨立旗 基礎를 建築ᄒ고 一心齊力으로 萬
口가 和附ᄒ야 火의 投ᄒ야도 齊進ᄒ고 水의 入ᄒ야도 齊進
ᄒ야 滄海◆帶로 有如히 爲心ᄒ야 一體를 團成ᄒ면 獨立을
主唱ᄒᄂᆫ 日에 凱歌를 奏ᄒ리라ᄒ노라

잡지

『공수학보』

『대한자강회월보』

『서우』

『태극학보』

『야뢰』

『대동학회월보』

『대한학회월보』

『대한협회회보』

『서북학회월보』

『대한흥학보』

『공수학보』 1907.07.31

日土韓族　　朴有秉

분야	▌역사
주제어	▌檀君祭, 望闕禮, 壬辰倭亂, 大和種族, 四千年, 陶工, 韓語, 處韓, 衣韓, 語韓, 食韓
인물	▌李舜臣, 檀君, 朝鮮宣祖, 豊臣秀吉, 小西行長, 加藤淸正

處日之土ᄒ고語日之言ᄒ며服日之衣ᄒ고食日之穀ᄒ며籍參于彼ᄒ고臣稱于彼ᄒ니孰不曰非日人耶아每逢佳節에倍懷祖國ᄒ야東望五千里外太白之雲ᄒ고遙哭四千年[1]前檀君[2]之靈ᄒ니胡曰無韓國國性耶아然則曷其然乎아必有故也즉吾將叙之ᄒ리라我處日之土ᄒ고語日之言ᄒ며服日之衣ᄒ고食日之穀ᄒ며籍參于彼ᄒ고臣稱于彼ᄒ니孰不曰非日人耶아每逢佳節에倍懷祖國ᄒ야東望五千里外太白之雲ᄒ고遙哭四千年前檀君之靈ᄒ니胡曰無韓國國性耶아然則曷其然乎아必有故也즉吾將叙之ᄒ리라我宣祖[3]大王時에有名ᄒ壬辰役[4]은世人의明記ᄒᄂ바어니와쎠에日將平秀吉(日本云豊臣秀吉[5])이小西飛(小西行長)[6]와淸正(加藤淸正)[7]等으로百萬大兵을率ᄒ고南北

을貫橫ᄒᆞ지라大段이悚懼ᄒᆞ더니皇天이眷顧ᄒᆞ샤千古名將을
降生ᄒᆞ샤三八(三兆八億)의敵兵을一時에剿平케ᄒᆞ시니忠義
가堂堂ᄒᆞ야日月로幷光ᄒᆞ고風威가凛凛ᄒᆞ야敵兵이落膽ᄒᆞᆫ當
時全羅友水軍節度使**忠武公**[8]이非其人耶아公이數西艦隊로巨
濟洋에셔激戰大破之ᄒᆞ고坐乃梁陸에셔鬪敵全滅之ᄒᆞ야閑山
嶋에出屯ᄒᆞ야餘賊의糧道를杜絶ᄒᆞ니由是로聲息을莫通ᄒᆞ야
僵者倒者와餓者莩者가積尸凌山ᄒᆞ니於是에計窮力盡ᄒᆞ야塞
馬卹卒로倍日東走ᄒᆞ다가噫彼殘兵이凶暴心腸으로我韓同胞
十數男女를强虜載歸ᄒᆞ니可笑라敗軍之將이焉有俘虜之計아
此時我韓은文化가燦然ᄒᆞ야百工이巧麗ᄒᆞᆫ즁特이**陶工**[9]의發達
이爲彼健慕라我韓의陶器制度를模倣ᄒᆞᆯ目的인故로被虜諸子
는곳陶工學士러라噫라嗜棗嗜桃가非其種也며采葑采菲가非
以下體라厥輩가韓陶의製方만吸收ᄒᆞ고哀彼韓種은不啻投之
局外라加之以種種酷策ᄒᆞ며制之以別別苛法ᄒᆞ야虐待가無雙
에慘狀이莫甚ᄒᆞ니嵐雨瘴風이非我陸也오憪性慘習이非我種
也라棄痳之中에孑艾難茁이라耿耿駸駸에幾乎無遺러니一夫
一拳地大呼曰汝等은堤上의慘殺과土仁의被虜를莫思아不禮
無義ᄂᆞᆫ不可近也라ᄒᆞ고同盟을締結ᄒᆞ야曰冠婚喪祭를自我同
種ᄒᆞ고慶弔休戚을自我同族이라ᄒᆞ야**大和種族**(大和卽日本)[10]
五千萬中에別作韓人世界ᄒᆞ니猗歟偉歟라歐亞에無例로다於
焉間風霜이屢改에人口가漸殖ᄒᆞ야至今은戶可百餘오人可千
數라(現住日本九州의鹿兒嶋)尙今토록一年一次式**檀君祭**[11]와
望闕禮[12]를執行ᄒᆞ고呼父呼母ᄂᆞᆫ**韓語**[13]로ᄒᆞ며故國情話로戀戀

『공수학보』 1907.10.30

我國의 銅製活字發明　　林大奎

분야	역사
주제어	龜船, 筒儀, 仰釜, 日晷日星, 定時儀, 自擊漏, 測雨器, 諺文, 壬辰倭亂, 東西洋文明之祖, 渾儀, 北極之高度
인물	朝鮮太宗, 高麗恭讓王, 구텐베르크(Johannes Gutenberg), 朝鮮世宗, 鄭招, 鄭麟趾, 申叔舟, 成三問
기관/조직	書籍院, 鑄字所, 諺文局
레퍼런스	百官志, 시카고日曜新聞

開國十二年太宗[1]祖三年에始置鑄字所[2]ᄒ고鑄活字數十萬ᄒ야以印行書籍ᄒ니此銅製之鑄字ᄂ實我國之所創造者라 (按)百官志[3]에云活字板은高麗恭讓王[4]四年(卽開國元年)에置書籍院[5]ᄒ고以鑄字로印刊書籍이라ᄒ니發明이旣久오以隣邦考之則支那之宋時에雖有膠泥活字ᄂ字體ㅣ旣不整精ᄒ야不足可論이오日本則最近에僅有木製之活字ᄒ고西洋則與我約同時發見ᄒ니西曆一四〇〇年(卽開國九年)에創設印刷活版機云 (發明者ᄂ쑤텐쎌크라[6]ᄒ니可想我國文明之一般이로다世宗[7]大王時에命鄭招[8]鄭麟趾[9]等ᄒ샤製大小筒儀,[10] 渾儀,[11] 仰釜,[12] 日晷日星,[13] 定時儀,[14] 自擊漏[15]ᄒ고又以銅으로製測雨器[16]ᄒ샤頒賜諸道ᄒ야使測雨量ᄒ시고又遣歷官於白頭漢拏等高山ᄒ야使量

北極之高度[17]호시니라 世宗大王廿五年에開諺文局[18]於禁中호고命鄭麟趾, 申叔舟,[19] 成三問[20]等호샤完造諺文[21]호시니라 「壬辰年韓日」戰爭[22]時에海戰大勝利를奏혼龜船[23]은鐵板으로써包船을如龜甲호야以當日本之木造船故로能奏奇效호니此是世界最古之鐵甲艦也라故로朝鮮人은實甲鐵艦創造者也라[시카고日曜新聞所載][24]以此觀之호면吾大韓은誠東西洋文明之祖[25]也라曷嘗有乏才之款也리오마但無以繼述成功者호니此所恨也로다

『대한자강회월보』 1906.07.31

國朝故事 南嵩山人 張志淵

분야	역사
주제어	三韓, 支那歷史, 世系年紀, 高麗, 釋子緇徒, 荒誕詭異, 上古, 東史古記
인물	檀君, 箕子
레퍼런스	三國史記, 三國遺事
레퍼런스 저자	金富軾

我國이 上古[1] 時代ᄂᆞᆫ 幽遠荒邈ᄒᆞ야 文獻을 徵稽ᄒᆞ기 甚難
ᄒᆞᆫ지라. 檀君[2]은 尙矣어니와 箕子[3] 以來로 四十二代 九百二十
九年之間에 其 世系年紀[4]와 政治 制度가 燦然히 可觀이 必有
ᄒᆞ깃거늘 史牒이 皆蕩然掃地ᄒᆞ야 考據가 無從ᄒᆞ고 三韓[5]의
蹟은 或 支那歷史[6]에 間見ᄒᆞ나 ᄯᅩᄒᆞᆫ 疑信이 頗多ᄒᆞ며 我國人
의 記述ᄒᆞᆫ 者ᄂᆞᆫ 惟 高麗[7]時에 金富軾[8]의 三國史[9]가 最히 近古ᄒᆞ
나 ᄯᅩᄒᆞᆫ 疎略을 未免ᄒᆞ고 東史古記[10]라. 三國遺事[11]라 ᄒᆞᄂᆞᆫ 類
ᄂᆞᆫ 皆 釋子緇徒[12]의 手로 從出ᄒᆞᆷᄋᆞ로 荒誕詭異[13]의 說이 甚多
ᄒᆞ야 反히 後人의 疑點을 起케ᄒᆞ니 엇지 慨惜치 안이ᄒᆞ리
오. 雖然이나 此 數種의 文字가 곳 我國의 最久ᄒᆞᆫ 古物이라
吾人은 當然히 寶玩과 如히 珍惜ᄒᆞᆷ이 可ᄒᆞ도다.

『서우』 1907.01.01

我東古事

분야	역사
주제어	朝鮮, 馬韓, 方言, 箕子廟, 井田之制, 八條之法, 洪範九疇
인물	張華, 箕子, 衛滿, 朝鮮世宗, 箕準, 郭永錫, 鄭文, 卞季良, 高麗肅宗, 周武王, 孔子, 周文王, 朝鮮太宗, 李菜
레퍼런스	東史寶鑑, 山海經, 揚雄方言, 東表

東史寶鑑[1]에 曰 朝鮮[2]의 音은 潮汕이니 因水爲名이라 ᄒ고 又 云鮮은 明也ㅣ니 東表[3]는 曰出鮮明故로 名 朝鮮이라ᄒ고 山海經[4]에 曰 朝鮮이 在列陽이라 ᄒ고 揚雄方言[5]에 云 朝鮮洌水間이라 ᄒ고 張華[6] 曰 朝鮮에 有泉水洌水汕水三水ᄒ야 合爲洌水ᄒ니 樂浪朝鮮이 取名於此라 ᄒ니라. 箕子[7]의 四十一代孫武康王[8] 箕準[9]이 避衛滿[10]ᄒ야 南至金馬郡ᄒ야 建國號馬韓[11]이라 ᄒ니 韓之國名이 始於此라. 方言[12]에 韓者는 一大之義니 取其音而名之曰韓이라 ᄒ니라.

箕子琴操

天乎天哉欲負石投河嗟復嗟奈社稷何 元末에 中書檢校郭永錫[13]이 來ᄒ야 報聘ᄒ고 還至平壤ᄒ야 題箕子墓詩ᄒ니何事

伴狂被髮爲欲將殷祚獨扶持去之只爲身長潔諫死誰嗟國已危
魯土一丘松栢在忠魂萬古鬼神知晚來立馬朝鮮道髣髴猶聞麥
穗詩

箕子廟[14]

箕子廟는 高麗 肅宗[15]十年에 駕幸西京ᄒ실時에 政堂文學 鄭
文[16]이 建議立祠ᄒ야 祭以中祀러니 本朝世宗[17]大王 十二年 庚
戌에 立碑ᄒ시고 命儒臣卞季良[18]ᄒ사 撰其文ᄒ시니 文曰歲
在戊申夏四月甲子　國王殿下傳旨若曰昔周武王[19]克殷封殷太
師于我邦遂其不臣之志也吾東方文物禮樂侔擬中國迄今二千
餘祀惟箕子之敎是賴顧廟宇隘陋不稱瞻式我　父王嘗命重營予
承厥志而督之今告成矣宜刻諸石以示永久史臣其文之臣季良[20]
承命祇栗不敢辭臣窃惟孔子[21]以文王[22]箕子竝列於易象又稱爲
三仁則箕子之德不可得而贊也思昔禹之平水土也天錫洪範彝
倫敍의　然其說未甞一見於虞夏之書歷千餘年至箕子而始發向
非箕子爲武王而陳之則洛書天人之學後之人何從而知之箕子
之有功於斯道也豈偶然哉箕子者武王之師也武王不以封於他
方而于我朝鮮朝鮮之人朝夕親炙君子得聞大道之要小人得蒙
至治之澤其化至於道不拾遺此豈非天厚東方畀之仁賢以惠斯
民而非人之所能及也耶井田之制[23]八條之法[24]炳如日星吾邦之
人世服其敎後之千祀如生其時愀然對越自有不能已者矣洪惟
我恭定大王[25]聰明稽古樂觀經史而我殿下以天縱睿智之姿緝熙
聖學其於洪範九疇[26]之道盖有神會而心融者矣所以作之述之以
致其崇德報功之典者出於至誠實非前代帝王所可得而儷也卿

士若民相率而起是訓是行近天子之耿光而得與敷錫之福也無
疑矣於戲盛哉凡爲屋若干置田以供粢盛復戶以應灑掃命府尹
以謹享祀廟宮之事盖無憾矣臣季良不勝感激謹拜手稽首而獻
銘銘曰嗚呼箕子文王爲徒允也洪範帝訓是敷匪直師殷賓師武
王殷棄以亡周訪以昌大哉天下身佩安危歟其東來天其我私以
敎以治八條其章孰愚不明孰柔不强漢書稱美道不拾遺俾夷爲
華唐有其碑亹亹我王光紹絶學心契其理躬行其法旣作乃述祠
宇翼翼有峙其位神御攸寧歲時 享祀克敬克誠嗟嗟小臣潛心遺
經今承王命稽首撰銘盛德之光彌萬億齡

『서우』 1907.01.01

국어와 국문의 필요

분야	▌한글
주제어	▌국어, 국문, 한문, 일본 가나(假名), 우리나라 정음(正音), 편리함,
	인종, 영어, 일어, 문법, 독본
인물	▌朝鮮世宗

대져 글은 두가지가 잇스니 ᄒᆞ나흔 형상을 표ᄒᆞᄂᆞᆫ 글이
오 ᄒᆞ나흔 말을 표ᄒᆞᄂᆞᆫ 글이라. 대개로만 말ᄒᆞ면 형상을
표ᄒᆞᄂᆞᆫ 글은 녯젹 덜 열닌시ᄃᆡ에 쓰던 글이오 말을 표ᄒᆞᄂᆞᆫ
글은 근릭열닌 시ᄃᆡ에 쓰ᄂᆞᆫ 글이라. 그러나 형상을 표ᄒᆞᄂᆞᆫ
글을 지금ᄭᅵ지 쓰ᄂᆞᆫ 나라도 젹지 아니ᄒᆞ니 지나(支那) 한문[1]
ᄀᆞ흔 글들이오 그 외는 다 말을 긔록ᄒᆞᄂᆞᆫ 글들인ᄃᆡ 의국
(伊國) 법국(法國) 덕국(德國) 영국(英國) 글과 일본 가나(假名)[2]
와 우리나라 정음(正音)[3] ᄀᆞ흔 글 들이라. 대개 글이라 ᄒᆞᄂᆞᆫ 거
슨 일을 긔록ᄒᆞ여 내ᄠᅳᆺ을 남의게 통ᄒᆞ고 남의 ᄠᅳᆺ을 내가 알
고져 ᄒᆞᄂᆞᆫ 것ᄲᅵ이라 물건의 형상이나 형상 업ᄂᆞᆫ ᄠᅳᆺ을 구별
ᄒᆞ여 표ᄒᆞᄂᆞᆫ 글은 말 외에 ᄯᅡ로 배호ᄂᆞᆫ 거시오 말을 표ᄒᆞᄂᆞᆫ

㊔ 1 한문
2 일본 가나(假名)
3 우리나라 정음(正音)

글은 이왕 아는 말의 음을 표ᄒᆞᄂᆞᆫ 거시라.

이럼으로 형상을 표ᄒᆞᄂᆞᆫ 글은 일 ᄒᆞᆫ가지가 더ᄒᆞ여 그 글을 빈ᄒᆞᄂᆞᆫ 거시 타국 말을 빈ᄒᆞᄂᆞᆫ 것과 ᄀᆞᆺ치 셰월과 힘이 혜비될 ᄲᅮᆫ 아니오 텬하 각죵 물건의 무수ᄒᆞᆫ 일홈과 각식 ᄉᆞ건의 무수ᄒᆞᆫ 뜻을 다 각각표로 구별ᄒᆞ여 그림을 만달매 글ᄌᆞ가 만코 ᄌᆞ획이 번다ᄒᆞ여 빈ᄒᆞ고 닉히기가 지극히 어려오나 말을 표ᄒᆞᄂᆞᆫ 글은 음의 십여가지 분별만 표ᄒᆞ여 돌녀씀으로 ᄌᆞ획이 젹어 빈ᄒᆞ기와 닉히기가 지극히 쉬을 ᄲᅮᆫ 아니라. 닑으면 곳 말인즉 그 뜻을 알기도 말 듯ᄂᆞᆫ 것과 ᄀᆞᆺ고 지어쓰기도 말 ᄒᆞᄂᆞᆫ 것과 ᄀᆞᆺᄒᆞ니 그 편리ᄒᆞᆷ[4]이 형상을 표ᄒᆞᄂᆞᆫ 글 보다 몃비가 쉬을 거슨 말ᄒᆞ지 아니ᄒᆞ여도 알지라

또 이디구샹 류디가 텬연으로 구획되여 그 구역안에 사ᄂᆞᆫ ᄒᆞᆫ셜기 인죵[5]이 그 풍토의 품부ᄒᆞᆫ 토음에 뎍당ᄒᆞᆫ 말을 지어쓰고 또 그말 음의 뎍당ᄒᆞᆫ 글을 지어쓰ᄂᆞᆫ 거시니 이럼으로 ᄒᆞᆫ 나라에 특별ᄒᆞᆫ 말과 글이 잇ᄂᆞᆫ 거슨 곳 그 나라가 이 셰상에 텬연으로 ᄒᆞᆫ목 ᄌᆞ쥬국 되ᄂᆞᆫ 표요 그 말과 그글을 쓰ᄂᆞᆫ 인민은 곳 그 나라에 쇽ᄒᆞ여ᄒᆞᆫ 단톄되ᄂᆞᆫ 표라 그럼으로 남의 나라흘 ᄲᅢ앗고져 ᄒᆞᄂᆞᆫ 쟈ㅣ 그 말과 글을 업시ᄒᆞ고 제 말과 제 글을 ᄀᆞᄅᆞ치려ᄒᆞ며 그 나라흘 직히고져ᄒᆞᄂᆞᆫ 쟈ᄂᆞᆫ 제 말과 제 글을 유지ᄒᆞ여 발달코져 ᄒᆞᄂᆞᆫ 것은 고금텬하 사긔에 만히 나타난 바라 그런즉 내 나라 글이 다른나라만 못ᄒᆞ다 흘지라도 내나라글

을 슝상ᄒ고 잘 곳쳐죠흔 글이 되게흘 거시라.

우리반도에 틱고젹 ㅂ터 우리반도 인죵이 ᄯ로 잇고 말이 ᄯ로 잇스나 글은 업더니 지나를 통훈후로 한문을 일삼다가 아죠 **세죵대왕**[6]ᄭᅴ셔 지극히 밝으샤 각국이 다 그나라글이 잇셔 그 말을 긔록ᄒ여 쓰되 홀노 우리나라는 글이 완젼치 못흠을 개탄ᄒ시고 국문을 교졍ᄒ샤 즁외에 반포ᄒ셧스니 참 거룩ᄒ신 일이로다. 그러ᄂ 후싱들이 그

ᄯᅳᆺ을 본밧지 못ᄒ고 오히려 한문만 슝상ᄒ여 <32> 어릴 ᄯᅢ브터 이삼십 ᄭ지 아모일도 아니ᄒ고 한문만 공부로 삼으되 능히 글을 알아보고 능히 글노 그 ᄯᅳᆺ을 짓는자ㅣ 빅에 ᄒ나이 못되니 이는 다름아니라 한문은 형상을 표ᄒᄂ 글일 ᄲᅮᆫ더러 본릭 타국 글인고로 이ᄀᆺ치 어려운지라.

사름의 일평싱에 두 번 오지 아니ᄒᄂ 씨를 다 한문 흔가지 빈호기에 허비ᄒ니 엇지 개탄치 아니 ᄒ리오 지금 유지ᄒ신 이들이 교휵교휵ᄒ니 이왕 한문을 빈흔사름만 교휵 코져흠이 아니겟고 ᄯᅩ 이십년 삼십년을 다 한문을 ᄀᆞᄅ친 후에야 여러가지 학문을 ᄀᆞᄅ치고져 흠도 아닐지라 그러면 **영어**[7]나 **일어**[8]로 ᄀᆞᄅ치고져 ᄒᄂ뇨 영어나 일어를 뉘 알니오 영어일어는 한문 보다 더 어려을지라 지금 ᄀᆞᆺ흔 셰상을 당ᄒ여 특별히 영일법덕등 여러 외국 말을 빈호ᄂ 이도 반다시 잇셔야 홀지라 그러나 젼국 인민의 ᄉᆞ상을 돌니며 지식을 다 널펴주랴면 불가불 국문으로 각식학문을 져슐ᄒ며 번역ᄒ여 무론 남녀ᄒ고

㉣ 7 영어
8 일어

㉵ 6 朝鮮世宗

㉾ 9 문법
10 독본

다쉽게 알도록 ㄱㄹ쳐 주어야 될지라 영미법덕 ᄀᆺ혼 나라들은 한문을 구경도 못ᄒᆞ엿스되 뎌럿툿 부강흠을 보시오 우리동반도 ᄉ쳔여년 젼브터 긔국ᄒᆞᆫ 이쳔만즁 ᄉ회에 날로ᄲᅥ로 통용ᄒᆞᄂᆞᆫ 말을 입으로만 서로 젼ᄒᆞ던 것도 큰 흠졀이어늘 국문 난후 긔빅년에 ᄌᆞ뎐ᄒᆞᆫ 칙도 만달지 안코 한문만 슝샹ᄒᆞᆫ 거시 엇지 붓그럽지 아니ᄒᆞ히오. ᄌᆞ금 이후로 우리 국어와 국문을 업수히 녁이지 말고 힘써 그 범과 리치를 궁구ᄒᆞ며 ᄌᆞ뎐과 **문법**[9]과 **독본**[10]들을 잘 만달어 더 죠코 더 편리ᄒᆞᆫ 말과 글이 되게 ᄒᆞᆯ쑨 아니라 우리 왼 나라 사름이 다 국어와 국문을 우리나라 근본의 쥬쟝 글노 슝샹ᄒᆞ고 사랑ᄒᆞ여 쓰기를 ᄇ라노라.

『**서우**』 1907.02.01

東明聖王의 遺蹟

분야	▎역사
주제어	▎神武, 衛氏朝鮮, 樂浪, 臨屯, 玄菟, 眞蕃, 四郡, 二都尉府, 扶餘, 卒本, 檀箕舊疆, 獨立
인물	▎高朱蒙, 金蛙王, 檀君, 箕子, 漢武帝, 漢昭帝, 溫祚

高句麗 始祖 **東明聖王**[1]은 扶餘 王 **金蛙**[2]의 子라. 生 七歲에 自作弓矢ᄒᆞ야 發無不中ᄒᆞ니 盖 天縱ᄒᆞ신 **神武**[3]라. 先是에 衛氏 朝鮮[4]이 漢武帝[5]의 滅ᄒᆞᆫ 바 되야 樂浪[6] 臨屯[7] 玄菟[8] 眞蕃[9] 四郡[10]을 置ᄒᆞ고 昭帝[11]가 更히 二都尉府[12]를 置ᄒᆞ얏더니 東明聖王ᄭᅧ셔 起自扶餘[13]ᄒᆞ야 立國於卒本[14]ᄒᆞ시니 威德이 旁及ᄒᆞ고 疆士가 日闢ᄒᆞ야 遂히 漢官屬을 盡逐ᄒᆞ고 **檀箕舊疆**[15]을 克復ᄒᆞ야 儼然히 海左의 一强國을 成ᄒᆞ얏고 子孫이 其 基業을 承ᄒᆞ야 八百餘年長祚를 享有ᄒᆞ고 次子**溫祚**[16]는 百濟의 始祖가 되야 其 邦籙이 亦與之長久라. 盖 皇天이 我東을 眷顧ᄒᆞ사 東明聖王을 篤生ᄒᆞ사 疆士와 人民이 他國의 轄治를 脫ᄒᆞ고 **獨立**[17]之勢가 抗衡大國ᄒᆞ얏스니 嗚呼라 王의 功德이 **檀**[18]**箕**[19] 兩聖과 共히 腏食萬代홈이 宜哉,ㄴ져.

『서우』 1907.10.01

間島의 來歷 朴聖欽

분야	▌ 역사
주제어	▌ 間島, 我韓民族, 劃境使, 土門江, 領土權, 請求權, 日本, 國境, 滿洲人, 漢族, 淸人, 白頭山, 豆滿江, 白頭山碑, 分水嶺, 境界
인물	▌ 齋藤中佐

㊀ 1　間島
　　2　國境
　　3　滿洲人
　　4　我韓民族

　　咸鏡北道의 西北에 間島¹라 稱ᄒᆞᄂᆞᆫ 一大地域이 有ᄒᆞ니 淸韓兩國의 國境²에 當ᄒᆞ야 久爲兩國間問題ᄒᆞ야 錯綜關係가 種種有之ᄒᆞ야 二十年來에 尙無何等結果ᄂᆞᆫ 人之所知也라. 盖此間島一帶ᄂᆞᆫ 長이 四百餘里오 幅이 七十里以上인ᄃᆡ 地味豊沃ᄒᆞ야 農耕에 最適ᄒᆞ며 且多少의 鑛物도 含藏ᄒᆞ고 住民의 生活程度도 高ᄒᆞ야 韓國北陬에 最有望ᄒᆞᆫ 地方이라. 此 地方의 開鬧이 近年에 在ᄒᆞ니 從今數十年前을 遡ᄒᆞ건ᄃᆡ 此 地方의 境域이 漠然不著於世ᄒᆞ야 淸韓人間에 此 地方에 土着ᄒᆞᆫ 者少無ᄒᆞ고 一片天府之土가 無主ᄒᆞᆫ 開地되야 荊棘에 委棄ᄒᆞᆯ 而己니 盖滿洲人³은 支那本部로 漸次南進ᄒᆞᆷ에 急ᄒᆞ야 此邊陬遐地를 顧ᄒᆞ기 不遑ᄒᆞ고 我韓民族⁴도 亦大勢上南

方으로 漸下ᄒᆞᄂᆞᆫ 傾向이 有ᄒᆞ야 北向ᄒᆞ야 此 地方에 占據
ᄒᆞᆯ 必要가 無ᄒᆞᆫ 故로 此天與ᄒᆞᆫ 富源이 最近ᄭᅡ지 荒蕪無人之
地되야 利用之途를 不得이러니 世降人多ᄒᆞ야 咸北磽确의
地를 厭ᄒᆞᆯ ᄲᅮᆫ 아니라且貪官汚吏의 暴虐을 不勝ᄒᆞ야 比較的
豊沃閑曠ᄒᆞᆫ此一帶地方에 轉入ᄒᆞ야 年復一年에 遂成植民部
落이라 現在駐民이 淸人[5]보다 韓人이 多數ᄒᆞ야 間島南部ᄂᆞᆫ
殆乎韓人이 全部로 占領ᄒᆞᆷ에 歸ᄒᆞ고 淸人은 小部落을 成ᄒᆞ
야 其間에 介在ᄒᆞᆷ에 不過ᄒᆞ니 盖淸國滿人은 廣大ᄒᆞᆫ 支那를
征服ᄒᆞᆫ 以上에ᄂᆞᆫ 其 種族이 人口가 不多ᄒᆞ고 又漢族[6]은 遼東
으로 東漸ᄒᆞ야 今之吉林省의 隅의 隅된 此 間島地方ᄭᅡ지 其
勢力을 輒肆ᄒᆞᆷ은 豈有是理리오. 然則 韓人의 滿人及漢人보
다 先ᄒᆞ야 移植ᄒᆞᆷ이 亦明矣라 況以若流石經濟力에 秀ᄒᆞᆫ 淸
人도 韓人을 不能容易壓倒ᄒᆞ니 其故ᄂᆞᆫ 何也오 此非韓人이
此 地方에 爲最移住者之故乎아 其 詳密ᄒᆞᆫ 事情은 歷史家의
任이라. 吾人이 雖不敢當이어니와 前後事情으로 可推斷不
誤니 淸韓兩國이 各各劃境使[7]를 出ᄒᆞᆷ에 例로 白頭山[8]에 碑를
立ᄒᆞᆷ은 從今約二百年前의 事인즉 當時에 旣以此交涉으로
必要라 ᄒᆞᆯ만ᄒᆞᆫ 事情이 有ᄒᆞ니 卽兩國移住民의 接觸은 此 以
前에 起ᄒᆞᆫ 것이 可信ᄒᆞᆫ지라 但 此懸案은 二百年來의 事인
ᄃᆡ 其間百七十年間은 何等關係가 有ᄒᆞᆷ을 不聞ᄒᆞ니 盖兩國
民이 天然餘裕로 植民에 進步ᄒᆞᄂᆞᆫᄃᆡ 就中韓國民族이 人口
의 比較的 稠密ᄒᆞᆫ 地方을 有ᄒᆞ야 滿漢族에 比ᄒᆞᆷ에 一層活動
를 此 地方一帶에 現ᄒᆞ되 淸國政府에셔 此自然ᄒᆞᆫ 趨勢를 認

㈜ 5 　淸人
6 　漢族
7 　劃境使
8 　白頭山

容ᄒᆞ더니 最近四五十年間에 滿洲方面의 拓植이 長足의 進步를 呈ᄒᆞᄂᆞᆫ 同時에 此方一帶에 對ᄒᆞᆫ 淸國評價가 亦非復昔日之低廉如也라. 從今約三十年前에 吉林將軍이 豆滿江[9]左岸의 韓民을 還逐ᄒᆞᄂᆞᆫ 通牒을 發ᄒᆞ고 間島一帶를 收ᄒᆞ야 淸國領有에 歸케 ᄒᆞ니 盖白頭山의 碑에 謂ᄒᆞᆫ 土門江[10]은 則 豆滿江인되 此一水가 直兩國國境이라 ᄒᆞᆷ에 在ᄒᆞᆫ지라 此時에 至ᄒᆞ야 間島問題가 又復生活來ᄒᆞ야 兩國이 特使의 簡派도 ᄒᆞ며 其 交涉도 ᄒᆞ나 要領을 不得ᄒᆞ고 尙今懸案으로 殘在ᄒᆞ니 間島問題의 沿革이 大槪 如左ᄒᆞ니라.

然ᄒᆞ나 土門과 豆滿의 異字同音이라 ᄒᆞᆷ은 淸國側에셔 主張ᄒᆞᄂᆞᆫ 바라. 其實은 不然ᄒᆞ니 所謂土門은 豆滿이 아니라 白頭山碑[11]로브터 東北으로 延ᄒᆞᆫ 一帶의 石塚土塚連珠와 如히 聯ᄒᆞ야 土門이라 ᄒᆞᄂᆞᆫ 小河의 源에 至ᄒᆞ엿ᄂᆞᆫ되 此河가 松花江에 遂入ᄒᆞ니 卽白頭山分水嶺[12]으로브터 土門江을 經ᄒᆞ야 松花江에 至ᄒᆞᄂᆞᆫ 水路線以外가 韓國의 領土니 然則 間島의 全部가 韓國領土에 入ᄒᆞᆷ이 無疑ᄒᆞᆫ지라. 然ᄒᆞ나 該地方一帶에 植民으로 言ᄒᆞ면 韓人이 淸人보다 優勝ᄒᆞᆫ 形勢가 有ᄒᆞ나 政府의 施設로 見ᄒᆞ건되 淸國의 用意가 比較的 韓國보다 周到ᄒᆞᆫ 듯 ᄒᆞᆫ지라 現今淸國政府의 地方官廳이 各處에 散點ᄒᆞ야 官吏를 簡派駐留ᄒᆞ나 其官廳與官吏가 在留淸國人의 利益保護로 主된 任務오 領土權[13]으로 其 地方을 管轄ᄒᆞᄂᆞᆫ 性質은 無ᄒᆞ고 韓國政府도 自國人民의 保護를 全爲閑却ᄒᆞᆫ 것은 아니로되 僻遠ᄒᆞᆫ 地方이라 ᄒᆞ야 經營ᄒᆞᄂᆞᆫ 事가 多

所欠缺ᄒ야 兩國間에 境界[14]를 定ᄒᄂᆞᆫ 交涉이 未能奏效러니 畢竟 日露戰爭當時브터ᄂᆞᆫ 此 薄弱ᄒᆞᆫ 保護도 亦爲撤廢ᄒ야 同地方一帶의 韓民이 全失所依ᄒ야 馬賊橫行에 駐民이 困憊ᄒᆞᆯ 섇 아니라 又其北部淸人으로 雜居ᄒᆞᆫ 地方에 在ᄒ야ᄂᆞᆫ 淸人의게 見凌ᄒ야 困難境遇에 陷ᄒ니 要컨대 此地方은 兩國間多年係爭問題라. 韓國이 此 一帶에 對ᄒ야 淸國으로 不惟有同樣主張이라 韓國이 此 地方에 確實히 請求權[15]을 主張ᄒᆞᆯ 根據가 不一而足인즉 國民保護의 官廳를 設置ᄒ며 官吏를 駐留ᄒ기 可得ᄒᆞᆯ 것은 事理固然이언마ᄂᆞᆫ 只兩國國勢의 大小로 理論의 如何ᄂᆞᆫ 不問ᄒ고 韓國官吏가 淸官의게 見逐於旣往也라. 我政府에셔 其 人民의 保護를 統監의게 求ᄒ야 遂自日本[16]으로 去月二十日에 齋藤中佐[17]一行을 派遣ᄒ야 間島方面으로 向ᄒ엿ᄂᆞᆫ듸 一行은 護衛ᄒᄂᆞᆫ 憲兵이 六十餘名 及必要ᄒᆞᆫ 吏員이오 又調査ᄒ기 爲ᄒ야 專門學者도 同行ᄒ엿ᄂᆞᆫ듸 淸國政府에셔 境界問題의 懸案됨을 承認치 아니ᄒ고 此 地方으로써 淸國領地에 在ᄒ다 主張ᄒ야 同國外務卿이 第三回抗議를 提起ᄒ야 日本齋藤中佐一行의 撤退ᄒ기를 要求ᄒ얏다 ᄒ니 下回의 如何ᄂᆞᆫ 更待詳報ᄒ노라. (九月十一日)

『서우』 1908.05.01

白頭山古蹟

분야	▌기타
주제어	▌不咸山, 白頭山
레퍼런스	▌東國文獻備考, 海左地圖說, 八域誌, 山海經, 長白山賦
레퍼런스 저자	▌吳兆騫

東國文獻備考[1]에 曰 白頭山[2]이 茂山府西 三百五十里에 在ㅎ니 橫亘은 千里오. 高는 二百里오. 上에 潭이 有ㅎ니 周가 八十里라. 南流ㅎ야 爲鴨祿江ㅎ고 北流ㅎ야 爲混同江ㅎ고 東流ㅎ야 爲阿也苦河ㅎ니라.

海左地圖說[3]에 曰 白頭山이 首는 西北에 起ㅎ야 大荒으로 直下ㅎ얏는디 至此陡立ㅎ니 其高는 不知幾 千萬仞이오. 山巓에 有池ㅎ야 如人顖穴ㅎ니 周는 二三十里라. 水色이 黝黑不測ㅎ고 四月에 氷雪이 委積ㅎ야 望之에 漠漠一銀海라. 山形이 在遠望ㅎ면 若覆白甕ㅎ고 及登巓ㅎ면 四圍微凸ㅎ고 中窪가 如仰甕ㅎ야 口는 向上ㅎ고 外內에는 赤壁이 四面側立ㅎ야 若糊丹埴ㅎ고 其北은 圻ㅎ야 數尺水가 溢出

爲瀑ᄒ니 卽 黑龍江源이라. 從岡脊而下ᄒ야 三四里始得鴨
綠之源이러라.

　　淸儒**吳兆騫**[4]의 **長白山賦**[5]에 曰 混同之本鴨綠之源, 衍爲神
池, 以宅乎其間, 又曰 群流旣渫, 四派乃馳, 出乎松花之陂, 注
乎烏龍之外, 又曰 畢山經以撰異, 莫妓嶽之靈長,

　　八域誌[6]에 曰 崑崙山一枝가 行大漠之南東ᄒ야 爲醫巫閭
山ᄒ고 自此大斷ᄒ야 爲遼東之野ᄒ고 渡野ᄒ야 起爲白頭
山ᄒ니 **山海經**[7]所謂不咸山[8]이 是也라.

『태극학보』 1906.12.24

朝鮮魂 崔錫夏

분야	논설
주제어	朝鮮魂, 中國魂, 淸國魂, 國魂, 民族, 武士道, 大和魂, 俄國魂, 法國魂, 英國魂, 美國魂, 愛國性, 四千三百餘年獨立花史, 高句麗, 高麗, 壬辰倭亂, 鐵甲船, 大韓民族
인물	檀君, 箕子, 乙支文德, 尹瓘, 李舜臣, 隋煬帝
레퍼런스 저자	梁啓超

㋡ 2 中國魂
  3 淸國魂
  4 國魂

㋨ 1 梁啓超

飮水室主人 **梁啓超**[1]ᄂ 淸國에 有名ᄒ 志士라. 일즉 淸國人의 自國魂이 無홈을 慨嘆ᄒ고 **中國魂**[2]이라 ᄒᄂ 一書를 著作ᄒ야 시로 **淸國魂**[3]을 造作ᄒ쟈고 疾聲大叫ᄒ얏스니 氏ᄂ 춤 熱誠이 有ᄒ 憂國家라 可謂ᄒ리로다. 今者에 韓國 現像을 觀察ᄒ니 淸人보덤 幾百倍ᄂ 自國魂을 要求홀 時代를 當ᄒ얏도다. 然이ᄂ 余ᄂ 自謂ᄒ되 吾人에 人魂이 有홈과 갓치 國家에 **國魂**[4]이 有ᄒ야 國이 生ᄒ면 魂이 生ᄒ고 國이 死ᄒ면 魂이 死ᄒ야 此 兩者ᄂ 須臾라도 可히 分離치 못홀 것이라. 故로 一分間에 其 國이 有ᄒ면 一分間에 其 魂이 有ᄒ고 一年間에 其 國이 有ᄒ면 一年間에 其 魂이 有ᄒ고 百年間에 其 國이 有ᄒ면 百年間에 其 魂이 有ᄒᄂ니라. 反而言

之호면 一分間에 其 魂이 有호면 一分間에 其 國이 有호고 一年間에 其 魂이 有호면 一年間에 其 國이 有호고 百年間에 其 魂이 有호면 百年間에 其 國이 有호ᄂ니 國與魂이 名雖二物이ᄂ 其 實은 一體라. 엇지 國家가 成立호 後에 人爲로써 其 國魂을 造作홀 理由가 有호리오. 是以로 余ᄂ 固有호 國魂을 發揮호다 云호ᄂ 人士의게ᄂ 降幡을 樹호려니와 元無호 國魂을 創造호다 云호ᄂ 人士의게ᄂ 逆戈를 揮코져 호노라.

試看호라. 洋之東西와 時之古今을 勿論호고 所謂 國家團體를 組成維持호ᄂ **民族**[5]은 其 國有호 國魂을 有호얏도다. 其 實例를 擧論컨디 **武士道**[6]를 崇尙호야 國家를 爲호야 自己의 生命을 草芥갓치 視호ᄂ 것은 日本人의 **大和魂**[7]이오 天無二日이오 地無二主라 호야 世界를 統一호야 一國을 建設코져 호ᄂ 것은 俄人의 **俄國魂**[8]이오 五洲에 自國의 文華를 傳播호야 自國의 國力을 海外에 發展코져 호ᄂ 것은 法人의 **法國魂**[9]이오 四海 海上權을 掌握호야 海外에 殖民地를 多設호고 商業權으로써 天下에 雄飛코져 호ᄂ 것은 英人의 **英國魂**[10]이오 富力으로써 武力을 對敵호며 黃金으로써 彈丸을 壓倒호야 隱健호 帝國主義를 行코져 호ᄂ 것은 美人의 **美國魂**[11]이라. 萬一 日本人이 되야 大和魂을 有치 아니 호얏스면 엇지 亞東小邦으로 今日에 如許호 地位를 得호얏스며 俄人이 되야 俄國魂이 無호얏스면 엇지 北方蠻族으로 今日에 如許호 廣大帝國을 建設호얏스며 法人이

되야 法國魂이 無ㅎ얏스면 엇지 今日에 如許한 文明發達을 見ㅎ얏스며 英人이 되야 英國魂이 無ㅎ얏스면 엇지 島中 小國으로 如許한 隆盛을 致ㅎ얏스며 美人이 되야 美國魂이 無ㅎ얏스면 엇지 今日에 如許한 天下莫富之國이 되얏시리오. 是로 由ㅎ야 觀ㅎ니 世界萬國 中에 其 魂을 有치 아니한 者ㅣ一도 無ㅎ고 坐 其 魂을 發揮ㅎ야 其 國을 發展치 못한 者ㅣ一도 無ㅎ도다.

或이 韓國의 衰弱홈을 見ㅎ고 喟然發嘆ㅎ야 曰 朝鮮人은 朝鮮魂이 無ㅎ다 ㅎ니 誤哉라. 此言이여. 若 憂國의 鬱情을 不勝ㅎ야 無意中에 如此한 說을 發ㅎ얏스면 恕宥홀 餘地가 有ㅎ거니와 若 眞心으로 如此한 說을 發ㅎ얏스면 是는 吾儕가 不可不 鼓를 鳴ㅎ야 其罪를 伐ㅎ리로다. 何者오 是는 我祖先檀[12]箕[13] 以來로 傳ㅎ는 愛國性[14]을 侮蔑ㅎ는 行爲가 되는 故ㅣ라. 試思ㅎ라. 我大韓이 四千三百餘年 獨立花史[15]를 有치 아니 ㅎ얏는가. 國이 되야 一分間이라도 其 魂을 不可不 有어늘 엇지 四千三百餘年間에 其 魂이 無ㅎ고 其 國아 獨立ㅎ얏시리오. 余言이 不信컨디 其 例를 見ㅎ라. 高句麗[16]時에 乙支文德[17] 將軍이 數萬兵卒로써 百萬大兵을 率來ㅎ얏던 隋煬帝[18]를 擊退ㅎ얏스니 是가 朝鮮魂이 아니고 何物이며 高麗[19]朝에 尹瓘[20] 將軍이 疋馬單騎로 滿洲寧古塔에 入ㅎ야 莫大한 領土를 開拓ㅎ얏스니 是가 朝鮮魂이 아니고 何物이며 壬辰變亂[21]에 水師提督 李舜臣[22]이 鐵甲船[23]을 創造ㅎ야 殺氣凜凜ㅎ던 敵國艦隊를 粉碎ㅎ얏스

니 是가 朝鮮魂이 아니고 何物이며 某年某月에 大韓이 激烈
風潮의 所襲이 되야 國威가 墜地홀식 閔趙 諸公이 日月갓튼
高節을 守ᄒ야 爲國自靖ᄒ얏스니 是가 朝鮮魂이 아니고 何
物이뇨.

鳴呼라. **大韓民族**[24]이 如許히 壯烈혼 朝鮮魂을 有ᄒ얏거
늘 何故로 今日에 如許혼 地位를 當ᄒ얏ᄂ뇨. 俗不云乎아
荊山白玉도 泥中에 沈埋ᄒ면 其光을 發치 못ᄒᄂ니 이와
갓치 我韓이 百餘年 以來로 外侵이 不至ᄒ고 內訌이 絶跡
ᄒ야 政治가 文弱에 流ᄒ며 民心이 姑息에 安ᄒ며 德敎가
虛飾에 歸ᄒ며 敎育이 章句에 止ᄒ야 國家의 元氣가 日日
銷沈ᄒ며 人民의 神經이 時時衰弱ᄒ야 亘天通地ᄒ던 朝鮮
魂이 黑黑暗暗혼 雲天中에 晦光ᄒ야 世人으로 ᄒ야곰 其
精彩를 見치 못ᄒ게 ᄒ얏도다. 刮目ᄒ노니 誰가 九萬蒼空
에 大風을 喚起ᄒ야 彼 靑邱江山에 陰陰혼 浮雲을 一掃ᄒ
고 隱蔽ᄒ얏던 朝鮮魂을 發起ᄒ야 二千萬 同胞로 ᄒ야곰
活潑혼 自由天地와 光明혼 獨立日月을 見케 홀고. 大聲疾
呼ᄒ야 曰 是ᄂ 我靑年의 兩肩에 負擔혼 責任이라 ᄒ노라.

發起ᄒ라. 朝鮮魂을 發起ᄒ라. 此 朝鮮魂을 同胞마다 發起
ᄒ면 旣失혼 政治權도 回復홀 슈 有ᄒ고 旣失혼 財政權도 回
復홀 슈 有ᄒ고 旣失혼 國際權도 回復홀 슈 有ᄒ다 ᄒ노라.

『야뢰』1907.03.05

名勝故跡　尹泰榮

분야	고적
주제어	開城, 江陵, 延日郡, 迎日, 靈巖郡, 月出山, 名勝故跡, 島岩, 姑姆潭, 日月池
인물	朴淵, 阿達羅王, 迎烏郎, 細烏女, 高麗文宗, 朴進士, 李靈幹, 努肹夫得, 垣垣朴朴

開城[1] 天磨聖居兩山間에 在ᄒᆞ니 狀如石甕ᄒᆞ야 窺之正黑ᄒᆞ고 有盤石이 湧出中心ᄒᆞ니 曰島岩[2]이오 水가 絶壁에 赴ᄒᆞ미 怒瀑이 垂下ᄒᆞ야 可至十丈이라 白虹이 映空ᄒᆞ고 飛雪이 灑矼홈과 宛如ᄒᆞ야 霆奔電擊에 聲震天地라 昔有朴進士[3]者ㅣ 淵上에 吹笛ᄒᆞ니 龍女가 感之ᄒᆞ야 引以爲夫故로 名朴淵[4]이오 其母가 來哭ᄒᆞ야 墜死下潭ᄒᆞ니 遂名姑姆潭[5]이오 淵上에 有神祠ᄒᆞ니 遇旱禱雨면 輒應이러라 高麗文宗[6]이 嘗遊此라가 登島岩上ᄒᆞ니 忽然風雨가 暴作ᄒᆞ야 岩石이 震動이라 文宗이 驚怖ᄒᆞ거늘 時에 李靈幹[7]이 扈從이라가 作書數龍之罪ᄒᆞ야 投之于淵ᄒᆞ니 龍이 卽出其脊이어늘 乃杖之ᄒᆞ니 淵水가 爲之盡赤이러라 淵上左右에 有石佛ᄒᆞ니 東曰垣垣朴朴[8]이오 西曰努肹夫得[9]이러라

延日郡[10] 東都祈野에在ᄒᆞ니新羅阿達羅王[11]時에東海濱에有二人ᄒᆞ니夫曰迎烏郎[12]이오妻曰細烏女[13]라一日은迎烏가海濱에서採藻ᄒᆞ다가忽然暴風을遭ᄒᆞ야日本國小島에至ᄒᆞ야爲王이어늘女가其夫를尋ᄒᆞ야其國에至ᄒᆞ야爲妃ᄒᆞ니是時에新羅에日月이無光ᄒᆞᆫ지라日者ㅣ奏호ᄃᆡ迎烏細烏ᄂᆞᆫ日月之精이라今去日本國故로有是怪ᄂᆞ이다王이遣使ᄒᆞ야二人을求ᄒᆞ니迎烏曰我之到此ᄂᆞᆫ天也라ᄒᆞ고乃以細烏所織綃로與之ᄒᆞ고令用此祭天이어늘使者ㅣ來奏ᄒᆞ고如其言而祭之於池上ᄒᆞ니日月이復光이라遂藏綃於御庫ᄒᆞ고因名其池曰日月池[14]라ᄒᆞ고縣名曰迎日[15]이라ᄒᆞ다

江陵[16]에在ᄒᆞ니昔有一書生이遊學至溟州 [江古陵號] 라가見良家女ㅣ有姿色ᄒᆞ고心竊羨慕ᄒᆞ야每以詩挑之ᄒᆞ니女曰婦人은不妄從人이라待生擢苐ᄒᆞ야父母ㅣ有命則事可諧矣리라生이卽歸京師ᄒᆞ야習擧業이러니女家ㅣ將納婿홀ᄉᆡ其女가平日에臨池養魚ᄒᆞ야魚聞警咳聲이면必來就食이라一日은食魚라가謂曰吾ㅣ養汝久矣라宜知我意리라ᄒᆞ고將帛書投之ᄒᆞ니有一大魚ㅣ跳躍含書ᄒᆞ고倏然而去러라時에生이在京師ᄒᆞ야一日은爲父母具饌ᄒᆞ야市魚而歸ᄒᆞ야剖之得帛書ᄒᆞ고驚異之ᄒᆞ야卽持帛書及父書ᄒᆞ고徑詣女家ᄒᆞ니婿已及門이라生이以書로示女家ᄒᆞ니父母ㅣ異之曰此ᄂᆞᆫ精誠所感이라非人力의所能爲也라ᄒᆞ고遣其婿而納生焉ᄒᆞ니라

靈巖郡[17]月出山[18]九井峯下에有二石이特立層巖之上ᄒᆞ니高可丈餘오周可十圍라西付山巓ᄒᆞ고東臨絶壁ᄒᆞ야其重이雖用

千百人이라도似不能動搖而一人이搖之則欲墜而不墜故로亦
稱靈石이니郡之得名이由於此也러라

『야뢰』1907.04.05

歷史地理 李舜臣傳　　玄采

분야	역사
주제어	倭寇, 倭釁, 龜船
인물	李舜臣, 柳成龍, 宋希立, 鄭運, 元均, 李雲龍, 禹致績, 要時羅, 鄭琢, 陳璘, 李鎰, 李洸

　　李舜臣[1]은德水縣人이니兒時에英爽不羈ᄒ고群兒와戱ᄒ
ᆯ식恒常戰陣狀을作ᄒ더니長ᄒ민武擧에從ᄒ고騎射가絶倫
ᄒ며性이高簡靜默ᄒ야口에褻言이無ᄒ니儕流가忌憚ᄒ더
라鉢浦萬戸時에水使成鎛이館舍의桐本을伐ᄒ야琴을作코
자ᄒ거ᄂᆞᆯ舜臣이不許ᄒ니鎛이大怒ᄒ나敢히取去치못ᄒ고
造山浦萬戸로在ᄒᆯ식方伯이建議ᄒ야鹿屯島屯田을設ᄒ고舜
臣으로ᄒ야곰兼管케ᄒ거ᄂᆞᆯ舜臣이地遠兵少홈으로써屢次
添兵키를請ᄒ딕兵使**李鎰**[2]이不許ᄒ더니秋熟時에虜가果然
大擧ᄒ야其柵을來搗ᄒ거ᄂᆞᆯ舜臣이挺身拒戰ᄒ야其酋를射僕
ᄒ고追擊ᄒ야被擄ᄒᆫ屯卒六十餘人을奪還ᄒ니李鎰이邊胡
의게挑釁ᄒ얏다ᄒ고刑具를陳ᄒ고將且斬코자ᄒ니軍官等

이環視泣訣ᄒᆞ고酒를予ᄒᆞ거늘舜臣이正色曰死生이有命ᄒᆞ
니엇지飮醉ᄒᆞ리오ᄒᆞ고밋庭에就ᄒᆞ야抗辨不屈ᄒᆞ니李鎰이
意沮ᄒᆞ야囚繫ᄒᆞ고朝廷에聞ᄒᆞᄂᆞᆫ지라宣祖ㅣ其無罪ᄒᆞᆷ을察
ᄒᆞ고從軍自效ᄒᆞ라ᄒᆞ시더니旣而오反胡를擊ᄒᆞ야其功으로
赦還ᄒᆞ니時에全羅巡察使李洸[3]이上쯰奏ᄒᆞ야全羅道副防將
을除ᄒᆞ고其後에ᄂᆞᆫ井邑縣監을拜ᄒᆞ더니時에備局이武臣을
選ᄒᆞᆯ시柳成龍[4]이朝廷에力薦ᄒᆞ야高沙里僉使를陞ᄒᆞ니臺諫
이其亞遷ᄒᆞᆷ을論ᄒᆞ더라旣而오滿浦僉使를除授ᄒᆞ얏다가다
시珍島郁守로全羅左道水軍節度使를拜ᄒᆞ니時에倭釁[5]이已啓
ᄒᆞ얏거늘朝野가오히려晏然ᄒᆞᄂᆞᆫ지라舜臣이獨히憂慮ᄒᆞ야
備禦를修ᄒᆞ고鐵鎖를鑄ᄒᆞ야海港을橫截ᄒᆞ고龜船[6]을製ᄒᆞ야
[見下]恒常取勝ᄒᆞ더라

　壬辰四月에倭寇[7]가大至ᄒᆞ야釜山과東萊를陷ᄒᆞ고嶺南으
로브터京師를直向ᄒᆞᄂᆞᆫ지라舜臣이移兵ᄒᆞ야擊코자ᄒᆞ니麾
下가皆曰我鎭은左道라擅離치못ᄒᆞᆫ다ᄒᆞ거늘오작軍官宋希
立[8]과萬戶鄭運[9]과議가合ᄒᆞᄂᆞᆫ지라舜臣曰今日事ᄂᆞᆫ오작擊賊
ᄒᆞ다가死ᄒᆞᆯ쓴이라敢히違令者ᄂᆞᆫ斬ᄒᆞ리라ᄒᆞ고諸鎭堡兵을
前洋에會合ᄒᆞ고戒期將發ᄒᆞᆯ시會에慶尙右水使元均[10]이舟師
를盡喪ᄒᆞ고救援을請ᄒᆞ거늘舜臣이곳引兵往赴ᄒᆞ니玉浦萬
戶李雲龍[11]과永登萬戶禹致績[12]이前導가되야玉浦에至ᄒᆞ야
ᄂᆞᆫ倭船三十艘를破ᄒᆞ고固城에至ᄒᆞ야賊의入京과上의西行
ᄒᆞ심을聞ᄒᆞ고舜臣이西向痛哭ᄒᆞ고露梁에進至ᄒᆞ야倭船十
三艘를破ᄒᆞ고泗川에至ᄒᆞ야ᄂᆞᆫ舜臣이左臂에中丸ᄒᆞ얏스나

오히려弓을不釋ᄒ고終日督戰ᄒ다가戰罷에軍中이始知ᄒ
더라

六月에ᄂᆞᆫ唐浦에서樓船賊將을破ᄒ고閑山島前洋에서ᄂᆞᆫ
七十餘艘를破ᄒ니賊將平秀家ㅣ逃亡ᄒ고死者가萬人이라賊
이크게震恐ᄒ고坐安骨浦에서四十餘艘를燒ᄒ더라

時에倭兵이諸路에彌滿ᄒ야官軍과義兵이連敗ᄒ되獨히
舜臣은連次大捷을奏ᄒ더라舜臣이本營의地勢가偏僻ᄒ지
라閑山島에移鎭ᄒ야兩湖水路를控制키를請ᄒ니朝廷이드
ᄃᆡ여水軍統制使를置ᄒ야本職으로兼領케ᄒ니라其後에賊
將要時羅[13]의反間을被ᄒ야召執ᄒ야殺코자ᄒ니相臣鄭琢[14]
曰舜臣은名將이라맛당히赦罪責效ᄒ소셔ᄒ거늘上이坐ᄒᆞᆫ
其功을念ᄒ야赦ᄒ고從軍自效ᄒ라ᄒ시더라時에母親이牙
山에서病卒ᄒ거늘舜臣이便道奔哭홀시歎曰吾의一心忠孝
가到此俱喪ᄒ얏다ᄒ니軍民이遮擁號泣ᄒ고遠近이嗟惜ᄒ
더라時에元均이舜臣을譖ᄒ야統制使를拜ᄒ고舜臣의軍政
을盡變ᄒ다가賊의게大敗ᄒ지라朝廷이다시舜臣으로써統
制使를拜ᄒ니舜臣이明將陳璘[15]과合ᄒ야賊을大破ᄒ기屢次
러니旣而오露梁에서中丸ᄒ야卒ᄒ니陳璘이聞ᄒ고擊地大
慟ᄒ며兩陣에哭聲이震天ᄒ더라舜臣이居家에篤行이有ᄒ
고操守가貞介ᄒ며治軍홈이簡便有法ᄒ야一人을妄殺치아
니ᄒ나三軍이一志ᄒ야敢히違令치못ᄒ고臨陣對敵에意思
가從容ᄒ고見可ᄒ後進ᄒ고知難ᄒ면退ᄒ며斥候가遠ᄒ고
警衛를嚴ᄒ야賊이來ᄒ면必知ᄒᄂᆞᆫ故로士卒이其神明을服

ᄒ고每夜에休士홀시반다시箭羽를親理ᄒ고空弮으로써射
士의게予ᄒ얏다가賊船이逼近ᄒᆫ後에야箭을散與ᄒ고ᄯᅩ親
히操弓齊射ᄒᆞᆫ지라將士ㅣ扶掖諫止ᄒ야曰엇지爲國自愛
치야니ᄒᆞᄂᆈᄒᆫ디舜臣이指天曰我命이

在彼ᄒ니엇지汝等으로ᄒ야곰賊을獨當ᄒ리오ᄒ더라

『대동학회월보』 1908.12.25

秋齋叢話 寅松閑人

분야	역사
주제어	沃沮, 高句麗, 丸都城, 魏軍, 新羅, 鬱陵島, 于山國, 國仙, 斷浴寺, 佛敎, 百濟, 玉門池, 四鎭, 皇龍寺, 芬皇寺, 斷谷寺
인물	乙豆智, 母丘儉, 百結, 異斯夫, 李僑平, 率居, 孫順, 炤智王, 眞興王, 異次頓, 善德女王, 南智, 南忠景, 李浚慶, 金宗瑞, 鄭蘭宗, 李珥, 成渾, 尹海昌, 尹斗壽, 朝鮮宣祖, 申東陽, 鄭守夢, 白雲, 際厚, 于召

水草包魚

漢遼東太守將兵來伐高句麗左輔乙豆智[1]曰今漢兵遠鬪其鋒不可當大王閉城固守待其師老出而擊之可也王然之入尉那岩城固守數旬漢兵圍而不解乙豆智曰漢軍謂我圍城中無水泉久圍待疲宜取池魚包以水草兼以酒致犒王從之漢將謂城內有水難以猝拔乃引還

藏刀食器

魏幽州刺史母丘儉[2]攻陷高句麗[3]丸都城[4]屠之王出奔至南沃沮[5]魏軍[6]追不止王計窮不知所爲東部人紐由進曰勢甚危迫徒死無益臣有愚計請往犒魏軍因刺殺其將若愚計得成王可奮擊決勝王曰諾紐由入魏軍詐降魏將信之將受其降紐由藏刀食器刺魏將胸

주	
3	高句麗
4	丸都城
5	沃沮
6	魏軍

인	
1	乙豆智
2	母丘儉

與之俱死魏軍遂亂王分軍爲三道急擊之魏軍不能陣而退

傳爲碓樂

　　新羅[7]時有人家甚貧衣百結[8]若懸鶉時人號爲百結先生慕榮啓
期之爲人常以琴自隨凡喜怒悲歎不平之事必於琴宣之歲將暮
隣家舂粟其妻聞杵聲曰人皆有粟可舂吾獨無何以卒歲先生仰
天歎曰死生有命富貴在天其來也不可拒其往也不可追汝何傷
乎乃鼓琴作杵聲以慰之世傳爲碓樂

　　船載木獸

　　鬱陵島[9]舊名于山國[10]在溟州正東新羅時恃險不服伊飡異斯
夫[11]爲何瑟羅州郡主以謂于山人愚悍難以威屈可以計服乃以木
造獅子分造戰船抵其島誑之曰汝若不服卽以此獸踏殺之于山
人懼而乃降

　　三人信義

　　新羅時有二達官同里閈一時生男女男曰白雲[12]女曰際厚[13]二
家約爲婚姻白雲年十四爲國仙[14]十五而盲際厚父母欲改聘于茂
榛太守李校平[15]際厚將之茂榛密語白雪曰妾與子生同一辰約爲
夫婦久矣今父母改舊而圖新若違命則爲不孝歸茂榛則死生在
我子有信義幸尋我於茂榛信誓而別際厚旣歸謂校平曰婚姻人
道之始不可不捐吉爲禮校平從之白雲尋至茂榛際厚出從之俱
潛行山谷中忽遇俠客刼白雲竊際厚而走白雲之徒金闡勇力過
人善騎射追俠客殺之奪際厚而還事聞新羅王以爲三人信義可
尙各賜爵三級

　　世稱神畵

新羅時有率居[16]者畫老松於**皇龍寺**[17]壁體幹鮮皴枝葉盤屈烏
雀往往望之飛入及到蹭蹬而落畫久色漫寺僧以丹靑補寫烏雀
不復至又**芬皇寺**[18]**斷浴寺**[19]佛像皆率居手蹟世稱神畫

埋子得鍾

孝子**孫順**[20]者新羅牟梁里人也父鶴山早沒家貧無依與妻備作
人家以養母孫順有小兒每奪母食孫順謂其妻曰兒奪母食兒可
得母難再求乃負兒歸醉山北郊掘地欲埋忽得石鍾其形甚奇夫
妻驚怪試撞之淸遠可愛妻曰得異物殆兒之福不可埋也孫順以
爲然將兒與鍾還懸鍾於梁撞之聲聞王宮王聞之謂左右曰西郊
有鍾聲異常卽令尋得之曰昔郭巨埋子天賜金釜今孫順埋兒地
出石鍾前後同符遂賜家一區歲給米五十石

㯮飯祭烏

新羅**炤智王**[21]春正月十五日幸天泉亭有烏啣書來鳴得其書外
面云開見二人死不開一人死王曰與其二人死孰若一人死日官
奏云一人者王也王開視之有曰射琹匣王入宮射之果有人乃內
殿焚修僧與王妃潛通者也妃與僧皆伏誅自是國俗每〈33〉歲
是日以㯮飯祭烏今之藥飯卽其遺俗也

佛敎始行

新羅**眞興王**[22]欲興**佛敎**[23]群臣以爲不可王難之近臣**異次頓**[24]
曰請斬小臣以定衆議王曰欲行佛道而殺不辜可乎對曰若道之
行雖死無憾王召群臣議僉曰今僧徒童頭異服議論奇詭從之懼
有後悔異次頓獨曰夫有非常之人然後有非常之事今佛敎淵奧
不可不信王曰衆人之言牢不可破而汝獨異言下吏將誅之異次

頓臨死曰我爲法就刑佛若有神吾死必有異及斬血從斷處湧色
白如乳衆怪之不復毀佛

意有鄰兵

新羅善德主德曼[25]嘗見宮西隅玉門池[26]蝦蟆大集謂左右曰蝦
蟆怒目兵士之相也吾嘗聞西南邊谷有名玉門者意者有鄰兵至
其谷乎乃命將軍閼川往搜之果有百濟[27]將軍于召[28]率甲騎五百
欲襲獨山城至玉門谷解鞍休士閼川突至掩擊大破之

吾無所誨

南忠簡智[29]始仕爲監察時其祖南忠景[30]在必日問赴公所爲忠
簡一日自坮而還白有吏潜入庫懷錦段而出既不忍抵法又不任
其盜竊故使召之還入如是再三不露端緒吏方識吾意置段而出
惶謝而去矣忠景喜曰吾無所更誨矣自此更不問

抹其圈點

李東皐浚慶[31]爲領相當都堂弘文錄圈點時以筆抹其子德悅名
曰吾子之不合玉掌吾知之詳矣人皆服其無私得大臣體

取焚紙錢

都下官府例置一小宇叢掛紙錢號曰府君堂相聚而瀆祀之新
除官必祭之惟謹法司亦有之魚相國孝瞻爲執義下隷輩告以古
事魚相曰府君何物也令取紙錢焚之前後所歷官府其府君之祀
率皆焚毀之

射中酒樽

金左相宗瑞[32]爲咸吉道都節度使設四鎭[33]徙南民以實之日置
酒張樂大饗將士吏民苦之一日夜宴反側之徒射中酒樽左右驚

擾金相自若曰奸人試我何能爲也哉

三召不應

鄭翼惠蘭宗[34]以衛將環待殿庭上令小官揮羽扇以召諸將爭奔恐後翼惠獨不應上令宗臣直擧其名以召之三召竟不應翼惠之意盖以爲此非召將之道也

任運遷化

李栗谷珥[35]易簀于沈氏第寓所時有一在謫之家潛遣婢日來偵探爲人所得而又得埋蠱於是物議大起或欲速爲獄訊成牛溪渾[36]以爲栗谷之死關時運係安危任運遷化有何怨尤君子之終決非小小咀呪所能左右也事遂寢

不敢私受

尹海昌昉[37]爲丞文正字時其父尹文靖斗壽[38]出按關西宣廟[39]內賜金帶付海昌遞送海昌卽下庭跪捧還授使者曰　宣賜不由政院臣不敢私受相傳文靖聞而喜之曰吾兒處之得矣

匿名誹訕

申東陽翊聖[40]言先君見朋友患難急出力救之不啻飢渴寄自献與鄭守夢曄[41]不相得必欲置之死地一日自献眙書曰鄙家里門有匿名書誹訕朝議見其筆迹似是名士所爲也其指在守夢也先君卽駕往見自献欲出其書先君麾之曰令公無乃疑某耶此決非某所爲必有所憎某與令公者故作此書激令公發之也某若以此被罪令公不免爲匿名書起獄宰相也自献然之其家與守夢家甚邇先君過守夢家而不入自献使人迹之知先君不入守夢家意解寢其事

『대한학회월보』 1908.03.25

韓半島文化大觀 李東初

분야	역사
주제어	漢土文化, 國性, 歷史學, 國史, 西方文明, 南方文明, 漢人種, 加羅國, 皇漢種, 辰韓種, 馬韓種, 闊英, 肅愼, 穢貊, 八條法律, 洪範九時, 高句麗, 百濟, 扶餘族, 犬戎, 靺鞨, 三韓征伐, 十七品階, 愛國, 支那, 印度, 日本, 新羅
인물	朴赫居世, 盧綰, 衛滿, 蘇那曷此, 崇神天皇, 垂仁天皇, 田道間守, 神功皇后, 漢安帝
기관/조직	常平倉

㊀ 1 愛國

　　我韓半島 民族의 一大 疑問은 實로 此 愛國[1]이로다. 大抵 國을 愛ᄒ다 하ᄂᆞᆫ 바ㅣ 其愛의 範圍가 何로 由ᄒ야 局限ᄒ며 其愛의 標準이 何로 從ᄒ야 定立ᄒ며 其愛의 眞想이 何를 因ᄒ야 現象ᄒᄂᆞ뇨. 決코 他아니라 다만 其國을 尊信ᄒ며 崇拜ᄒᄂᆞᆫ디 在ᄒ다ᄂᆞᆫ 一言으로 蔽하리니 譬喩컨디 人을 愛ᄒ랴면 爲先其人을 信仰ᄒ며 敬拜ᄒᆯ지라. 만일 人을 信치 아니며 敬치 아니코 ᄒᆞᆫ갓 愛ᄒ다 ᄒ면 其愛ᄂᆞᆫ 在口ᄒᆫ 愛오 源心의 愛ᄂᆞᆫ 아님이니 엇지 人을 愛ᄒ다 稱ᄒ리오. 故로 國을 愛ᄒᄂᆞᆫ 者ㅣ 必先其國을 尊信崇拜ᄒ리라.

　　我韓半島 民族, 國을 愛ᄒ나냐 ᄒ면 皆曰 愛國이라 ᄒ되 國을 實際로 尊信ᄒ고 實際로 崇拜ᄒ나냐 ᄒ면 自疑코

自迷ᄒ야 明答에 據홀 바이 업도다. 畢竟에 此 尊信崇拜의
眞想이 惟微ᄒᆫ 理由를 暫詰컨딕 我民族이 忠義가 殘懦ᄒ야
德心이 不備홈이 아니오 仁智가 薄昧ᄒ야 倫常道가 不立홈
도 아니라 忠孝傳家ᄂᆫ 幾百代 遺存의 榮典이오 衣冠經世ᄂᆫ
數千載 流來의 風化라. 雖 然이나 實際로 愛國ᄒᄂᆫ 國民的
自然心이 不著ᄒ야 一般히 國을 尊信崇拜ᄒᄂᆫ 內質上 觀念
이 充分치 못ᄒᆫ 一端 因果가 有ᄒ니 此ᄂᆫ 我韓半島 文化의
濫觴이 在昔 **漢土文化**[2]의 系統을 承ᄒ엿ᄂᆫ딕 其 輸入時代로
부터 修身齊家의 道와 禮樂刑政의 學으로 以ᄒ야ᄂᆫ 勸奬ᄒ
며 精勵ᄒ엿거니와 **國性**[3]에 關ᄒᆫ 第一 肝腎ᄒᆫ 國家의 固有 **歷**
史學[4]에 至ᄒ야ᄂᆫ 度外로 視過ᄒ야 敎授方策을 不施홀 ᄲᆞᆫ
不是라. 史官이 **國史**[5]를 編纂ᄒ야 國文庫에 安藏ᄒ고 國民
으로 ᄒ여금 縱覽을 任意치 못ᄒᄂᆫ 政이 一時에 行ᄒ엿스
니 엇지 政의 失이 아니리오. 是故로 國家가 人民에 對ᄒ야
給與ᄒᄂᆫ 바ㅣ 確護的 贊襃의 影響이 普洽지 못ᄒ며 人民이
國家에 對ᄒ야 貢獻ᄒᄂᆫ 바ㅣ 歷史的 思想의 素養이 密勿치
못ᄒ지라. 然則 古代治隆의 珍事와 善良風俗의 美談과 民族
居生의 由來가 其 腦髓에 薰熟지 못홈은 勢의 可免치 못홀
바ㅣ라 엇지 遺憾이 아니리오. 蓋 文運의 循環이 潮水와 如
ᄒ야 進退의 度差ㅣ 有ᄒᆫ 故로 我韓半島 文化의 全盛時代에
ᄂᆫ 各般事業이 東洋諸國의 模範이 되야 文物輸出이 熾盛ᄒ
엿더니 現今에ᄂᆫ 其 運이 衰退에 至ᄒ야 도로여 外國의 文
物各藝를 輸入ᄒ며 出學ᄒᄂᆫ도다. 此 輸入出學ᄒᄂᆫ 事를 歷

史上으로 觀察ᄒ면 進潮가 退ᄒ엿다가 更히 進ᄒᄂ 것과 갓티 新文物이 元來ᄂ 韓半島에서 發源ᄒ야 海島諸國에 廣流ᄒ 後ㅣ 回流ᄒ야 注入ᄒᄂ 實像이 文化史에 昭昭이 載在ᄒ지라. 此로 由ᄒ야 觀ᄒ즉 韓半島ᄂ 實로 有光ᄒ 歷史를 有ᄒ 者ㅣ라. 居生ᄒᄂ 我民族은 必須히 此 有光ᄒ 歷史를 硏究ᄒ며 吟味ᄒ야 湧出ᄒᄂ 赤誠熱血로ᄡᅥ 國을 尊信ᄒ며 崇拜ᄒ야 四千年 歷史로 ᄒ야곰 復活ᄒ야 舊光이 萬萬倍新케 ᄒ진져.

第一章 韓半島文明의 起因

第一節 西南 二系統의 文明

溯考컨듸 古代의 文明은 西南 二系統의 文明餘流가 汲入融合ᄒ 者ㅣ니 一日 支那으로 從來ᄒ 西方文明[6]이오. 二日 印度에서 薰起ᄒ 南方文明[7]이라 昔時 羅馬의 文明이 埃及과 希臘의 文明系統을 承受ᄒ야 大起ᄒ엿스니 其 效果의 太小廣狹은 彼此間 差 等이 有ᄒ나 然이나 其 起因은 亦是 恰同ᄒ지라. 此 兩派 文明의 本源으로 從來ᄒ 餘流가 來漫ᄒ 始初에 着點이 各各 相異ᄒ니 卽 西方文明은 山東突角과 遼東大野를 經由ᄒ야 移住ᄒ 漢人種[8]에 附着輸入ᄒ야 平安, 黃海 兩道沿岸에서ᄂ 數千年 前으로부터 城柵을 造ᄒ며 居宅을 營ᄒ며 田을 耕ᄒ며 蠶을 養ᄒ며 木布를 織ᄒ며 牛馬를 乘駕ᄒᄂ 等 諸般 法式을 敎ᄒ고 비로셔 鐵貨를 鑄ᄒ야 各 種族間에 貿易ᄒᄂ 制度ㅣ 生ᄒ엿고 ᄯᅩᄒ 同時에 南方文明은 慶尙道와 東南海岸에 先着ᄒ야 其 種族의

儼然흔 族長制와 軍隊的 部落制度를 組織ᄒ고 衣食住의 生活程度가 漸漸 進化ᄒ야 中央地方으로 向進홈에 畢竟에는 西方文明과 互相 融合ᄒ야 新羅 建國時代를 當ᄒ니 從此로 都城을 築ᄒ며 農桑을 勸ᄒ며 兵革을 錬ᄒ며 祖廟를 建하니 此에 至ᄒ야 其程度가 一層 進步흔지라. 是로 由ᄒ야 觀컨딕 支那⁹系統의 文明은 江流가 漫漫ᄒ야 原野를 積浸홈과 如ᄒ고 印度¹⁰系統의 文明은 海波가 漾漾ᄒ야 巉岸을 打激홈과 如흔 趣味가 잇도다. 然흔딕 南方文明의 範圍는 稍廣ᄒ야 洛東江과 金海邊에서 單純히 發達흔 後에 航海貿易을 因ᄒ야 日本¹¹ 及 南支那로 交通을 始開ᄒ고 其 一聚團은 加羅國¹²의 建設을 營成ᄒ니라.

第二節 皇漢種文明의 程度

西方文明은 當時 皇漢種¹³의 携來흔 바인딕 今日 世人의 想像ᄒ는 五倫, 三綱, 禮樂刑政의 道가 完備치 못흔 者ㅣ라. 馬, 弁, 辰 三韓時代에 在ᄒ야 辰韓種¹⁴은 卽 秦의 苛政苦役을 避ᄒ야 渡來흔 流氓이라. 故로 高尙흔 素養이 無ᄒ야 能히 族長制를 建立지 못ᄒ고 馬韓種¹⁵을 主人으로 信仰ᄒ야 其 部下에서 自家生活을 營ᄒ다니 新羅¹⁶建國을 當ᄒ야 其 始祖 赫居世¹⁷(大卵中으로 生ᄒ다 云云)를 神과 갓치 尊敬ᄒ더 其妃闕英¹⁸(龍의 右脇으로 生ᄒ다 云云)을 亦是 信奉ᄒ야 其 夫妻의 勸誘로쏘츠 農桑을 勉力ᄒ엿는지라. 蓋 辰韓種은 遼西遼東野에 在ᄒ야 肅愼,¹⁹ 穢貊²⁰ 等의 蠻族을 敵退ᄒ고 族長制를 維持ᄒ더니 物換星移홈에 燕王

(주) 9 支那
10 印度
11 日本
12 加羅國
13 皇漢種
14 辰韓種
15 馬韓種
16 新羅
18 闕英
19 肅愼
20 穢貊

(인) 17 朴赫居世
21 盧綰

盧綰[21]의 襲害를 被ᄒ야 半島로 遂移ᄒᆫ지라 此 種이 荒凉ᄒᆫ 滿洲山河에서 八百年間을 生活ᄒ엿다 ᄒ니 其 殘忍暴戾의 氣象은 感染ᄒ고 八條法律[22]과 洪範九時[23]의 遺敎ᄂᆫ 忘却ᄒ야 高尙優美ᄒᆫ 智識은 消耗ᄒ고 徒然히 驕傲할 ᄯᅡ름이라. 居城을 平壤에 定ᄒ엿ᄂᆫ디 武備가 不具ᄒᆫ 故로 衛滿[24]의게 被逐ᄒ야 其 族人 數千人이 全羅道로 遷移ᄒ야 妖雪ᄒᆫ 詐計로 前島韓種을 滅絶ᄒ고 同種의 領地을 作ᄒ다.

第三節 高句麗[25]百濟[26] 文明의 性質

上古 扶餘族[27]은 滿洲野와 豆滿江岸에 棲息ᄒ야 數百年間을 犬戎[28]靺鞨[29] 等 蠻族으로 與ᄒ야 抗敵接戰ᄒ니 於焉間에 此 人種의 固有文明은 退步가 되여스나 其 族長制度ᄂᆫ 도로혀 크게 發達이 되야 他域 蠻處을 奴隷로 使役ᄒᆫᄂᆫ디 至ᄒᆫ지라. 然ᄒ야 土城을 築ᄒ며 木棚을 植ᄒ며 橋梁을 架ᄒ며 家屋을 營ᄒ며 田野를 耕墾ᄒ며 家畜을 飼養ᄒᆫᄂᆫ 等 事에ᄂᆫ 彼 奴隷로 ᄒ여금 服役케 ᄒ고 扶餘豪族은 다만 騎射佃獵으로 事業을 삼으며 出征蠻族으로 惟一의 職務을 合은지라. 故로 戰爭時에 奴隷와 家畜類를 獲取ᄒ야 戰利品이라 ᄒ더니 物換星移을 從ᄒ야 漸次로 必要ᄒᆫ 産業도 興殖ᄒ며 犧牲을 庖殺ᄒ야 天神祖廟에 享祭ᄒᆫᄂᆫ디 至ᄒᆫ지라. 是로 由ᄒ야 觀ᄒ건디 新羅의 文明原動力은 西南 二系統에 依ᄒ야 胚胎生育ᄒ엿거니와 高句麗百濟의 文明原因은 其 祖先이 彼 猛兇ᄒᆫ 大戎 靺鞨 等과 許多星霜에 競爭ᄒᆫ 結果로 以ᄒ야 偶然히 鍛鍊習達이 되야 自家의 本領을 可

히 守護할 만흔 體格을 具備흔지라. 故로 此 種이 更히 兩波에 分族호야 遼東地境에 侵入흔 者는 其他에 在호야 直接으로 漢代文明을 喫嚼호고 忠淸全羅 兩道方面에 侵移흔 者는 馬韓 漢人種의 文明을 吸收호야 自家營養에 供호엿는지라.

第四節 使節의 嚆矢와 發達의 程度

上古 東洋文物은 西洋 諸邦보덤 卓然히 進步되엿든 事實은 世界史上에 明白히 載在호엿거니와 人類의 精神優長과 智慮深奧홈도 埃及希獵이 到底히 比及지 못흔 바라. 上古 幼稚時代에도 航海術이 意外에 發明이 되야 通航홈을 得흔 故로 加羅時代에 在호야 비로소 日本國의 地勢와 其 國情을 視察호기 爲호야 **蘇那曷此**[30] 等 數人으로 使節을 命호야 派送渡航호니 此 時는 卽 日本**崇神天皇**[31] 六十五年이라. 使節이 渡來홈에 朝野가 震肅호야 巨閣高臺에 迎接호고 敬奉如神호아 六年間을 駐劄호다가 悠然이 本國으로 引還할세 紅絹 數百匹을 捧賜호엿스니 二十世紀에 在흔 各國特命全權大使의 駐劄보덤 優勝호엿는지라. 從此由來로 日本**垂仁天皇**[32] 九十年에 **田道間守**[33]로 使命을 拜호야 常世國(今之臺灣或曰呂宋)에 往호야 香果를 携來호라 命흔되 間守奉命호고 常世國에 直赴호야 十一年만에 橘香果를 奉持還來호니 天皇이 旣崩흔지라 間守慟哭殉死호엿두 호니 此事를 今日 形便에 比호면 其 幼稚時代의 흔 일인 줄을 可히 알깃고 香果를 取호랴고 如彼히 長歲月을 虛費호엿스

인 30 蘇那曷此
31 崇神天皇
32 垂仁天皇
33 田道間守

니 今日 開明人에는 到底히 忍爲치 못할 事이느 然이느 東洋에셔 外邦에 使節派送홈이 自此로 嚆矢흔 듯 ᄒ더라.

新羅 當時에는 文物의 程度가 稍稍히 發達흔지라 諸般 制度를 漢制에 法則ᄒ야 官位의 **十七品階**[34]를 置ᄒ니 伊伐湌, 伊尺湌, 帀湌, 波珍湌, 大阿湌, 阿湌, 一吉湌, 沙湌, 級代湌, 大奈麻, 奈麻, 大舍, 吉土, 大鳥, 小鳥, 造位라 政事堂을 金城에 設ᄒ고 堤防을 修ᄒ며 田野을 闢ᄒ고 民間리는 金銀珠玉의 佩用을 禁ᄒ며 步兵 數百과 騎兵 八千의 戰鬪力을 有ᄒ엿스며 高句麗에서는 使者를 遣ᄒ야 後**漢安帝**[35]의 加冠禮을 賀ᄒ며 有司를 命ᄒ야 賢良孝順을 擧ᄒ며 鰥寡孤獨을 救恤ᄒ며 **常平倉**[36]法을 設施ᄒ야 每年 三月로부터 七月까지 官穀을 出ᄒ야 百姓에게 賑貸ᄒ엿드가 秋收冬藏흔 後에 還償케 ᄒ엿스니 其 善治愛民의 仁德을 雖 千載下라도 可히 感泣할 바이오. 日本國 等은 到底히 仰及지 못흔 盛事라. 然흔딩 日本歷史를 參考ᄒ건딩 **神功皇后**[37]의 **三韓征伐**[38]이라는 言이 有ᄒ니 此는 記史家의 好事談에 不過ᄒ고 決코 事實은 아닌 거시 推測的 思量에도 分明흔지라. 當時의 日本程度가 幼稚ᄒ고 柔弱ᄒ야 敢히 遠征에 生意치 못할 쑨 不是라 도로혀 韓半島의 西南 兩系統 文明에 蹂躪홈이 되니라.

『대한학회월보』 1908.05.25

韓半島文化大觀(續) 李東初

분야	역사
주제어	韓半島文化, 高句麗, 新羅, 百濟, 品位十六階, 服色制, 犯贓律, 官制, 日本國, 魏晉文化, 表文, 碧骨池, 佛敎, 魏晉文學, 韓半島文學, 修身齊家, 南北朝時代, 百座請會, 八關會, 儒學, 日本文學, 耶蘇聖敎, 論語, 千字文
인물	曹叡, 公孫淵, 司馬懿, 東川王, 莵道稚郎子, 夫道, 阿直岐, 應仁天皇, 王仁, 訖解王, 小獸林王, 符堅, 順道, 阿道, 摩羅難陀, 近肖古王, 墨胡子, 毛禮, 炤智王, 法興王, 廣開土大王, 百濟法王, 釋迦
기관/조직	肖門寺, 伊佛蘭寺, 皇龍寺, 永興寺, 王興寺

第二章 魏晉文明의 遞傳

第一節 銳利흔 兵器의 傳習

韓半島文化의 本源이 西南 兩系統을 繼受ᄒ야 成形ᄒ엿ᄂᆫ디 其 發達의 影響이 四隣에 反動홀지라. 於是에 魏主**曹叡**[1] ㅣ **高句麗**[2]의 勢力이 漸熾홈을 認ᄒ고 使者를 遣ᄒ야 和親을 媾結홀세 **公孫淵**[3]으로 ᄒ여금 遼東太守 樂浪公을 拜ᄒ엿ᄃᆞ가 其後에 公孫淵이 謀叛홈에 高句麗가 魏將軍 **司馬懿**[4]를 助勢ᄒ야 公孫淵을 討滅ᄒ다. 自是로 七八載星霜을 經ᄒ야 高句麗**東川王**[5] 二十年에 魏將母丘儉이 大兵을 帥ᄒ고 高句麗에 八寇ᄒ야 全半島를 聳動ᄒ니 此時에 魏兵의 携

來혼 文物이 半島에는 曾有치 못혼 바라 弓槍刀矢의 銳利 홀 샏 아니라 其他 文明의 大光焰이 閃輝혼지라. 故로 做此 호야 兵器射擊의 術을 傳習호엿고 當時 **新羅**[6]는 漢의 歸化人 **夫道**[7]爲名者를 高句麗로부터 招致호야 阿飡의 位를 授호고 財物藏庫의 事務를 掌케 호야 書算等 術을 傳習케 호고 **百濟** [8]는 **官制**[9]를 創定호야 內臣佐平, 內頭佐平, 內法佐平, 衛士佐 平, 朝廷佐平, 兵官佐平의 官을 置호며 坏혼 **品位十六階**[10]를 設호며 **服色制**[11]를 定호며 **犯贓律**[12]을 制호니 高向麗, 新羅, 百濟가 相競호야 文武의 術을 講究혼지라. 此 時代에 **日本國** [13]은 朝廷으로 使者를 魏에 遣호야 金帛斑布의 禮物을 贈呈 호여스느 그러느 其 人民은 直接으로 文明의 光焰을 目擊 티 못호야 闇黑홈이 無類라 故로 半島文明에 風靡혼바ㅣ 되다.

第二節 韓半島文化轉傳于日本

池水가 盈科혼 後에 他川에 放流홈은 物理의 所使오 名 花가 滿開혼 時에 傍樹가 生色홈은 物情의 所然이라 韓半 島에 數十年間 蓄積薰熟혼 **魏晉文化**[14]의 餘澤餘光이 百濟王 子 **阿直岐**[15]를 依由호야 東으로 日本에 轉傳호야 異彩의 光 輝를 放호다. 阿直岐는 經典을 精通호며 智慮가 遠大혼 偉 人이라 日本**應仁天皇**[16]이 其 太子 **菟道稚郎子**[17]의 太師를 삼 아 經學을 始授케 호고 其後에 阿直岐가 秀士 **王仁**[18]을 擧 薦홈에 仁이 悅服호고 半島文化을 東海島에 廣布호기 爲 호야 日本에 渡航호야 **論語**[19] 十卷과 **千字文**[20] 一卷을 菟道

稚郎子의게 獻ᄒ야 菟道稚郎子ㅣ 크게 感悅ᄒ야 王仁을 師禮로 欵待ᄒ고 仍就ᄒ야 經傳을 受ᄒ니 是實日本에 儒學[21] 傳播의 濫觴이러라. 爾後에 高句麗使節를 日本에 派遣할세 其 表文[22]의 禮를 欠ᄒ엿더니 應仁天皇의 太子 菟道稚郎子ᄂ 經學을 受ᄒᆫ 故로 表文의 欠禮를 知ᄒᄂᆫ지라 怒而不受ᄒ고 使節을 放還ᄒᆫ 後에 其 群臣을 命ᄒ야 百濟에 來朝ᄒ고 博學士의게 經史를 學ᄒ니 自是로 日本文學[23]이 漸開ᄒ고 ᄯᅩᄒᆫ 同時에 物質的 文明도 傳移ᄒ다. 新羅昔解訖王[24] 二十一年에 비로서 碧骨池[25]를 開鑿ᄒ야 灌漑에 供ᄒ니 建築의 術도 大槪 發達ᄒᆫ지라. 故로 日本이 新羅의 技師를 聘請ᄒ야 茨田의 堤防을 築ᄒ며 橋梁은 始架ᄒ다. 此ᄲᅮᆫ 不是라 年年歲歲에 日本朝廷은 人士를 派來ᄒ야 政治上 關係를 見習ᄒ며 指導은 受ᄒ엿스니 此로 由ᄒ야 觀ᄒᆫ건ᄃᆡ 當時 韓半島威嚴의 隆盛ᄒ엿든 거슬 可히 想像ᄒᆯ 바라.

第三節 佛敎[26]의 傳來

爾來에 魏晋文學[27]의 系統을 承ᄒᆫ 韓半島文學[28]은 其 性質이 修身齊家[29]에 基因ᄒ야 흔갓 先王의 德과 先聖의 功을 賞贊ᄒᄂᆫ 無奧味의 詩文에 不過ᄒ야 隱神眞諦의 主義가 無ᄒᆫ 故로 廣通發展티 못ᄒ엿더니 南北朝時代[30]에 至ᄒ야 斬新히 入來ᄒᆫ 釋聖[31]의 佛敎ᄂ 所有ㅣ 莊嚴ᄒ며 所有ㅣ 奧妙ᄒ야 安身立命의 眞理가 具備ᄒᆫ 故로 人人이 信仰흠에 非常ᄒᆫ 速力으로 半島全界에 廣布大德ᄒ다. 最初渡來ᄂ 在高句麗小獸林王[32] 二年인ᄃᆡ 當時에 秦王符堅[33]이 使者를 遣ᄒ

야 浮屠順道[34]와 佛像佛經을 奉送ᄒ고 其 功德神蹟을 陳述ᄒ지라 小獸林王이 遣使答謝ᄒ고 其書로ᄡ 子弟를 敎導ᄒ며 仍ᄒ야 肖門寺,[35] 伊佛蘭寺[36]을 創建ᄒ야 胡僧 順道와 阿道[37]를 置ᄒ엿고 其後 十二年에 胡僧 摩羅難陁[38]] 百濟에 來朝홈에 近肖古王[39]이 宮中에 迎置ᄒ고 極히 款待ᄒ여스며 又 三十餘年에 沙門 墨胡子[40]] 高句麗로부터 新羅一善郡에 至ᄒ니 該郡人毛禮[41]] 窟室을 作ᄒ야 ᄒ며금 居處ᄒ게 ᄒ엿더니 其後에 炤智王[42]時에 至ᄒ야 阿道가 其 徒弟 三人으로 더부터 毛禮家에 來ᄒ니 自此로 佛法이 廣布ᄒ다.

新羅 法興王[43]은 英俊聰慧ᄒ신 君主라 人民을 撫愛ᄒ시며 ᄯ한 佛敎를 篤信ᄒ야 畢竟에 國中에 行ᄒ게 ᄒ야 人民으로 ᄒ여금 僧尼됨을 認許ᄒ고 佛敎를 廣興할세 惠亮으로ᄡ 僧統을 삼고 百座請會[44]와 八關會[45]의 法을 設ᄒ지라. 自是로 信佛의 念이 益篤ᄒ야 新宮殿을 皇龍寺[46]라 ᄒ야 大佛像을 鑄据ᄒ고 其 末年에는 스스로 剃髮ᄒ고 僧衣를 着ᄒ야 號를 法雲이라 稱ᄒ고 王妃도 ᄯ한 尼僧이 되야 永興寺[47]에 住ᄒ니 於是乎에 新羅의 佛法] 行홈이 高句麗百濟보담 追後ᄒ며스ᄂ 其 廣通盛行홈은 도로허 二國보담 勝優ᄒ지라. 然則 他二國도 競爭的으로 熱心티 아닌 바 아니라 高句麗廣開土王[48]은 下令ᄒ야 九寺를 平壤城에 創立ᄒ고 佛을 崇ᄒ며 福을 求ᄒ고 百濟法王[49]은 下令ᄒ야 殺生을 禁ᄒ되 民家의 所養ᄒᄂ 鷄鷹等을 收放케 ᄒ며 漁獵을 禁ᄒ고 王興寺[50]를 建築ᄒ야 僧徒 三十人을 置ᄒ고 人士를 中華에

派送ᄒ야 佛法을 學來케 ᄒ니 自此由來로 佛敎의 法式만 單獨히 韓半島에 傳來홀 섇 아니라 中土大陸의 典禮, 文學, 美術, 音樂, 醫藥, 卜筮, 天文, 地理, 曆算, 土木, 百工 等 一切의 文物이 隨伴 傳來하야 全半島에 分布홈에 光明世界가 되엿스니 實是 十八世紀에 **耶蘇聖敎**[51]가 東洋에 渡來홈에 西洋文物이 隨伴輸入홈과 恰似하도다.

주 51 耶蘇聖敎

『대한협회회보』 1908.04.25

大韓의 希望 申采浩

분야	역사, 논설
주제어	希望, 新羅, 高句麗, 武略, 百濟, 亡國, 保護地位, 神聖國家, 壬辰倭亂
인물	趙光祖, 李滉, 丁若鏞, 柳馨遠, 李舜臣, 郭再祐, 崔岦, 柳夢寅, 朴晋, 姜邯贊, 金庾信, 崔春命, 弓裔, 甄萱, 나폴레옹(拿破崙, Napoléon Ier) 高壽斯古, 찰스 1세(査理士, Charles I), 마치니(瑪志尼, Giuseppe Mazzini), 볼테르(Voltaire), 루소(Jean Jacques Rousseau), 項羽, 우임금, 魯陽

嗚呼 今日 我大韓에 何가 有한가 國家난 有하건마난 國權이 無흔 國이며 人民은 有하건마난 自由가 無한 民이며 貨幣난 有하건마난 鑄造權이 無有하며 法律은 有하건마난 司法權이 無有며 森林이 有하건마난 我의 有가 아니며 鑛山이 有하건마난 我의 有가 아니며 郵電이 有하건마난 我의 有가 아니며 鐵道가 有하건마난 我의 有가 아니니 然則 敎育에 熱心하야 未來 人物을 製造할 大敎育家가 有한가 此도 無有며 然則 識見이 優越하야 全國民智을 啓發할 大新聞家가 有한가 此도 無有며 大哲學家 大文學家도 無有며 大理想家 大冒險家도 無有라 空空無存의 國에 偑偑無適의 人이 되야 其 慘淡의 光景은 小兒飢啼에 甁粟有이 已整

한 貧戶의 窮冬이며 其 悽惻의 情狀은 征夫遠戍에 孤枕獨處
한 思婦의 長夜오. 其 生活은 塗炭水火가 方深한 日이며 其
産業은 支離破碎가 已極한 後니 今日 我韓國民의 所有가 何
라 云할고. 嗚呼라. 我膺을 捫하고 徘徊三思컨대 一長物이
尙有ᄒ니 長物維何오. 曰 希望이 是已로다.

希望[1]이란 者난 萬有의 主人이라. 華가 有함애 實이 有
하며 根이 有홈애 幹이 有함갓치 希望이 有하면 事實이 必
有하나니 上帝의 希望으로 世界가 卽 有하며 民衆의 希望
으로 國家가 卽 有하며 父祖의 希望으로 子孫이 卽 有하며
同類의 希望으로 朋友가 卽 有하며 野蠻이 希望하야 文明
을 有하며 頑固가 希望하야 革新을 有하며 微弱이 希望하
야 强力을 有하며 孱劣이 希望하야 優勢을 有하며 柔者가
剛하랴면 剛을 希望하며 衰者가 盛ᄒ랴면 盛을 希望하나
니 大하다. 希望이며 美하다 希望이여. 農夫의 千倉萬箱이
一士耕의 用力이며 漁者의 五湖三江이 一魚網의 成功이며
人生의 百年事業이 一希望의 結果하난 배니라.

事實이 希望에서 起한다 함은 固然한 理어니와 抑亦 希
望이 事實로 緣生하나니 諺에 云함과 갓치 牛도 可憑의 岸
이 有한 然後에야 起한다 ᄒ고 希望도 可爲의 道가 有한
然後에 生할지어날 試思하라. 今日 我韓이 可爲의 道가 有
타 할가.

時局이 日幻하고 朝政이 日非하야 舟中 天地에 擧目皆敵
이오 門前荊棘에 移足恐觸이라. 腹心이 俱病하고 百骸가

皆 痛하니 비록 大英雄 大政治家 其 人이 起하더래도 活動할 餘地가 何處인가. 是故로 希望의 反對者 即 絶望이 常至하야 山林雌伏者가 頑夢을 稍醒하야 新事業에 留心하랴 하다가 驀然히 悲淚을 凄灑하고 故 時代를 回仰하니 壯하다 新羅[2]高句麗[3]의 武略[4]이여. 日本을 東禦하며 支那을 西征하고 契丹을 擊破하며 女眞을 驅逐하얏스니 當年 豪傑을 今日에 再得할 수 有한가 盛하다. 列朝列宗이여 道德에난 趙靜庵[5]李退溪[6]며 經世에난 丁茶山[7]柳磻溪[8]며 將略에난 李忠武[9]郭忘憂[10]며 文章에난 崔簡易[11]柳於于[12]니 如此 盛運을 今日에 再挽할 수 有한가. 嗚呼 衰矣 今日 我韓이여 하며 海外 留學者가 銳氣方壯하야 新舞臺에 活演하랴 하다가 猛然히 眼孔을 擡着하고 列强國을 周察하니 美하다 城邑이며 多하다 軍艦이여. 金宮玉殿에 人目이 眩耀하며 水雷鐵甲은 海上에 羅列하얏스니 我韓은 幾百年 後에나 如此하랴난지 强하다 國力이며 富하다 民産이여. 某國 國旗에난 太陽이 不沒한다 하며 某國 金力은 世界에 無兩하다난대 我韓은 幾千年後난 如此하랴난지 嗚呼 難矣라. 我韓今日이여 하야 三反五覆하야도 絶望만 愈深하나니 傷哉라. 絶望이며 哀哉라 絶望이여. 無告窮民이 苦痛을 忍抑하고 一縷의 生命을 苟保함은 尙此 希望 二字가 有한 所以니 希望이 旣絶이면 雖 生이나 何爲리요. 是故로 炭峴이 失險하고 白江이 不守하야 敵騎가 長驅에 舊都가 顚覆함에 君王恩寵에 朝夕 歌舞하야 憂患愁苦가 何物인지 不知하던 百濟[13] 王宮의 愛姬로도 落花巖上에 香魂

을 斷送하얏스며 弓裔[14]가 肆虐하고 甄萱[15]이 繼起하야 寇氛
이 漲天에 興復이 無策함에 龍樓左右에 儼然 侍立하야 將來
富貴가 惟 我의 所有라 하던 新羅 貴族에 公子로도 智異山
中에 僧髮을 自祝하얏스니 哀哉 絶望이며 傷哉라. 絶望이
여. 聖希連拿의 一孤島에 身世가 幽囚되니 當年 匹馬로 歐洲
에 橫行하던 拿破崙[16]도 悲歌나 唱할지며 大彼得堡의 獄中鬼
로 天日을 不見하니 向日義로 波蘭을 恢復하랴던 高壽斯古[17]
도 慘血이나 吐할지니 哀哉라 絶望이며 傷哉라 絶望이여.
蓋 來頭의 禍福은 當場 成敗에 不在하고 希望 有無에 在한
故로 麗祖의 桐藪가 羅王의 鮑石보다 危하나 希望이 不墜한
故로 危만 有하고 亡은 無하얏스며 句踐의 稽山이 夫差의
甬東보다 慘酷하나 希望이 不缺함 故로 慘은 有하되 滅은
無하얏스니 今日 我韓이 果然 希望이 尙有한 時代ㄴ가. 曰
今日 我韓이 富난 他國만 不如하나 富의 希望은 他國보다
大하며 强은 他國만 不如하나 强의 希望은 他國보다 深하
며 文明은 他國의 不及하나 文明에 對한 希望은 他國보다
遠過하다 ᄒᆞ노니 大하다. 我韓 今日의 希望이며 美하다 我
韓 今日의 希望이여. 大抵 希望의 萌芽가 恒常 苦痛時代에
在하고 安樂時代에 不在하나니 歷史上의 已例를 擧하건듸
何國 何民이 不然한가. 路易의 殘暴가 안이러면 今日法國이
無할지며 查理士[18]의 壓制가 안이러면 今日英國이 無할지
며 英吉利의 苛稅가 안이러면 今日美國이 無할지며 墺地利
의 慘壓이 안이러면 今日伊太利國이 無할지며 法蘭西의 侮

인 14 弓裔
15 甄萱
16 나폴레옹(拿破崙,
Napoléon Ier)
17 高壽斯古
18 찰스 1세(查理士,
Charles I)

蔑이 안이러면 今日 德國이 無할지며 今日 日本도 歐人의 慢
壓으로 由하야 勃興하얏스며 今日 俄羅斯도 戰敗의 餘憤으
로 以하야 改革한다 하니 嗚呼라. 茫茫 地球上에 强國이라
稱하난 國이 一度 苦痛이 無하고서 能興한 者ㅣ 或 有한가.
故로 曰(飢餓者ㅣ 福라 하며 逼迫者ㅣ 福)이라 함은 蓋 人의
希望이 厄境 中에서 始生함을 云함이니 我韓 歷史를 論하건
딕 已往에 苦痛이 曾來하얏던가. 國家가 幾百年 完全한 獨
立權을 失한지 已久라 하나 內政의 自主를 觀하야도 獨立
이며 外交의 締約을 觀하야도 獨立이며 官吏의 黜陟을 觀
하야도 獨立이며 貨幣의 自鑄을 觀하야도 獨立이니 名義上
不獨立國으로 內容의 獨立 權利를 優持하고 間或 遠寇의 來
侵과 內地의 騷擾救가 起하면 彼 所謂 大邦者를 招하야 曰
爾가 我하라 하야 彼을 反히 奴隷갓치 使喚하얏스며 國民
이 自來로 專制政治下에 蟄伏하얏다 하나 深山 中에서 隱居
獨樂하랴도 我의 自由며 城市間에 欺人騙財하랴도 我의 自
由며 詁酒雜技로 平生을 誤送하랴도 我의 自由며 沿門持鉢
에 乞食으로 終身하랴도 我의 自由니 理論上 不自由民으로
實際의 自由身分을 快作하고 間或 豪族의 凌侮로 侵奪을 當
하더래도 傍蹊曲逕만 善穿하면 彼의게 反히 壓抑을 加하얏
스니 비록 古者에 羈絆이 甚 又 甚하고 虐慾이 酷 又 酷한 時
代라도 目下 二十世紀의 保護云 壓制云과난 天壤이 判異하
되 又 況 天産이 自足에 人力을 不待며 邊烽이 晏然에 外寇
가 不來한 故로 此 國의 主人된 國民으로 主人의 事務를 忘

却하고 幾百年은 部落酋長에게 任하며 幾百年은 封建制度에게 任하고 幾百年은 寡人政治에게 任하고 幾百年은 世家貴族에게 任하야 彼가 善政을 行하던지 惡政을 施하던지 官爵을 賣하던지 法律을 弄하던지 都是 不問하고 我난 涅槃淨土에 大自在함 갓치 優遊無事하던 國民이니 設令 此 時에 盧梭[19]의 慧寶로 福祿特爾[20]의 筆을 借하며 瑪志尼[21]의 熱誠으로 拿破侖의 舌을 兼하야 東奔西走하며 叫呼 不已하더래도 畢竟 一個도 回頭할 者ㅣ 無하리니 其 故가 何故오. 苦痛이 少하야 希望이 淺한 故니 十餘年間 天上에서 落來한 獨立을 自壞함은 一般志士가 嘔血 長慟하되 實則 塞翁失馬에 付할 배라. 乃者 數年 以來로 天地가 飜覆하고 風雲이 慘淡하야 我 四千年來 神聖國家[22]가 保護地位[23]에 落在하야 一切 權利를 皆 失함애 請囑의 門도 盡塞하고 仕宦의 路도 漸絶하니 彼 不生 不滅 不寒 不熱하던 人物들도 稍稍 回頭의 心이 有하리니 於是乎 大可爲의 時機며 再者 淸日의 戰도 我韓으로 由起하며 日俄의 戰도 我韓으로 由起하고 世界 萬目이 韓國問題에 盡注함애 從來 東西 列强과 交涉이 無多하야 東亞一方에 隱君子 갓치 獨樂하던 韓國이 列國 競爭의 中心點이 되니 於是乎 大可爲의 地位로다. 大可爲의 地位에 處하야 大可爲의 時機를 得하야도 大可爲의 國民이 안이면 大事業을 能成치 못하건이와 我가 我國 同胞를 觀하건대 大可爲의 品格이 具有하도다. 昇平 歲月에 懶夢이 正長하야 江湖烟雨에 白鷗를 招하다가도 忽然 旱地 霹靂에 壬辰亂[24] 갓흔 劫運이 突來

[인] 25 朴晋
　　26 姜邯贊

하면 田間土鼓을 擊破하고 禦敵의 策을 講究할새 臨場猝辦으로도 試題을 善做하야 鐵砲을 創造한 朴晋[25]氏도 有하며 鐵甲船을 創造한 李舜臣氏도 有하야 名譽的 紀念碑를 歷史上에 長堅하얏스니 彼 西歐에 强勁偉大로 見稱하는 國人이라도 我 民族과 易地以處하면 我가 彼보다 優過하고 萬一 敎育이나 稍進하야 智識이 漸開하면 現今 雄飛 各國과 幷駕齊驅하기 不難할지니 彼가 我의게 不及한 處가 多有하도다. 嗚呼 我 國民이여 大可爲의 國民이 안인가. 大하다 我韓 今日의 希望이며 美하다 我韓 今日에 希望이여 姜邯贊[26]氏가 女眞에게 敗走하며 曰 今日之事康兆一人之咎當收兵練卒徐圖興復可也라 云하얏스니 女眞과 戰敗함은 康兆一人의 咎어니와 康兆一人에게 政權을 專任함은 又 滿廷君臣의 咎라 할지어날 姜公이 毅然이 此言을 出함은 何故인가. 蓋 康兆一人의 敗績함은 全國이 皆 敗인 줄노 思想하야 來頭興復이 無望이라 하난 庸人頑惱를 喝破함이니 今也에 幾十年 頑腐政黨의 誤國을 因하야 一般 國民을 均是 無能力者로 忖度하난 者ㅣ 有한가. 我 且 一言으로 解嘲하야 曰 已往은 朝廷 諸公의 咎오 來頭난 全體 國民의 責이라 하노니嗟 我國民이여 今日부터 大希望으로 大進步하야 大國民을 作할지니라.

或曰 今日에 如此히 希望이 有하다 하니 此 希望으로 前進하면 幾年 後에나 目的地에 到達할가. 曰 義務만 踐하면 權利가 自來ᄒ며 責任만 酬하면 幸福이 自至하며 價値만 出하면 許多貨物을 皆 得하나니 一日만에 此 義務 此 責任

을 盡하면 明日에 此 權利 此 幸福을 應得할지며 一年만에 此 義務 此 責任을 盡하면 明年에 此 權利 此 幸福을 應得할지며 十年만에 盡하면 十年 後에 應得할지며 百年만에 盡하면 百年 後에 應得할지며 千年 萬年이라도 此를 能盡치 못하면 權利 幸福은 姑捨하고 苦痛만 日深하야 爾의 希望하던 目的이 夢泡를 作하리니 故로 吾輩 今日에 義務 責任의 酬盡함만 晝夜 勉勵할지요 權利 幸福의 何時 來난 問할 바도 안이며 究할 바도 안이니라.

或이 又 曰 我韓이 如此히 希望이 有하다 하니 然則 幾十 幾百年 後일지라도 韓國은 終當 韓國人의 韓國이 되야 他 國의 羈絆을 不受할가 曰 其 國民이 其 國을 自國으로 知하면 其 國이 自國民의 國이 되며 其 國民이 其 國을 他國갓치 視하면 其 國이 他國人의 國이 되나니 此난 難逃의 公例라. 譬컨딕 千金 財産을 此에 實하고 主人이 遊蕩不顧ᄒ면 其 奸僕이 幾畝田을 占하며 其 嬌客이 幾間屋을 潛有하며 甚至 其隣家 酒婆까지 其分錢尺布에 流涎하야 該 家의 主權이 他家로 離하려니와 但 其 主人者가 奮發 自勵하난 境遇에난 堂堂 所有權을 誰가 敢移하리요. 卽 今 我韓이 中興하랴면 國民 人人이 自國事業에 發憤할 而已라. 波蘭埃及에도 義士가 不無며 越南菲律賓에도 忠臣이 亦有하건마난 畢竟 亡國[27]의 慘狀을 呈現함은 此等 忠義난 小數에 居하고 其 大部分 國民은 皆 蠢蠢 愚昧한 所致니 今日 吾輩가 國民의 知識과 實力이 未盡함만 是憂 是慮할 것이오. 此 國

주 27 亡國

의 羈絆 脫免이 無計라난 妄想은 作함이 不可하니라. 曰 希
望이 如此 大有한 今日 我韓으로 中路 退沮할 理가 萬無하
니 然則 吾輩의 進取하난 前途난 嘔心 吐血할 必要도 無하
며 磨拳擦掌할 必要도 無하고 但只 雍容談笑로 循序以進함
이 足홀가 嗚呼라 不可不可하다. 苦痛 中에 在한 者의 希望
은 太奢하며 又 太急하야 失望이 每 易하나니 비록 天下壯
士 項羽[28]라도 酷病에 罹하야 苦苦求藥하난딕 何許一庸醫가
附子丸 十斤을 投하며 曰 此藥을 沒呑하여야 汝病이 速差하
리라 하면 卽 擡頭 前仰할지며 何許一仇人이 烏喙湯數貼을
換하여 曰 此藥을 盡服하여야 汝病이 快袪하리라 하면 卽
開口飮下하리니 不過 瞬息間에 一命이 嗚呼 了할지라 엇지
戒愼할 處안인가. 目下八域을 環顧하건딕 顚顚 希望이 遠近
一般인딕 不幸 魔類가 縱橫하야 或 外人依賴로 旗職을 竪하
고 麾之曰 來하라 來하라 汝가 此에 來하여야 福祿을 享하
리라 하며 或 同胞 壓制로 手段을 作하난 者가 招之曰 來하
라 來하라 汝가 此에 來하여야 利益을 得하리라 하며 或 心
腸 全換한 者가 曰 來하라 來하라 하며 或 道德 墮壞한 者가
曰 來하라 來하라 하며 或 內凶外直한 者 或 因利忘義하난
者 或 見機趨附하난 者 或 釣名偸譽하난 者가 莫不 我同胞
耳朶에 向하야 來하라 來하다 大叫하나니 危險하다 今日이
여 彷徨 問路하난 同胞들이 其 甘言을 迷信하야 褰裳 往從
하난 日이면 荊棘 中으로 向할난지 水火 中으로 向할난지
此 皆 不知에 屬한 事니 新事業에 注意하난 諸君들아. 今日

이 果然 何日인가. 此 國民에 此 希望을 成就케 하난 者도
諸君이며 失敗케 하난 者도 諸君니 不可不 **金庾信**[29]氏가 石
窟에 祈禱하난 精誠을 抱하며 **崔春命**[30]氏가 孤城을 獨守하
던 氣槪을 仗하고 左手에 **夏禹**[31]氏가 龍門을 開鑿하던 神斧
와 右手에 **魯陽**[32]이 落日 倒揮하던 長戈을 荷하고 西楚覇王
의 沈船破釜甑ㅎ던 決心으로 大踏步 前進ㅎ야 敎育을 提倡
커던 其心에 其 身도 無ㅎ며 其家도 無ㅎ고 敎育만 有ㅎ며
學問을 硏究커던 其心에 其 身도 無ㅎ며 其家도 無ㅎ고 學
問만 有ㅎ며 政客의 心에난 政治改善만 有ㅎ며 實業者의 心
에난 公益事業만 有하야 末乃其忘身忘家의 所得者로 此 國
에 供獻ㅎ되 荊棘이 此 國의 前途을 塡塞ㅎ거든 萬釼이 齊
奮ㅎ며 蛇豕가 此 國의 疆土를 荐食커든 萬弩가 齊發ㅎ야
大國民의 意氣로 大團體를 鞏結ㅎ면 胸中에 抱藏한 希望이
眼前에 湧現할 時機가 有ㅎ리니 大ㅎ다 我韓 今日의 希望이
며 美ㅎ다 我韓 今日의 希望이여.

　未久에 造物者가 世界 各 國民의 試驗 成績을 考鑒ㅎ나
니 我國民이 第一等의 資格이 有ㅎ도다만은 万一 怠惰汗漫
ㅎ야 競爭心이 無ㅎ면 空을 得ㅎ나니라.

　嗚呼라 現在의 苦痛은 過去 無希望으로 遺한 孼業이오.
未來의 幸福은 現在 有希望으로 播할 種子니 勉할지어다.
我韓人아 過去의 無希望은 過去 人物이 造한 刧夢이며 未
來의 有希望은 未來 人物이 築할 土臺이니 勉할지어다. 我
韓人아 過去의 無希望으로도 其 苦痛이 此 極에 已至ㅎ얏

거던 現在에도 無希望ㅎ면 未來에 苦痛이 將 又 何境에 至ㅎ리요 勉할지어다. 我韓人아 我 且 一俚談으로 告ㅎ야 曰 前冬의 凍餓를 思ㅎ거든 今夏에 遊怠를 無作ㅎ며 先代의 産業을 顧ㅎ거든 明日로난 蕩悖를 無再ㅎ라 ㅎ노니 我韓 今日이 果然 何日인가 今日에도 希望이 尙薄ㅎ면 他日에난 希望ㅎ랴도 希望할 餘地가 無ㅎ리니 勉할지어다. 今日 我韓人아 希望에서 願力이 生ㅎ고 願力에서 熱心이 生ㅎ고 熱心에서 事業이 生ㅎ고 事業으로 國家가 生ㅎ나니 勉할지어다. 我韓人아 希望할지어다. 我韓人아

『대한협회회보』 1908.05.25

大韓三十年外交略史　雲溪生

분야	역사
주제어	朝鮮王, 江華府, 萬國公報, 日本, 大日本國大皇帝, 淸政府, 淸日修好 條規, 中國, 獨立國, 屬國, 修好條規, 條約
인물	黑田淸隆, 井上馨, 申櫶, 尹滋承, 八戶順叔, 森山茂, 岡吉弘毅, 廣津 弘信, 森有禮

聖上御極十三年 丙子春正月十六日에 日本國 特命全權 辦理大臣 陸軍中將 兼 參議開拓長官 **黑田淸隆**[1]과 特命副全權 辦理大臣 議官 **井上 馨**[2]을 派遣ᄒ야 京畿**江華府**[3]에 來詣ᄒᄂ지라 判中樞府事 **申櫶**[4]을 命ᄒ야 大官을 숨고 副摠管 **尹滋承**[5]을 命ᄒ야 副官을 숨고 接見케 ᄒ다. 先是丁卯年間에 日本人**八戶 順叔**[6]이 新聞에 揭載ᄒ야 曰 **朝鮮王**[7]이 每五年이면 江戶에 至ᄒ야 大君을 拜謁獻貢홈은 古例어늘 朝鮮이 此 例를 廢홈이 久矣라. 故로 發病聲罪ᄒᄀᆺ다 ᄒ고 **萬國公報**[8]에 揭載ᄒ야 曰 苞芽가 不入홈으로 朝鮮을 攻ᄒ겟다 ᄒ얏거늘 朝廷이 其 詆誣홈을 憤慨ᄒ야 無禮홈을 責ᄒᄆ **日本**[9]이 實無是事라. 遜謝ᄒᄂ니라. 其 翌年戊辰에 日本이 其 國制를 維新ᄒᆫ

주 3　江華府
7　朝鮮王
8　萬國公報
9　日本

인 1　黑田淸隆
2　井上馨
4　申櫶
5　尹滋承
6　八戶順叔

後 森山茂[10]와 岡吉弘毅[11]와 廣津弘信[12] 等을 迭派ㅎ야 東萊府에 詣ㅎ야 國書를 呈遞홀시 舊規를 變ㅎ야 大日本國大皇帝[13]라 書ㅎ얏거늘 朝廷이 舊規를 違홈으로 以ㅎ야 國書를 不受홈이 數年이러니 乙亥九月에 日本이 其 兵船雲良艦을 派ㅎ야 永宗鎭 前洋에 突如駛來ㅎ거늘 我兵이 防禦ㅎ기 爲ㅎ야 開砲示備ㅎ얏더니 該艦이 永宗鎭을 焚蕩ㅎ고 軍物을 掠奪ㅎ다.

駐淸日本公使 森有禮[14]가 因ㅎ야 淸國政府에 交涉ㅎ야 曰 朝鮮이 我艦을 砲擊ㅎ여 我政府-深憾ㅎ야 全權辦理大臣을 朝鮮에 特派ㅎ야 朝鮮政府에 意向을 往問ㅎ고 妥平結局코자 ㅎ나 朝鮮이 辦法을 知치 못ㅎ야 一二兵船으로 護從ㅎ고 淸政府[15]에 告ㅎ야 我政府가 淸政府로 推誠無隱ㅎ는 意를 昭ㅎ노라. 淸政府曰 中國[16]이 朝鮮에 其政事를 固不强預나 其安全을 不能不切望이니 貴國이 不獨兵不必用이라. 遣使往問一節도 籌劃萬全ㅎ야 淸日修好條規[17] 中에 兩國所屬邦土不相侵越이라ㅎ 句語를 終守ㅎ라. 日使曰 一月十日語會時에 貴大臣이 曰 朝鮮이 雖曰屬國이나 地固不隷中國ㅎ야 內政을 曾無干預ㅎ니 其與外國交涉도 亦聽彼國自主ㅎ야 不可相强이라 ㅎ얏스니 由是觀之면 朝鮮이 是一獨立國[18]이어늘 貴國이 屬國[19]이라홈은 徒空名이라. 將來日朝間交涉 等 事를 中國의 自任其責ㅎ랴느냐 若不能自任인딘 日淸條規上에 幷無關係니라 淸政府曰 其 錢糧을 收ㅎ며 其 政令을 齊홈은 朝鮮의 所自爲오 其 難을 紓ㅎ며 其

粉을 解ᄒ야 其 安全을 期홈은 中國이 自任홈이오. 其 所難
을 不肯强ᄒ며 其 急을 不忍漠視홈은 古來로 屬國을 待홈이
皆是어늘 貴大臣이 謂호딕 事가 朝日間에 起혼 者ᄂ 斷然
이 **條約**[20]에 無與라ᄒ니 **修好條規**[21]에 言之甚明ᄒ야 未能諱
니라. 前接節略을 抄錄ᄒ야 朝鮮에 轉行홀지니 朝鮮셔 接
到혼 後如何辨法은 中國이 不能勉强이로다.

㊂ 20 條約
21 修好條規

『대한협회회보』1908.05.25

歷史와 愛國心의 關係 申采浩

분야	역사, 논설
주제어	歷史, 愛國心, 國, 殖民, 滿洲, 朝鮮立國, 本國史, 翰林提學, 文正武愍, 文蔭武逸, 老少南北, 政治史, 譜牒, 家族
인물	檀君, 廣開土大王, 乙支文德, 淵蓋蘇文, 姜邯贊, 尹瓘, 弓裔, 甄萱, 카이사르(氏士, Gaius Julius Caesar), 나폴레옹(拿破侖, Napoléon Ier), 漢武帝, 唐太宗, 盧兢, 金笠, 朴道翔, 柳東賓, 魏斯, 趙籍, 韓虔, 金俊
레퍼런스	東國通鑑
레퍼런스 저자	西諺

[주] 1 歷史

嗚呼라 若何ᄒ면 我二千萬의 耳에 恒常 愛國이란 一字가 鏗鏘ᄒ게 홀가 曰 惟 **歷史**[1]로 以홀지니라. 嗚呼라 若何ᄒ면 我二千萬의 眼에 恒常 國이란 一字가 徘徊ᄒ게 홀가 曰 惟 歷史로 以홀지니라. 嗚呼라 若何ᄒ면 我二千萬의 手가 恒常 國을 爲ᄒ야 拮据케 홀가 曰 惟 歷史로 以홀지니라. 嗚呼라 若何ᄒ면 我二千萬의 脚이 恒常 國을 爲ᄒ야 踴躍케 홀가 曰 惟 歷史로 以홀지니라. 嗚呼라 若何ᄒ면 我二千萬의 喉가 恒常 國을 謳歌케 홀가 曰 惟 歷史로 以홀지니라. 嗚呼라 若何ᄒ면 我二千萬의 腦가 恒常 國을 爲ᄒ야 沈思케 홀가 曰 惟 歷史로 以홀지니라. 嗚呼라 若何ᄒ면 我二千萬의 毛毛髮髮이 恒常 國을 爲ᄒ야 森立케 홀가 曰 惟 歷史로 以

홀지니라. 嗚呼라 若何호면 我二千萬의 血血淚淚가 恒常 國을 爲호야 熱滴케 홀가 曰惟 歷史로 以홀지니라.

歷史가 何物이완디 其 功效의 神聖홈이 若此호가 曰歷史者는 其 國 國民의 變遷 消長혼 實跡이니 歷史가 有호면 其 國이 必 興호느니라. 國이 有홈이 歷史가 必有호리니 强國 뿐 아니라 弱國도 歷史가 有홀지며 旺國뿐 아니라 衰國도 歷史가 有홀지며 文明國뿐 아니라 野蠻國도 歷史가 有홀지어늘 今에 言호되 曰歷史가 有호면 其 國이 必 興이라 홈은 何謂오. 曰其 國에 氏士²갓흔 雄主가 有호야도 國民이 不知호면 無와 一般이며 其 國에 拿破侖³갓흔 健兒가 有호야도 國民이 不知호면 無와 一般이오. 歷史가 旣 無호면 亡國에 必 至호리니 嗚呼라 茫茫 數千載 浩浩 六大洋에 星羅碁列혼 國이 不知其數언만 至今까지 存在호며 至今씬지 强大호야 曰某國 某國이라 호는 國은 皆 歷史를 有혼 國이니라.

邦國이 許多홈이 歷史도 許多호야 英國史 俄國史 等이 有호지만은 然이나 外國史를 讀홈은 知彼知己호야 競爭을 資홀 而已니 愛國心⁴을 傍助홈은 能호나 愛國心을 主動홈은 不能홀지라. 故로 玆에 云혼 歷史는 本國史⁵만 指홈이오 萬象이 複雜홈미 歷史도 複雜호야 宗敎史 文學史 等이 有호지만은 此等 各史는 智識를 發達호야 國家에 獻할 而已니 愛國心을 贊成홈은 能호나 愛國心을 孕造홈은 不能홀지라. 故로 玆에 云혼 歷史는 本國 政治史⁶만 指홈이니

聖哉라 歷史며 偉哉라 歷史여 七重八重의 華嚴樓閣으로

주 4 愛國心
  5 本國史
  6 政治史

인 2 카이사르(氏士, Gaius Julius Caesar)
  3 나폴레옹(拿破侖, Napoléon Ier)

주 7 翰林提學
8 文正武愍

一國 山河를 壯麗케 ᄒᆞᄂᆞᆫ 者ㅣ 歷史가 아닌가. 千回萬回의 衆香天飯으로 一國民族을 蘇醒케 ᄒᆞᄂᆞᆫ 者ㅣ 歷史가 아닌가 我 且 一禿筆을 擧ᄒᆞ야 歷史의 功德을 語ᄒᆞ리니 嗟 我全國 十三道有情衆生아.

歷史와 愛國心의 關係를 說明코자 ᄒᆞ야 今에 一比例를 擧ᄒᆞ리니 自來我國에 士族爲名者가 自家山局內에 他人의 偸葬만 遭ᄒᆞ야도 此를 家門의 恥辱이라 ᄒᆞ야 傾庄破産ᄒᆞ더ᄅᆡ도 此를 必掘ᄒᆞ랴 ᄒᆞ며 斷頭折臂ᄒᆞ더ᄅᆡ도 此를 必 報ᄒᆞ랴 ᄒᆞ야 生死夷險을 都是 不顧ᄒᆞ니 此가 果然 何魔力을 仗홈인가 不過 是塵箱子裡에 一片蠹蝕ᄒᆞᆫ 家譜로 由出홈이라 我祖를 思ᄒᆞ건ᄃᆡ **翰林提學**[7]의 華啣이거ᄂᆞᆯ 我에 至ᄒᆞ야 此恥를 乃當ᄒᆞ얏도다 ᄒᆞ며 我高曾을 思ᄒᆞ건ᄃᆡ **文正武愍**[8]의 美諡이거ᄂᆞᆯ 我에 至ᄒᆞ야 此辱을 大覩ᄒᆞ얏도다 ᄒᆞ고 我의 一身이 漢江水에 投ᄒᆞ야 魚腹에 葬홀지언정 엇지 此等 侮蔑을 受ᄒᆞ야 家聲을 墜ᄒᆞ리요 ᄒᆞ야 熱憤所激에 鄕黨이 震恐ᄒᆞ거니와 賤人이라 一稱ᄒᆞᄂᆞᆫ 者ᄂᆞᆫ 其 背에 箠笞가 不離ᄒᆞ며 其 面에 唾罵가 不絶ᄒᆞ고 甚則某進賜宅庭下에 全家 父兄妻子가 一時에 無涇渭의 大捧을 喫ᄒᆞ야도 一毫對抗을 不敢ᄒᆞ며 一句埋怨을 不敢ᄒᆞ고 只是 手足이 換位토록 伏伏 哀乞ᄒᆞ야 呼牛ᄒᆞ면 牛라 應ᄒᆞ며 呼馬ᄒᆞ면 馬라 應ᄒᆞ며 鞭來ᄒᆞ면 鞭에 伏ᄒᆞ며 杖來ᄒᆞ면 杖에 伏ᄒᆞ야 祖가 是에 死ᄒᆞ며 父가 是에 死ᄒᆞ며 兄이 是에 死ᄒᆞ며 弟가 是에 死ᄒᆞ되 此를 常事로 認ᄒᆞ고 或이 告ᄒᆞ야 曰(爾도 發憤 修學ᄒᆞ고

報復을 血誓ᄒ며 彼 巍巍者와 對抗홀 日이 必有ᄒ리라)ᄒ
즉 彼 且 駭然 不信曰 其然가 豈 其然가. 我家ᄂ 常漢級에 落
在ᄒ야 此等 恥辱은 世世茶飯이니 如此 妄想을 吾豈敢이며
如此 僭懷를 吾豈敢이리오 ᄒ야 頭를 驚縮ᄒ며 身을 蝸伏ᄒ
야 慘慘 地獄을 一步도 超出ᄒ랴ᄂ 思想이 無ᄒ니 噫라 同
是人子로서 彼ᄂ 如彼 其 高尙흔듸 此ᄂ 如此 其 卑賤ᄒ고
彼ᄂ 如此 其 强勁흔듸 此ᄂ 如此 其 屛劣흠은 何故오. 無他
라 彼家ᄂ 歷史(卽 譜牒[9])가 有흔 故로 常自尊ᄒ며 此 家ᄂ
歷史가 無흔 故로 常自卑ᄒ고 自尊 故로 常自愛ᄒ고 自卑 故
로 常自侮ᄒᄂ니 嗟乎라 人旣自侮ᄒ면 何往에 不敗리요.

今 夫 國[10]이란 者ᄂ 一家族[11]의 結集體(西諺[12]에 云 國家
란 者ᄂ 家族 二字의 大書)며 歷史란 者ᄂ 一國民의 譜牒
이라. 此 譜牒 中에 吾祖 吾宗의 功烈도 記ᄒ며 恥辱도 記
ᄒ며 德業도 記ᄒ며 壯蹟도 記ᄒ며 傷心事도 記ᄒ야 善을
勸ᄒ며 惡을 懲ᄒ고 內를 尊ᄒ며 外를 岐ᄒ고 民賊을 誅ᄒ
며 公仇를 戮ᄒ고 百世以前을 昨日갓치 思ᄒ며 萬載 以後
를 明朝갓치 視ᄒ야 檀君[13]始祖가 太白山에 下ᄒ사 荊棘을
剪ᄒ고 後孫의 粒食을 謀ᄒ던 遺蹟을 仰想커던 一飯에 不
敢忘ᄒ며 廣開土王[14]이 七千里 地를 闢ᄒ야 他族을 逐ᄒ고
吾家의 基地를 廣ᄒ던 盛德을 回思커던 一息에 不敢懈ᄒ
고 乙支文德[15]蓋蘇文[16]이 隋唐 巨寇를 鏖退ᄒ고 轟轟烈烈흔
名譽로 後人에 留貽흔 傳記를 讀커던 拔劍起舞ᄒ며 智蔡文
姜邯贊[17]이 契丹猾夷를 斥逐ᄒ고 矯矯勃勃흔 雄略으로 邦

土를 莊嚴케 혼 事實을 繹ᄒ거던 擊壺長歌ᄒ고 六州城을 築ᄒ야 武功을 揚ᄒ던 **尹瓘**[18]을 念ᄒ거던 膝을 屈ᄒ야 再拜ᄒ며 滿洲[19]에 殖民[20]ᄒ야 大帝國을 建ᄒ던 **金俊**[21]을 夢ᄒ거던 掌을 合ᄒ야 三禮ᄒ고 **劉徹**[22]**李世民**[23]의 名이 聞ᄒ거던 齒를 嚼碎ᄒ며 **弓裔**[24]**甄萱**[25]의 事를 談ᄒ거던 腕을 爭扼ᄒ고 某代의 風俗이 甚美ᄒ니 吾가 其躅을 繼ᄒ리라 ᄒ며 某朝의 政治가 甚惡ᄒ니 吾가 其弊를 絶ᄒ리라 ᄒ고 某紀의 工藝가 稍振ᄒ얏스니 吾가 此를 師ᄒ리라 ᄒ며 某時의 文學이 甚靡ᄒ얏스니 吾가 此를 革ᄒ리라 ᄒ야 先烈을 張ᄒ고 後世를 警ᄒ며 太過를 損ᄒ고 不及를 補홈은 吾人의 性情이며 吾人의 天職이라. 然이나 歷史를 不藉ᄒ면 此 性情을 發揮홀 수 無ᄒ며 歷史를 不待ᄒ면 此 天職을 履行홀 수 無ᄒᄂ니 偉哉라. 歷史여 我를 歌케 ᄒᄂ 者 ㅣ 歷史며 我를 哭케 ᄒᄂ 者 ㅣ 歷史며 我를 怒케 ᄒ며 躍케 ᄒᄂ 者 ㅣ 歷史로다.

歷史의 功用이 如是혼 故로 西歐 國民은 學語를 始홈이 其 母가 膝上에 抱ᄒ고 開國名祖의 故蹟을 談話ᄒ며 學步를 始홈이 其 父가 公園에 率往ᄒ야 建國 偉人의 銅像을 瞻拜ᄒ고 學校 講義에 某戰場 凱旋ᄒ던 盛況을 說明ᄒ면 滿堂이 雀躍ᄒ며 演壇掛題에 某土地割與ᄒ던 遺恥를 痛論ᄒ면 環聽이 雨泣ᄒ야 國의 一利一害를 胷에 抱ᄒ며 國의 一榮一辱을 腦에 刻ᄒᄂ니 嗚呼라 歷史가 無ᄒ면 彼國의 國民인들 愛國心이 何處에서 生ᄒ리오.

我國民에 愛國心의 薄弱홈을 足怪홀 비 無ᄒᆞ도다. 彼 下等 社會의 不識字者는 無論ᄒᆞ고 卽 上等人士의 魚魯를 稍解ᄒᆞ는 者는 盧兢[26] 金笠[27]의 行詩는 耳에 屬ᄒᆞ나 朝鮮立國[28]이 幾千載인지 不記ᄒᆞ며 朴道翔[29]柳東賓[30]의 科表는 齒에 酸ᄒᆞ나 東國通鑑[31]이 幾十卷인지 不知ᄒᆞ고 其或 毫末의 聞見이 有ᄐᆞ ᄒᆞ는 者를 觀ᄒᆞᆫ즉 其 所聞이 老少南北[32]의 私鬪에 不過ᄒᆞ며 其 所見이 文蔭武逸[33]의 履歷에 不出ᄒᆞ니 是等 歷史가 我民族 盛衰에 何關이리오. 嗚呼라 我國民에 愛國心의 薄弱홈을 足怪홀 비 無ᄒᆞ도다. 壬辰의 浩劫을 經ᄒᆞ고 居民이 還業ᄒᆞ던 第二日에 詭誕難信ᄒᆞᆫ 太古天皇氏 以木德王 一句로 其 兒孫을 授ᄒᆞ며 丙子의 巨創을 受ᄒᆞ고 和議告成ᄒᆞ던 第三日에 痛癢無關ᄒᆞᆫ 初命 晉大夫魏斯[34]趙籍[35]韓虔[36]爲諸侯一章으로 其 弟子를 訓ᄒᆞ야 擧世가 醉生夢死에 滔滔ᄒᆞ고 自家의 名譽와 恥辱은 先天에 付ᄒᆞ니 嗚呼라 我國民예 愛國心의 薄弱홈을 足怪홀 비 無ᄒᆞ도다. (未完)

『서북학회월보』1909.02.01

讀高句麗永樂大王墓碑謄本 皇城子 編者識

분야	역사
주제어	歷史, 英雄, 史學, 國性, 國粹, 國史, 燒燬, 廣開土大王陵碑, 國魂
인물	廣開土大王, 項羽, 韓信, 乙支文德, 梁萬春, 小獸林王, 嬰陽王, 李文眞, 李世勣, 檀君, 箕子, 酒句景信, 榮禧
기관/조직	太學
레퍼런스	通鑑節要, 東國通鑑, 四言詩, 留記, 新集五卷
레퍼런스 저자	琉璃王

夫歷史[1]는 國家의 精神이오 英雄[2]은 國家의 元氣라. 試觀ᄒ건딩 凡地球上에 野蠻部落이 아니오 國家의 制度로 成立ᄒ고 國民의 資格으로 生活ᄒᄂ 者ᄂ 皆其歷史를 尊重히 ᄒ고 英雄을 崇拜ᄒᄂ디 其 國民이 文明홀사록 歷史을 더욱 尊重히 ᄒ고 英雄을 더욱 崇拜ᄒᄂ니 蓋其 歷史를 尊重홈과 英雄을 崇拜홈이 卽 其 國家를 愛ᄒᄂ 思想이라. 故로 史學[3]上에 參攷될 材料가 有ᄒ면 荒原豐草間에 土蘚이 侵蝕ᄒ고 野火가 燒殘흔 古碑片石이라도 琬琰珙壁과 等視ᄒ고 英雄其人의 遺蹟이 有ᄒ면 婦女章稗라도 皆尸祝ᄒ며 起念ᄒ며 膜拜ᄒ며 歌誦ᄒᄂ지라.

我韓은 四千餘年 文明舊國이니 四千餘年間에 歷史의 光

輝도 炳朗홀 것이오 四千餘年間에 英雄의 動業도 赫濯홀 터인듸 乃由來陋習이 自國의 歷史를 發輝치 안코 他國의 歷史를 傳誦ㅎ며 自國의 英雄을 崇拜치 안코 他國의 英雄을 稱道ㅎ야 少微通鑑[4]은 兒童이 皆誦ㅎ되 東國通鑑[5]은 老儒도 不講ㅎ며 項羽[6]韓信[7]의 事蹟은 樵牧이 能言ㅎ되 乙支文德[8]梁萬春[9]의 功業은 學士도 罕言ㅎ는 中에 一種盲學者의 徒가 尊華 二字를 稱托ㅎ고 奴隷學問을 轉相授受ㅎ야 號召國人홈으로 國性[10]이 消鑠ㅎ고 國粹[11]가 磨滅홈에 至ㅎ야스니 寧不可笑며 寧不可慨리오. 至若 高句麗 第十七世 廣開土王[12]ㅎ야는 十八歲에 登祚ㅎ야 亨年이 三十有九라. 南征北伐에 所向皆捷ㅎ야 東方諸國이 皆 稽顙納貢ㅎ고 遼河以北數千里가 皆入版圖ㅎ얏스니 若天假以壽考ㅎ엿스면 阿骨打와 成吉思汗의 威名이 金國과 蒙古에 不在ㅎ고 高句麗에 在ㅎ얏슬지로다. 嗚呼라 其 墓碑一片이 鴨綠江北 懷仁縣에 在ㅎ니 此實我韓萬世에 最有力혼 史料오 無上혼 實品이어늘 千餘年을 土中에 埋沒ㅎ야 學家의 拂拭摩掌홈을 遭遇치 못ㅎ고 田夫牧子의 敲擊燒毀를 被ㅎ다가 終乃 日本人 佐川[13]氏가 發見而摺寫之ㅎ고 淸儒 榮禧[14]氏가 衆攷而注明之ㅎ야 東京博物館에 置ㅎ고 世界雜誌에 記載ㅎ얏스니 是로 由ㅎ야 王의 赫赫혼 功業이 世에 遺傳되얏스나 我韓史學家는 獨無愧焉가 其 發見혼 事實은 曾於本報에 揭載홈이 有ㅎ거니와 今其 謄本을 奉讀홈이 一字一畫이 皆我祖國魂이라. 亞東大陸을 向ㅎ야 一場大叫를 自不能已ㅎ노라.

皇城子

嗚呼라 此 廣開土王의 墓碑는 高句麗八百年 歷史의 一種代表로다. 蓋 三國이 鼎立홀 時代에 高句麗는 支那와 壤地가 最邇홈 故로 支那의 文化를 輸入홈이 最先흘지라. 琉璃王[15]은 四言詩[16]를 製ᄒ시고 小獸林王[17] 元年에 太學[18]을 置ᄒ야 子弟를 敎ᄒ며 佛像과 佛經이 來ᄒ얏고 嬰陽王[19] 十年에 大學博士 李文眞[20]을 命ᄒ야 國史[21]를 修ᄒᄂᄃᆡ 先是에 記事百卷이 有ᄒ니 名曰 留記[22]라. 至是ᄒ야 新集五卷[23]을 續成이라 ᄒ얏고 嬰留王 二十二年에 子弟를 唐에 遣ᄒ야 留學ᄒ얏스니 此는 當時 文化進步의 大槪라. 及 其 邦運이 不天ᄒᄂᆫ 日에 賊將 李世勣[24]이 史庫의 書籍을 見ᄒ고 大驚曰 海外褊邦으로 書籍이 如辦 其 富ᄒ니 後必爲中國患이라 ᄒ고 盡行燒燼[25]ᄒ니 檀[26]箕[27]以來 三千年 文獻이 於是乎盡滅矣라. 我韓萬世에 史籍이 闕略ᄒ고 國粹가 鎖鑠흔 것은 皆李賊의 遺毒이니 痛哉痛哉로다. 幸玆古碑 一片이 鴨水左岸에 在ᄒ야 비록 土蘇이 侵蝕ᄒ고 野火가 燒殘흔 無量浩劫을 經ᄒ얏스나 赫赫흔 覇業의 影響을 猶可想狀ᄒ깃스니 此는 我韓民族의 國魂[28]이며 史家의 鼎彝라. 萬代之下에 孰不敬止며 孰不涕焉이라오. 余가 此에 對ᄒ야 又一感念이 有ᄒ니 王의 當日覇業도 偉大ᄒ거니와 其 碑體가 巨大홈으로 歷代兵火中에도 保存을 得ᄒ고 外國人의 古蹟을 嗜好ᄒᄂᆫ 癖으로도 運搬을 不能ᄒ고 但히 榻本을 ᄡᅥ 博物館에 置ᄒ얏스니 大抵 物이 巨大ᄒ면 能히 長久ᄒᄂᆫ 效力이 有ᄒ도다.

編者識

『대한흥학보』 1909.03.20

一塊熱血

분야	논설
주제어	朋黨, 東西分爭, 黨爭, 檀君故宅, 愛國, 士林, 我韓同胞, 我韓民族, 檀君後裔, 團合心, 獨立心, 姑息心, 依賴心, 獨立, 地方熱, 半島民族, 檀君子孫, 團合
인물	朝鮮宣祖
레퍼런스	東皐年譜, 靑野謾輯
레퍼런스 저자	李浚慶, 李珥

余가 嘗聞헌딕 我 宣祖[1] 卽位後 五年이 元老 李浚慶[2]이 遺劄를 上ᄒ야 四個條 忠言을 進ᄒ니 其 第四條난 卽「破朋黨[3]之私」一件이라. 乙覽이 畢ᄒ시민 大驚ᄒ샤 時任大臣의게 其 遺劄를 下示ᄒ시고 朝臣 中에 誰가 明黨을 成코자 ᄒ난고 下問ᄒ시니 於是에 議論이 沸騰ᄒ야 浚慶은 士林[4]의 禍를 釀起코자 ᄒ 者ㅣ라. 其 官爵을 追奪홈이 可ᄒ다 ᄒ난 者ㅣ 多數이 잇고 儒臣 李珥[5]난「人之將死其言也善浚慶之將死其言也惡」이라 罵斥ᄒ엿다 ᄒ나니라.

吾輩난 目覩치 못ᄒ야 其 時에 東西分爭[6]의 兆徵이 明確ᄒ엿난지 不知홈으로 東皐年譜[7]에 浚慶이 東西分黨을 觀破ᄒ엿다. 靑野謾輯[8]에 浚慶이 其 萌芽를 觀破홈이 아니라

[주] 3 朋黨
4 士林
6 東西分爭

[인] 1 朝鮮宣祖

[레] 7 東皐年譜
8 靑野謾輯

[저] 2 李浚慶
5 李珥

홈은 孰是孰非를 容易히 判斷키 難ᄒᆞ고 又 余가 玆에 判定홀 必要도 無ᄒᆞ도다. 今에 余가 記코자 ᄒᆞ난 事논 東西分爭과 如ᄒᆞ 小小黨爭도 아니ㅣ오 萌芽가 明確홈은 姑捨ᄒᆞ고 枝葉이 分明ᄒᆞ 事實이라. 余가 敢히 脆弱ᄒᆞ 手腕으로 禿毫를 弄홈은 精衛가 海를 塡코자 ᄒᆞ며 一膠로 河를 淸코자 홈과 同一ᄒᆞ나 狹小ᄒᆞ 胸腔이 熱血이 沸騰ᄒᆞ야 大聲疾呼홈이로다

大抵 **我韓同胞**[9]가 今日과 如ᄒᆞ 慘憺ᄒᆞ 境遇에 至홈은 如何ᄒᆞ 原因이 有ᄒᆞ고 此를 了解코자 홀진딗 過去 歷史의게 問議홀지며 今에 我朝 屢百載 史編을 飜閱ᄒᆞ면 **黨爭**[10]이 史實의 一大根蔕이음은 一目瞭然홀지라 然ᄒᆞ즉 過去 黨爭이 엇지 今日 我同胞로 此 境遇에 至케 ᄒᆞ 一大原因이 아니리오.

過去 黨爭이 陰險ᄒᆞ고 慘惡ᄒᆞ야 屍를 飜ᄒᆞ며 骨를 刳ᄒᆞ난 慘劇을 演出홈이 一再가아니나 此 黨爭은 實노 **我韓民族**[11]의 一小小部分에 不過ᄒᆞ엿나니 此小小部分의 黨爭도 今日 我同胞의게 不小ᄒᆞ 毒禍를 遺ᄒᆞ엿도다.

今日 我韓同胞가 如何ᄒᆞ 慘憺ᄒᆞ 境遇에 處ᄒᆞ엿난가 外으로 强隣의 虎視가 耽耽ᄒᆞ여 內으로 民智의 發達이 杳杳ᄒᆞ야 我 幾千萬 **檀君後裔**[12]가 哀境에 漸瀕ᄒᆞᄂᆞ도다.

人民은 國家의 一大 原素어늘ㅣ 韓國人民은 二大心이 缺乏ᄒᆞ니 **團合心**[13]과 **獨立心**[14]이오 二大心이 特 多ᄒᆞ니 **姑息心**[15]과 **依賴心**[16]이라. 一言으로 評判ᄒᆞ면 韓人은 大槪 自己의

棺을 自己가 蓋코자 ᄒᆞᄂᆞᆫ 者 ㅣ라. 韓人이 勵精奮發ᄒᆞ야 此 大病을 自治ᄒᆞ지 아니ᄒᆞ면 韓國이 澌滅치 아니치 못ᄒᆞ리로 다.

右ᄂᆞᆫ 一外人이 我韓人를 罵斥ᄒᆞᆫ 言辭라. 此 數語ᄂᆞᆫ 吾輩 의 耳에 逆ᄒᆞᆯ 쑨 아니라 吾輩의 膚를 削ᄒᆞᄂᆞᆫ 듯 ᄒᆞ도다. 然 이나 我韓人이 內省自疚ᄒᆞ야 厥疾이 無ᄒᆞ면 此言이 妄言이 고 厥疾이 有ᄒᆞ면 此 言이 藥石이라 實노 我韓人의게ᄂᆞᆫ 有 益無害ᄒᆞᆫ 言辭로다. 我의 親愛ᄒᆞ난 同胞시여 各自 內省ᄒᆞ 사 萬一 厥疾이 有ᄒᆞ시거든 不敏ᄒᆞᆫ 余가 右에 譯述ᄒᆞᄂᆞᆫ 微 意로 虛에 歸케 마시기를 敢히 企望ᄒᆞ나니다.

獨立[17]은 國家의 生命이어늘 我國은 生命을 見失ᄒᆞ엿도 다. 嗚呼라 此 現狀에 對ᄒᆞ야 放聲大哭흠도 可ᄒᆞ고 溘然 無 知코자 흠도 例事라. 然이나 吾輩가 엇지 悲觀의 坑塹에 陷入ᄒᆞ야 手를 拱ᄒᆞ고 天만 恃ᄒᆞ리오. 況 天이 自助ᄒᆞᄂᆞᆫ 人를 助흠은 一大 眞理라. 吾輩가 此 否運을 挽回ᄒᆞᆯ 方策이 有ᄒᆞ오며 方策은 何에 在ᄒᆞ고 此ᄂᆞᆫ 智者를 俟치 아니코 知 ᄒᆞᆯ지로다. 卽 我種族 幾千萬이 團合共力ᄒᆞ야 我國家를 爲 ᄒᆞ야 活動흠이니 我種族 幾千萬이 個個히 國事에 對ᄒᆞ야 ᄂᆞᆫ 犧牲됨을 辭치 아니코 我國家를 獨立 繁昌케 할 義務가 有흠을 念頭에 忘치 아니ᄒᆞ면 何事를 成치 못ᄒᆞ리오. 個人 의 精神이 到ᄒᆞᄂᆞᆫ 바에 金石도 可透라 ᄒᆞ거늘 幾千萬 生命 一團體의 精神이 到ᄒᆞᄂᆞᆫ 바에ᄂᆞᆫ 其 功效가 果是 何如ᄒᆞᆯ가.

吾輩가 我邦現狀에 對ᄒᆞ야 希望ᄒᆞ고 信恃흠은 右와 如

㈜ 17 獨立
18 地方熱

ᄒ거늘 今日 我韓半島에 一熱이 燃盛ᄒ야 其 勢ᄂ 鯨濤의 懷襄ᄒᆷ과 無異ᄒ고 其 害ᄂ 猩紅熱의 幾億倍로다. 此 熱이 何熱인고 地方熱[18]이 是라 此 熱이 熾盛ᄒ니 各 地方에 間隔이 生ᄒ고 間隔이 生ᄒ니 團合은 姑捨ᄒ고 셔로 越視치 아니ᄒᄂ지 甚ᄒ야 셔로 敵視치 아니ᄒᆯᄂ지

右와 如히 今日 分黨은 實노 昔年 黨爭과 有異ᄒ야 我韓 民族의 大大部分을 包含ᄒ지라 **半島民族[19]**의 大部分이 門戶 를 各立ᄒ고 黨爭의 慘狀을 演ᄒ면 其 時의 半島事ᄂ 可히 推知ᄒᆯ지라. 吾輩의 希望ᄒ고 信恃ᄒᆷ은 一個 虛影을 捕捉 ᄒᆷ에 不過ᄒ리로다. 嗚呼라 吾輩ᄂ 實노 放聲大哭ᄒᆯ 事ᄂ 我國現狀에 不在ᄒ고 此에 在ᄒ며 溘然 無知코자 ᄒᆯ 事도 我國現狀에 不在ᄒ고 此에 在ᄒ다 ᄒ노라. 嗟홉다 我幾千 萬 同胞여.

今에 此 熱이 出現ᄒᆫ 原因을 探求ᄒ건딘 或은 他를 下土 愚氓으로 下待ᄒᄂ 陋習이 尙存ᄒ야 往日의 勢力을 維持 코자 ᄒ고 或 畏怯心이 多ᄒᆫ 者ᄂ 他의 新進氣焰을 退避ᄒ 고 猜忌ᄒ며 彼의게 見辱ᄒᆷ이 不遠ᄒ엿다 ᄒ야 鬼胎를 懷 ᄒᆷ이오. 或은 過去 屢百年 他의 凌辱를 受ᄒ고 或은 過去 屢百年 政權에 參與치 못ᄒ야 遺憾이 骨髓에 浸漬ᄒ야 一 大 雪恥를 行코자 ᄒᆷ이라.

嗟呼라 其 原因를 說破ᄒ면 實노 小小事에 不過ᄒ도다.

回思ᄒᆯ지어다. 我同胞여 若 輩가 俱是**檀君子孫**[20]이라 檀 君의 靈이 天에 在ᄒ사 若輩의 行事를 俯瞰ᄒ시면 骨肉의

㈜ 19 半島民族
20 檀君子孫

相爭홈이 蚌鷸의 相持홈과 如き야 世傳家業가지 漁翁의 手에 入케 되니 若輩의 誰를 不肖子孫이 아니라 き시리요.

再思홀지어다. 我同胞여 若輩는 俱是 萬物의 最貴라 自稱きと 人類라. **檀君故宅**[21]에 火炎이 將熾きとद 火를 滅き야 急을 救홀 思想은 少無き고 兒戲와 等흔 事로 互相 詰難き야 火裏 高麗葬을 坐待き니 呴呴히 相哺きと 堂上燕은 火炎의 將至나 不知켜니와 知코도 甘受코자 きと 若輩と 冷眼으로 傍觀きと 者가 燕雀에도 比치 못홀 民族이라 唾罵き리로다.

或 各 地方人이 互相 發言ᄒ되 他地方人이 無ᄒ여도 國家를 中興ᄒ리라 ᄒ나 此と 愚昧無知흔 飯囊 等의 愚論이요 常識이 有한 者의 舌端에셔 轉落흔 言論은 아니로다. 余가 忌彈읍시 此를 斷言홈은 其 愚駿홈을 暴露ᄒ야 遺홈이 無홀지니라. 千斤의 鐵塊를 個人의 死力으로도 一擧키 難ᄒ나 衆人이 合力ᄒ면 一個小石과 如히 飜弄홈도 得홀지니 此의 當然홈은 吾人의 日日 目擊ᄒと 事實로 證明키 不難ᄒ도다.

團合홀지어다. 我同胞아 **團合**[22]홀지어다. **愛國**[23]으로 共同目的을 삼고 셔로 排擠치 말고 셔로 扶助홀지어다. 今日에도 時期가 已 晚ᄒ여스니 猛然히 回省ᄒ야 靑史를 汚케 말지어다. 若子若孫으로 荊棘의 銅駝를 指코 悲慟케 말지어다.

㈜ 21 檀君故宅
   22 團合
   23 愛國

색인

주제어

인물명

  우리 연구소는 '근대 한국학의 지적 기반 성찰과 21세기 한국학의 전망'이라는 아젠다로 HK⁺ 사업을 수행하고 있습니다. '한국학이 무엇인가' 하는 점은 물론 관점에 따라 달라질 수 있을 것입니다. 하지만 개항과 외세의 유입, 그리고 식민지 강점과 해방, 분단과 전쟁이라는 정치사회적 격변을 겪어 온 우리가 스스로를 어떤 존재로 규정해 왔는가의 문제, 즉 '자기 인식'을 둘러싼 지식의 네트워크와 계보를 정리하는 일은 반드시 필요한 작업이라고 생각합니다. '자기 인식'에 대한 탐구가 그동안 없었던 것은 아니지만, 현재 제도화되어 있는 개별 분과학문들의 관심사나 몇몇 지식인들을 대상으로 한 제한적인 논의였음을 부인하기는 어려울 것 같습니다. 이러한 현실에서 '한국학'이라고 불리는 인식 체계에 접속된 다양한 주체와 지식의 흐름, 사상적 자원들을 전면적으로 복원하고자 하는 것이 바로 저희 사업단의 목표입니다.

  '한국학'이라는 담론/제도는 출발부터 시대·사회적 영향을 강하게 받아왔습니다. '한국학'이라는 술어가 우리의 입에 오르내리기 시작한 것도 해외에서 진행되던 지역학으로서의 '한국학'이 반향을 불러일으키면서 부터였습니다. 그러나 '한국학'이란 것이 과연 하나의 학문으로서 성립할 수 있느냐 하는 질문에 답을 얻기도 전에 '한국학'은 관주도의 '육성' 대상이 되었습니다. 이에 대응하여 실천적이고 주체적인 민족의식을 강조하는 '한국학'은 1930년대의 '조선학'을 호출하였으며 실학과의 관련성과 동아시아적 지평을 강조하기도 하였습니다. 그 가운데 근대화, 혹은 근대성은 서로 다른 맥락에서 '한국학'을 검증하였고, 이른바 '탈근대'의 논의는 의심 없이 받아들여지던 핵심 개념이나 방법론에 문제를 제기하기도 하였습니다.

'한국학'이 이와 같이 다양한 맥락에서 논의되어 온 것은 그것이 우리의 '자기인식', 즉 정체성 문제와 관련되어 있기 때문일 것입니다. 대한제국기의 신구학 논쟁이나 국수보존론, 그리고 식민지 시기의 '조선학 운동'은 물론이고 해방 이후의 '국학'이나 '한국학' 논의 역시 '자기인식'에 대한 시대적 요구에 응답하려는 노력이었을 것입니다. 우리가 '한국학'의 지적 계보를 정리하는 것에 만족하지 않고 21세기의 전망을 제시하고자 하는 이유도, '한국학'이 단순히 학문적 대상에 대한 기술이나 분석에 그치지 않고 우리의 현재를 성찰하며 더 나아가 미래를 구상하고 전망하려는 노력에 직간접적으로 연결된다고 보기 때문입니다. 주지하듯 근대가 이룬 성취 이면에는 깊고 어두운 부면이 있습니다. 그리고 이 명과 암은 어느 것 하나만 따로 떼어서 취할 수 없는 한 덩어리일 가능성이 있습니다. 21세기 한국학은 근대에 대한 성찰을 통해 이 질곡을 해결해야 하는 시대적 요구에 응답해야만 하는 과제를 안고 있습니다.

연세근대한국학 HK+ 학술총서는 이러한 과제를 수행하는 과정에서 나오는 성과물을 학계와 소통하기 위한 시도입니다. 학술총서는 연구총서와, 번역총서, 자료총서, 디지털한국학총서로 구성됩니다. 연구총서를 통해 우리 사업단의 학술적인 연구 성과를 학계의 여러 연구자들에게 소개하고 함께 논의를 진정시키고자 합니다. 번역총서는 주로 외국인들에 의해 이루어진 조선/한국 연구를 국내에 소개하려는 목적에서 기획되었습니다. 특히 동아시아적 학술장에서 '조선학/한국학'이 어떻게 구성되고 작동하여 왔는지를 살펴보려고 합니다. 또한 자료총서를 통해서는 그동안 소개되지 않았거나 불완전하게 알려진 자료들을 발굴하여 학계에 제공하려고 합니다. 디지털한국학총서는 저희가 구축한 근대한국학 메타데이터베이스의 성과와 현황을 알려드리고 함께 고민하는 계기를 만들고자 신설한 것입니다. 새롭게 시작된 연세근대한국학 HK+ 학술총서가 소기의 목적을 달성할 수 있도록 여러 연구자들의 관심과 격려를 부탁드립니다.

2020년 5월

연세대 근대한국학연구소 인문한국플러스(HK⁺) 사업단